사람·돌·불

-인류 생존 이야기-

진인진

일러두기

현생인류는 호모 사피엔스이다. 본문에서는 독자가 이해하기 쉽도록 현생인류를 주로 사용했으나, 다른 인류와 함께 언급할 때는 독자의 이해를 돕고자 호모 사피엔스를 그대로 사용했다.

사람·돌·불-인류 생존 이야기-

초판 1쇄 발행 | 2023년 8월 10일

지 음 | 장용준
발행인 | 김태진
발행처 | 진인진
등 록 | 제25100-2005-000003호
본문편집 | 배원일, 김민경
주 소 | 경기도 과천시 관문로 92(힐스테이트 과천중앙) 101동 1818호
전 화 | 02-507-3077~8
팩 스 | 02-507-3079
홈페이지 | http://www.zininzin.co.kr
이메일 | pub@zininzin.co.kr

ⓒ 장용준 2023
ISBN 978-89-6347-564-6 03900

Ⅲ 불

나는 선사시대에 돌로 만든 도구를 연구하는 사피엔스다. 그냥 돌이 아니다. 사람이 도구로 쓰기 위해 만든 돌, 즉 석기이다. 현대를 살아가는 우리는 돌로 무언가를 잘 만들지도 못하고, 일상생활에서 돌을 그리 많이 이용하지 않는다. 인류 역사에서 정말로 긴 시간 동안 사람이 살아가는 가장 가까운 곳에는 언제나 돌이 곁에 있었다. 나는 그런 돌 도구를 배우기 위해 공부를 시작했다. 그렇게 석기와 인연을 맺은 지도 어느덧 삼십 년이 넘었다.

우리는 늘 고민한다. 어떻게 살아야 할지, 바른길로 가고 있는지, 사람과의 관계에서 오는 다양한 스트레스로 항상 힘들어하면서도 어떤 이유를 대든 각자 살아남을 소명이 있다. 인류사는 아주 길고 느렸지만, 역사의 축적물이다. 사람은 죽기 위해 무언가를 실행했다기보다는 살기 위해 노력했고, 이를 위해 끊임없이 도전하고 창조했다.

이 책은 인류가 본격적으로 출현하기 전인 700만 년 전부터 선사시대의 돌 도구까지를 다루었다. 석기의 자연스러운 발달과정을 설명하기 위해 구석기시대의 석기는 물론 신석기시대와 청동기시대의 석기도 다루었다. 우리가 선사 문화를 이해하는 데 있어 의미 있는 내용을 소개하기 위해 사람, 돌, 불이라는 주제를 선정했다.

사람(人): 700만 년 전 사람은 어떻게 진화하였으며, 무슨 방법으로 살아남았는지 배울 필요가 있다. 우리의 존재는 진화 산물 그 자체이다. 진화는 우리 스스로가 발전해온 생존전략의 요체이다.

우리에게 진화는 사람이 필요한 것을 찾아서 노력했고, 그것을 완성해 온 결과의 여정이자 살아온 인생이다. 어쩌면 지금 숨 쉬는 이 순간, 지금 밥 먹는 이 시간이 삶에 최선을 다하는 순간일 수 있다. 이런 '지금'이 모여 '생존'하는 삶을 구성한다. 생존은 우리가 숨 쉬고 있음이다. 생존은 살아있음이자 살아남음이다. 숨 쉬지 않는 선조의 산물은 여전히 땅속 깊이 베일에 가려져 있다. 사람은 어려움 속에서도 아주 느리지만, 계속 나아갔다. 사람은 어려움과 두려움에 맞서고, 위험에 굴복도 했지만, 결국 인류는 살아남았다. 우리 모두의 첫출발은 아프리카의 어딘가였다. 다양한 인류의 조상이 출현했지만, 결국 호모 사피엔스, 즉 현생인류만이 살아남았다. 현생인류는 아프리카에서 출현하여 급속히 유라시아대륙을 거쳐 아메리카대륙까지 진출했다. 사람이 살기 힘든 남극 등 일부 지역을 제외하고 현생인류는 모든 곳으로 퍼져 나갔다.

구석기인들은 지금 우리가 사는 이 땅에 살았던 사람들이다. 그들이 멋졌던 사람이라는 사실은 의심할 여지가 없다. 우리는 그 창조적이고 뛰어난 생존 DNA를 더는 변화시키지도 못한 채 문명만 발전시키고 있다. 호모 사피엔스로 자리 잡은 뒤 5만 년이 넘었지만, 우리의 신체는 크게 변하지 않았다. 다만, 먹는 것이 풍부해지면서 발육이 좋아졌을 따름이다. 우리는 최초를 만들어내는 창의적 능력을 다른 누구도 아닌 구석기인들에게 물려받았다. 필자는 인류가 가진 특징을 말해주고 어떻게 살아남았는지를 전달하고 싶었다.

구석기시대는 물론, 선사시대는 최초라는 수식어를 붙일 수 있는 시기이다. 구석기시대는 인류가 출현한 뒤에 시작하는 시기이다. 인류가 등장하지 않았다면 구석기시대의 시작은 있을 수 없다. 고고학이 다루는 분야의 시간을 모두 합쳐도 구석기시대의 시간과 비교하면 아주 짧은 시간일 뿐이다. 인류사에서 260만 년이라는 감히 비견할 수 없는 긴 시간 동안이 구석기시대였다.

인류의 먼 조상이 처음 출현한 것은 700~600만 년 전이다. 오늘날, 사람의 평균수명은 80세 전후이다. 그렇게 보면 700만 년이라는 시간이 얼마만큼 긴 시간인지는 가늠조차 할 수 없다. 구석기시대가 시작되는 260만 년 전도 마찬가지이다. 너무나 오래전 일이다. 구석기시대가 끝나고 1만 년 전에 시작되는 신석기시대도 머나먼 시간인데 구석기시대는 말할 필요도 없이 긴 시간이다.

이런 긴 시간 동안, 우리가 생각하는 대부분의 '최초의 것들'이 구석기시대부터 시작했다. 우리는 이 시대에 일어난 일을 잘 알지도, 알려고도 하지 않는다. 국사 교과서에 두 페이지 남짓으로 다루어질 뿐이다.

사람들은 때때로 못난 짓을 하거나 어리숙한 행동을 하면 구석기시대 사람에 빗대곤 한다. 그들의 삶을 잘 알지 못하기 때문이다. 그들은 거친 생태계 속에서 다른 동물들과 마찬가지로 처절하게 생존경쟁을 했고, 결국 이겼고 살아남았다.

돌(石): 인류가 처음으로 도구를 만든 구석기시대. 신석기시대와 청동기시대에도 가장 중요한 생존 도구는 다양한 모습의 석기였다. 그런데 우리는 석기를 잘 알지 못하고, 관심도 없다. 심지어 역사 시험 문제로도 거의 출제되지 않는다. 석기는 철과 같은 금속품에 비해 보잘 것 없고 기능이 떨어지는 도구로만 인식된다. 그것이 이 책을 쓰게 된 이유 중 하나이다.

인류는 무려 260만 년 동안 돌로 만든 도구들을 사용하였다. 인류는 나무나 뿔로 만든 도구를 함께 사용하면서 돌로 만든 도구 종류를 보완했다. 인류가 오랜 기간에 사용했던 돌로 만든 석기는 그 당시의 많은 생존 정보를 담고 있다. 우리는 그것을 알려고 노력해야 한다. 오랜 시간 땅속에 묻혀 있었던 돌이 말해주는 이야기는 인류 역사 복원에 있어 중요하다. 오랜 조상의 삶이 과연 어떠했는지 우리는 귀담아서 들을 필요가 있다.

그림 1   아슐리안 주먹도끼
(British Museum)

석기는 인류가 만든 최초의 도구이자 최장 기간동안 사용했던 무기이다. 인류가 가장 오랫동안 사용한 도구는 바로 주먹도끼로 무려 100만 년 넘게 사용했다(그림 1). 주먹도끼가 왜 이토록 오래 사용되었을까는 여전히 미스터리로 남아 있다. 구석기시대의 삶이란 일상을 창조했던 시간으로 평범한 일들을 수행하고 구성하면서 살았고, 여기에는 긴 시간이 필요했다. 인류가 만든 석기 이야기를 풀어보고자 한다.

구석기시대와 신석기시대는 흔히 농경, 토기 사용, 마제석기(간석기)의 제작 등으로 구분한다. 농경을 기반으로 한 식량 생산과 정착 생활, 가축 키우기, 토기 사용은 신석기문화의 특징이다. 교과서나 많은 책에서 마제석기가 신석기시대 때 처음 사용되었다고 적혀 있다. 하지만 그 내용은 틀렸다. 마제석기가 최초로 등장한 때는 구석기시대이다. 우리나라 구석기 유적 중 용호동, 신북, 집현, 수양개 등에서 갈린 석기가 출토되었다. 일본이나 오스트레일리아지역에서도 3만 년 전에 만들어진 간도끼가 발견되었다.

갈아서 도구를 만드는 개념은 뼈 도구에도 적용했다(그림 2). 우리나라는 물론, 세계 곳곳에서 수많은 뼈 도구가 구석기시대부터 이미 만들어졌다. 다양한 목걸이나 악기 등도 구석기시대 때 꽃을 피우기 시작하였다. 지금 우리가 사용하고 있는 도구 원형은 구석기시대부터 시작되었다.

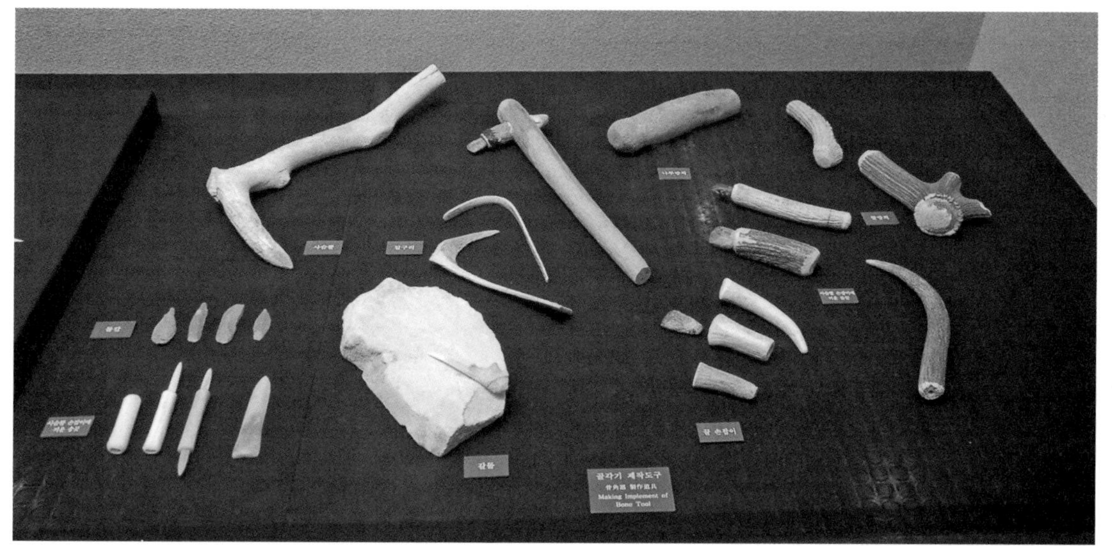

그림 2　각종 골각기(뼈와 뿔을 이용해서 도구의 자루나 바늘, 따개비, 괭이 등을 실험용으로 제작하였음). 2011년 복천박물관 골각기 특별전 촬영

　　불(火): 인류의 삶은 불을 사용하면서부터 많은 변화가 일어났다. 돌로 만든 도구가 인류의 산물이라면, 인간이 거역할 수 없는 자연의 섭리에 대항하기 위한 매체가 바로 불이다. 불은 기후변화, 특히 추운 날씨에 적응하기 위해서는 너무나 긴요했다. 낮에만 한정되었던 인류의 시간은 불빛 덕택에 밤까지 생활을 연장할 수 있었고, 더 많은 일을 할 수 있었다. 밤에도 일해야 하는 단점도 있었다.

　　인류는 불을 이용하면서부터 먹거리가 풍족해졌고, 추위와 질병을 이겨낼 수 있었다. 특히 추운 날씨 속에서도 사냥하고, 멀리 이동할 수 있었다. 가장 중요한 집의 시설로 화덕이 생겨났다. 불을 가둔 화덕을 활용해 새로운 형태의 집을 만들었다. 불의 위치가 집 구조를 결정했을 정도로 불은 우리 삶에서 중요한 역할을 했다. 인류사에 있어 불이 가져온 일상의 변화와 의미를 살펴보고자 한다.

　　이 책을 쓰기 시작한 이유는 우리나라의 선사 문화, 특히 구석기시대의 인류가 어떻게 살았는지를 독자에게 조금이라도 자세히 전해주고 싶었기 때문이다. 부디 여러분이 이 책을 읽고 인류가 어떻게 살아왔는지를 조금이라도 이해하는 시간이 되기를 기대한다.

책을 내기까지 도움 주신 분들이 많다. 천선행, 김재휘, 최인화, 박준현, 김은영, 박정욱 선생님은 책을 읽고 다양한 의견과 잘못된 부분을 고쳐주었다. 그 덕분에 책의 부족한 부분을 많이 채울 수 있었다. 바쁜 와중에 시간을 내서 읽어주신 데 대해 깊이 감사드린다. 국립대구박물관에서 2005년도에 "사람과 돌" 특별전을 할 수 있는 기회를 주신 당시 서오선 관장님과 박방용 실장님께도 감사드린다. 그 덕분에 구석기뿐만이 아니라 선사시대 석기를 전반적으로 이해하고 큰 그림을 그릴 수 있었다. 흑요석을 연구할 수 있는 기회를 주신 고 권상열 관장님께도 고마운 마음을 지울 수 없다. "사람과 돌" 특별전의 훌륭한 사진을 찍어준 김경덕(함춘원) 님께도 고마움을 표한다.

그리고 진인진의 김태진 사장님의 결정으로 책을 출판할 수 있었고, 거친 원고를 수정하고 다듬어 준 배원일 편집자님, 김민경님 등 진인진의 관계자분들께도 감사드린다.

필자가 이 책을 구상하고 쓰기 시작한 것은 벌써 8년 전이었다. 그동안 새로운 내용이 계속 나오고 보완하다보니 시간이 지체되었다. 그런 이유로 이 책이 많은 이들의 손에 다가가서 추후에 더 좋은 내용으로 수정과 보완을 거듭해, 더욱 발전된 책으로 만들 수 있는 기회가 다시 주어졌으면 하는 바람이다. 이 책의 내용이 끝이 아니길 꿈꿔본다.

늘 응원해주고 믿어주는 가족이 있었기에 포기하고 싶은 마음을 접고 마지막까지 힘을 낼 수 있었다. 아내 임선영과 아들 장형서, 딸 장윤서에게 이 책을 바친다.

단지 두 발로 딛고 일어섰을 뿐이다.

　　몸모양은 허리가 펴지면서
　　키가 커지기 시작했다.
　　지능과 생각이 깊어졌으며
　　두 손을 맘껏 쓸 수 있게 되었다.
　　걷기와 달리기로 이동했으며,
　　눈으로 보는 시야의 범위와 위치도 달라졌다.
　　식사하고 소화하는 시간조차 줄어들었다.
　　직립보행은 극심한 출산의 고통을 불러왔다.

　　실로 모든 것들이 새로워졌다.
　　사람은 한정된 삶을 산다.
　　모든 동물이 그러하다.
　　우리는 유한한 삶을 책임지고 살아가야 할 의무를 갖고 태어난다.
　　사람은 죽음과 동시에 지식, 경험, 지혜 등과 같은 무형의 앎을 뇌 속에 남길 수 없다. 그저 영혼이라 불리는 정신을 떠나보내면 육신만 남을 뿐이다.
　　인류는 다른 동물과 달리 살기 위해 노력했고, 야생으로 돌아가지 않기 위한 생존 투쟁을 하였다.
　　그 생존 투쟁의 역사를 조금이나마 이 책에서 설명하고 싶다. 여기서는 인류의 출현과정, 다양한 삶의 방식과 특징을 알아보자.

브로큰 힐 두개골

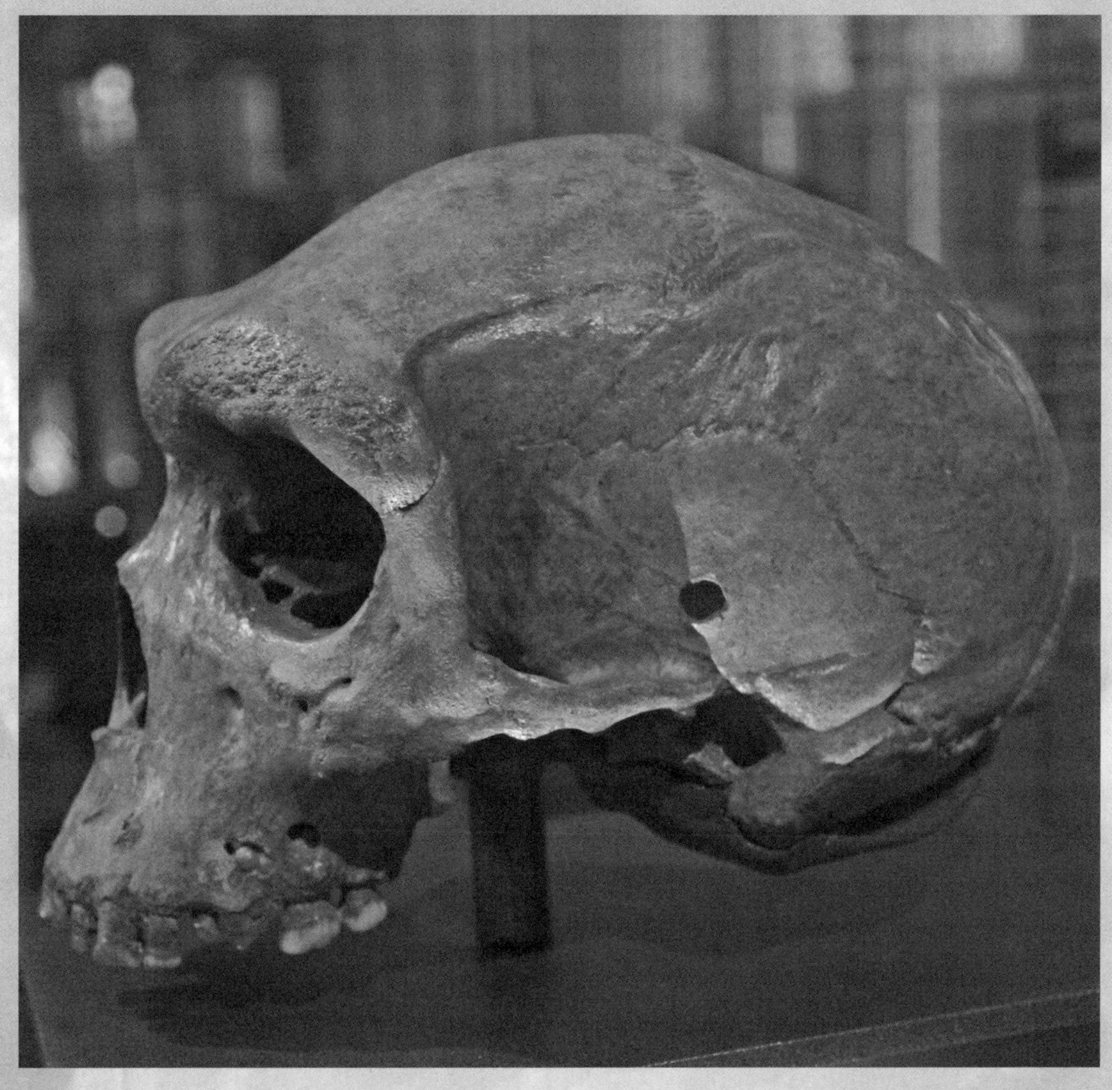

British Museum(필자 촬영)

> 1921년 잠비아의 광부들이 찾아낸 아프리카에서 가장 먼저 발견된 두개골이다. 50만 년 전의 사람으로 생각되기도 했으나 2020년 연구에 따르면 약 30만 년 전에 살았던 사람일 가능성이 크다. 호모 하이델베르겐시스와 호모 사피엔스의 중간적인 특징을 보이나, 호모 사피엔스와의 유사점은 거의 없는 것으로 보고했다. 즉 호모 사피엔스의 직계 조상은 아니다.

• 지금의 우리 얼굴과 처음 마주하다

우리는 언제부터 현재 모습으로 살게 되었을까. 우리, 즉 현생인류는 언제부터 출현하였고, 지금의 얼굴을 가지게 되었을까.

2017년 6월, 과학학술잡지인 『네이처(*Nature*)』의 표지를 장식한 논문이 있다. 독일 라이프치히의 막스 플랑크 연구소의 장 자크 후블랭과 압델와히드 벤은세르 〈모로코 국립고고역사문화연구소〉 박사팀은 모로코 제벨 이르후드유적에서 호모 사피엔스(현생인류)의 화석 뼈를 발견하였다. 북부 아프리카에 있는 이 유적지에서는 28만~34만 9천 년 전에 묻힌 호모 사피엔스의 유골과 유물, 동물 뼈 등이 발견되었다(Jean‑Jacques Hublin *et al.* 2017: 289‑292). 이 조사에서는 석기가 포함된 단일 층에서 어린이와 청소년을 포함한 최소 5명의 두개골, 턱, 치아, 다리와 팔뼈를 찾았다.

지금까지 호모 사피엔스의 화석은 에티오피아 오모 키비시에서 출토된 것이 가장 오래되었다. 이 유적 연대는 약 19만 5천 년 전으로 밝혀져서 학계에서는 20만 년 전에 동아프리카에서 인류가 출현하였다고 믿고 있었다. 에티오피아의 헤르토에서 출토된 호모 사피엔스 화석은 16만 년 전이었다.

약 30만 년 전에 제벨 이르후드유적의 유골과 함께 발견된 동물 뼈를 근거로 호모 사피엔스가 당시 사냥을 해서 가젤고기 등을 먹었을 것으로 추정하였다. 그들의 식사 메뉴 중 가장 흔한 동물이 가젤이었고 얼룩말, 버펄로 등의 뼈 화석도 있었다. 그러나 호모 사피엔스가 유적에서 출토된 동물 뼈를 모두 사냥으로 잡았다고 보기는 어렵다. 이들이 사용한 석기는 유럽의 구석기 중기에서 후기에 이르는 르발루아문화 시기의 것과 유사하였다.[1] 후블랭 교수는 호모 사피엔스의 출현 시기가 중기구석기임이 명백해졌다고 주장했다.

1 르발루아문화는 유럽, 서남아시아, 중앙아시아지역의 중기구석기시대에 유행했던 석기문화이다. 르발루아라는 용어는 1867년에 프랑스 파리 근교의 르발루아-페레(Levallois-Perret)라는 마을의 광산에서 독특한 기술의 석기가 발견되었기 때문이다. 르발루아기법은 몸돌에서 격지를 떼기 전에 제작자가 미리 원하는 형태의 격지를 떼어 내기 위해 사전 조정을 거치는 것으로 인류의 인지능력 발달과도 밀접한 연관이 있다. 우리나라에서는 네안데르탈인도 르발루아기법도 확인되지 않는다.

호모 사피엔스는 아프리카에서 30~20만 년 전에 출현하였다. 현재 우리의 얼굴은 30만 년 전보다 늦은 시기에 아프리카에서 처음으로 지금 모습을 보여주기 시작했다. 우리나라 기초과학연구원의 액슬 티머먼 교수는 호모 사피엔스가 약 20만 년 전 아프리카 남부 보츠와나 북부에서 발생했다고 주장했다. 두개골은 뇌의 모양에 따라 달라졌다. 현대인의 얼굴 형태는 호모 사피엔스의 출현 초기에 형성되었지만, 뇌는 호모 사피엔스의 출현 이후에도 계속 진화했다.

• 사람 이름: *Homo sapiens* Linnaeus 1758

인류에 대한 사람들의 생각은 찰스 다윈의 진화론 이전과 이후로 나눌 수 있다. 카를 폰 린네와 조르주 퀴비에는 종은 변하지 않는다고 주장하였다. 1859년 이전까지만 하더라도 우주는 신이 만들었고 설계하였다는 생각이 널리 퍼져있었다. 고대 철학자 중 탈레스는 만물의 근원이 물이라고 생각하였고, 아낙시만드로스는 모든 동물이 바다에서 육지로 왔다고 주장하였다. 펨페도클레스는 물, 공기, 불, 흙의 사랑과 다툼 속에서 만물이 생겨났다고 여겼다. 아리스토텔레스는 자연의 사다리[scala naturae]에 비유하여 우주 만물이 각자의 정해진 위치가 있고, 신은 인간보다 위에 있으며 인간은 다른 생물 위에 있다고 생각했다(신헌철 2016: 14 - 15).

그러나 이러한 생각들은 철학 세계에서 존재하는 이야기일 뿐이다. 과연 인간은 어디서 온 것일까. 아니면 오랜 시간이 지나 어쩌다 보니 지금의 모습이 된 것일까. 여전히 풀 수 없을 것 같았던 수수께끼가 서서히 풀려가고 있다.

생물 종의 학명은 그 종이 포함된 속(屬)의 이름(속명)과 종(種)의 이름(종명)으로 구성된다.

사람의 학명은 '*Homo sapiens* Linnaeus 1758'이다. *Homo*는 속명이다. 반드시 머리글자는 대문자로 시작하고, 이어서 *sapiens*

라는 종소명을 기록한다. 종소명의 어두는 반드시 소문자를 쓴다. 종명(속명, 종소명)은 이탤릭체를 사용한다. Linnaeus는 명명자이다. 1758은 명명 연도이다. 모든 종의 표기는 이 형식에 따른다. 통상 이름을 지은 사람과 이름을 지은 연도를 생략하는 경우가 많아, *Homo sapiens*처럼 표기하는 것이다(신헌철 2016: 14 - 15).[2]

현생인류인 '*Homo sapiens*'는 우리 모두의 학문적 이름이다. 누구나 각자의 이름을 갖기 전에 불리우는 첫 이름이다. 우리는 동물학적으로는 차별없이 모두 똑같은 이름을 가진다. 현생인류와 구인류를 나타내는 동물분류학상의 학명이며, 사피엔스는 '지혜로운 혹은 슬기로운 사람'이란 뜻이다. 그런데 재미난 사실은 이 이름을 지은 린네가 그의 저서 『Systema naturae』 중에서 사람을 이처럼 명명하고 난 뒤에 추가로 주(註)를 달아 '너 자신을 알라'라고 덧붙였다. 사실 자신을 알기가 가장 어렵다는 것을 진작에 린네는 알고 있었던 것 같다.

우리에게 에스키모족이라고 잘못 알려진 이누이트족은 '사람(인간)'을 뜻한다. 라프족은 북유럽과 러시아 북부에서 순록을 키우며 살아가는 부족이다. 이 부족 중 사마족과 카낙족의 이름도 사람이란 뜻에서 유래하였다. 척치족이 자신을 부르는 말인 '루오라베틀란(Luoravetlan)', 아스마트족의 이름도 '참된 사람'이란 뜻이다. 일본 홋카이도와 러시아 사할린에 사는 아이누족의 이름도 '사람'이란 뜻이 있다(제롬 뱅브네 2011: 11). 인류는 오래전부터 다른 동물과 다른 자신들의 모습을 그들만의 언어로 부르며 살아왔다. 사람은 다른 동물과는 완전히 생김새가 달랐다. 이름은 사람들을 뭉치게 하는 힘이 있다.

예부터 우리는 자신을 사람이라 불렀고, 다른 동물과 다름을 스스로 인지하였다. 독일 철학자 니체는 "살아야 할 이유가 있는 사람은 그 어떤 것도 견딜 수 있다"라고 말했다. 그 옛날에 우리 선조들은 먹기 위해서 산 것이 아닌 생존하기 위해 수렵과 채집을 하였다.

2 종의 명명법[nomenclatureof-species,種~命名法](『생명과학대사전』, 개정판 2014, 여초)

그들은 숨만 쉬어야 하는 삶을 산 것이 아니라 살아야 할 이유를 찾기 위해 숨쉬기를 멈추지 않았다. 그런 의지가 지금의 우리를 있게 하였다.

프랑스의 인류학자이자 구조주의 이론의 창시자인 레비스트로스는 "세계는 사람 없이 시작되었고, 또 사람 없이 끝날 것이다"라고 말하였다. 그의 예상과 달리 사람은 여전히 살아남아 있다.

• 사람, 원숭이에게 있는 꼬리가 없는 동물

영장류는 약 8천 5백만~5천 5백만 년 전 열대림의 나무에서 살았던 작은 육상 포유류에서 기원하였다. 사람을 제외하면 대부분의 영장류는 열대와 아열대에서 서식한다.

유인원(anthropoid, 類人猿)은 분류학상 사람처럼 영장목 사람상과(Hominoidea)를 구성하는 동물군으로 포유류이다. 원숭이보다 사람에 더 가까운 DNA를 지니고 있다. 유인원에는 침팬지, 고릴라, 피그미 침팬지 등이 있고 아프리카에서만 산다. 사람과(Hominidae, 대형 유인원과 사람)는 인간, 오랑우탄, 고릴라, 침팬지, 피그미 침팬지를 포함한다.

유인원은 절반 정도만 직립하거나 직립과 유사한 자세를 취하고 있다. 이들은 두개골의 기본적인 구조가 유사하다. 이빨의 형태와 치식, 충수가 존재한다. 팔과 다리의 관절은 자유로우면서 움직임은 크다. 얼굴은 정면을 응시하며, 앞뒤로 편평한 몸통을 갖고 있다(강영희 2014). 유인원이 원숭이와 다르게 눈에 띄는 점은 꼬리가 없다는 사실이다. 유인원에 가까운 사람 역시 꼬리가 없다. 사람은 수백만 년 전 나무에서 생활하다가 땅으로 내려와 두발걷기(직립보행)를 하면서부터 꼬리가 없어진 것인지, 애당초 꼬리가 없었는지는 잘 모르겠다. 다양한 화석 인골에 꼬리가 없다는 점을 참고하면 분명한 사실은 사람이 두발걷기를 시작할 때 이미 꼬리가 없었다.

존 가우레트는 "유인원은 유인원일 뿐 2등 인간은 아니라"고 역설하였다. 인간과 유인원은 부분적인 동물학적 유사성을 제외하면, 사실상 비슷한 점을 찾기 어렵다. 유인원과 사람은 문화 행위나 생존 행동에서 비교 자체가 불가능하다(표 1). 모든 유인원은 오랜 시간이 흐르더라도 사람이 될 수 없기 때문이다.

사람을 포함한 동물과 식물에 있어 유전자 공유의 정도를 비교한 재미난 결과가 있다. 우선 사람과 가장 가까운 동물은 침팬지이

표 1 유인원과 사람의 차이

내용	유인원	사람	비고
털	많음	적음(짧고 가늘어짐)	
팔과 다리	다리보다 팔이 길다	팔보다 다리가 길다.	
걷기 (보행방식)	네 발로 걷지만 오래 걸을 수는 없음. 손마디 걷기	두 발로 서서 걷고 뛰는 것	두발 걷기: 신체구조가 다른 유인원에서는 볼 수 없는 것
얼굴과 이 (송곳니)	큼 *송곳니가 커다란 U자 모양의 턱에 배치. 송곳니는 싸우거나 위협할 때 유용	작음 *우리는 무엇으로 싸우나?	유인원은 싸울 때 입을 벌려 송곳니로 협박. 앞니 사이의 틈은 사람이 진화하면서 사라짐
뇌	작음	몸집과 비교하면 뇌가 큼	
언어	부분적 활용	사용 (구사 능력, 문법, 단어 등 월등) ex) 영화감상 토론, 애인 이야기, 칭찬과 헐뜯기	비교가 불가능
기술사용	작대기이용(흰개미 잡기). 단순한 석기제작	무한한 기술 무한대의 확장성	
손	사람의 손과 닮았지만, 엄지가 짧고 부자유스러움. 꽉 쥐기만 가능	엄지가 4개의 손가락과 각각 마주칠 수 있음. 정확한 쥐기 가능	손 모양이 비슷하지만 길고 자유스럽게 움직이는 엄지는 사람의 가장 유용한 손가락
뼈와 이빨의 수	사람과 동일	유인원과 동일	32개(각 16개)
발의 엄지	별도의 위치에 있음	일렬로 되어 있음	고릴라 발이 사람과 가장 유사
발바닥의 오목한 굴곡	없음	있음	
손가락·발가락 수	각 5개	각 5개	

다. 침팬지는 사람과 유전자가 98.8%나 일치한다. 불과 1.2%의 차이뿐이다. 하지만 1.2%라는 수치는 약 99%의 유전적인 유사성을 무시하듯이 엄청난 문화적 차이를 나타내는 숫자이다. 사람은 고릴라와는 98.4%, 오랑우탄과는 96.9%가 일치한다. 사람과 닭은 75%, 바나나와는 60%의 유전자를 공유한다. 사람과(Hominidae)는 유전자가 99.9% 일치하는데, 이 수치는 사람과 사람이 만나서 다음 세대를 이을 자식을 낳는 것이 가능하며, 사람의 종족보존이 가능함을 뜻한다. 같은 유전자의 동물들은 본능적으로 개체를 존속시키고자 최선을 다한다.

사람과 가장 가까운 유전자를 지닌 유인원을 제외하면, 사람은 쥐와 85%의 유전자를 공유한다. 사람을 위해서 의약품을 개발하거나 식료품의 임상시험을 할 때 유인원인 침팬지나 고릴라를 활용한다면 더 좋은 결과를 얻을 것이다. 2020년부터 대한민국은 물론 세계가 코로나 19에 감염되었거나 감염의 위기에 처했다. 사람들의 공포심리는 최고조에 달하였다. 이러한 배경에는 신종플루의 치료제인 타미플루와 같은 치료제가 없었기 때문이다. 세계의 중요한 제약사들이 치료제 개발에 박차를 가했다. 이러한 치료제의 개발을 위해 미국의 전문위탁시험기관인 서던리서치는 코로나 19 감염 영장류(원숭이) 34마리를 대상으로 시험을 한다고 밝혔다.

그런데 시험에 사용된 동물은 원숭이이다. 사람과 더 가까운 유인원으로 실험한다면 더 좋은 성과가 나올 수 있다. 하지만 현실적인 어려움이 있다. 개체 수가 많은 원숭이와 달리 유인원은 멸종위기종이 대부분이다. 이들을 실험에 사용한다면 유인원들의 멸종은 불을 보듯 뻔하다. 이 동물들을 위험한 의학실험으로 죽게 할 수는 없다.[3]

• 시야 범위: 성장에 맞춰 달라지는 공간감

인류 진화는 사람이 우리의 조상을 알기 위한 정답을 찾아가는 과정

3 그 대안으로 선택된 것이 바로 실험용 쥐, 모르모트이다. 이 쥐는 무균시설에서 균이나 질병을 갖지 않도록 관리된다. 특정 질환에 맞춤형으로 관리되는 질환 모델 쥐의 한 마리 가격은 35만 원에 이를 정도로 비싸다. 실험용 쥐는 국가가 관리하는 중요한 자원이다. 우리나라는 많은 양의 실험용 쥐를 확보하기 위해 기술료를 주고 수입하고 있다. 물론 비싼 운송료까지 지급해야만 한다. 특히 실험용 쥐에 관한 종자 소유권도 없어 번식에도 돈이 필요하다. 최근에는 식품의약안전처 실험동물자원과에서는 30세대가 넘는 실험용 쥐 2종을 개발하였다고 한다. 우리나라의 의학발전을 위해 다행스러운 일이다. 토끼도 의학실험에 많이 활용되고 있다.

이다.

찰스 다윈은 인류의 네 가지 특징을 큰 두뇌, 작은 치아, 직립보행, 도구사용으로 보았다. 유인원 중 직립보행을 하는 것은 사람이 유일하다.

우리는 두발걷기를 하지 않았다면 여러 신체적인 장점을 포기할 수밖에 없었을 것이다. 지금 우리 모습은 현생인류가 출현하면서 갖추어졌다. 평균 키는 점점 커지고 있지만, 신체구조는 별반 다르지 않다.

사람은 두발걷기를 한 뒤부터 눈으로 볼 수 있는 시야 범위가 달라졌다. 숲을 벗어나 땅을 걸어 다니게 되면서 바닥 쪽으로 향했던 눈높이가 높아졌다. 우리는 눈으로 보는 공간과 사물의 크기가 나이가 들면서 바뀔 수 있음을 알고 있다. 어릴 때 놀던 동네 골목길은 친구들과 놀기에 충분히 넓은 장소였다. 그런데 어른이 되어서 추억에 젖어 그 골목길을 다시 가보면, 이 좁은 길에서 어떻게 놀았을까라는 생각이 먼저 든다. 사람은 키가 커지면서 생각이 여물어짐과 동시에 시야 범위도 달라진다. 어릴 때와 어른이 되었을 때의 시야 범위가 가장 다름을 느낀다. 우리가 느끼는 공간 지각의 범위가 바뀐 것이다.

우리가 알고 있는 명확한 사실은 초기 인류는 모두 아프리카에서만 출토되었다. 즉, 최초의 인류는 아프리카에서 등장했고, 느리지만 서서히 진화해 나갔다.

초기 인류[4]

최초의 인류 후보로는 사헬란트로푸스 차덴시스, 오로린 투게넨시스, 아르디피테쿠스 라미두스가 있다.

사헬란트로푸스 차덴시스(사하라의 사람이라는 뜻)는 700~600만 년 전에 아프리카에서 살았다. '투마이'로 유명한 화석이다. 현재까

[4] 인류의 계통과 뇌용량, 신체크기 등은 이상희(2015)의 저서를 참조했음을 밝혀둔다.

지 발견된 최초의 호미니드(사람과)이다. 이 인골은 차드공화국 투마이에서 발견되었다. 두개골 한 점과 턱뼈 두 점 등이 발견되었으나 두발걷기를 했는지는 연구자마다 의견이 다양하다. 고릴라가 살았던 아프리카 중부에서 발견된 점도 특이해, 고릴라의 조상일 것이라는 주장이 그래서 나왔다.

오로린 투게넨시스는 케냐 중부지역에서 발견되었다. 620~580만 년 전에 살았던 인류이다. 두뇌 크기는 알 수 없다. 허벅지 뼈에서 두발걷기의 특징이 보여, 최초의 인류일 가능성이 큰 화석이다.

아르디피테쿠스에는 카다바와 라미두스가 있다. 아르디피테쿠스 카다바는 500만 년 전에 아프리카에서 살았다. 두뇌 크기는 알 수 없다. 아르디피테쿠스 라미두스는 440만 년 전에 아프리카에서 살았던 인류이다. 두뇌 크기는 $300{\sim}350cm^3$이다. 키는 120cm로 추정된다. 몸 전체가 발견된 가장 오래된 호미니드이다. 미국의 고인류학자인 팀 화이트 연구진이 2009년 『사이언스(*Science*)』지에 결과를 발표하였다. 초기 두발걷기의 진화자료로 아주 중요하다. 두발걷기로 이동하고, 숲과 땅에서 여러 음식을 구해 살았던 것으로 추정된다. 두발걷기를 위해서는 발가락이 서로 나란해야 하지만 구부려져 있어 두발걷기를 했는지에 대한 논란이 있는 것도 사실이다. 그런 이유로 최초의 인류를 오스트랄로피테쿠스로 보는 연구자도 있다.

언제, 누가 두 발로 걸었을까

오스트랄로피테쿠스는 '사람이 언제부터 직립보행하고 도구를 사용했을까'라는 질문에 답을 줄 수 있는 고인류이다. 지금까지 6종이 발견되었다. 대략 420~200만 년 전에 아프리카에서 살았던 인류이지만, 아프리카를 벗어나서 다른 대륙으로는 이동하지 않았다. 이 인류가 중요한 이유는 호모속의 직접적인 조상일 가능성이기 때문이다. 현재까지의 연구성과를 보면 인류는 두발로 땅을 짚고 일어

고인류		연대 (만 년 전)	특징	발견연대	발견자	발견지역
아르디피테쿠스		440~420	직립보행의 초기 진화 단계. 가장 오래된 인류 조상. 두발로 걸었다는 증거가 분명하지 않음.	1992년	팀 화이트	에티오피아 아와쉬강
오스트랄로 피테쿠스 (*Australopithecus*)	아나멘시스	420~370		1995년	매리 리키	케냐 투르카나 호수
	아파렌시스 (루시)	390~290	사람 속의 공통조상. 직립보행을 가장 잘 보여주는 인류의 조상. 직립보행 사실 명백해짐. 호모 사피엔스의 조상인 호모속으로 계승. 사람처럼 손으로 잡는 능력 보유.	1974년	도널드 요한슨	에티오피아 아파르지역
	바렐그하자리	360	아파렌시스와 유사	1993년		아프리카 차드
	아프리카누스	300~200	1924년 오스트랄로피테쿠스 화석 중 가장 먼저 발견. 타웅 아이. 직립보행 가능성.	1924년	레이먼드 다트	남아프리카 공화국
	가르히	300~200	가르히는 놀랍다는 뜻. 석기를 최초로 사용했을 가능성 높음.	1996년	팀 화이트	에티오피아 아와쉬 강
	세디바	195~178	사람처럼 직립보행 가능성. 20대~30대의 여성 유골. 8~9세 남자아이로 추정	2008년	메튜 버거	남아프리카 공화국

선 뒤에 손으로 도구로 만들기 시작했다. 340만 년 전에 아파렌시스가 석기롤 동물사체를 해체했다는 연구결과도 있다. 그렇다고 해도 석기를 만든 시기보다는 직립보행한 시기가 더 오래되었음은 분명하다.

지금 세계 어딘가에서는 인류 기원을 파악하는 발굴조사와 연구를 진행 중이다. 고인류는 종류도 많아 외우기도 힘든데, 여전히 고고학자와 과학자들에 의해 새롭게 추가되고 있다.

　　인류의 가계에서 찾아볼 수 있는 고인류는 모두 아프리카에서 탄생했다. 아프리카를 인류 요람이라 부르는 이유이다. 과연 아프리카의 어디가 인류의 기원지란 말인지 궁금할 따름이다. 그리고 왜 인류 기원에 관한 가설은 끊임없이 바뀌고 있을까.

　　결론은 과학기술의 발전 덕택이다. 그 중 오래된 고인류의 화석을 분석하는 데 있어 꼭 필요한 장비가 있다. 여러 방향의 엑스선 영상들로 단면 영상을 복원하는 컴퓨터 단층촬영(CT scan)의 활용과 3차원 스캔 기술(3D scan)은 조각난 뼈들을 맞춰보고 복원하는 데 있어 큰 도움을 주었다. 특히 사람 DNA를 연구하는 기술 발전은 인류 기원을 추적하는 데 있어 눈으로 분류하던 수준을 객관적 사실로 입증시켜 주었다.

　　인류가 어디서 등장했을까의 출발점이 된 DNA연구로는 1987년에 네이처(*Nature*)에 발표된 '미토콘드리아 DNA와 사람의 진화 (Mitochondrial DNA and human evolution)'라는 논문이었다. 저자인 레베카 칸(Rebecca L. Cann) 등의 과학자는 세포 속의 미토콘드리아에 있는 원형 이중가닥 DNA인 '미토콘드리아 DNA(mtDNA, mito-chondrial DNA)'를 연구했다. 현생인류 147명의 태반세포 속 미토콘드리아 DNA를 해독한 결과 20만 년 전에 살았던 동아프리카 지역의 어느 여성이 60억 인류(2023년 기준 80억 명)의 어머니임을 밝혀냈다. mtDNA는 남자에게서는 전달되지 않고 여자, 즉 모계로만 전달되기 때문에 생물종을 구분하고 기원을 추적하는 데 적합했다. 즉 최초의 현생인류를 추적한 연구, '아프리카 기원설'의 출발이었다. 후속 연구에 의해 남아프리카가 인류 요람일 가능성도 제기되었다.

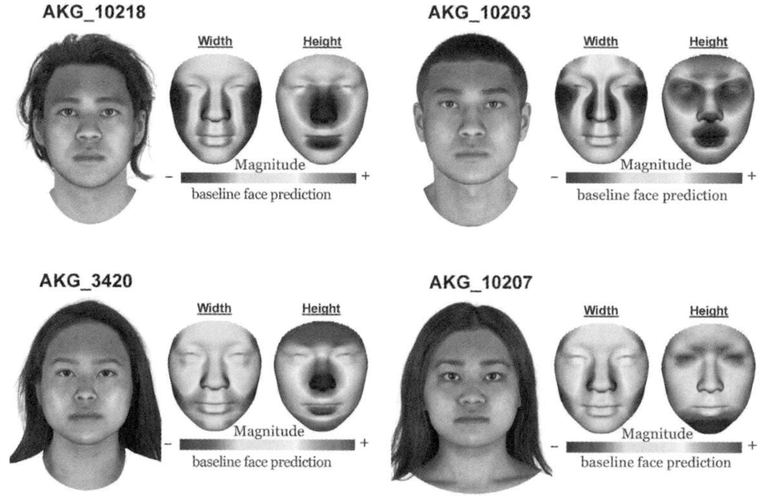

그림 3 삼국시대(가야) 김해 대성동고분군과 김해 유하리패총(AKG-3420) 출토 인골의 얼굴 복원 모습(Pere Gelavert, Asta Blazyte, Yongjoon Chang *et al.*, 2022). 인골에서 DNA를 추출하고, 그 정보를 활용한 한국인 게놈을 기반으로 컴퓨터 프로그램으로 얼굴을 예측한 결과. 특히 AKG-10207은 일본 조몬계 사람과 상당한 관련성이 있는 것으로 밝혀짐.

사람뼈에서 적절한 양의 DNA만 추출할 수 있다면 게놈 정보를 활용해 인공지능으로 당시에 살았던 사람의 얼굴을 복원할 수 있다(그림 3). 필자가 참여한 300~500년 전에 해당하는 김해 대성동고분군과 김해 유하리 패총에서 발견된 사람뼈로 유전자를 분석했다. 그 결과, 동아시아인의 특징인 건조한 귀지, 몸 냄새가 적은 유전자를 삼국시대 사람들도 가지고 있었고, 대부분 굵은 직모와 갈색 눈, 그리고 검은 머리카락을 가지고 있을 것으로 예측됐다.

인문학을 전공한 사람으로서 유전체 정보로 사람 얼굴을 복원할 수 있다는 사실이 놀라울 따름이다.

한반도에 오지 않은 네안데르탈인과 데니소바인

호모 하이델베르겐시스는 60~40만 년 전에 출현하였다. 두뇌 크기는 1,100~1,400cm^3이다. 키가 크고 호모 사피엔스와 호모 네안데르탈렌시스의 공통조상일 가능성이 크다.

호모 네안데르탈렌시스는 50~2.4(또는 37~2.7)만 년 전에 유럽과 서아시아에 살았다. 두뇌 크기는 1,300~1,600cm^3이다. 유라시아 대륙의 추운 겨울에 잘 적응하였다. 알래스카 이누이트족처럼 키가 작고 체구가 단단해 체온 유지에 적합하다. 네안데르탈렌시스와 호모 하이델베르겐시스는 현생인류와 거의 비슷한 뇌용량을 가지고 있었다. 50~20만 년 정도 생존했던 두 인류가 왜 사라졌는지는 아직도 미스터리로 남아있고, 계속 연구되고 있다. 네안데르탈인은 현생인류인 호모 사피엔스와 가까운 종으로 '르발루아'라는 특이한 석기 기술을 사용하였다. 불을 잘 다루었고 죽은 사람을 묻어주는 매장풍습을 가지고 있었다. 동굴벽화를 남길 정도로 상당히 발달된 문화를 보유하고 있었다. 유럽과 시베리아 남부에 존재했지만, 우리나라를 포함한 중국, 일본 등 유라시아 동부지역에서는 발견된 바 없다(톺아보기 2). 호모 사피엔스와 유전적으로 관련이 없는 것으로 알려져 있었으나 두 인류가 유전자가 섞였음이 분명해졌다.

독일 남서쪽 '호렌스테인-스테달 동굴(Hohlenstein-Stadal Cave)'에서 1937년 발굴했던 약 12만 4천 년 전의 네안데르탈인 넓적다리뼈 속 미토콘드리아 유전자를 분석한 결과, 약 40만 년 전에 처음으로 네안데르탈인과 현대인이 분리됐다는 사실이 확인됐다

현생인류가 지닌 언어와 관련된 FOXP2 유전자가 네안데르탈인에게서도 발견되었다. 또한, 네안데르탈인은 우리와 마찬가지로 대뇌가 좌우 비대칭이면서 한 손잡이였던 사실은 언어를 사용했을 가능성을 보여주고 있다.

2013년에 발견된 호모 날레디는 살았던 시기가 애초 200~300만 년 전이 아닌 20~30만 년 전인 것으로 2017년에 발표되었다. 남아프리카 공화국에서 호모 날레디를 최초로 발견했던 리 버거 남아공 비트바테르스란트대 교수팀은 국제학술지 『이라이프(eLife)』에 주장을 수정해서 발표했다. 이 인류는 여러 인류의 특징을 가지고

있으며, 200만 년 전의 인류가 가진 원시적 특징을 가지고 있었다. 도구는 발견되지 않았다.

이번 발견을 통해 호모 날레디가 예상보다 최근까지 생존한 것으로 추정됨에 따라, 현생인류인 '호모 사피엔스'와도 일부 공존했던 시기가 있었을 가능성도 커졌다.

데니소바인은 2008년에 시베리아 알타이산맥에 위치한 데니소바동굴에서 출토된 사람의 새끼 손가락뼈, 치아 화석, 다리뼈 화석의 DNA로 밝혀낸 인류이다. 데니소바인은 약 4만 1천 년 전에 현생인류와 네안데르탈인과도 공존했었다. 새끼 손가락뼈의 주인공은 6~7세의 여자아이였다. 데니소바인은 네안테르탈인과 서로 교배를 하였다. 티벳, 동남아시아, 파푸아 뉴기니와 솔로몬 제도의 멜라네이시아인들에게서도 관련 유전자가 확인되고 있다. 데니소바인은 유럽에서는 발견된 적이 없고, 아시아에서만 보고되었다. 동북아시아지역에서는 네안데르탈인의 인골이 출토된 사례가 아직은 없다. 데니소바동굴은 30~4만 년 전에 네안데르탈인과 현생인류가 만든 석기가 다량으로 출토되었다.

아프리카, 호모 사피엔스의 요람은 어디인가?

호모 사피엔스가 20만~13만 년 전에 동아프리카 초원에서 탄생해 5만~4만 년 전에는 서아시아와 유라시아 대륙으로 진출했고, 5~4만 년 전에는 유럽과 호주로 건너갔다. 그 뒤 2.5~2만 년 전에 일어난 최대빙하극빙기에 베링해협을 걸어서 건너 아메리카대륙까지 이동했다. 아프리카에서 탄생한 호모 사피엔스가 유라시아대륙을 거쳐 호주와 아메리카 대륙으로 퍼져가면서 다른 종과 싸워 이겨서 결국 홀로 호모 사피엔스만이 살아남았다는 사실이 '아프리카 기원설'의 핵심이다.

한편 남성염색체이면서 포유류의 남성을 결정짓는 Y염색체는

5천만 개의 염기쌍으로 이루어져 있다. 이 염색체를 이용해 인류의 조상을 추적하는 방법이 있다. 애리조나대학 마이클 해머박사는 아버지에게서 아들로만 전해지는 이 DNA를 분석한 결과, 인류 공통의 Y염색체 원조는 18.8만 년 전으로 거슬러 올라가는 것으로 추정했다. 남성 인류의 조상도 아프리카로 확인되었다. 'Y염색체 아담'이라는 별명이 붙었다. 아프리카 남성의 기원지는 서아프리카로 밝혀졌다. 2017년 아프리카의 북부 모로코 제벨 이르후드 동굴에서는 약 30만 년 전의 호모 사피엔스 화석이 발견됐다. 북부 아프리카도 현생인류의 기원지가 될 가능성이 생겼다.

악셀 팀머만 기초과학연구원(IBS) 기후물리연구단장이 이끄는 팀은 현생인류의 발상지와 확산 원인을 밝히기 위한 연구를 고기후와 연결시켜 연구했다. 가장 오래된 미토콘드리아 유전형을 지닌 인류는 아프리카 보츠와나 부근에서 약 20만 년 전에 탄생했다. 고기후를 함께 분석한 결과로는 약 13만 년 전, 또는 11만 년 전에 첫 현생인류의 첫 이주가 시작됐을 것이라는 주장이다.

결국, 여러 연구에 따르면 연구 방법과 시료 출처에 따르면 아프리카 모든 곳이 '최초의 현생인류 기원지'일 가능성이 열려있다고 볼 수 있다. 호모 사피엔스가 아프리카의 어딘가에서 산발적이면서 동시다발적으로 출현했을 수 있다. 그리고 아직 우리는 언어가 언제 시작되었는지를 정확히 모르고 있다. 아프리카는 호모 사피엔스의 기원지이지만, 언어가 이 지역에서 처음 시작되었는지는 아직 확실치 않다.

한반도에 온 호모 사피엔스(현생인류)는 누구인가

호모라 불렸던 최초의 인류는 호모 하빌리스와 호모 루돌펜시스이다. 그 후 200~180만 년 전에 호모 에렉투스는 유라시아 대륙까지 퍼진 최초의 인류였고, 그 동쪽 한계선이 한반도였을 가능성이 높다. 즉 한반도에 처음 살기 시작한 인류가 호모 에렉투스일 수 있다. 그러나 정말 호모 에렉투스인지는 확실하지 않다. 왜냐하면 전기구석기시대의 유물이 출토되었지만, 관련 인골이 발견되지 않았기 때문이다.

호모 사피엔스가 20~15만 년 전에 아프리카에서 출현했지만, 13~10만 년 전에 처음으로 아프리카를 벗어났다. 하지만 이때는 한반도를 포함한 아시아까지는 도달하지 못했다. 하와이대학 인류학과 크리스토퍼 배 교수는 2017년에 발표한 논문에서 호모 사피엔스가 12만 년 전에 아프리카에서 아시아로 넘어왔다는 주장을 했다. 하지만 이 시기에 한반도에 현생인류가 유입되었다는 증거는 아직 없다. 두 번째 도전은 7~5만 년 전에 있었는데, 아라비아 반도, 페르시아, 인도, 동남아시아, 아시아 남부 해안의 순으로 이동하는 '남부 루트' 또는 '해안 이동'가설이 있다. 즉 6만 년 전 무렵부터 호모 사피엔스는 아시아의 서쪽부터 차지해 오기 시작했다.

동아시아에 거주한 호모 사피엔스로는 4.2~3.9만 년 전의 중국 베이징근처의 텐위안 동굴에서 발견된 텐위안인(田園洞人)이 있다. 4만 년 전(보정 전 연대: 34,430±510)에 살았던 텐위안인의 연구결과는 한반도를 포함한 아시아인과 아메리카 원주민의 조상이 공통 기원을 공유하고 있었음을 말해준다.

하플로그룹 B의 mtDNA는 아메리카 원주민, 러시아 극동, 중앙아시아, 한국, 대만, 멜라네시아, 폴리네시아에 거주하는 사람들에게서 발견되었다. 즉, 아시아와 미국에 널리 퍼져 있는 것이다. 4만 년 전에 베이징 지역에 살던 한 사람이 앞서 언급된 지역에서 mtDNA의 조상인 미토콘드리아 게놈을 지녔다는 사실은 동아시아 초기 호모 사피엔스로 부터 현대인에 이르기까지 계통적 연결이 있음을 시사해준다. 유럽과 동아시아인이 갈라진 것도 4만 년 전 무렵이었다(Qiaomei Fu *et al.* 2013).

호모 사피엔스의 여정은 멀고도 험했다. 특히 남에서 북, 북에서 남으로의 이동은 기후 변화를 이겨내야만 하는 힘든 여정이었다. 호모 사피엔스가 오랫동안, 그리고 멀리 이동할 수 있었던 이유는 신체적 유리함은 물론, 불과 도구를 쓸 수 있었기 때문이다. 음식 없이는 최대 8주를 견딜 수 있다. 호모 사피엔스는 신체적 장점과 더불어 높은 지능을 이용한 수준 높은 생존 기술을 보유하였고 이는 생존에 큰 도움을 주었다.

먼저 사람은 잡식성 동물로 먹거리 종류가 늘어난 만큼 생존할 확률은 높아졌다. 극한 환경은 물론, 추위를 극복할 수 있는 불을 쓸 줄 알았고, 옷을 만들어 입었다. 오래 걸을 수 있어 장거리 이동이 가능했다. 항온 동물로 적절한 관리만 해준다면 어디서든 생존할 수 있었다. 나를 돌봐줄 가족과 집단 구성원이 있어 생명에 위협을 받았을 때 도움을 받을 수 있었다. 혼자서 여행하기보다 함께 이동하였고, 설령 죽더라도 자손을 번식해서 자신의 DNA를 후대에 전달했다.

우리나라에 처음 도달한 호모 사피엔스는 중앙아시아를 거쳐 북쪽에서 유입되어 온 인류와 중국을 거쳐서 남쪽 루트로 유입된 인류에 의해 성립된 것으로 추정된다. 후기구석기시대의 석기와 제작기술은 중국과도 유사점이 있지만, 중앙아시아, 러시아의 극동지역과 더욱 유사하다. 한반도의 구석기 조사 성과와 진화연구의 결과를 참조하면 남부 루트와 북방 루트, 어느 한 쪽의 일방적인 유입은 아니었다고 판단된다.

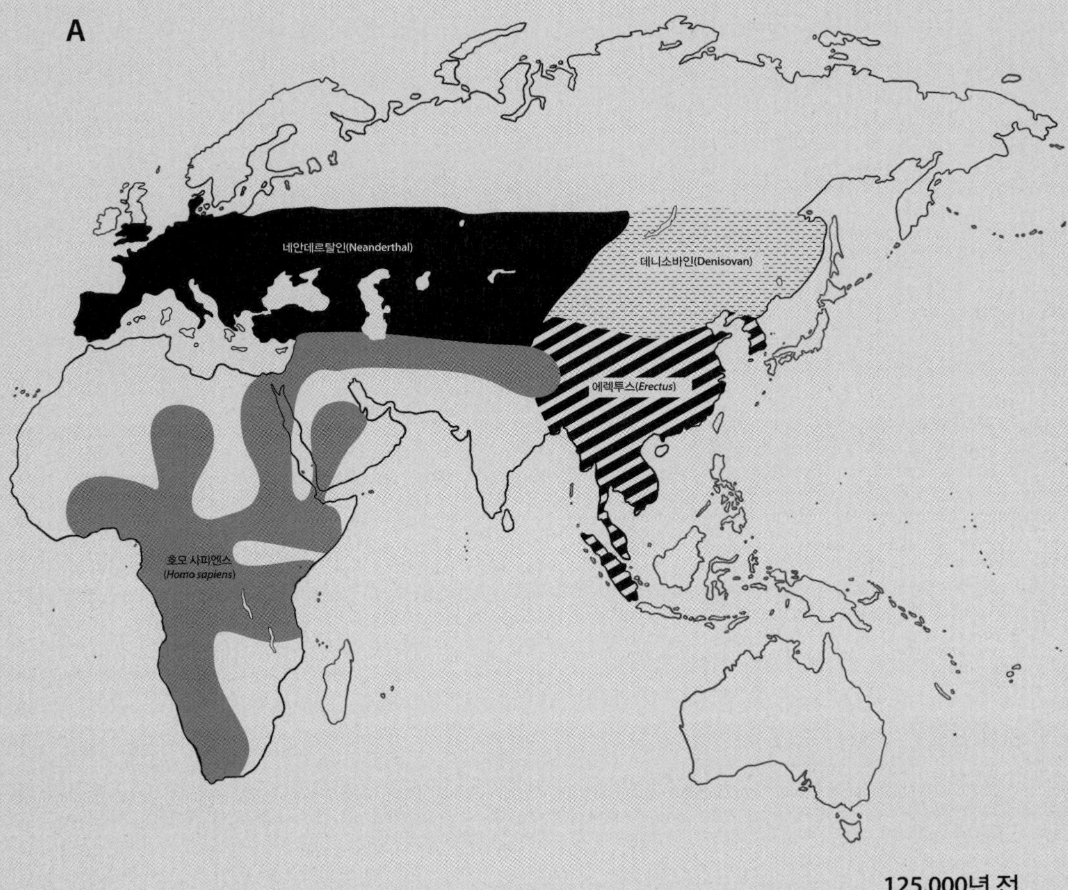

톺아보기 2

mt DNA

L 하플로그룹(haplogroups)의

지리적 기원과 확산 과정

B

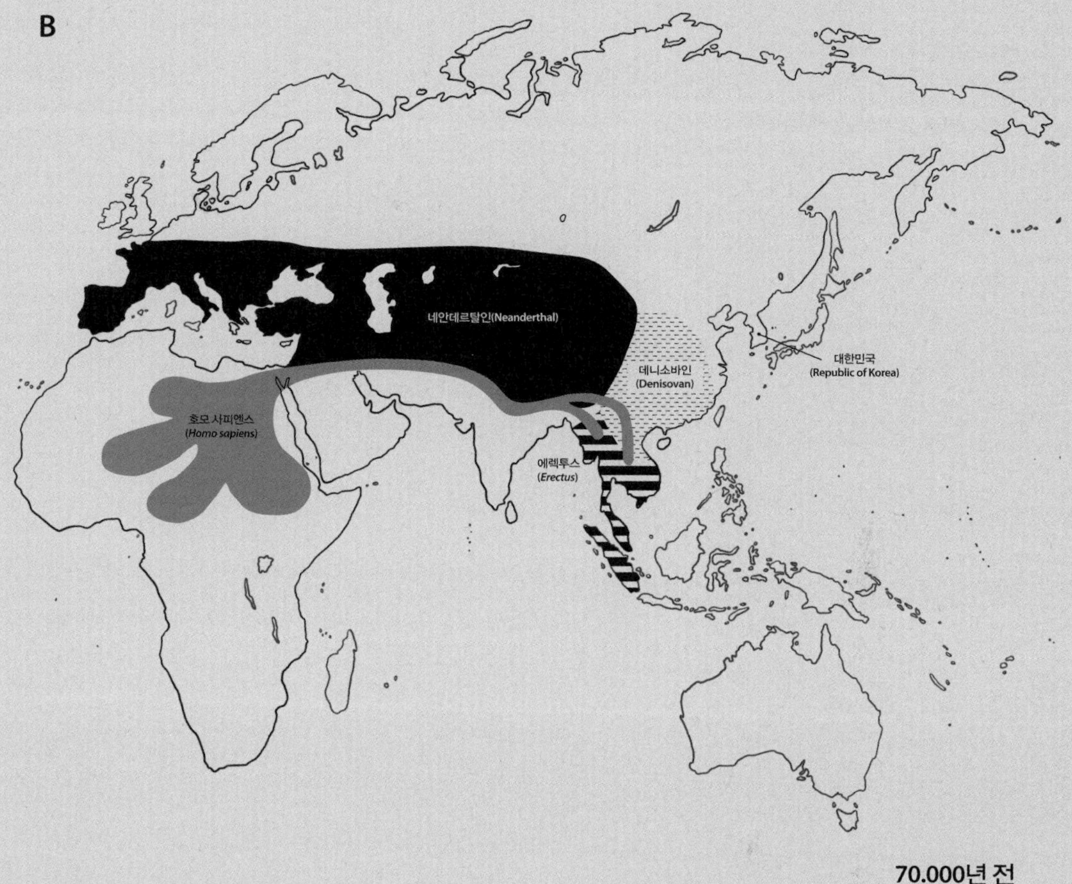

Vicente M Cabrera, 2018, Carriers of mitochondrial DNA macrohaplogroup L3 basal lineages migrated back to Africa from Asia around 70,000 years ago, *BMC Evolutionary Biology*, 18(1)을 토대로 수정했다.

> 아프리카에서 출발한 고인류는 유라시아대륙으로 점차 확산했다. 네안데르탈인, 데니소바인, 에렉투스의 지리적 범위는 추정 범위이다(Vicente M Cabrera et al. 2018). 네안데르탈인은 한반도는 물론, 일본, 중국 동남부와 동북 3성, 동아시아지역까지는 이동해서 오지 못했다. 그 이유는 정확히 알려지지 않았다. 그리고 그들은 현생인류와 달리 유라시아대륙에서 북위 50도 이상으로는 진출하지 못했다.

• 인류의 뇌가 커진 이유

옛날 옛적, 인류는 동물계에서 그리 존재감이 높지 않았다. 그저 그런 나약한 존재였다. 인류는 생태계의 먹이사슬에서 그다지 비중이 높은 동물도 아니었다. 다른 동물에게 그리 위협적인 존재도 아니었다. 그러던 인류가 두발걷기를 시작한 이후 두뇌가 발달하면서 다른 동물들의 생존을 위협하는 그런 존재가 되었다.

인류는 진화과정에서 다른 동물들과 비교하여 뇌가 커졌다. 그 이유가 최근 들어 서서히 밝혀지고 있다. 사람의 언어 발달이 뇌를 크게 만들었다는 주장, 집단 내 구성원들 사이의 상호관계가 생식의 성공에 영향을 미쳤다는 주장 등이 있다. 토비와 드보레는 인간 사냥꾼 모형을 주장하였다. 사람이 "단순히 먹이를 찾아 돌아다니던 방식에서 큰 짐승 사냥에 나서는 방식으로 전환이 일어난 사건은 인류의 진화에 중요한 추진력을 제공했고, 도구제작과 사용의 급속한 팽창, 큰 뇌 발달, 의사소통과 협력적 사냥에 필요한 복잡한 언어 기술의 진화를 포함해 일련의 연쇄적인 결과들을 초래하였다(데이비드 버스 2016: 143)"라는 내용이다.

1974년 필빔과 굴드는 과학학술잡지 『사이언스(*Science*)』에 논문을 발표하였는데, 인류와 대형 유인원, 오스트랄로피테쿠스의 몸무게와 뇌용량을 화석자료로 분석한 결과를 실었다. 그 결과, 분석한 기울기가 대형 유인원은 0.04, 오스트랄로피테쿠스는 0.03, 인류는 1.73이었다. 즉 인류가 몸무게보다 뇌용량이 다른 고인류이나 유인원과 비교할 수 없을 정도로 급격히 늘어났다.

사람의 대뇌는 뇌의 80%를 차지하는데, 감정의 뇌인 변연계와 사고의 뇌인 대뇌피질로 구성되어 있다. 우리나라 유전학의 권위자인 한국과학기술연구원의 신희섭 교수는 인간은 뇌의 확장으로 현재의 생존을 과거와 미래로 확장했으며, 현재의 전략을 미래로 확장하면서 의식과 자아가 탄생한 것으로 보았다. 특히 인간의 뇌가 커진 이유를 주변 동료들의 뇌가 모두 크기 때문이라는 것이다. 사회에서 살아가기 위해서는 큰 뇌가 필요하고 인간의 사회적 관계를 형성시키기 위해서는 많은 계산 능력이 필요하다고 주장하였다. 또한, 감정은 몸이 보여주는 반응으로 생존에 필수적이다(신희섭 2016: 23 - 32).

사람의 얼굴이 타인과의 감정전달을 위해 털이 없어지고 미세한 표정 변화가 진화하였다는 이야기도 있다. 다른 동물과 비교하여 사람의 뇌는 발생 과정이 다르다. 사람과 영장류는 신경 성장률이 아주 높다. 영장류는 출생 뒤에 뇌의 성장이 멈추지만, 사람은 두 살까지 빠른 속도로 성장한다(김경진 2016: 49 - 50).

그러나 위와 같은 주장에 대해 반박하는 연구 결과도 있다. 뇌가 꾸준히 커졌고, 사회적 요인보다는 생태적인 환경에 도전하면서 확장되었다는 주장이다. 뇌의 크기를 억제해주는 유전자에 변이가 생기면서 몸집보다 뇌가 커지게 되었다.

앤드루 두가 참여한 미국 시카고대 의대 연구팀은 생명과학 국제학술지 『영국왕립학회보 B(*Proceedings of the Royal Society B*)』에 다음 내용을 발표하였다. 연구팀은 오스트랄로피테쿠스부터 호모 에렉투스까지 320만~50만 년 전에 살았던 94종의 고인류 화석을 분석하였다. 침팬지와 비슷한 크기였던 오스트랄로피테쿠스부터 호모속에 이르기까지 두뇌 크기는 점진적으로 증가해 왔다는 점이다. 인류 조상의 두뇌가 현생인류의 직계 조상인 호모속이 등장할 무렵인 약 200만 년 전에 한 차례, 그리고 네안데르탈인이 등장할 즈음인 약 50만 년 전에 다시 한 차례 뇌가 급격히 커졌다는 '계단식 진화' 이론을 인정하지 않는 것이다. 즉, 뇌의 확장은 꾸준한 진화의 결과물이라는 사실을 지적하였다.

한편, 뇌를 직접 키우는 유전자가 발견됐다. 이언 피데스의 미국 샌타크루즈 게놈학연구소 팀은 사람의 1번 염색체에 있는 NOTCH2NL이라는 유전자들이 방사신경교세포에서 특히 높은 활성을 보인다는 사실을 학술지『셀(Cell)』에 발표하였다. 사람은 400만~300만 년 전 이후에 방사신경교세포 양이 증가하면서 대뇌피질의 뇌세포 수가 늘면서 뇌가 커질 수 있다는 것이다(《동아일보》 2018.6.8.). 과학의 발달로 뇌를 키운 유전자가 밝혀지고 있다.

• 인류의 뇌는 왜 계속 커지지 않았을까

뇌는 척추의 말단에서 유래된 신경절이 커지면서 생겨났다. 인류의 뇌는 계속 커지지는 않았다. 한 연구에 따르면 후기구석기시대의 현생인류의 뇌는 1,500cc이다. 현재 우리의 뇌 용량은 1,350cc 정도이다. 구석기시대의 사람들보다 현대인의 뇌 크기가 오히려 더 작아진 것이다. 후기구석기시대의 어느 시점에 뇌 크기가 억제되었거나 좀 더 작아졌을 수 있다. 인류가 어느 방향으로든 계속 진화한다는 관점을 유지하면 조금 이상한 일이다.

영국 스코틀랜드의 세인트 앤드루스대 연구팀의 마우리시오 곤살레스포레는 사람들이 60%의 생태적 도전, 30%의 협동적 도전, 10%의 그룹 간 경쟁 도전에 직면했을 때 성인 호모 사피엔스 크기의 뇌와 신체로 진화한다는 것을 예측하였다. 사람 뇌 크기의 진화에 있어 뇌의 확장은 개인 간의 경쟁보다는 생태적 도전에 대응하여 확대되었다는 것이다. 사람이 처한 어려운 환경 속에서 살아남기 위해 뇌를 키웠으며, 협력이나 경쟁은 뇌를 확장하는 데는 큰 역할을 하지 못하였다(《동아일보》 2018.6.8.).

제브 크로넨버그가 이끄는 미국 워싱턴대 의대 연구팀은 새로운 3세대 게놈 해독 기술을 이용해 현생인류 두 명과 고릴라, 수마트라 오랑우탄의 게놈 전체를 해독한 뒤 인류의 뇌를 키우는 데 관여한 유전자를 밝혀내 『사이언스(Science)』에 발표하였다. 연구팀은 유인원의 뇌세포를 배양해 미니 뇌(오가노이드)를 만든 뒤, 어떤 유전자가 활동하는지를 인류와 비교하였다. 그 결과 대뇌피질 발달에 중요한 역할을 하는 뇌 속 작은 세포인 '방사신경교세포'와 관련된 유전자들의 활성이 침팬지보다 인류가 41%나 낮다는 사실을 발견하였다. 이들 중 상당수는 뇌의 크기를 제한하기 위한 '고삐'로 추정된다. 연구팀은 "특정 기능을 잃어버린 것이 인류 진화의 원동력"이라고 밝혔다.

사람의 뇌가 커지려면 먼저 머리가 커져야 할지도 모른다. 익히 알다시피 뇌의 크기와 지능이 비례하지는 않는다. 만약 뇌가 더 커진다면 여자가 겪어야 하는 산통이나 출산의 위험이 커질 수밖에 없다. 뇌 크기의 확대는 사람의 신체를 변화시켜야만 가능한 일이다. 지금보다 뇌가 조금이라도 더 커진다면 출산의 고통이나 난산으로 인해 지구상에서 여자가 사라질지도 모른다.

또한, 사람의 능력을 대신해주는 다양한 기기들이 발명되고 개발되고 있다. 이런 상황에서 신체 에너지를 과도하게 소모하게 하는 뇌가 더 커진다면 다른 신체 내 장기의 기능을 약화시킬 수 있다. 어떤 장기가 될지는 몰라도 그런 기능 약화로 수명이 단축될 수도 있는 것이다.

구석기시대처럼 모든 사실을 머리로만 기억해야 하는 시대에서는 뇌의 기억이 전부였다. 인류가 문자로 기록을 시작한 이래, 지금은 기억을 대신할 장치가 너무 많아졌다. 문자와 컴퓨터가 우리 기억을 대신해 주고 있다. 사람의 뇌는 더 커질 필요가 없다. 나 혼자의 머리로 할 수 없는 일은 함께하면 가능해진다. 여러 사람이 토론하고 질문하는 행위는 서로의 뇌를 연결하는 행위로 볼 수 있다. 슈퍼컴퓨터가 수많은 컴퓨터를 연결해서 만드는 것처럼 인류도 서로 만나고 소통하면서 뇌의 능력을 증폭시킨다. 실제로 현생인류는 지금의 뇌 능력을 모두 쓰지 못하고 있다.

사람은 모이면 이야기를 한다. 이야기는 머리로 생각해야지만 가능하다. 생각이 너무 많아지면 그것 또한 고통일 수 있다. 정신과적인 이상 현상이 생기지 말라는 법도 없다. 사람에게 주어진 '생각하는 능력'은 때로는 사람을 고통스럽게 하기도 한다. 어쩌면 뇌 전체를 이용할 수 없는 조절장치가 머릿속에 있을 것 같다는 생각이 든다. 고민보다 생각을, 생각보다는 여유를 찾으라는 의미인지도 모르겠다.

사람들은 집단 내 사회적 접촉이 늘어나면서 뇌가 더 커질 필요가 없음을 느꼈을 것이다. 한 사람이 할 수 없는 것을 해내는 집단 지성이 생물학적인 뇌의 확장을 억제한 것이다.

어쩌면 뇌가 더 발달하였다면, 똑똑한 사람들이 넘쳐 컴퓨터가 필요 없는 세상이 되었을지도 모르겠다. 사람의 몸은 진화과정에서 마냥 뇌를 더 키울 수는 없었다. 뇌 크기는 현재의 신체 크기와 비교하면 그 크기가 최대치일 가능성이 크다. 몸 크기는 그대로 유지한 채 머리가 마냥 커졌다면 그 무게를 척추(특히 목뼈)가 버티기가 어렵고, 똑바로 선 채 두발로 걷는 것을 할 수 없다. 또한, 뇌가 무조건 커지면 먹고살기 위한 활동과 자신을 지키기 위한 신체 능력은 떨어질 수밖에 없다.

• 에너지 먹는 하마, 뇌

세계적인 과학자 라마찬드란 교수는 인간의 뇌가 우주에서 가장 복잡하다고 얘기하였다. 사람의 뇌는 1,000억 개의 신경세포(뉴런)로 구성되어 있다. 각 뉴런은 다른 뉴런과 1,000개에서 1만 개에 이르는 접합부를 형성하는데 이것이 시냅스이다. 시냅스에서 각종 정보 교환이 일어난다. 이를 토대로 가능한 뇌 활동의 순열과 조합의 수는 우주상의 소립자의 수를 능가한다고 말하였다(빌리야누르 라마찬드란 2017: 21).

인류는 오랜 진화를 거치면서 뛰어나면서도 복잡한 구조의 뇌를 가질 수 있었다. 사람의 뇌가 커지면서 무조건 좋은 일만 생긴 것은 아니었다. 사람은 뇌가 커지면서 몸에 다른 문제가 나타났다. 뇌는 몸 크기에 비례하여 차지하는 비중이 2%에 불과하다. 하지만, 뇌의 에너지 소비량은 20%에 이른다. 뇌는 산소공급의 20%, 혈액의 20%를 얻어야만 활동할 수 있다. 다시 말하면, 사람은 심정지가 생겨 뇌에 5분만 산소공급이 제대로 이루어지지 않으면 숨지거나 소생하더라도 뇌에 문제가 생길 수 있다.

사람(호모 사피엔스)은 태어나면 뇌용량이 약 350cc 정도밖에 되지 않지만, 3년이 지나면 세배, 완전히 발육하면 출생 시의 네 배인 1,400cc가 된다(스티븐 미슨 2000: 278). 엄마의 뱃속에서 제어되었던 머리 크기가 출생 이후에 급격히 커진다. 사람은 식사에서 육류가 차지하는 비율이 늘어남에 따라 소화관의 길이가 줄어들었다. 하지만 육식 덕분에 기초 대사율을 유지하면서도 뇌에 더 많은 대사 에너지를 공급할 수 있었다. 뇌는 쉬는 동안에도 근육조직과 비교해 22배나 더 많은 에너지를 쓴다. 우리 몸속의 뇌는 하마처럼 에너지를 끌어당겨 사용한다.

뇌가 에너지를 많이 소비하는 현상은 주변에서 쉽게 확인할 수 있다. 우리 아이들이 정말 집중해서 공부하고 있다면 간식을 자주 찾을 것이다. 그만큼 뇌의 활동이 활발해졌다는 증거이기 때문이다. 필자 역시 연구나 독서를 하면 배고픔을 자주 느낀다. 특히 열량이 높은 초콜릿이나 달콤한 음식이 입에 댕기곤 한다. 인류는 뇌의 높은 에너지 소비량을 맞추기 위해서 식량을 찾아다니는 데 많은 시간을 보내야만 하였다. 근육에 쓸 에너지를 뉴런에 투입하면서 근육은 다른 동물들과 비교하여 퇴화하였다.

사람은 운동하면 뉴런이 새로 생긴다. 그 뉴런은 28시간 이내에 사라진다. 학생들이 운동을 적절히 해야 하는 이유가 여기에 있다. 실제 여러 실험결과를 보면 적당히 운동하고, 자주 몸을 움직여주는 학생이 훨씬 공부효율이 높다. 아들이 다녔던 중학교 체육 선생님께서 아침마다 달리기를 시킨다고 했다. 아이들은 귀찮고 힘들지 모르겠지만, 분명 아이들의 건강과 학습능력을 모두 잡을 수 있는 좋은 활동이다. 일 년이 지나고 학교 밖 현수막에는 우수체육활동 학교로 상을 받은 것을 보았다. 어쩌면 아침마다 운동장을 뛰는 학생들의 모습이 구석기시대로 보면 아침에 사냥 나가서 토끼를 잡으러 뛰어다니는 행위와 다르지 않게 보인다.

현생인류인 우리는 뇌용량이 증가한 만큼 아이를 돌봐줘야 하는 시간도 늘어났다. 크리스 나이트와 동료들은 초기 현생인류의 여성들이 남성으로부터 예전에는 찾아볼 수 없을 만큼의 노동력 제공, 아기 돌봄, 식량 제공과 같은 도움을 많이 받음으로써 뇌가 커진 아이의 육아문제를 해결할 수 있었다고 말했다. 아이가 홀로 걸을 수 있을 때까지 옆에서 돌봐줘야 하였기에 여자 홀로 아이를 책임지기는 어려웠다. 여자가 아이를 돌보는 동안 식량을 가져다주거나 보호해 줄 남자나 타인이 필요하였다. 이러한 상관성은 가족을 이루고, 더 나아가 집단생활을 하는 근원이 되었다.

아무거나 잘 먹는 사람과 달리 유인원은 채식 중심의 식단이다. 침팬지, 보노보, 고릴라, 오랑우탄 등은 살아가기 위한 영양소의 99%를 여러 식물의 열매 등에서 얻는다. 일부 유인원은 개미, 동물 사체 등에서 단백질을 보충한다. 초기 인류에게 있어서 굶주림은 익숙하고, 배고파서 죽는 것은 숙명과도 같았다. 세계에 사는 80억 인류가 모두 잘산다고 생각하지만, 아직도 9억 명에 가까운 사람들이 기아에 시달리고 있다. 어쩌면 인류에게 식량 획득 행위는 여전히 해결하기 어려운 문제로 남아있다. 인류에게 있어 '식량을 구한다는 행위'는 생존을 건 아주 중요한 문제이자, 살면서 한 번도 예외였던

적이 없었다.

호모 에렉투스 때에는 커진 신체와 두뇌에 필요한 에너지를 공급하기 위해 식단 변화가 일어났다. 더 많은 사냥감을 잡아야 하였고, 그것을 불로 요리하는 것이 시작되었기 때문이다. 사람은 몸속에 에너지를 축적하는 데 한계가 있다. 일정 시간이 지나면 배가 고프다. 축적이 제한된 신체 에너지로 인해 에너지 생성에 필요한 먹거리를 지속해서 공급하기 위한 노력을 기울여야만 했다. 인류가 잡식 사냥꾼이면서 식물 채집자로 변모한 것은 어려운 환경 속에서 굶주림을 피하고 배고픔을 극복하기 위한 진화의 선택이었다.

모든 인류가 마음껏 먹을 수 있는 세상은 아직 한 번도 열리지 않았다.

• 사람, 진화하는 뇌를 가지다

사람은 늘 일상적 행위를 지우면서 살아가고 이겨낸다. 인공지능이 사람의 뇌를 곧 따라잡을 것이라 언론에서 자주 얘기한다. 빅데이터를 기반으로 한 인공지능의 등장이 앞으로 어떤 것을 가능하게 해주고, 우리 일상을 얼마만큼 바꿀지는 예측조차 쉽지 않다. 사람보다 컴퓨터를 기반으로 한 인공지능이 특정 부문에서는 분명히 나을 수 있고 삶을 더욱 윤택하게 바꾸어 준다. 이렇게 똑똑한 로봇이나 인공지능 컴퓨터도 '사람이 하는 일상적인 신체 행위'는 거의 대체하지 못하고 있다. 특히 뇌의 행위인 감각, 지각, 촉각, 감정 등을 기계가 대체하기에는 기술 수준의 한계가 있고, 이를 위해서는 아주 수준 높은 장치를 개발하여야만 한다. 기계가 사람처럼 복합적인 행위를 감지하고 대처하기 위해서는 아직은 많은 시간이 필요하다.

과연 컴퓨터는 사람의 뇌를 따라잡을 수 있을까. 사람의 뇌와 컴퓨터는 각기 하는 역할이 다르고 서로 보완적인 관계로 설정하는 것이 맞다. 사람이 알파고를 능가할 수 없는 부분도 있지만, 알파고가 사람만큼 창의적이고 감정적으로 행동할 수는 없기 때문이다. 사람을 이기기 위해 만든 인공지능 컴퓨터. 사람이 매일 뇌 속에서 접하는 '일상적 행위와 느낌'은 사람만이 가능하다. 사람의 두뇌 역할을 완벽히 대체할 수 있는 컴퓨터는 이 세상에는 아직 존재하지 않는다.

재미난 사실이 있다. 컴퓨터는 누군가 지워주지 않으면 스스로 잊어버리는 기능이 없다. 물론 그 속에 삭제 프로그램을 심고 예약해 둔다면 내용을 지울 수 있다. 컴퓨터가 스스로 판단하여 느리게 잊어가는 기능은 가질 수 없다. 이른바 망각은 지워짐과 연관이 있다. 사람의 머릿속에 담긴 고통이나 아픔과 관련된 기억들, 가족이나 연인과 함께 여행한 좋은 추억들. 언젠가는 희미해진다. 하지만 아직 스스로 망각하는 기능을 가진 인공지능은 없다. 사람마다 처한 환경과 경험이 다르다. 기억을 잊게 해주는 수준과 범위, 시간도 사람마다 다르다. 이별의 아픔을 잊고 싶은 것인지 기억할 것인지도 사람마다 다르다. 컴퓨터가 무엇을 영원히 해결해 줄 수 없다.

이 세상에 아직도 나오지 않은 다양한 창작행위는 더욱 그러하다. 무엇보다 인공지능이나 컴퓨터만 나아지는 것이 아니라 우리도 계속 앞으로 나아가고 있기 때문이다. 그러한 진보는 사람이 컴퓨터를 이기겠다는 의욕이 아니라 인류가 생존해가기 위한 자존심이다.

초기인류부터 현생인류가 출현하기까지 수백만 년이라는 긴 시간이 걸렸다. 향후 1만 년 뒤에 우리의 뇌가 어떠한 모습으로 바뀌어 있을지는 감히 짐작할 수 없다. 분명한 사실은 우리도 바뀌려고 노력하고 있고, 사고도 다양해져 가고 있다. 인류가 출현한 이후 사람의 뇌는 아주 느리게 개선되었다.

인류가 출현하고 뇌용량이 1,500cc까지 도달하는 시간을 계산해보자. 3백만 년 전에 출현한 오스트랄로피테쿠스의 뇌가 400cc였다. 현생인류의 출현을 20만 년 전이라고 가정하더라도 280만 년 동

특히 인류 진화와 공룡을 전시하고 있어 아이들에게 인기이다. 우리도 이런 멋진 자연사박물관을 갖게 되는 행운이 오길 기대한다.

찰스 다윈의 조각상

(런던자연사박물관 중앙홀)

> 1874년 2월 18일에 그려진 피가로의 런던 스케치북에 담긴 찰스 다윈의 모습은 다윈 얼굴에 몸은 원숭이를 합성해서 그렸다. 당시 사람들이 다윈의 진화론을 이해하면서 원숭이가 사람으로 발전한다는 잘못된 인식을 그림으로 잘 이해할 수 있다.
>
> 박물관을 방문하면 다윈을 볼 수 밖에 없는 위치에 동상이 설치되어 있다.

안 뇌는 고작 1,100cc가 늘었을 뿐이다. 1년에 0.00039cc씩 커졌다는 계산이 나온다. 인류는 뇌의 증가를 거의 느끼지 못하면서 진화해 왔다. 지금 우리의 뇌용량은 현생인류 출현 이후 거의 정체되어 있다고 느낄 수 있지만, 몇만 년 뒤 우리의 뇌가 발전해 있을지 퇴화하였을지 사뭇 궁금하다.

우리는 컴퓨터처럼 훈련하고 배우면 발전할 수 있다. 외우고 습득하는 데는 한계가 있을 수 있지만, 그 한계를 알기에 새로운 장치와 보완수단을 찾아낸다. 이를 찾아내는 주체도 컴퓨터가 아닌 우리 인류라는 사실이다. 인류는 이 모든 장치를 제어하고 통제한다. 이제 인류의 진화를 사람만으로 평가해서는 안 된다. 인류가 이 세상에 이룩해놓은 모든 문화와 문명, 역사 이것이 우리의 두뇌이고 발전이다.

인류는 뇌용량이 몇십만 년 동안 그대로였지만 다른 도구나 장치를 빌려서라도 생존하였다. 사람은 뛰어난 두뇌 덕택에 힘든 환경 속에서도 살아남았다. 뇌 속에는 기억력을 담당하는 전두엽, 운동 명령을 내리는 두정엽, 시각정보를 다루는 후두엽, 청각을 담당하는 측두엽이 있다. 이러한 기능을 모두 담은 컴퓨터는 세상에 아직 나오지 않았다.

인공지능은 우리의 뇌 모습과 다르다. 사람의 지능을 대신하기 위해 만들어진 컴퓨터이지만 전혀 다른 형태의 모습으로 능력을 발휘한다. 뇌와 컴퓨터는 서로 다른 형태로 각자의 역할을 한다.

인류 진화와 관련된 많은 자료를 보관한 런던자연사박물관을 방문한 관람객 모습

• **사람, 무엇으로 구성되었을까**

동물은 몸을 지탱하고 움직이기 위해 뼈가 있다. 흥미로운 사실은 상어는 경골이 아닌 연골로 된 척추를 가진 연골어류라는 사실이다. 물고기 뼈는 대체로 단단하다. 상어와 가오리는 서로 친척 관계로 연골어류에 속한다. 반면, 사람은 척추동물이다. 단단한 척추뼈를 가지고 있다.

사람은 뼈와 근육으로 이루어져 있어, 움직이고 지탱할 수 있다. 얼굴 근육은 30개이다. 팔이나 다리 쪽의 뼈들은 위쪽이 한 개, 그 아래는 두 개이다. 예를 들어 넓적다리뼈는 하나이지만, 그 아래의 뼈는 두 개로, 정강이뼈와 종아리뼈로 이루어져 있다. 뼈와 뼈 사이에는 연골이 있어 움직이기 쉽다.

남자와 여자는 신체구조가 다르다. 그 이유 중에는 뼈 모습에 차이가 있기 때문이다. 사람이 죽더라도 뼈가 남아있다면 남녀를 분간할 수 있다. 가장 큰 차이가 있는 부위가 골반이다. 여자는 출산해야 하기에 남자와 골반 모양이 다르다. 여자는 키에 비해 골반이 상대적으로 크고 넓다. 뼈는 많은 증거를 가지고 있다. 과학자들은 넓적다리뼈의 최대길이를 이용해 죽은 사람의 키를 추정한다.

사람의 구성성분은 질량으로 따져보면 아주 다양하게 이루어져 있다. 산소, 탄소, 수소, 질소, 칼슘, 인, 칼륨, 황이 중요 성분이다. 그중 핵심성분의 65%는 산소이다. 두 번째는 18%인 탄소, 10%인 수소이다. 이 세 성분을 합치면 무려 93%이다. 그 외에도 적은 양이지만 아연, 마그네슘, 티타늄, 니켈, 비소까지 포함한다. 심지어 0.1g의 금도 들어있다고 한다. 여기서 우리 몸의 놀라운 비밀이 끝나지 않는다. 소장은 7m, 대장은 1.5m, 정맥 및 동맥은 95,000km, 피부 신경은 73km이다. 특히 뇌 신경은 165,000km에 이르는 길이로 몸속을 지배하고 있다(발렌티나 데필리포·제임스 볼 2014).

　사람의 몸은 인류 진화의 여정에서 몇백만 년 동안 환경에 적응한 결과물로 어머니의 뱃속에서 만들어지지 않았더라면 신조차 만들 수 없는 그런 귀하고 복잡한 몸이다.

　사람 몸속에는 1~2kg 정도의 장내 미생물이 살고 있다. 최근에는 건강한 사람의 똥을 활용해서 장이 약한 사람의 병을 고치는 치료도 진행하고 있다. 건강한 똥을 가져다주면 돈을 받을 수 있는 세상이다. 모 기업에서는 아기의 똥을 연구해 새로운 유산균을 개발하고 있다. 장내 미생물 중에는 음식을 분해하고 면역 체계에도 관여하는 유익한 균과 비만, 당뇨병, 설사 등을 일으키는 해로운 세균이 함께 공생하고 있다. 그렇다 보니 아플 때 먹는 항생제는 안 좋은 세균도 죽이지만, 좋은 세균을 함께 죽이기도 한다. 우리가 항생제를 먹고 설사하는 때가 있다면 그런 이유일 수 있다. 요사이 의사가 유아나 어린이에게 항생제를 처방할 때 유산균 제제를 함께 처방하는 것도 좋은 균을 몸속에 넣기 위함이다. 살이 쉽게 찌도록 하는 장내 미생물은 공기 중에 퍼져 번질 수 있다는 연구 결과도 있다.

　이렇게 다양한 요소로 구성된 사람은 태어나면서부터 사람을 알아본다고 한다. 자기와 같은 존재가 있음을 인지할 수 있는 능력을 물려받았다. 이는 수백만 년 동안에 이루어진 오랜 진화의 산물이다. 특히 다른 사람의 의도를 간파하는 재주가 있어 생존을 위해 그 능력을 최대한 발휘한다. '눈치능력'이다. 물론 상대의 마음을 제대로 이해하지 못해 곤란을 겪기도 하지만 말이다. 여성의 벗은 몸을 보고 매력을 느끼지만, 여성은 남성의 몸을 두려움과 위협으로 느끼기도 한다. 인류가 진화하는 과정에서 남녀의 신체를 바라보는 시각도 다르게 변화됐다. 사람은 직립한 자세를 취하면서, 신체의 다양한 부위가 유기적으로 움직이는 동물로 자리잡았다.

- **사람, 환경에 적응할 수 있는 몸을 가지다**

미켈란젤로가 '노예'를 주제로 제작한 조각상은 사람이 처한 현실에 어떻게 적응되었는지를 생동감 있고 현실감 있게 보여준다. 비록 돌로 만들어진 작품이지만, 세상에 갇혀버리지 않기 위해 고뇌하는 모습일지도 모르겠다.

오리는 태어나면서 보는 첫 상대를 어미로 인식한다. 잘 알려진 각인효과이다. 사람은 태어나면서부터 사람을 정확히 인식한다고 한다.

동물 가운데 사람과 똑같은 모습을 한 것은 존재하지 않는다. 여느 동물처럼 사람의 몸은 수백만 년이라는 긴 시간 동안 환경에 적응한 생물체이다. 우리는 생명을 위협하는 맹수가 득실대거나 전염성이 강한 해충들이 가득한 밀림, 추운 겨울의 척박한 땅에서 자란 풀 한 포기를 뜯어 먹으면서도 선조로부터 어디에서든 살아남을 수 있는 몸을 물려받았다.

물론 사람이 진화하였다고 신체의 모든 부위가 좋은 방향으로만 변하지는 않았다. 사람의 성장은 무한대로 확장되지 않는다. 성장에는 제한이 있다. 사람은 대체로 청소년기에 성장판이 닫히면 성장이 멈춘다. 성장 멈춤은 사람이 살아가면서 견뎌낼 수 있는 크기만큼만 크도록 하는 생물학적인 통제행위이다. 지금은 성장호르몬을 맞으면 된다고 하지만, 그것도 성장판이 닫히기 전까지만 가능한 결정 사항이다. 그 이후는 성장호르몬도 무용지물이다. 대부분 동물이 그러하듯, 사람의 키는 한번 자라면 죽을 때까지 유지된다.

사람이 가진 불완전한 신체 요소로는 뼈와 관련된 것들 있다. 척추는 아래쪽이 두발로 걷기 위해 앞으로 휘고, 척추 위쪽은 머리 균형을 잡기 위해 반대쪽으로 휘었다. 이로 인해 사람들은 일상생활을 하면서 허리 통증을 겪게 되었다. 넓적다리뼈와 정강이뼈를 잇는 무릎도 단지 앞뒤로만 움직인다. 좌우로는 움직이지 않는다. 뼈는 필요한 쪽으로 고정된 채 발달하였다. 지능발달을 위해 커진 머리는 목디스크를 유발한다. 척추나 무릎 관련 질환은 이겨낼 수 있지만, 심각한 질환은 삶을 포기하게끔 할 정도로 고통이 따른다. 심지어 극단적 선택을 하는 부작용을 낳기도 한다.

우리가 가진 치아에도 적응 흔적이 남아있다. 사랑니와 맨 안쪽 어금니는 음식물을 씹을 때 이루어지는 저작 운동에 크게 도움이 되지 않지만 남아있다. 필자는 모두 네 개의 사랑니가 있었다. 세 개는 20대가 끝나기 전에 비교적 손쉽게 이를 뽑았다. 마지막 한 개가 문제였다. 매복치였다. 어금니 밑에 사랑니가 숨어있어 대학병원에서 수술로 이를 뽑았다. 한 달 정도 고통스러운 시간을 보냈다. 지금 이러한 사랑니들은 모두 빠지고 없지만 생활하는 데 전혀 불편함은 없다.

인류는 두발걷기를 하면서 몸에 많은 신체 변화가 있었는데, 특히 여성의 골반 크기가 바뀌었다. 여성의 골반 내 산도가 좁아져 산모는 아기를 낳을 때 극심한 고통을 겪는다. 아기를 낳는 모습을 직접 지켜본 적이 있다. 산모에게 무통 주사를 놓는다고 하더라도 고통은 끝나지 않는다. 특히 출산이 다가오면 다리에 힘을 주어야 함으로 무통 주사를 놓지 않는다. 산모가 첫아기를 낳을 때의 고통은 엄청나다. 자신의 아이를 잉태한 여성만의 생물학적인 본능이 없다면 출산의 고통은 이겨내지 못할 것 같았다. 나의 아기. 9개월을 넘게 몸속에서 키운 아기를 보겠다는 엄마 마음이 고통을 견디게 한다. 이런 엄마의 진통과 아픔을 줄여주기 위해 뱃속의 태아도 노력한다. 태아는 출산 때 뇌가 다치지 않고, 머리가 산도를 빠져나가기 쉽게 하려고 본능적으로 뇌가 일정한 크기만큼만 성장한다.

남성의 고환은 밖으로 노출되어 있다. 동물을 사냥할 때나 누군가와 싸울 때 노출된 성기는 치명적일 수 있다. 고환은 급소이기에 그곳을 맞기라도 한다면 고통 속에 나뒹굴 수밖에 없다. 그런데도 고환의 외부 노출은 정자가 여성의 따뜻한 질 쪽으로 들어가 난자와

수정을 잘하기 위해서는 고환이 체온보다 낮아야 했기 때문이다(《조
선일보》2016.8.18.).

　　사람의 보행속도는 4km, 뛸 때는 10~30km이다. 사람은 두발
로 걷지만 네발짐승보다 빨리 달릴 수 없고, 빠르게 오래 달릴 수 없
다. 우리에게 2시간 남짓의 마라톤은 극한의 훈련을 이겨낸 사람만
이 가능한 일이다. 아마추어 마라토너가 3시간 이내로만 달려도 대
단한 일이라고 한다. 그러나 두발로는 어디든 갈 수 있고, 지치지 않
고 오랫동안 걸을 수 있다. 사람은 빨리 가지는 못해도 오래 걸을 수
있는 능력 덕택에 세계 어디라도 갈 수 있다. 제일 좋은 사냥법은 끝
까지 쫓아가서 지친 짐승을 사로 잡는 것이다.

　　사람은 다른 짐승들에 비해 후각 능력이 떨어진다. 우리는 일정
거리 이상 떨어진 곳에서 나는 냄새를 맡지 못한다. 개처럼 정교한
냄새를 맡기도 포기하였다. 동물처럼 날카로운 발톱이나 위협적이
면서 압도적인 송곳니도 포기하였다. 사람은 도구를 만들기 전까지,
자신의 몸을 지켜낼 수 있는 무기는 오직 팔과 다리, 머리뿐이었다.

　　사람은 왜 몸에 털이 없는가. 사람은 특정 부위를 제외하면 털
이 퇴화하였다. 자연에 적응하기 위해 몸을 자연적인 변화에 맡기는
대신에 몸을 보호하기 위해 옷을 만들어 입었다. 더 나아가 갑옷을
만들어 신체를 보호하였다. 인위적으로 털과 같은 옷을 만드는 생물
은 인류가 유일하다.

　　인류 진화과정에서 다소 불완전해 보일 수 있는 몸이었지만, 특
유의 지적능력으로 신체 약점을 보완하였다. 사람은 수백 만 년 동
안 다양한 지역에 거주하면서 어느 환경에서나 살아남을 수 있는 몸
으로 바뀌었다.

• 사람, 적응한 사람 중 같은 사람은 없다

진화는 변화이다. 그 변화는 진보이거나 도태이다. 도태가 생존을

위한 선택일 수도 있다. 새는 알 모양이 모두 다르다. 알은 새의 생존특징·알의 색·크기·모양 등 그 지역에 사는 동안에 이루어진 생존의 결과물이기에 서로 다른 특징을 갖고 있다. 사람은 쌍둥이처럼 외모가 같을지라도 내면은 다르다. 어느 순간 쌍둥이의 모습은 생활습관이나 환경에 적응하면서 바뀐다. 모든 사람의 변화에는 시간이 걸리고, 그 원인은 복합적이다. 사실 똑같은 사람은 세상에 존재하지 않는다. 사람은 각자 유일한 존재이다.

사무엘 테일러 콜리지라는 시인은 "탄생에 앞선 9개월 동안의 인생은 탄생 이후의 70년의 인생보다도 훨씬 흥미롭고 더 위대한 일들로 채색되어 있으리라"라고 말하였다. 연극에 있어 무대가 같다고 무대 위 배우들의 연기가 같을 수는 없다. 같은 날, 비슷한 시간에 태어난 사람도 같은 인생을 살지 않는다. 사람은 서로 다양함을 인정하는 것이 삶을 대하는 첫 자세이다.

사람은 한 사람, 한 명이 고귀하고 소중한 존재이다. 사람은 눈에 보이지 않는 다양성과 차이점을 더 많이 갖고 있다.

우리가 국외여행을 하기 위해서는 여권이 필요하다. 이때 여권 사진을 찍을 때 중요한 기준이 있다. '귀를 드러내놓고 사진을 찍을 것'. 즉, 사진에서 귀가 보여야만 한다는 조건이다. 왜 귀가 보여야만 할까라는 의문이 생긴다. 왜냐하면, 모든 사람은 귀 모양이 다르기 때문이다. 똑같은 귀를 가진 사람은 없다. 성형기술이 발달한 현대에도 귀를 그대로 복원할 수는 없다. 그래서 3D프린터를 이용하여 인공 귀를 만드는 연구도 진행하고 있다. 사람이 자기 얼굴 전체를 페이스오프 해도 귀 모양은 바꾸지 못하기 때문에 사람을 분별해내는 데 귀가 중요한 역할을 한다.

최근에는 생체인식기술이 발달하여, 다양한 보안 분야에 활용 중이다. 사람은 지문이 모두 다르다. 눈 속의 홍채도 사람마다 다르다. 동공을 둘러싼 근육인 홍채는 태어난 지 24개월 이내에 패턴이 정해진다. 이것은 일란성쌍둥이라 할지라도 같지 않다. 심지어 두 눈 중 왼쪽과 오른쪽의 홍채가 다르다고 한다. 또한, 사람마다 다른 손바닥 정맥, 목소리의 차이를 이용해 사람을 구별하는 기술도 보안에 활용되고 있다.

그 외 눈에 띄는 개인별 특성들이 있다. 명지대 반상우 교수는 사람의 걸음걸이를 분석하였다. 보행 때의 특징을 정리하여 항목별로 분석하였다(《동아일보》 2016.8.15.). 보폭(발 간격), 보행속도, 척추가 굽은 정도, 신체의 경직 정도, 상체와 골반의 회전각도, 발이 밖으로 향하는 각도(8자, 11자, A자 걸음 여부, 발뒤꿈치·발목·종아리가 이루는 각도), O자 다리(내반슬), X자 다리(외반슬) 여부, 왼발과 오른발이 지면에 닿아 있는 비율(압력 분포), 신발의 마모 형태이다. 사람의 보행 패턴을 분석하면 범인도 잡을 수 있다고 한다. 사람의 걸음걸이는 개인이 가진 고유한 행동 특징이다. 반 교수는 범죄자의 걸음걸이를 수사에 응용하여 범인을 잡아내는 '법(法) 보행'을 진행하고 있다. 인류가 수백만 년 동안 두발로 걷기 시작하면서, 걸음걸이는 개인의 습관과 신체 조건에 영향을 받으므로 개인의 고유한 정보가 담길 수 있었다.

• 우리에게 미개함은 없다

구석기시대 사람들을 미개인이라 부르는 건 현대인의 관점에서 바라보는 '자기 착오 현상'이다. 미개인이라는 표현은 유럽 식민주의 사고방식의 잔재이다. 세상 어디에도 미개한 사람은 없기 때문이다. 어리석은 사람은 있을지 몰라도 미개한 사람은 없다. 미개라는 관념적 정의가 중요하다. 오래전 그들의 조상에게서 물려받은 문화를 지속시키는 원주민이 있을 뿐이다. 사람의 삶은 소속된 구성원의 행복감으로 평가해야 한다. 한 사회를 평가하는 데는 외부 시선도 중요하지만, 그들처럼 수평적 시선으로 바라볼 필요가 있다.

구석기시대 사람들은 우리와 같은 사람이었다. 미개한 원시인의 개념으로 바라보는 시각은 틀렸다. 미개함은 나의 주관이다. 특히 상대의 행복 정도가 반영되지 않은 관념이다. 구석기인들은 생존을 위해 처절하게 싸웠다. 우리와 다른 방식으로 생명을 이어가기 위해 눈물나게 노력하였다. 그들은 자연과 부딪쳐 이겨낸 최초의 인류이다. 우리는 그들을 자랑스러워해야 한다. 지금 우리 몸속에 흐르는 생존 의지는 구석기시대 사람들로부터 물려받았다.

그들은 자연을 극복하기보다 함께 살아가고자 하였고, 주어진 시련을 극복하려 노력하였다. 자연을 정복하기보다 조화를 이루며 살고자 하였다. 그들은 자연 속에서 답을 찾고, 자연이 준 재료를 최대한 활용하였다. 자연 속에서 지혜롭게 답을 찾아 살아남았다. 그들은 오로지 자연에서 구할 수 있는 재료만을 이용하여 생존했다. 주변의 돌로 석기를 만들고, 살아있는 생물을 잡아먹고, 과일을 따서 먹으며 생명을 이어나갔다. 이 사람들은 하루 중 배를 충족시키는 자유 시간이 길지 않았다. 식량 저장기술과 수급 가능한 먹거리가 제한적이었기 때문이다. 그들 삶에서 먹거리를 구하는 시간은 다른 시대의 사람들에 비해 절대적으로 길었다.

구석기시대 사람은 최초로 사랑을 한 인류였다. 사랑을 한 사람들은 후손을 잉태했고, 생명과 관련한 여러 상징물도 제작하였다. 혼자가 힘들면 무리를 지어 이겨냈다. 아주 느리게 고민한 사람들이다. 우리 인류 역사는 '고민 DNA'의 확장판이다. 무수히 떠오르는 많은 생각 중 우리에게 알려진 생존방식은 극히 일부이다. 그들이 만든 도구는 먹고 살기 위한 것들이 대부분이다. 구석기시대 사람들은 풍족한 잉여생산물을 가질 수 없었다. 농사와 같은 식량 생산 기술도 없었다. 그들은 오로지 자연에서 구할 수 있는 것들로 식단을 꾸렸다. 그렇다고 이들의 삶이 풍요롭지 않아 행복하지 않았다고 착각해서는 안 된다. 현재 살아남은 원주민을 대상으로 조사한 삶의 행복지수는 현대인보다 더 높다. 현생인류 중 누구도 미개하지 않다. 미개하다고 생각하는 사람만 있을 뿐이다.

- **사는 환경에 몸을 맞춘 '버그먼의 법칙'**

아프리카에서 기원한 현생인류는 언제부터 추위를 극복할 수 있는 몸을 갖게 되었을까. 인류가 출현한 아프리카는 기후가 바뀌더라도 춥지 않은 곳이었다. 추위를 모르고 살았었다. 그러다가 아프리카를 벗어나 북쪽으로 이동하면서 기후변화를 느끼게 되었다. 기후에 영향을 받지 않고 위도를 넘나든 최초의 동물이 바로 사람이었다.

아프리카를 벗어나 유라시아대륙으로 처음으로 이동하였던 호모 에렉투스는 고위도지역까지 진출하지 못하였다. 하지만 그들은 불을 쓸 수 있어 추위를 이겨낼 수 있었다. 유럽을 중심으로 분포하면서 현생인류와도 유전자를 공유하였던 네안데르탈인도 북위 50도가 넘는 곳에서는 흔적을 발견할 수 없다(톺아보기 2). 나머지 고인류와 관련이 있는 호모속도 마찬가지이다. 오롯이 현생인류만이 고위도지역은 물론 세계 각지로 퍼져나갔다. 물론 정착 생활이 아닌 이동 생활을 하였다. 아무리 현생인류라 하더라도 맨몸으로는 고위도지역과 중위도지역의 겨울을 버틸 수는 없다. 집을 지어 추위를 막고, 옷을 만들어 체온을 유지하고, 불로 공기를 따뜻하게 하였기에 가능한 일이었다. 어느 것 하나 할 수 없었다면 겨울을 견디기 어려웠다. 그 과정에서 현생인류의 신체는 현지 사정에 맞게 추위를 극복할 수 있는 방향으로 바뀌었다.

동물이 추운 지방에서 서식할 때의 신체 변화를 설명하는 두 가지 법칙이 있다. 즉 '버그먼의 법칙'과 '앨런의 법칙'이다.

'버그먼의 법칙'은 포유동물의 몸이 추운 극지방으로 갈수록 커진다는 내용이다. 동물은 한랭한 곳에서는 신장이 커져서 체중에 대한 노출 표면적의 비율을 낮춤으로써 열의 발산을 줄인다는 법칙이다. 이 법칙은 사람에게도 적용된다. '앨런의 법칙'은 한랭한 지방에 서식하는 동물은 돌출 부분이 줄어들어 열의 발산을 줄이고 있다는 사실을 설명한 것이다(김연옥 1998: 57 - 58). 동물은 특정 환경에 놓였을 때 몸의 일부를 바꾸면서 환경에 적응해 갔다. 특히 인류는 자기 신체의 부족한 부분을 주변의 시설이나 도구를 활용하여 생존능력을 향상시켰다.

사람에게 모든 신체 부위가 중요하지만, 특히 머리에는 중요한 기관이 몰려있다. 사람 얼굴은 눈, 귀, 코, 입이 수직적으로 구성되었다. 얼굴은 두 손으로 가리면 보호할 수 있는 크기이다. 뇌는 두꺼운 뼈로 감싸져 있는데, 추위와 외부의 충격으로부터 뇌를 지키기 위한 진화의 결과물이다.

사람의 엉덩이에는 지방산이 많다. 불포화지방산은 뇌 발달에 필수적인 영양소이다. 엉덩이에 쌓인 충분한 지방은 임신에 도움을 준다. 아기의 두뇌 발달에 필요한 필수 지방산이 준비되었다는 신호로 읽힐 수 있다.

미국에서 시행한 제3차 국가 보건 및 영양조사에서 엉덩이 쪽[둔부] 지방이 많을수록(즉 낮은 허리-골반 비율을 보일수록) 어머니와 아이의 인지 기능이 우수하다고 한다. 엉덩이 지방은 자녀의 인지 기능 발달을 위한 특별 저장소이다. 엉덩이보다 인지 기능에 영향을 미치는 요인은 더 많지만, 여성적인 체형 특징인 볼기 부위 지방도 인지 기능과 관련이 있다고 보고되었다(웬타 트레바타 2017: 62).

유럽지역의 후기구석기시대에는 여성 조각상이 많이 출토된다. 아직 우리나라를 비롯하여 동북아시아 지역에서는 한 점도 출토된 바가 없는 조각상이다(그림 4). 많이 출토되는 여성상의 특징은 엉덩이 쪽이 지금의 여성과 비교하여 두드러지고, 크다는 사실은 눈여겨볼 대목이다. 골반을 중심으로 이루어진 여성의 하복부는 종족보존을 위해 가장 중요한 부위이다. 이 여성상의 모습은 현재의 유럽인

그림 4　빌렌도르프의 비너스

보다는 아프리카에 사는 원주민 여성과 더 많이 닮았다는 사실이 이채롭다. 어쩌면 아프리카로부터 유럽으로 이동해 온 현생인류의 여성일 가능성이 있다. 지금의 유럽인이 아프리카 사람의 후예임을 보여주는 또 다른 증거이다.

• 사람의 적절한 눈높이와 키

인류는 두발걷기를 시작하면서 키가 커졌다. 허리가 펴지고 다리가 길어져 '사람답게' 바뀌었다. 키가 커진 남자는 적을 물리치고 배우자와 아이를 보호하는 데 유리하였다.[5]

존 타일러 보너에 따르면 몸 크기는 유기체의 특성에 다음과 같은 영향을 미친다.

1) 크기는 생물의 힘을 결정한다.

2) 크기는 산소와 음식, 열의 체내 출입을 담당하는 신체의 표면적을 결정한다.

3) 크기는 분업(세포의 분화 정도)을 결정한다.

4) 크기는 물질대사, 한 세대의 길이, 수명, 이동 속도와 같은 생명체의 신체 활동 속도를 결정한다.

5) 크기는 자연 속에 존재하는 유기체의 개체 수를 결정한다.

필자의 키는 175cm이다. 440만 년 전 아르디피테쿠스 라미두스의 키가 120cm이므로 55cm의 차이가 있다. 현생인류가 약 20만 년 전에 아프리카에서 출현하였는데, 150~160cm이다. 사람 키를 대략 계산해보면 만 년에 1mm씩 컸다는 이야기다. 키가 얼마나 오랫동안, 그리고 아주 느리게 변했는지를 가늠케 한다.

사람은 오랜 시간을 거치면서 적절한 키를 유지해 왔다. 평균 키는 100cm를 넘어 계속 성장했지만, 2m는 거의 넘지 않는다. 이는 사람의 키가 생존 활동과 연계되어 있기 때문이다. 몸 크기가 커

[5] 크기는 가장 커다란 진화의 원동력이다. 자연선택의 결과로 크기가 증가하였다거나 감소하였다는, 다시 말해 크기가 변화하였다는 증거는 아주 많다. 크기가 변하면 유기체들은 전에는 없던 새로운 기관을 갖게 된다. 크기는 진화의 부산물이 아니라 진화의 주체인 것이다.
크기가 증가하면 구조가 변하고 기능이 바뀌는 등 진화상의 혁신이라 할 수 있는 일들이 벌어진다. 그래야만 한 개체가 생존할 수 있기 때문이다. 이처럼 생명체는 자신의 크기에 맞는 구조와 기능을 갖추어야만 살아남을 수 있다(존 타일러 보너 2008: 17~20).

질수록 단점도 생기기 때문이다. 특히 키가 클수록 행동은 느려질 수밖에 없다. 그리고 큰 키에 맞춰 집도 커져야 하고 신진대사에도 더 많은 에너지가 필요해 먹거리도 더 많이 구해야만 했다. 몸의 움직임도 둔해져 크다고 무조건 장점만 있다고 말할 수 없다.

우리나라 성인 남성의 체중은 60~100kg에 대부분 해당한다. 체중에 따라 배에 탈 수 있는 인원도 바뀔 수 있다. 신석기시대에 가덕도 장항유적에서 출토된 인골의 남자 키는 150cm 정도이다. 그 후 수천 년이 지나 5세기 대의 김해 예안리유적의 인골은 155cm이었다. 그렇게 긴 시간이 지났음에도 평균 키는 불과 5cm 남짓 성장했다. 조선시대 남성의 키는 평균 161cm였다. 2021년 한국인의 평균 키는 남성 172.5cm, 여성 159.6cm였다. 한국인의 평균 키는 40년 전보다 남성은 6.4cm, 여성은 5.3cm가 커졌다. 키의 성장 속도가 빨라지고 있다. 그러나 예전과 비교하면 그 증가폭과 속도는 아주 느렸다.

또한, 진화심리학자 던바(Dunbar) 교수의 연구에 의하면 4천여 명의 폴란드인 자료를 분석한 결과, 자녀가 있는 남자는 없는 남자보다 키가 3cm가량 더 컸다. 키가 연애와 결혼에 영향을 미쳤다는 말이다. 인류학자 코머스 그레고어는 브라질 중부 열대우림의 메히나쿠족을 연구하였다. 키 큰 남자는 여자에게 더 인기가 많았다. 키가 가장 큰 세 명의 섹스횟수와 키가 작은 일곱 명의 섹스횟수는 같았다. 심리학적으로 볼 때 일반적으로 키 큰 사람이 더 유능하고, 유능한 사람은 키가 크다고 생각한다(리처드 와이즈먼 2014: 160 - 165). 키는 사람의 짝짓기에도 유리하게 작용하여, 종족보존에 유리한 조건을 제공해 주었다. 인류 진화의 역사에서 키와 그에 따른 체중은 지속해서 관리되었던 요소였다. 그렇다고 키가 사람의 특성을 결정하는 절대적인 요소는 될 수 없다.

● **본능적 행위, 종족보존**

사람은 생존하기 위해 공생해야 하지만, 자신을 지키기 위한 경쟁 역시 피해갈 수 없다. 생물은 각자의 방식으로 경쟁하며 살아간다. 짝짓기의 구애 행위가 가장 대표적이다. 경쟁에서 멀어지는 순간, 죽음이 찾아올 수도 있다. 남과의 공생만으로는 자신의 DNA를 퍼뜨릴 수가 없다. 종족번식 또는 종족보존에서는 다른 사람이나 동물과의 매력 경쟁이 필수적이다. 식물은 씨앗을 만들고, 동물은 짝짓기한다. 동물의 생존을 위한 노력은 좀 더 자극적이다. 수컷 공작이 짝짓기를 위해 자신의 꼬리를 화려하게 변모시킨 것처럼, 사람도 각자에게 맞는 매력을 발산한다. 구애 행동은 자신의 마음을 상대에게 전하기 위한 애절한 움직임이며 성공하면 종족을 유지시켜 준다.

사람의 적응은 종족보존으로 완성된다. 생물학적 적응의 완성은 종족보존이다. 그렇지만 사람이 '아무나'와 관계를 맺을 수는 없다. 호모속 중에서는 사람은 네안데르탈인과 가장 가까웠다. 우리 핏속에는 네안데르탈인의 흔적이 남아있다. 네안데르탈인은 성장할 때 현생인류처럼 두정엽(감각을 받아들이는 기능)과 전두엽(추론과 추상적 사고를 담당)이 통합되는 현상이 확인되어 사람의 지적능력과 비슷했을 것이라는 연구결과도 있다. 하지만, 근본적으로 현생인류와 네안데르탈인이 성적 관계를 맺어 종족보존을 시키기에는 생물학적인 한계가 있었다.

네안데르탈인 남자와 현생인류 여자는 결혼했어도 아들을 낳지 못하였다. 미국 스탠퍼드대 연구팀이 『미국 인간 유전학 저널'(*American Journal of Human Genetics*)』에 발표한 논문에 따르면 네안데르탈인의 Y염색체를 분석한 결과, 현생인류 여자와 교배를 해도 아들을 낳을 수 없게 하는 돌연변이가 발견되었다(Fernando L. Mendez *et al.*, 2016). 네안데르탈인은 멸종(2만 4천 년 전)하기 이전인 10~5만 년 전 현생인류와 교배했고 유럽과 아시아 계통 사람들의 유전자 일부가 네안데르탈인에게서 물려받았다.

연구팀은 49,000년 전(보정되지 않은 연대) 스페인 엘 시도론(El Sidro'n)유적에서 살았던 네안데르탈인 남성의 뼈로부터 추출한 Y염색체 유전자와 현재 사는 남성의 Y염색체 유전자를 비교하였다. 그 결과 네안데르탈인의 Y염색체에서 'KDM5D' 등 면역과 관련한 여러 유전자에 돌연변이가 나타난 것을 확인하였다.

현생인류에게는 'KDM5D'가 면역반응의 세기를 조절하는 유전자이다. 임신했을 때 엄마의 면역세포가 태아를 공격하지 못하도록 엄마의 면역반응을 낮추는 기능을 한다. 그런데 이 유전자에 돌연변이가 있는 남자 아기는 태아 상태일 때 엄마의 면역반응을 낮추지 못해 면역세포의 공격을 받게 된다. 연구팀은 이를 바탕으로 네안데르탈인 남성과 현생인류 여성이 만나서 교배하더라도 아들을 임신하면 쉽게 유산하였다는 결과를 끌어냈다. 사람 DNA 중 2~4%가 네안데르탈인에서 온 것으로 알려졌지만, 남성의 Y염색체에서 네안데르탈인의 흔적을 찾을 수 없었는데 이번 연구 결과로 원인을 추정할 수 있게 됐다. 즉, 여러 동물처럼 현생인류는 현생인류하고만 종족보존이 가능하다.

심리학자 에이브러햄 매슬로는 1943년 「인간의 동기부여이론」이란 논문을 토대로 욕구 단계이론을 주장하였다. 그는 인간의 욕구를 5가지로 분류하였는데, 생리적 욕구, 안전 욕구, 사회적 욕구, 승인 욕구, 자아실현 욕구의 순이다. 매슬로는 이러한 욕구가 수평적인 차원이 아닌 계층 구조를 이루지만, 욕구의 충족 여부는 사람이나 사회마다 다르다고 말하였다. 낮은 차원의 욕구가 충족된 후에 더욱 높은 차원의 욕구를 갈망한다는 것이다(사토 지에 2019). 본능적인 욕구 충족이 생존에 중요한 가치를 지니고 있다.

선사시대 인류는 다른 욕구 중에서도 생리적 욕구와 안전 욕구가 가장 절실하였다. 그 시대 사람들은 생존하는 것이 일차적인 목표였다. 사실 생존은 지금도 중요한 문제이다. 우선 살고 봐야 한다. 먹고 사는 것이 해결되어야 다른 일을 도모할 수 있다. 구석기시대를 지나 현대사회에 이르기까지 사회가 계속 발전할수록 사회적 욕구, 승인 욕구, 자아실현 욕구의 비중은 높아졌다. 하지만, 구석기시대 사람들이라고 집단 내에서 인정받거나 자아실현을 하고 싶은 욕구가 없었던 것은 아니다.

한 예로 집단에서 사냥을 잘하는 남자는 좋아하는 여자를 얻을 수 있는 확률이 높아진다. 사냥을 잘하는 남자를 얻음으로써 여자는 음식을 더 많이, 더 먼저 분배받을 수 있기 때문이다. 자신의 존재가 사회에서 인정받는 느낌은 새로운 자아실현의 동력이 될 수 있었다.

진화생물학자들에 따르면 "남녀 모두 섹시한 사람으로 분류되는 기준은 막연하고 추상적인 것이 아니라, 얼굴의 좌우가 대칭적으로 일치하고 균형과 비율의 조화가 잘 이루어진 용모"라고 한다(알랭 드 보통 2013: 75). 사람들이 생각하는 섹시함에는 공통점이 있다. 작가 알랭 드 보통의 표현을 빌리자면 '섹시하다'라는 말 속에는 그 사람의 세계관이 마음에 든다는 뜻도 포함되어 있다고 한다. 사랑에 빠지는 행위는 자신의 약점을 넘어서고자 하는 인간적인 희망의 승리이며, 섹스도 그런 측면에서 바라볼 수 있다(알랭 드 보통 2013). 섹스를 위한 성욕은 문화, 경제, 예술 등 특정 분야를 활성화시키는 계기가 되기도 한다.

반면 이러한 생물학적 섹스를 문화적으로 가장 강하게 통제하는 제도가 일부일처제이다.

남자는 여자에게, 여자는 남자에게 모든 부분에서 서로의 관심을 갈구한다. 성적 욕망은 단순히 쾌락의 호르몬으로만 볼 수 없다. 이러한 욕망은 인류가 가진 잠재적으로 억눌려져 있던 생존본능이 활발해진 결과물이기 때문이다. 우리가 건강하고 섹시한 사람을 좋아하는 생물학적 끌림은 자기의 짝과 더불어, 자손을 낳고자 하는 가능성을 높이기 위한 본능적 행위이다. 자신이 살아있는 동안 체득한 능력을 다음 세대로 전하고자 하는 노력일 수 있다.

사람은 종족보존을 위해서는 호감을 느낀 이성을 쟁취하는 것이 중요하다. 서로 마음에 들어야 하는데, 결코 쉬운 일이 아니다. 로버트 그린의 671쪽짜리 저서 『유혹의 기술』은 명저이지만, 이 책을 읽는다고 이성을 모두 획득할 수 있는 것은 아니다. 사람에 있어 종족보존은 서로의 마음을 알아가는 과정의 산물이기 때문이다.

사람은 혼자 있어도 즐거움을 느낄 수 있다. 또한, 여러 명과 같이 있어도 외로움을 타는 동물이다. 어쩌면 '사람'이 된다는 건 삶의 감정을 만들고 쌓아가는 과정이다. 나의 행위는 감정을 표출하는 방식에 달려 있다. 종족보존을 위한 구애 행동은 자신의 마음을 상대에게 표현하고 들키는 움직임이다.

● **사람, 함께 배고픔과 끼니를 걱정하다**

호모 에렉투스 때는 급작스럽게 커진 몸과 두뇌에 에너지를 공급하기 위해 주먹도끼와 찍개를 사용해 사냥하고, 채집에도 적극적으로 나섰다. 그들은 최초로 불로 음식을 요리한 인류였다. 화식(火食)은 인류의 식단을 변화시켰다. 화식은 생식으로 생길 수 있는 질병에 걸릴 확률을 낮추어 주었다. 사람은 일정 시간이 지나면 소화가 되어서 배고프다. 대체로 4~5시간 이상이면 소화가 되고, 8시간 이상이면 위 속은 빈다. 사람은 축적이 제한적인 신체 에너지를 유지하기 위해 에너지 생성에 필요한 먹거리를 찾아 끊임없이 돌아다녀야만 하였다. 호모 에렉투스를 필두로 호모 사피엔스까지 잡식 사냥꾼과 식물 채집자로 변한 것은 굶주림과 배고픔을 극복하기 위한 인류의 **'식량 종류 확대 전략'** 때문이다.

이것이 가능했던 이유는 신체가 항온이며, 육지와 바다에서 모두 적응할 수 있었기 때문이다. 물론 바다에서의 생활은 기후에 따라 제한적이다. 사람은 식량을 발견할 수 있는 곳이라면 세상 어느 땅, 바다라도 찾아갈 수 있는 신체 능력을 갖추고 있다. 배고픔을 달래 줄 음식을 구할 수 있는 장소에는 제한이 없었다. 특히 생존능력의 향상이라는 측면에서는 아무것이나 잘 먹을 수 있는 잡식의 특징도 유리하게 작용했다.

인류에게 먹거리 해결은 죽을 때까지의 생존 과제이다. 인류가 창안한 도구는 의식주를 해결하기 위한 물품과 가구였다. 특히 사람이 식량을 구하기 위해 만든 도구는 시대를 막론하고 새롭게 창안되거나 개선되었다. 한 예로 도끼와 칼이 있다. 돌도끼는 쇠도끼와 전기톱으로 개량되었고, 돌칼은 청동, 철, 스테인리스 재질로 바꾸어서 만들어졌다. 사람에게 배고픔은 참을 수 없는 고통이다. 나의 생명이 달린 문제이기에, 사람은 이 원초적이고 기본적인 숙제를 해결하지 않고서는 다른 일을 할 수 없었다. 인류 역사는 배고픔을 잘 극복하기 위한 시간이었다. 그 방식은 지역마다 사람마다 달랐다.

사람은 배고픔을 달래는 일을 마냥 귀찮게만 생각하지는 않았다. 구석기시대의 수렵 채집민들은 사냥으로 잡아 온 먹거리를 서로 나눠 먹었다. 먹거리의 나눔을 통해 가족을 이루고, 집단은 점차 커졌다. 인류사에서 집단을 구성하게 된 데는 다양한 요인이 있다. 그 중 먹거리 해결은 근원적인 문제로, 배고픈 문제를 함께 극복하였다. 이를 위해 공동으로 음식을 구하고 그것을 나누기 시작하였다. 한 예로 공동으로 고래를 잡으면 마을 전체 주민이 그것을 나누었다. 아프리카에서 공동으로 사냥을 한 사냥감은 마을 구성원이 모두 나누었다. 인류는 배고픔을 자신의 문제일 뿐만 아니라 모두의 문제로 인식하면서부터 함께 살기 시작하였다.

선사시대 사람이 생존을 위해 동물을 죽이는 데 있어 도덕적 가치를 우선시 하지는 않았다. 그 사람이 처한 상황은 어떤 일이든 할 수 있게 하는 강한 동력이 될 수 있다. 인류는 그러한 상황을 함께 헤쳐 가는 것으로 방향을 잡았다. 그 과정에서 험난한 주변 환경과 싸워서 버텨낼 용기를 얻었다. 혼자보다는 가족에게 의지하고, 집단 구성원의 도움을 받으면서 비로소 인류는 누구보다 살아갈 이유를 알게 되었다. 인류가 함께 모여서 살아야 할 이유를 구석기시대 사람들은 일찍부터 깨닫고 있었다.

황석영 작가는 『밥도둑』이라는 책에서 "배고픔은 어떤 먹을거리로든지 달랠 수가 있지만, 누군가와 함께 먹었던 음식의 맛에 대한 그리움은 좀처럼 사라지지 않는다. 아무리 맛있었던 음식도 함께 하는 이가 없으면 그 맛을 느낄 수가 없으며 넘쳐나는 풍성한 먹을거리도 고독한 식사의 허기를 달래주지는 못하기 때문이다."고 말했다(황석영 2016: 7).

인류는 가족과 함께 살면서 배고픔의 해결과 더불어, 서로를 생각하는 마음도 함께 성장시켜 나갔다. 함께 먹는 맛의 즐거움은 덤. 반찬 투정은 안 됨.

• 사람, 오래 살다

우리는 더 이상 먹거리를 걱정하지 않아도 되는 세상에 살고 있다. 24시간 운영하는 편의점은 먹고 싶을 때면 언제나 먹을 수 있는 편의성을, 대형할인점은 세상에 이렇게 먹을 것이 많은가라는 감탄을 자아내게 한다. 평생동안 모두 먹을 수 없는 어마어마한 양이다. 인류는 먹는 고민에서는 해방되었다고 착각할 수 있다. 그럼에도 2020년에 몰아닥친 코로나 19(COVID-19)라는 전염병은 '먹거리 사재기'를 먼저 하게 만들었다.

수백만 년 동안 인류 역사는 배고픔과의 전쟁이었다. 의식주 중 먹는 '식(食)'은 어쩌면 가장 중요한 생존 과제였다. 인류에게 먹거리는 21세기에도 여전히 중요한 문제이다. 선사시대를 거쳐 온 지금도 식량 생산 행위는 멈출 수 없다.

배고픔은 단순히 허기만 달래는 일이 아니었다. 생존에 있어 문화적으로나 심리적으로 긍정적인 측면이 있었다. 수렵 채집민은 사냥으로 잡아 온 먹거리를 여러 사람과 나누어 먹었다. 화덕 주변에 둘러앉은 '식구(食口)' 덕택에 음식을 함께 먹는 가족이 형성되었다. 식구란 한 집에서 함께 살며 끼니를 같이 하는 사람이다. 그리고 한 조직에 속해 함께 일하는 사람을 비유하는 말이기도 하다. 이러한 식구는 점차 확대되어, 집단을 이루었다. 인류사에서 집단 구성의 목적은 정의할 수 없을 정도로 다양하다. 그렇지만 배고픔을 함께 극복하기 위해 사람들이 모였음은 분명하다. 식량을 구하기 위해 공동 작업을 시작하였다.

선사시대에 사람들은 동물과 생존경쟁을 벌였다. 죽고 죽이는 유혈 경쟁의 시대에 무언가를 '죽여서는 안 돼'라는 도덕적 가치 따위는 중요하지 않았다. 그들이 처한 상황과 상태는 무엇이든지 할 수밖에 없는 강한 원동력으로 작용하였다. 그런 과정에서 인류는 혼자서 험난한 주변 환경과 싸우기보다는, 식구에게 의지하고, 집단 구성원의 도움을 받기 시작하면서 살아갈 자신을 얻었다.

인류가 만든 도구는 먹거리를 키우고, 생산하는 데 주로 필요한 것들이다. 무리 내 경험이 풍부한 리더는 구성원의 생존에 큰 도움을 주었다. 사람에게 배고픔은 참을 수 없는 고통이다. 배고픔은 생명이 달린 문제로 사람은 이 원초적이고 기본적인 숙제 앞에서 무너질 수밖에 없다. 인류 역사는 어떡하면 배고픔을 잘 극복할까라는 숙제를 해결하기 위한 '식량 구하기의 역사'였다. 각자의 방식으로, 그 지역의 환경에 맞춰 생존방식을 모색하였다.

호모속의 수명은 약 20~25세로 추정해 왔다. 조선시대 사람들의 평균수명이 대략 40년이었다. 한국 근현대의사학을 전공한 황상익 교수는 1800년 무렵 서유럽의 평균수명이 35세 전후, 조선시대 사람들의 평균수명은 35세 전후, 정확한 기록이 남아있는 조선 국왕의 27명의 평균수명이 단종(16세 사망)을 제외하면 47.3세로 계산하였다. 전문의료진과 좋은 음식, 건강관리를 받았던 81세의 영조도 있었지만, 대부분은 40세 전후로 건강에 치명적인 문제가 생겼다. 우리가 조선시대에 10대 때 결혼하는 것을 조혼으로 치부하였지만, 앞서 본 것처럼 평균수명을 따져보면 결코 조혼이 아니었다. 당시 10대는 지금의 20대로 볼 수 있기에 조혼풍습은 당시의 시대 상황과 맞물려 있는 풍습이자 가계 계승을 위한 방책이었다.

벤자민 메인 등이 『사이언티픽 리포츠』에 발표한 논문에서 포유동물의 DNA를 분석한 결과, 인간의 자연수명은 38년이라는 결과를 도출하였다. 사람에게 40세는 중요한 생애 전환기이다. 사람은 의료기술의 뒷받침이 없었다면 먹거리가 늘어난다할지라도 그리 오래 살기가 쉽지 않았다.

• 삼시 세끼, 언제부터 챙겼을까

배고픔이 굶주림과 같은 의미는 아니다. 인류는 가족과 집단을 이루고 살기 시작하면서, 배고픔이 생존의 문제뿐만이 아닌, 함께 먹는 즐거움과 가족의 소중함을 깨우쳐가는 시간이었다.

> "'끼니' 잇는 일은 생명을 위해서도 그렇지만, 잠자는 시간 외에 깨어나 활동하는 사람들의 '시간'을 적절히 나눠주고 매 단락을 맺어준다. -중략- 남과의 소통은 당연히 끊기고 자기 자신마저도 살아있는 것 같지 않다. 먹지 않는 시간은 시간이 아니다."(황석영 2016: 265 - 266).

간헐적 단식이 건강과 다이어트를 위한 수단으로 자주 매스컴에서 언급된다. 16시간의 공복 시간을 유지하고 나머지 8시간 동안만 먹으라는 것인데, 실제 해보니 그리 어렵지는 않다. '두 끼만 먹어도 살 수 있네.'라는 생각이 들었다.

사람은 언제부터 아침, 점심, 저녁을 모두 챙겨 먹었을까. 현대 사회는 못 먹어서 생기는 질병보다 과하게 영양분을 섭취함으로써 생기는 질환이 더 많다. 비만, 고지혈증, 통풍 등이 그렇다. 사실 사람은 한 끼만 먹어도 살아갈 수는 있다.

삼시 세끼의 시작과 관련된 정확한 기록은 없지만, 인류가 농경을 시작하고, 정착 생활을 하면서부터일 것이다. 즉 식량을 안정적으로 확보할 수 없다면 삼시 세끼를 먹는 것은 불가능하다. 우리나라에서 봄철 기근인 보릿고개가 완전히 사라진 것은 불과 몇십 년 전의 일이다. 춥고 배고픈 겨울은 힘들었고, 부모는 배고파 죽는 자식을 보노라면 가슴이 미어터졌다. 우리는 농사로 쌀을 보관하면서

부터 여유로워졌다고 하지만, 농경이 시작되었다고 먹거리가 바로 해결된 것은 아니다.

점심은 낮에 먹는 끼니이다. '점심'은 16세기의 『순천 김씨 언간』에 '뎜심'으로 기록되어 있어 일찍부터 쓰였다. 불교 선종(禪宗)에서 선승이 수도하다가 시장기를 느끼면 마치 공복(空腹)에 점을 찍듯이 소식(小食)하는 것이 '점심(點心)'이다. 이 말이 퍼져나가서 '낮에 먹는 끼니'라는 일반적인 의미로 바뀌었다.[6] 이런 기록대로라면 우리가 점심을 제대로 챙겨 먹기 시작한 것은 몇백 년 되지 않았을 수 있다.

부모님은 남해안에 있는 경남 통영이 고향이시다. 통영 내 미륵도라는 곳에서 두 분은 태어나셨다. 통영의 해저터널이 없었더라면 걸어서 내륙으로 나올 수 없었던 지역이다. 결혼 전 아버지께서는 차가 들어갈 수 없는 오지의 어촌에 사셨고, 어머니께서도 차가 없었던 농촌에 사셨다. 필자가 당시 국민학생이었던 시절, 부산에서 통영(옛 충무)으로 가는 가장 빠른 방법은 연안여객터미널에서 배를 타고 3~4시간 가는 것이었다. 그리고 할머니댁까지는 다시 배를 타고 1시간 이상 가야만 하였다. 왜냐하면, 하루에 버스가 몇 번 다니지 않았고, 차에서 내려도 고개 몇 개를 건너 1시간은 걸어야만 도착하였다. 지금 생각해보면 정말 오지였다.

어머니 말씀으로는 1960년대에 아버지께 시집간 이유는 간단하였다. 외할아버지께서 생각하시기에 어머니가 어촌에 가서 살면 적어도 보릿고개는 없을 테고, 굶는 일이 없을 거라 판단하셨기 때문이었다고 한다. 어머니는 통영 야시골이라는 마을에서 시내 장터까지 하루 왕복 20km를 걸어서 나무를 팔아 그 돈으로 곡식을 사오셨다고 한다.

옛 민초의 삶은 삼국, 통일신라, 고려, 조선시대를 거치면서도 삼시 세끼를 모두 챙겨 먹지는 못하였다. 역사에서 백성을 위한 구휼은 통치자의 가장 중요한 덕목이자 정치적 수단이었음은 먹거리

가 해결되지 않았기 때문이었다.[7]

삼시 세끼의 생활방식은 제때 끼니를 챙겨 먹기 위한 음식물 저장기술을 필요로 한다. 조선시대 말에 외국인들은 한국인을 대식가로 기록하였다. 자신들보다 3~4배, 일본인보다 2배 이상 먹는 것에 놀랬다. 조선시대 사람들이 그렇게 많이 먹은 이유 중에는 힘든 노동을 해야했고, 음식물을 제대로 보관할 수 없었기 때문이다. 여름철에는 음식 종류에 따라 바로 먹지 않으면 상해서 버릴 수밖에 없는 것이 많다. 냉장고가 없던 시절, 저장할 수 있는 음식 종류는 제한적이었다. 선사시대부터 조선시대까지 사람들이 음식을 보관하는 가장 손쉬운 방법은 말리는 것이었다. 그 외 훈제, 염장 등이 있다. 여름철에는 남기지 않고 먹는 것이 가장 좋은 음식물 처리법이었다.

음식물이 잘 상하지 않는 추운 지역조차 잡은 연어는 훈제 처리를 해서 보관하였다. 또한, 특정한 공간에 고기를 발효시키는 저장소를 운영하기도 하였다. 사람들은 음식 섭취 후 탈이 생기지 않으려면 먹거리를 냉동, 훈제, 건조, 염장 등이 필요하다는 인식을 하면서부터 끼니 챙기기를 할 수 있었다.

7 흥미로운 사실은 1900년을 전후한 시기의 사진 자료나 고려와 조선시대의 유물 중 밥공기를 보면 밥을 아주 많이 담을 수 있었다. 지금의 밥공기보다 두 배 이상의 용량을 담을만한 그릇이다. 조상들은 몸 크기는 작았지만, 비빔밥 그릇에 고봉으로 한 끼를 해결하였다.

통영 연대도 7호 무덤 발찌 출토 모습(신석기시대)　　　사진: 국립진주박물관

신석기시대
남자 멋쟁이의 발찌

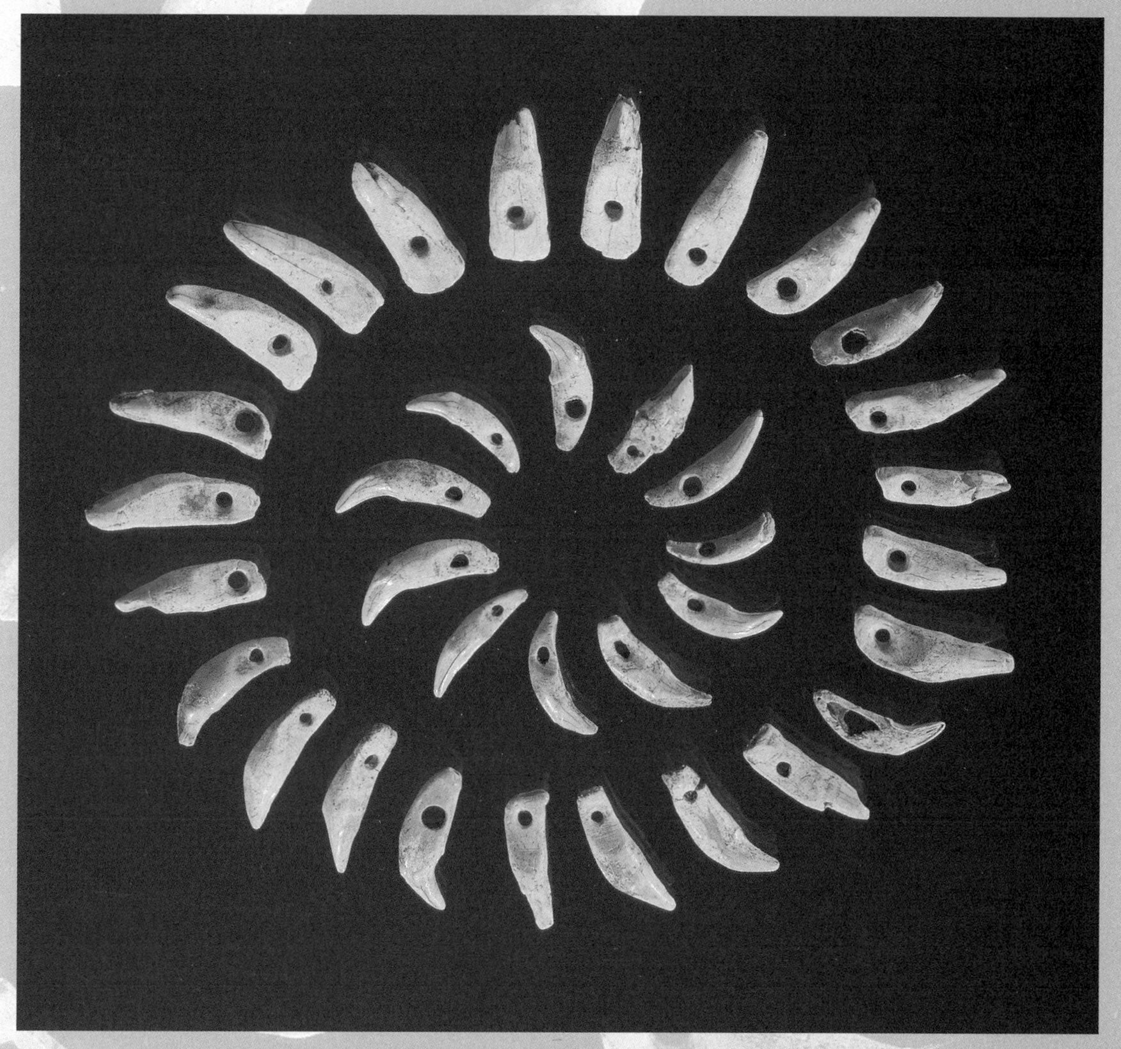

사진: 국립김해박물관

약 6천 년 전에 연대도라는 섬에 살았던 30~40대로 추정되는 남자가 착용했던 발찌이다. 무덤 주인공은 오른쪽 발목에 발찌를 착용한 채 발견되었다. 발찌는 수달, 돌고래, 너구리 등의 짐승 이빨로 만들었는데, 이뿌리 부분에 구멍을 뚫은 뒤에 실로 엮어서 하나로 만들었다. 지금도 하와이에서는 상어 이빨로 목걸이 장식을 만들어 착용한다. 신석기시대에 살았던 사람들의 동물숭배와 같은 사상과 치레 걸이를 이해하는 데 아주 중요한 자료이다. 특히 남자가 외짝발찌를 했다는 사실이 이채롭다.

• 같은 감정을 느끼고 모방하다

침팬지나 개코원숭이, 짧은꼬리원숭이와 같은 영장류는 최대 150마리 이내로 사회를 구성한다. 작은 집단은 15마리 내외이다. 뇌를 구성하는 신피질과 집단규모의 상관관계를 추정하면, 사람 역시 던바의 수(Dunbar's number)에 따라 지속적이고 안정적인 최대 인간관계가 150명 남짓이다. 수십 개의 원주민 부족들의 구성원도 평균 153명이었다. 그러나 진짜 친한 관계는 3~5명, 핵심관계는 15명, 그다음으로 친한 관계가 30명 정도이다.

사람은 관계를 맺을 수 있는 인원이 제한적이다. 여러 이유로 만나는 사람이 한정적이다. 설령 여러 사람들을 만난다 해도 모두 친해지는 것은 아니다. 사람들과의 친밀감을 지속시키는 행위는 많은 시간 투자와 정성을 다해야만 가능하다.

인류 사회는 발전을 거듭하면서 끊임없이 집단을 확대해 왔다. 하지만 모든 집단이 그랬던 것은 아니다. 적어도 수렵 채집사회였던 구석기시대라면 더욱 그렇다. 무리의 구성원이 많아지면 생계에 지장을 주었고, 이동도 쉽지 않았다. 현재 남아있는 원주민 사회는 현대문명의 영향을 받지 않는다면, 그들 사회는 계속 유지될 수 있다. 그러나 이 원주민 사회는 유지되기 어려울 것 같다. 그들이 한 번 받아들인 문명의 편리함은 쉽게 포기할 수 없기 때문이다. 집단 구성원은 더 합당한 사회방식으로 개인의 삶을 발전시키고 싶은 욕구를 억누르기가 힘들다.

사람은 다른 사람에게서 같은 감정을 느낄 수 있다. 즉, 공감과 적응이 빠른 동물이다. 특히 사람은 다른 사람을 모방하는 능력이 뛰어나다.

우리는 모방 대상이 '집단의 중심인 사람들'이라는 부분에 주목해야 한다. 선사시대에 석기를 잘 만드는 사람은 무리 내에서 존경받는 위치에 있었다. 석기는 곧 생존 도구이다. 즉, 집단의 생존 활동을 책임지는 사람으로 이해할 수 있다. 한 집단에서 도구를 능숙하게 만드는 사람은 다른 구성원들에게 미치는 영향이 컸다. 집단 내부에서 퍼지는 다양한 문화는 개인이 서로 모방한다기보다 집단의 구심점을 중심으로 퍼져나갔을 공산이 크다. 이러한 모방은 하나의 집단을 응축시키고 통일성을 갖게 하는 효과를 가져왔다. 이러한 문화적 공통성은 고고학에서 말하는 하나의 유형이나 형식으로 표출된다. 서로 비슷한 물건이나 도구, 장신구를 공유하는 현상이 관찰되는 이유이다.

사람들은 자주 접하는 사물이나 사람을 좋아한다. 그 대상이 자신과 여러 면에서 비슷하다면 더욱 친밀감을 느낀다. 이는 물건뿐만이 아니라 같은 처지에 있는 것만으로도 동질감을 가질 수 있다. 이러한 친밀감은 상대에 대한 호감으로 이어진다. 사람들은 누군가에게서 자신과 비슷한 '공통점'을 찾는 일에 몰두한다. 처음 만나는 사람에게 고향과 출신 학교 등을 묻는 것도 그런 이유이다. 낯선 사람과의 공감대를 형성시키기 위한 소통 노력이다.

어린아이들은 사람을 관찰하고 새로운 행동을 배우며 똑같이 행동한다. 앤드루 멜조프는 생후 44분밖에 되지 않은 아기의 모방 능력에 관한 획기적인 연구를 하였다. 그는 "갓난아기의 모방은 다른 사람을 나와 똑같다고 인지하고 그 사람의 마음을 이해하는 것과 관련이 있다. 나와 똑같이 행동하는 사람은 내적인 심리 상태도 나와 똑같고, 그러므로 그에 수반되는 표정과 의도적인 몸짓을 흉내낼 수 있다."고 했다(폴 에얼릭·로버트 온스타인 2012: 129-130). 우리는 모방 능력을 갖추고 태어났다.

스탠퍼드 대학교 생물학 교수이자 인구학 교수로 진화론, 생태학, 인간행동, 인구 생물학 분야의 세계적인 권위자인 폴 에얼릭은 인간 본성은 환경에 따라 변화한다고 주장하였다. 인간은 처한 환경에 따라 다양한 관점을 발전시키고 세대를 거치면서 본성도 변화시킨다. 18세기 철학자 데이비드 흄은 "어떤 집단의 구성원도 서로에게서 닮은 점을 발견하지 못하는 경우 구성원들끼리 자주 어울리거나 대화를 나누지 않는다."라고 말하였다(폴 에얼릭·로버트 온스타인 2012: 161 - 162). 우리 주변에서 낯가림이 심한 사람의 행동을 관찰하면 이 말의 의미가 쉽게 다가온다. 나와 다른 사람에 대한 경계심을 표현한 것이다.

개인이 처한 환경은 사람이 살아가는 데 있어 정말 중요한 요소이다. 사람은 누구나 자기가 태어난 곳의 사람과 말, 문화를 접하면서 성장하고 적응한다. 태어날 때 공기와 접한 이후, 처음으로 대면하는 사회적, 자연적 조건인 셈이다. 인간이 자연계에서 우월적인 위치를 차지하게 된 이유 중에는 사람들과 접촉하면서 생기는 '공감의 힘'이 컸다. 공감의 힘은 협동으로 강력하게 표출된다. 이러한 협동을 끌어내고 상대를 이해하기 위해서는 마음을 나누는 내적 공감이 중요하다. 누군가를 이해하고 함께한다는 기분을 주는 동시에, 상대의 마음을 읽어내는 공감은 사람만이 할 수 있다. 타인을 이해하고 도움을 끌어내는 능력은 사람의 오랜 진화의 산물이자 생존을 위한 가장 강력한 원동력이었다. 사람은 태어나서 모방으로 시작해서 공감으로 생을 마감한다. 그 덕택에 우리는 지구 어느 곳에서도 사는 유일한 생물 종이 되었다.

우리나라의 청동기시대에 만들어진 마을의 울타리, 즉 환호는 집단결속의 상징물이다. 이것은 내적인 협동을 유발하면서 다른 집단의 사람을 배척하는 단절의 울타리이다. 나와 남을 구별하는 벽이다. 청동기시대에 위계 사회가 형성된 이유는 나와 타인의 구분이라는 맥락 속에서 바라보아야만 한다. 집단규모가 커지는 만큼 내부를 결속시킬 필요성은 증가한다. 공감과 협동은 구성원의 생존능력과 유대를 강화하는 가장 효과적인 방법이다. 청동기시대에는 배타적인 타인이 강하게 형성된 시기이다.

수렵 채집사회는 인구 규모가 적었다. 다른 사람과의 접촉빈도가 다른 시기보다는 월등히 적었다. 신석기시대에는 농경을 시작하면서 정착 생활을 하였고, 청동기시대에는 식량 생산을 본격화하면서 먹거리를 좀 더 안정적으로 확보할 수 있었고 인구가 늘어나면서 다른 사람과의 접촉이 늘어날 수밖에 없는 환경이 조성되었다. 나와 타인, 우리 집단과 다른 집단, 동지와 적을 구분하는 시대가 선사시대부터 시작되었다.

우리는 집단규모의 확대에 관해 얘기할 때 안정적인 식량 확보, 정착 생활과 같은 물리적인 요소만을 언급한다. 하지만 사람은 사회적 생존을 위해 다른 사람과 더불어 살기 위한 공감과 협동을 배우고 익혀야만 했다. 다른 사람의 마음을 읽고 내 마음을 전달하는 것은 사람만이 할 수 있다. 그 덕택에 우리는 서로 마음을 맞춰가는 동물로 진화해 왔다.

• **사람, 소리로 말로 표현하는 동물**

말은 후두와 성대가 어우러진 소리이다. 사람은 다른 포유동물과 달리 목소리를 내는 성대를 포함하는 후두 위치가 아래쪽으로 처져 있다. 후두는 말을 하고 숨을 쉬는 데 아주 중요한 기능을 한다. 성인은 후두가 3~6번째 목뼈 높이에 있지만, 아기는 2~3번째 목뼈에 위치한다. 아기가 어른이 되면서 후두 위치는 아래쪽으로 점차 내려간다. 즉, 후두 위치는 말할 수 있는 능력과 관계된 신체적 특징으로 알려져 있다.

후두 안의 성대는 세포로 이루어져 있다. 사람이 죽으면 그 흔적은 사라진다. 다양한 유물들이 출토되고, 무수히 많은 유적이 발견되었지만, 선사시대 사람의 소리에 관한 고고학적 증거는 없다.

유물 중 가장 자료가 없는 것이 바로 소리와 관련된 자료이다.

옛날 사람의 목소리가 녹음되기 시작한 것은 1877년 토마스 에디슨이 녹음 재생 장치를 발명하면서부터이다. 선사시대 사람들이 어떤 소리를 냈는지는 당연히 알 수 없다. 심지어 고려와 조선시대 초에 살았던 사람들의 목소리도 들을 방법이 없다. 선사시대 사람들의 소리 기록이 없다 보니 그들의 언어능력이 언제부터 시작되었는지를 밝힐 수 없다. 인류의 진화과정에서 발성 기관이 완성되었다고 할지라도 두뇌 능력이 뒷받침되어야만 언어를 사용할 수 있었다.

성대는 목의 위쪽에 있는 점막 주름이다. 두 개의 점막 주름이 'V'자처럼 생겼는데, 이 주름을 통해 허파에서 공기가 후두를 지나갈 때 목소리가 만들어진다. 호흡 기압이 좁아진 성대 틈을 통과하면서 여러 발성 기관과 함께 공명 현상으로 발성하게 된다. 성대가 숨을 쉴 때는 열리지만 말할 때는 성대가 좁아진다.[8]

사람은 숨쉬기와 삼키기를 동시에 할 수 없는 유일한 동물이다. 아기가 젖을 빨면서 숨을 쉬는 것이 가능한 것은 후두 위치가 높은 곳에 있기 때문이다. 성대는 발성과 호흡을 가능하게 해준다. 사람이 무언가를 먹을 때 식도가 아닌 기도로 음식물이 들어갈 때 사레(흡인)가 들리는 것은 사람의 식도와 기도가 분리되어 있기 때문이다.

현생인류는 소리 혹은 말로 자신의 의사를 표현할 수 있었다. 그들이 추운 빙하기 속에서도 다른 인류 중 유일하게 살아남은 것은 소리로, 몸짓으로 소통하였기 때문이다. 그들의 문자와 소리가 남아있지 않기 때문에 정확히는 알 수 없지만, 머리로 생각한 것을 입으로 내뱉은 무수히 많은 소리는 다른 동물을 물리치고, 적을 무찌르는 데 큰 역할을 하였다.

• **29.5일의 비밀. 나와 구석기인이 같은 달을 보네**

구석기시대 수렵 채집민은 아주 오래전에 살았던 우리 조상이다. 우

8　서울대학교병원 신체기관정보, 「성대」.

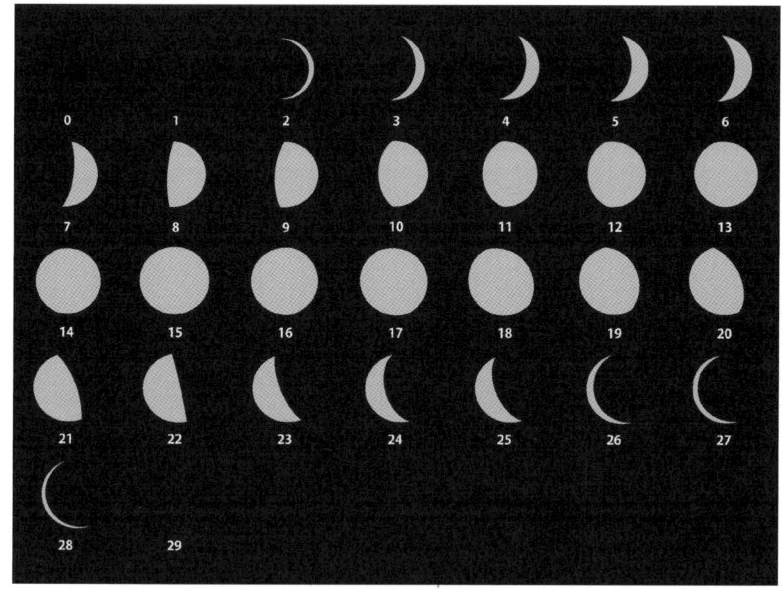

그림 5   달의 변화

리가 발굴조사로 나온 유물 등으로 그들의 삶을 유추할 수 있는 것은 그나마 다행이다. 우리와 그들이 어떤 부분에서 함께 공감할 수 있을까라는 자문에는 답하기 쉽지 않다. 손안에 돌과 나무, 뼈로 만든 물건이 전부였던 구석기시대 사람들과 4차 산업혁명 속에 스마트폰을 끼고 살아가는 우리는 생각과 행동방식이 그들과 다를 수밖에 없다.

문득 동화책을 읽다가 구석기시대 사람들도 다른 건 몰라도 달은 보았겠지라는 생각이 스쳐 지나갔다. 밤하늘의 어둠을 하얗게 밝히는 달을. 네 번째 달 블루문까지.[9]

달은 지름이 3,476km이다. 지구에서 달까지의 거리는 평균 384,400km이다. 달은 지구 주변을 원이 아닌 타원으로 돌고 있다. 지구와 달이 가장 멀어질 때는 407,000km이다. 달이 보이지 않는 삭(1일째 달)에서 초승달로 변해간다. 달은 반달에서 보름달이 되어 점점 없어져서 원래의 삭으로 돌아가기까지 약 27.3일이 걸린다. 더 정확히는 29일 12시간 44분이다. 달이 지구 한 바퀴를 도는 주기가 27.3일로 2.2일이 부족하다(그림 5).

[9] 블루문은 한 달에 두 번 뜨는 달이다.

우리는 1일째 달을 볼 수 없다. 달은 하늘에 분명 떠 있지만, 달의 그림자밖에 보이지 않기 때문이다. 일식은 달의 그늘이 태양을 가리고, 월식은 지구의 그늘이 달을 가린다. 우리는 일식이 일어났을 때 낮에 달을 볼 수 있다. 이것은 삭의 낮 동안만 일어난다. 로마에서 한 달의 첫째 날을 '소리치다'라는 의미의 '캘린디'라고 불렀다. 이게 우리가 달력을 캘린더라고 부르게 된 유래이다.

3일째 달은 초승달이다. 가을에 1시간, 겨울에 2시간을 볼 수 있다. 바나나 모양처럼 오른쪽에 있는 달이다. 7일째 되는 상현달은 반달이다. 칠월칠석, 은하수를 건넌다는 그 달이다. 15일째의 보름달은 1년에 12번에서 13번을 볼 수 있다. 봄의 보름달이 뜨는 날의 낮 동안에는 바닷물이 밀려 나가 바다에서 모래가 많이 드러난다. 갯벌이나 모래사장에서 조개나 여러 해산물을 채취하고 잡을 수 있는 가장 좋은 시기이다. 18일째 되는 하현달은 새벽까지 오래 볼 수 있는 달이다. 구석기인이 가장 오랫동안 달을 볼 수 있는 시기였으리라. 23일째 달은 한밤에 뜨는 반달이다. 28일과 29일의 초승달로 희미한 달빛이다(그림 5).

보름달은 지역마다 다양한 이야기의 소재가 되었다. 동양에서는 떡방아를 찧는 토끼, 유럽은 책을 읽는 할머니, 동유럽은 머리가 긴 여성, 남유럽은 커다란 집게발을 가진 게, 아라비아는 울부짖는 사자, 독일은 장작을 짊어진 남자의 모습으로 바라보고 있다(오에다 시로 2014).

구석기시대 사람들은 달의 무늬를 보고 어떻게 생각했을까. 우리는 구석기시대 사람들을 머나먼 시대에 살았던 미개한 원시인으로 생각하기 쉽다. 그들의 삶은 우리와 너무나 달랐고, 쉽게 공감되지 않는다. 우리가 구석기시대 사람과 동질감을 가질 수 있는 소재가 바로 하늘이나 바다와 같은 자연현상에 관한 얘깃거리들이다.

해, 달, 별. 우리가 늘 접하지만, 손으로 잡을 수 없는 신기하고 아름다운 대상들은 백만 년 전에 살았던 구석기인이나 현재의 우리, 더 나아가 미래의 자식이 모두 볼 수 있는 유일한 대상들이다. 또한, 살아있는 사람만이 볼 수 있는 대상이기도 하다. 오늘 밤 뜬 달은 구석기인들이 보던 그런 달이다.

2018년에 아라가야 시대의 함안 말이산 고분(13호분)의 무덤을 만들 때 쓴 덮개돌에서 별자리가 확인되었다. 별자리는 궁수자리(남두육성)와 전갈자리이다. 약 1,500년 전 사람들의 별자리라고 크게 다르지 않았다. 그러나 이 별자리는 청동기시대의 고인돌의 덮개돌을 가져다가 썼을 가능성이 크다. 2,500년 전 청동기시대 사람도 하늘의 별을 바라보고 있었다.

특히 해는 그 모양이 바뀌지 않지만, 달은 모양이 수시로 바뀐다. 일식과 월식이 있기는 하였지만, 그들은 이 신비스러운 변화 현상의 요인을 알 수 없었다. 그저 신성한 신의 영역이자 천지개벽이 일어나는 조짐으로 받아들였으리라.

구석기시대 사람들을 비롯한 선사시대 사람들은 달을 어떻게 생각했을까. 아직은 아무것도 알 수 없다. 천체 중 주기적으로, 그리고 맨눈으로 모양 변화를 알 수 있는 달은 어쩌면 해보다 더 멋지고 신비로운 물체였으리라. 하늘을 보며 죽은 이를 그리워하고 멀리 떠나간 사람을 떠올리는 건 후기구석기시대 이후에나 가능하였다. 달과 연관된 구석기시대유물이 발견되길 기대하면서, 그 달이 지금 우리가 보는 달이라는 사실에 아주 사소한 공통점을 느껴본다.

● 마음의 변덕, 사람의 선한 기질과 폭력성

우리가 쓰는 무수한 언어 중 '마음을 표현'한다는 말이 있다. 대개 마음을 표현한 말은 사람에게 짧은 영감과 가슴 속을 훅 치고 들어오는 느낌이 있어 강력하다. 위로의 말은 눈물을 흘리게 하고, 가슴 속을 파고든다. 좋은 말은 사람의 마음에 두고두고 스며든다. 이런

말들은 돈으로는 해결할 수 없는 사람 마음을 진정시키고 다독여주
는 긍정적 효과가 있다. 좋은 말은 가슴을 뛰게 한다. 언짢은 얘기
는 흥분과 분노를 불러일으킨다. 악성 댓글자가 적은 글이 피해자의
마음을 얼마나 비참하게 하는지는 말할 필요가 없다. 포털사이트 '다
음'이 댓글 기능을 없앤 것도 사람 마음을 다치게 하는 부작용이 심각
했기 때문이다. 댓글을 적을 때 당사자의 입장을 헤아려보고, 어떤 기
분일지를 한 번이라도 고민했다면 그리 험한 말을 쏟아낼 수는 없다.

　말은 짧을수록 오히려 사람의 약한 고리를 파고든다. '사랑한
다. 미안하다. 좋아한다. 미워한다. 싫다. 좋다. 그립다. 슬프다. 아프
다. 그립다' 등 감정을 표현하는 단어는 짧다. 외국어도 대부분 그렇
다. 긴 단어가 없다. 자주 쓰고 빨리 전달해야 하기 때문이다. 조사
를 제대로 해보지 않았지만, 언어가 생길 때 감정을 표현하는 단어
들이 가장 먼저 만들어지지 않았을까 추측해본다.

　구석기시대에도 누군가에게 마음을 전하였을 테지만, 자료가
없다. 그들이 이성에게, 가족에게 무엇을 말하였는지는 알 길이 없
다. 유적 중에는 무덤이 압도적으로 많다. 이러한 무덤들은 구석기
시대부터 만들어졌다. 우리나라에서는 구석기시대 무덤으로 명확하
게 볼 수 있는 자료가 없다. 유럽이나 중동, 시베리아지역에서는 중
기~후기구석기시대에 만들어진 무덤들이 많이 보고되었다. 무덤은
죽은 이를 기리고 슬퍼하는 마음을 담아 산 사람이 만들었다. 무덤
은 다른 유구(유적에서 이동할 수 없는 흔적의 일체)에 비해 잘 바뀌지 않
는 아주 보수적인 형태이다. 유인원이 무덤을 만들었다는 보고는 없
다. 다른 동물도 마찬가지이다. 왜 사람은 유독 무덤을 만들어 죽은
이를 그리워했을까.

　전중환은 그의 책에서 "인류의 조상은 침팬지 가계와 약 700만
년 전 갈라진 이후에 95% 이상의 시간을 아프리카의 사바나 초원에
서 수렵-채집 생활을 하며 보냈다. 약 11,000년 전 시작된 농경 사

회나 200년도 채 되지 않은 현대사회는 우리의 심리 구조에 유의미한 진화적 변화를 일으키기에는 턱없이 짧은 시간이었다. 한마디로 우리의 현대적인 두개골 안에는 석기시대의 마음이 들어 있다."라고 이야기했다(전중환 2010: 36).

우리 마음은 석기시대의 사람들에게서 물려받았다. 세계 어디에 살건 비틀스 음악을 듣고, BTS의 춤과 노래를 즐기고, 한류드라마 〈이상한 변호사 우영우〉의 박은빈을 좋아한다. 유튜브의 수많은 동영상을 수십억 명이 함께 감상하는 건 마음 깊이 같은 감정의 뿌리를 지녔기 때문이다. 현생인류가 공감 능력이 있었기에 가능한 일이다.

우리 마음은 오랜 진화사에서 처음 접하는 문제들에 직면하고 있다. 자살이 그렇다. 그러나 그 문제에 적절하게 대응하지 못하고 있다. 사회의 변화속도가 너무 빠르고, 자살의 이유도 다양해졌기 때문이다. 자살과 같은 불행한 아픔은 사람에게 마음이 얼마나 중요한가를 보여주는 대목이다. 마음은 눈에 보이지 않지만, 분명히 우리 삶을 움직이고 있는 이상한 존재이다.

선사시대 사람들이 항상 사이좋게 지낸 것은 아니다. 서로 죽이고 싸우기도 하였다. 인류가 출현하고, 생존경쟁에 뛰어든 순간 싸움은 시작된다. 싸움은 인류에 있어 살아남기 위한 절박한 행동이었지만, 잔인하기도 하였다.

홉스는 『리바이어던』에서 싸움의 원인에는 세 가지가 있다고 주장하였다. 첫째는 경쟁, 둘째는 불신, 셋째는 영광이다. 홉스의 논리에 의하면 폭력에는 피해자, 공격자, 방관자가 폭력의 삼각형을 이룬다. 모든 폭력 행위에는 세 당사자가 있고 이들 모두에게 폭력의 동기가 있는 것이다(스티븐 핑커 2015). 이런 세 집단의 규모가 대등하거나 두 사람 이상의 의견충돌이 있으면 폭력이 발생할 우려는 커진다. 사람은 자아실현과 영광을 차지하기 위해서도 싸울 수 있다는 사실을 기억해야 한다.

일본 야요이시대의 유물 중에는 뼈에 화살촉이 박혀서 죽은 사람이 있다. 5,000년 전 티롤 알프스 아이스맨의 어깨에는 화살촉이 박힌 채 출토되었다. 우리나라의 고고유물 중에는 선사시대 사람이 전쟁에서 죽었는지를 판단할 증거가 아주 부족하다. 그렇지만 사람을 죽일 수 있는 칼, 화살, 창이 많이 출토된다(톺아보기 6). 물론 이것들로 동물을 죽일 수도 있다. 죽은 사람의 뼈에서 살상 흔적이 없다고 하여 전쟁이 없었던 것은 아니다.

구석기시대부터 청동기시대로의 도구 발전은 무기의 개량과 발전으로 이해할 수 있다. 도구는 시간이 지날수록 날카롭고 예리하게, 그리고 끝을 더욱 뾰족하게 만들었다. 무엇을 죽이고 자르고 하는 기능이 좋아졌다. 살상 무기는 돌로 만들기 시작해 총으로까지 발전하였다. 무기는 공격적인 의미와 함께 방어적인 의미를 담고 있다. 무기는 사람을 죽일 수도 있고, 내 목숨을 지키는 수단이기도 했다.

사람의 천사적 기질과 악마적 기질은 오랫동안에 걸쳐 내재되어 왔다. 어느 쪽을 끄집어내느냐는 개인의 성향과 집단 내 지향점에 의해 좌우된다. 문제는 주변 환경에 따라 그런 기질들의 발현이 달라질 수 있다는 사실이다. 타인이나 집단의 강요 때문에 악마적 기질이 작동할 때 사회적으로 심각한 문제를 초래한다.

그나마 다행스러운 것은 사람은 자기를 통제하고, 남을 배려하면서 돕기 때문에 폭력이 아닌 협업으로 집단생활을 유지할 수 있었다.

세계적인 심리학자인 스티븐 핑커는 오랜 기간 진화하면서 인간의 폭력성이 감소하였다고 주장하였다. 인간은 선천적으로 선하지는 않지만(선천적으로 악하지 않은 것과 마찬가지다), 폭력으로부터 멀어져 협동과 이타성을 추구하도록 이끄는 동기들을 갖고 태어난다고 주장했다. 자기통제는 사람이 충동적 행동의 결과를 예상하게 하고, 그에 따라 적절히 절제하도록 만들어준다는 것이다. 이성의 능력은 우리가 자신만의 편협한 관점을 벗어나 자신이 살아가는 방식을 반성하게 함으로써 더 나아질 방법을 찾게 해준다는 것이다(스티븐 핑커 2015: 20).

다른 동물이나 유인원에서 사람만큼의 절제력을 찾아낼 수는 없다. 사람의 마음은 수백만 년 동안 진화했고, 그 비밀을 모두 알 수 없는 어려운 숙제이다. 분명한 사실은 그 마음이 악마보다는 천사에 더 가까웠기에 우리는 함께 살아갈 수 있다. 대다수 인류는 서로 공감하려 노력한다. 그 마음이 현생인류를 지금까지 유지·보존시켜주고 있다. 함께 살아갈 수 있는 동력을 만들어 주었다.

최근 연구에는 사람이나 침팬지 같은 고등동물이 아닌 생쥐 같은 보통 동물에게도 공감 능력이 있는 것이 밝혀졌다. 생쥐들도 다른 쥐의 고통을 보면 공감을 하고, 특히 가족이나 친밀한 관계에 있는 쥐에게는 더 많은 '공감 고통'을 느낀다고 밝혀졌다. 공감 능력은 사회생활을 하려면 필수적으로 갖추어야 하는 본능이다. 한국과학기술연구원 신희섭 교수는 공감 능력이 없으면 사회생활이 있을 수 없고, 공감 능력이 있어야만 사회를 이룰 수가 있다고 이야기했다. 즉 우리가 생각하는 뇌의 고등적인 기능 그 자체가 생존에 필요한 것이라 강조하였다(신희섭 2016: 44).

청동기시대 돌화살촉

돌화살촉은 동물 사냥과 사람을 죽일 때 사용했다. 신석기시대에 등장한 활은 강력한 무기이자 수렵 도구였다. 특히 원거리에 있는 물체에 타격을 가할 수 있는 장점이 있었다. 무엇보다 활과 화살촉은 가벼워 들고 다니기 쉽고, 제작에도 그리 오래 걸리지 않았다. 이런 이유로 수렵이나 전쟁, 신호를 보내는 등의 목적으로 조선시대까지도 활을 널리 이용했다.

활과 화살촉은 수렵과 전쟁에 있어 '혁명'과도 같은 도구였다.

사진: 국립대구박물관

• 사람. 마음을, 힘을, 먹거리를 함께 나누다

사람은 혼자서 살아갈 수 없다. 이것은 구석기시대부터 시작된 사회적 마음이다. 심리학자인 아들러는 타자(他者)를 친구로 보고 공동체 안에 내가 있을 곳이 있다는 공동체 감각을 주장하였다. 다른 사람의 일이 나와 관계가 있으니 관심을 가진다. 자기 자신에게만 관심을 가져서는 올바른 사회생활을 하기 힘들고, 타자에 관심을 두는 게 바로 공동체 감각이다.

아들러는 "다른 사람의 눈으로 보고, 다른 사람의 귀로 듣고, 다른 사람의 마음으로 느낀다."라고 공동체 감각을 정의하였다. 자신의 시점으로만 보면 다른 사람을 절대 이해할 수 없다. 공동체는 증여형 사회의 하나로 볼 수 있고 다른 사람을 친구로 이해한다. 공동체 감각의 공동체는 인류가 완전한 목표에 도달했을 때의 것이다. 타자도 나와 연결되어 있으니 그를 도울 수 있다는 마음이다(기시미 이치로 2015: 86 - 106).

한마디로 공동체 감각은 '역지사지(易地思之)'의 마음이며 사람만이 가질 수 있는 마음이다. 사람이 가진 '돕는 마음'은 다른 사람이 나를 도울 때는 물론, 그렇지 않더라도 돕는 내면의 본성이다.

캐나다 브리티시컬럼비아 대학교의 조지프 헨릭 박사와 말러 박사는 세계 15개 민족을 대상으로 '나누는 마음'이라는 주제로 독재자 게임으로도 불리는 심리 실험을 하였다. 말러 박사는 랜드로버 차 안에 백 달러를 주고 밖에서 전혀 보이지 않는 상황을 만든 뒤, 전혀 알지 못하는 다른 사람에게 자신의 돈 중 얼마를 줄 것인지 테스트하였다. 본인이 모두 가져도 되는 상황이었다. 결과는 자신이 74%, 상대에게 26%를 주었다. 도시오 야마기시의 연구를 보면 일본은 56 : 44의 비율로 더 많이 나누어주었다고 한다. 침팬지는 절대 할 수 없는 행동이다(NHK 특별취재반 2014: 129 - 131).

사람은 누가 원하지 않는다고 해도 도움을 주는 마음과 나누는 마음이 있다. 조직사회가 커질수록 요구되는 자질이 나누는 마음이다. 이 마음은 교육의 결과물이기보다 사람이 가진 본능과도 같다. 사람은 전혀 모르는 사람과도 대화하고, 먹을 것을 나누고, 남을 돕는 힘을 선천적으로 가지고 있다. 이 힘은 인류가 발전하는 가장 큰 원동력으로 작용하였다.

우리는 교류가 없으면 살아남을 확률이 낮아진다. 사람은 누군가를 보고 싶다고 이동하는 동물이다. 사람이 새로운 식량과 자원을 찾아 이동하는 것은 원초적인 행동이다. 내가 구하지 못한 식량을 다른 사람과의 교류를 통해 얻을 수 있다는 사실이 사람과 다른 동물의 차이다. 누군가에게 나눠주는 마음은 사람만이 품는 마음이다. 침팬지는 요청받지 않은 도움을 다른 침팬지에게 베풀지 않는다.

사람 사이에 물건을 주고 받고, 이에 답례하는 행위는 '존경'의 마음을 주로 받음이다. 상호 신뢰를 기반으로 하지 않아도 이는 성립한다.

그뿐만 아니라 물건을 주면서 그 자신을 주는데, 그렇게 하는 이유는 그 자신(그 자신과 그의 재산)이 다른 사람들의 '은혜를 입고 있기' 때문이다.[10]

옥스퍼드 성 안토니 대학의 명예 교수로 알랭 드 보통이 설립한 인생 학교의 모델이었던 옥스퍼드 뮤즈 프로그램을 운영했던 시어도어 젤딘은 『인생의 발견』이라는 저서에서 타인이라는 수수께끼 부분에서 다음과 같이 적었다. 그는 '살아있다는 것은 그저 심장이 뛰기만 하면 되는 것이 아니고 다른 심장은 어떻게 뛰고 다른 정신은 어떻게 생각하는지를 알아채는 일'이라고 말했다.

우리는 다른 사람과 마음을 나누어야만 한다. 사람은 소통 속에서 자신의 존재를 인식한다.

10   -마르셀 모스, 『증여론』에서-

"생각은 혼자 놔두면 외롭고 무력하다. 생각은 소통을 통해 수정되어야만 남들에게도 의미있는 생각이 된다. 역사적으로 인간은 텅 빈 머릿속을 가정하고 전통적인 생각을 주입하는 데만 몰두하면서 생각은 사랑을 나누는 행위와 같다는 점을 인식하지 못하였다. 생각을 막무가내로 주입할 수는 없다. 모든 개인은 각자의 감성과 기억을 토대로 새로 흡수한 정보를 생각으로 형성한다. 그리고 생각은 다른 사람의 생각을 접하기 전에는 그 나름의 가치를 모른다."(시어도어 젤딘 2017: 53).

특히 나와 타자의 관계 완성이라 할 수 있는 결혼은 서로를 동일시하는 데서 출발한다. 상대방을 이해하는 동물은 사람이 유일하다. 조건 없이 서로 양보할 수 있는 동물도 사람뿐이다. 사람 사이의 이해와 양보는 사회 집단을 투쟁과 전쟁의 늪에서 헤쳐 나오게 한 가장 강력한 원동력이었다. 이 힘을 토대로 사회는 더욱 진화하였다.

- **사람, 사람을 함께 돌보다**

폴 에얼릭·로버트 온스타인은 『공감의 진화』라는 책에서 '이제는 모두가 우리이다'라고 말한다. 우리는 연결 본능이 있어 배우자나 가족, 친구, 동료들과의 관계 파악을 위해 꽤 많은 시간을 투자한다. 카카오톡 대화를 분석하는 애플리케이션이 있다. 상대방의 말이 '무슨 의도일까?', '연인은 어떤 의미로 그런 말을 하였을까?'를 분석하는 것이 핵심 기능이다. 물론 대화의 진의는 말을 한 당사자만이 안다. 그래도 글을 읽는 사람으로서는 그 진의가 궁금하니 이런 앱을 사용하리라. 사람은 언어가 달라 의사소통을 하지 못하더라도 현생인류(호모 사피엔스)라는 종의 공통성은 동질감을 느끼게 하는 원천이다.

사람은 누군가의 마음을 궁금해한다. "우리는 다른 사람에게 일어나는 일을 이해하기 위해 끊임없이 노력한다. 친구가 무슨 생각을 하는지 알고 싶어하고, 직장 동료가 내게 눈짓하는 이유를 (정확히) 이해하고자 하며, 데이트 상태가 나를 어떻게 생각하는지, 길모퉁이에 서 있는 남자가 위험한 인물인지, 상사가 우거지상을 하는 진짜 이유가 무엇인지 고민한다."(폴 에얼릭·로버트 온스타인 2012: 136 - 137).

인류 역사는 사람들과 관계를 맺는 시간이었다. 이 관계를 이용하여 사람들은 서로 모방하였고, 배울 수 있는 능력 덕택에 번성하였다. 현생인류는 자신을 타인과 연결하는 능력이 발달하였고, 이 능력은 함께하는 문화의 뿌리가 되었다.

인류 진화사에 있어 사람은 자기 자식이 아님에도 육아에 참여하였다. 인류는 공동 육아를 선택하였다. 어린이집, 유치원, 학교는 공동 보육의 전형이다. 손주를 봐주는 할아버지와 할머니는 초기 공동육아의 작품이다. 아이들을 양육하기 위해서는 여러 명 이상이 특정 지역에 모여 살아야만 하였다. 구석기시대의 이동 생활과 비교해 신석기시대의 정착 생활은 육아적 차원에서 큰 의미가 있다. 사람만큼 공동 양육자를 구해 자신들의 아이를 안심하고 발 빠르게 대처할 수 있는 동물은 없다. 어느 동물이 무엇을 믿고 자식을 다른 동물에게 맡길 수 있단 말인가. 자기 새끼를 다른 누군가에게 맡기는 동물은 거의 없다. 남극에 사는 황제펭귄은 추운 겨울에 수컷과 암컷이 번갈아 가면서 새끼를 발 위에 올려놓고 추위를 버텨낸다. 새끼가 죽을지언정 다른 펭귄에게 맡기지는 않는다. 강추위 속에서 자기 새끼가 죽게 되면 다른 새끼를 뺏으려고 하지만 자기 새끼를 다른 펭귄에게 양육을 절대 맡기지 않는다.

동물은 양육이 아닌 부분에서는 협동한다. 리 듀거킨에 따르면, "우리는 동료를 구하기 위해 위험을 감수하면서까지 경고음을 내는 땅 다람쥐, 그리고 심지어 전혀 알지 못하는 개체들과 살면서도 그들을 위해 자진해서 혼자 식량을 구해오는 여왕개미, 굶주린 짝에 피를 토해 나눠주는 흡혈박쥐를 보았다. 또 벌집과 벌거숭이두더지

쥐 군락에서 집단 전체를 위해 자손을 낳는 여왕과 이 여왕을 돕기 위해 협동하는 구성원들의 위계질서도 보았다. 물고기와 벌레들은 협동으로 성을 전환함으로써 재생산을 나누어 맡는다. 임팔라 영양은 협동심을 발휘해 몸에 붙은 기생충을 서로 떼어 줌으로써 위생을 유지한다. 난쟁이몽구스들은 교대로 새끼를 돌본다."고 한다(리 듀거킨 2004: 237 - 238).

인류에게 공동 육아는 타인과 나를 연결하는 공감과 신뢰의 마음이 깊게 형성되어 있어야만 가능하다. 공동 육아는 사람들 사이의 신뢰감이 가장 높을 때 실현되는 현상이다. 물론 남에게 자식을 내어줘도 안전하다는 상호 신뢰가 필수적이다. 특히 조부모가 자식을 돌봐주는 행위는 인류가 성장하는 밑거름이 되었다. 자신의 어머니는 공동 육아의 핵심자원이다. 여러 연구 사례를 보면 선사시대에 육아는 여자만의 책임은 아니었다.

만삭인 여자는 혼자서 움직이기 어렵다. 수렵 채집사회에서 거동이 힘든 임산부는 다른 동물의 먹잇감이 되기 쉽다. 임산부는 마을 주변의 단순한 채집 활동을 제외하면 맹수나 다른 사람의 공격을 막아낼 힘이 부족하다. 사실상 사람은 임신단계부터 누군가의 손길이 필요하다. 임산부가 아기를 낳더라도 아기는 홀로 성장할 수 없다. 사람은 포유류 중에서 꽤 오랜 기간 아기 돌봄이 필요한 동물이다.

구석기시대 수렵채집민들은 모르는 사람들과도 식량을 나누어 먹었다. 사실 신석기시대까지만 하더라도 제대로 된 쌀밥이란 것은 없었다. 왜냐하면, 신석기시대는 벼농사를 짓지 않았기 때문이다. 자연에서 구할 수 있는 먹거리와 초보적인 농경으로 지은 곡식(조, 수수 등)을 챙겨 먹었다. 사람은 귀한 먹거리를 나누어 먹지 않으면 집단을 유지할 수 없었고, 가족을 지킬 수도 없었다.

선사시대 사람들은 뜻을 함께하는 이들과 공동으로 사냥하였다. 내가 사슴을 잡지 못하여도 사람들은 고기를 나누어 먹었다. 음식을 나눠 먹고 서로 도우면서 살 수 있으니 배고픔의 횟수가 점차 줄어들었다. 인류는 함께 살아가니 좋았다. 혼자서는 가족을 지키기 어렵다는 것을 느꼈고, 가족을 위해서는 적을 물리칠 강한 힘이 필요하였다. 결국, 현생인류는 다른 사람과 함께 하는 것이 생존에 절대적으로 유리한 방법임을 깨달았다. '마을'이 생겼다.

사람이 문화를 발전시킨 원동력은 누군가와 함께했기 때문이다.[11] 인류의 문화 발달에 있어 가장 큰 원동력은 협동심이다. 사람이 혼자 할 수 있는 큰일이란 없다.

• 사람, 화덕에 모여 함께 음식을 먹다

구석기시대의 생활양식은 다음 시기에 나타나는 신석기시대와는 다른 점들이 많다. 특히 농사를 짓지 않았다. 구석기인들은 곡물을 재배하거나 경작할 수 없어 야생 식료에 의존하였다. 가축도 사육하지 않았다. 항상 위험을 무릅쓰고 야생동물을 사냥해야만 하였다. 즉, 자연에서 식량을 구했지만, 내가 원할 때면 언제나 먹거리를 구할 수 있었던 시기가 아니었다. 그들은 상당히 불규칙적으로 식량을 얻을 수밖에 없었다.

그렇다면 사람은 귀하고 부족한 식량을 언제부터 나누어 먹었을까. 다른 사람과 함께 먹는 행위는 인류 성장에 큰 동력이었다. 인류는 불을 사용하기 이전부터 구해온 식량을 함께 먹었을 것이다. 이른바 사람 사이의 '함께 먹기'는 집단생활을 하는 동물들이 음식을 구해 먹는 것과는 차원이 다르다. 사람에게 끼니는 단순히 끼니를 해결하는 의미만 있지 않기 때문이다. 인류는 함께 먹기를 하는 과정에서 '지식 공유'를 하였다.

사람은 전기 구석기시대에 처음으로 불을 사용하였다. 사람은 불을 다룰 줄 알면서부터 음식을 나눠 먹는 별도 공간을 마련하였다. 바로 '화덕'이다. 우리가 집을 지을 때 가장 먼저 고려해야 할 시

11 물론 사람들이 함께하지 않는 사람을 적으로 생각하는 일도 발생하였다. 적은 내부뿐만 아니라 외부의 적도 있다. 조직 밖의 적도 집단을 이루어 대응하였다.

그림 6   화덕(김천 송죽리유적, 청동기시대), 계명대박물관

설이 화덕이다(그림 6). 화덕 위치는 집 모양이나 구조를 결정지을 정도로 집짓기에서 중요하다. 잘못하면 화재나 연기로 사고가 발생한다. 우리나라 구석기 유적에서 화덕은 그리 많이 발견되지 않았다.

외국 사례를 보면, 구석기시대부터 중위도 이상 지역에서는 집을 지을 때 추위를 견디기 위해서 화덕을 필수적으로 만들었다. 한 사례로 몽골 톨바(tor-bor)-21유적은 후기구석기유적으로 42,000~40,000BP의 연대가 확인되었다. 이곳에서는 화덕을 중심으로 한 인류의 다양한 행위가 발견되었다. 불을 사용하면서 말과 같은 대형 포유류를 주기적으로 잡아먹었다. 고기, 골수, 지방을 먹기 위해 동물을 도살한 흔적이 발견되었다. 특히 사람이 칼로 고기를 발라내는 과정에서 뼈에 흔적을 남기기도 했다. 인류에 의해 변형된 뼈나 동물 유해가 화덕자리 근처에서 발견되었다. 사냥에 사용한 석기와 육류 가공과정에서 사용된 석기가 한 공간에서 출토되었다(에브게니 르히빈·아리나 크트세노비치 2021: 30 - 47).

우리나라에서 본격적으로 주거시설이 등장하는 것은 신석기시대부터이다. 이 시대에는 집터 중앙에 화덕을 두었다. 이러한 전통은 청동기시대 이후로도 계속 이어졌다. 청동기시대의 대형 집터에는 화덕을 두 개 이상 설치하기도 했다. 삼한시대에는 화덕의 개량형인 온돌이 처음으로 등장하였다. 집의 벽을 따라서 구들장을 놓은 초보적인 온돌 형태였다. 화덕 숫자는 시대와 집의 규모에 따라 달라졌지만, 집안에 화덕을 놓기 시작한 것은 구석기시대부터였다. 시베리아지역에서는 구석기시대에 이미 집 안에 화덕을 만들어 겨울을 이겨냈다. 사람은 화덕을 만들기 시작하면서 추위를 이겨내고 음식도 조리할 수 있었다.

선사시대 사람들은 왜 화덕을 중앙에 두었을까. 집의 구조에서 중앙이 열효율이 가장 높고, 집 안의 연기를 빼내기 위해 지붕 중앙을 개방해야 했기 때문이다. 그 외에도 화덕에는 사회적 기능이 있었다. 우리는 지금도 화덕이 있으면 그 주위를 둘러앉아 음식을 나눠 먹으면서 이야기를 나눈다. 인류는 자연스럽게 화덕을 매개로 사람을 알아갔다. 화덕 앞에 모여 앉아 얘기하면서 언어가 발달하였다. 수렵과 채집, 도구제작 등에 필요한 다양한 지식과 정보를 공유하였다.

클라크는 사람이 타인과 공유하는 공통기반(common ground)이 있다고 주장하였다(Clark, H. 1996). 사람은 공통의 목적을 느끼고, 타인의 마음을 읽어 조화를 꾀할 수 있다. 자신의 이익을 잠시 미루어두고 특정 목적을 위해 참가하고 적극적으로 해결하려 한다. 우리가 서로의 목적을 이해하고, 함께 한다는 사실은 공동의 목표달성에 아주 중요하다.

사람들은 화덕을 통해 정기적인 소통이나 만남이 가능해졌다. 즉, 사람은 생물학적인 배꼽시계가 작동하면, 하루에 두세 번은 모일 수 있다. 반드시 모여야 하는 이유를 굳이 만들지 않아도 된다. 이렇게 가족이나 여러 사람과의 식사는 남녀의 짝짓기에도 도움을 주었다.

인류는 무엇보다 사람과 서로 이야기를 나눔으로써 외로움과 두려움을 극복하는 심리적인 안정감을 얻을 수 있었다. 이야기하면서 먹는 느긋한 식사는 저작 운동을 활발히 함으로써 소화기관이 짧은 사람들의 장내 소화 부담을 줄여주었다. 특히 화식(火食)은 소화 활동을 돕고, 먹거리에 있는 병균을 없애주어 사람의 수명을 연장해주었다.

함께 먹기는 나머지 음식물을 처리하고, 적이나 사나운 동물들로부터 음식을 뺏기지 않게도 해주었다. 음식 나누기는 식량을 구하기 힘든 노약자, 어린이, 임산부의 생존에 큰 도움이 되었다. 화식이 사람의 두뇌를 급격히 성장시킨 중요한 동인이었다는 연구 결과도 발표되었다.

사람과 달리 침팬지와 보노보는 무리의 동료들과 함께 먹기보다 혼자 먹는 것을 좋아한다. 침팬지가 단체로 원숭이를 사냥할지라도 사냥감을 나누는 행위는 일어나지 않는다.

하지만 사람은 침팬지와 달리 세 살 먹은 아이들조차 협력파트너에게 의무감을 느끼고, 짝과 한 약속을 지키려 한다. 이 아이들은 자기가 받은 보상을 공평하게 나누려고 했지만, 침팬지는 보상을 나누지도 다른 짝이 보상을 받을 때까지 기다리지도 않았다. 짝이 도움을 필요할 때는 자신의 역할을 멈추었다. 도리어 다른 파트너에게서 배우기도 하였다. 아이들은 여러 가지 역할 전환도 무리 없이 진행했으나 침팬지들은 그렇지 못하였다(마이클 토마셀로 2017: 65~73).

인류는 달랐다. 사냥으로 그 동물을 잡은 사람에게 조금 더 나누어줄 수 있을지라도 기본적으로 평등하게 분배하였다. 사회조직 내 불평등과 계급이 출현하기 전까지는 그러했다. 사람에게 함께 먹기는 수명 연장과 사회 규모를 확대하는 결정적인 계기를 만들어주었다.

사람처럼 일부 동물이 협동해도 그것은 생존과 직결되거나 단순히 먹이를 구하는 습성이다. 각자의 이익을 위해 행동한다. 사람과 같은 오롯이 이타적 행위는 찾아볼 수 없다. 인류는 생존과 직결되지 않는 일들에도 협력한다. 서로의 협력을 지속하기 위해서는 무엇보다 타인을 사과하고 용서하는 마음이 있어야만 한다. 협력이란 상대와 함께 의무감과 책임감을 공유하는 행위이다. 사람은 인지능력의 향상과 시뮬레이션을 하는 능력이 발달하면서 다양한 방식으로 협동하였다. 인류에게 '함께하기'는 가장 실천적인 힘이었다.

불을 피운 화덕은 가족이 모여서 요리하고, 음식을 나눠 먹은 최초의 공간이었다. 그리고 화덕에 모인 사람은 혈연관계가 아닌 동료나 무리 내 사람, 심지어는 처음 본 사람이기도 했다. 그런 의미에서 화덕은 사람의 사회성을 길러주는 교육공간의 의미도 있었다.

• 함께하는 사회가 성공한다

우리는 많은 고고학 조사결과를 통해, 구석기시대 이후, 시대가 지나갈수록 마을은 점차 커져 왔음을 익히 알고 있다. 마을은 함께 사는 구성원이 늘어났고, 집의 숫자도 증가하였다. 당연히 사람들은 나누어 먹을 음식도 더 많이 필요하였다. 구석기시대 사람은 가족을 지키고 먹을 것을 구하기 위해 석기를 만들었다. 이 시대는 나와 가족을 위한 작업이 중심이었던 사회였다. 청동기시대가 되면 사람들은 마을을 지키기 위해 환호(울타리) 만들기, 농사짓기, 토기 만들기, 농사, 고인돌 만들기 등 구석기시대에는 하지 않았던 일의 종류가 늘어났다. 즉, 시대가 지날수록 함께하는 작업의 종류와 규모가 늘어났다.

집단은 상호 의존적인 구성원의 비율이 높을 때, 지속해서 유지될 확률이 높다. 구석기시대를 지나 삼국시대를 거쳐, 지금의 우리 삶을 보면 사람은 홀로서기에 두려움이 있다. 수백 만 년 동안 사람들은 적대적 관계보다는 호혜에 입각한 상호 의존관계를 발전시켜왔다. 집단의 힘은 사회 구성원이 소속감이 낮으면서 반대를 많이 할수록 약해진다. 반면에 협동은 생산성을 높이고, 그것이 무엇이든 '할 수 있다'라는 자신감을 준다.

집단이 많아질수록, 사람이 늘어날수록 이해충돌이 발생할 개연성은 커진다. 이를 막기 위한 관습법이 만들어지기도 했다. 기록상으로는 고조선 시기에 관습법이 만들어진 것으로 알려져 있다. 하지만 원주민 사회를 보면 선사시대에도 내부 질서를 유지하기 위한 규칙은 있었을 것으로 생각한다. 민족지 자료를 참조하면 협력하지 않는 자에 대한 벌칙이나 징계는 항상 존재했다. 비협조적인 사람은 무리에서 추방하기도 했다. 사람은 사회에서 버려지고, 홀로 남겨지는 것을 가장 두려워한다. 혼자 살아가는 것이 불가능한 것은 아니지만, 집단으로부터 배척당했다는 심리적 공포는 극복하기 쉽지 않다. 이러한 두려움이 깔린 협력의 이로움은 공동체 운영의 가장 큰 밑거름이라 할 수 있다.

사람은 시간과 공간에 제약을 받지 않고 집단을 구성한다. 필요한 것은 일정 수의 사람과 호혜주의에 기반한 공조 의식이다. 특히 사람은 다양한 이해관계와 목적에 맞게끔 집단을 구성한다. 한 예로 우리나라에는 얼마나 많은 위원회가 존재할까. 세상에는 무수히 많은 위원회와 단체, 동아리, 계모임 등이 있다. 누군가의 도움을 얻기 위해 만드는 협력체는 지금, 이 순간에도 만들어졌다 사라지고 있다.

현대 사회처럼 일의 종류와 절차가 복잡해질수록 모여서 일하는 '위원회' 숫자는 비례해서 늘어나고 있다.

사람들은 하나의 협력체에만 가입하지 않는다. 이것 또한 사람의 특성이다. 정치인의 각종 단체에 가입한 경력은 놀라울 따름이다. 여러분이 얼마나 많은 모임에 공식적, 비공식적으로 가입했는지를 생각해보자. 세상에 첫발을 내딛는 순간, 가족이라는 무리에 소속된다. 그 이후 어린이집, 유치원, 학교, 학원, 직장, 동아리 등 여러 이유로 다양한 모임에 가입되어 활동한다. 왜 혼자 하지 않을까. 굳이 그 이유를 따져보면 물질적이든 심리적이든 다른 사람을 통해 정보를 얻고 도움을 받을 수 있기 때문이다. 혼자서 세상의 일들을 배우고자 하는 것은 어리석은 일이다.

MIT 미디어랩의 세자르 히달고 교수는 『정보는 왜 증가하는가』라는 책에서 다음과 같이 주장하였다. "인간 한 명이 생산하고 조합할 수 있는 정보는 언제나 한계가 있다. 하지만 우리는 많은 사람의 정보가 연결되고 교환된다면 수많은 정보를 만들어 낼 수 있음을 알고 있다. 결국, 더 많은 정보는 더 많은 질서를 가능케 하기에, 복잡하고 다양하고 연결된 사회만이 더 많은 '부'를 창출할 수 있다.”(김대식 2017). 누가 더 많은 정보를 가지고 있느냐는 힘이 된다는 것을 구석기시대 사람들은 알고 있었다. 인류는 출현한 이후, 시간이 지날수록 정보를 어떻게 습득하고 전파할 것이냐를 고민했다.

구석기시대에 혈연으로 시작된 집단은 점차 이해집단으로 발전했다. 한 사람이 여러 집단에 가입할수록 집단 간의 대결은 희석되어 진다. 반면에 사람들의 이해관계는 더 많이 얽히고 연결된다. 집단 구성원이 이익을 더 많이 요구할수록 집단 간의 경쟁과 적대감은 더 커진다. 특히 식량이 부족해지거나 생존 환경이 어려워지면 협력을 마냥 기대할 수만은 없다.

이런 상황에서 사람은 자기에게 잘해준 사람, 그렇지 못한 사람, 적대적인 사람을 기억한다. 그리고 사람은 이 기억을 다음번 일이 생겨 협력 여부를 결정할 때 중요한 지침으로 작동시킨다. 인류는 협동을 더 중요시했다. 사람은 호혜적 관계가 적대적 관계보다 더 중요하였고, 미래의 협력 관계를 좌우하는 중요한 결정 수단으로 작동하였다. 사람에게 호혜성은 협동과 협력을 증진하는 중요한 수단이었다. 사람은 무리에게 원하는 것이 있을 때 소속되고, 얻을 것이 없을 때는 탈퇴한다. 반대로 사람들에게 도움을 주지 못하는 사람은 무리로부터 버려질 수 있다. 사람은 태어나면서부터 원하든 원하지 않든 무리에 들어가거나 벗어나는 삶을 반복한다.

• 함께 일하고, 일을 나누다

우리는 언제부터 서로를 돕고, 서로에게 이익이 되도록 일을 나누었을까.

인류는 스스로 일을 처리한다. 동물은 먹이 사냥을 함께 하고 잡은 먹이를 나누어 먹는다. 그러나 오늘 굶주린 동물에게 나의 먹잇감을 내어놓는다는 것은 약육강식의 동물계에서는 상상할 수 없다. 사체를 보고 달려든 하이에나들이 음식을 나누어 먹는 것을 보았는가. 하이에나의 먹는 모습은 전쟁터가 따로 없다. 굶주린 동물에게 남은 음식을 차지해 먹는 것은 생존과 직결되는 중요한 문제로 양보할 수 없다.

인류가 이렇게 큰 사회를 이루게 된 데에는 누군가와 함께하고자 하는 의식이 강해졌기 때문이다. 사람들은 집단생활을 하면서 전염병이나 질병에 걸려 죽는 일이 늘어났다. 그런 부작용이 있음에도 집단생활을 영위했다. 서로가 먹거리의 획득과 분배, 공동작업과 사냥, 육아와 같은 더 많은 혜택을 받을 수 있었다. 이러한 공동 행위는 인류가 함께 머리를 맞대어 문제를 해결하는 집단지성이 있었기 때문이다.

인류 역사에 있어 성장과 발달에는 큰 획기가 있었다. 그 획기는 아마도 나의 일을 남에게 주어도 안심할 수 있다는 믿음이 시작한 시점이다. 물론 그때가 언제인지는 정확히는 알 수 없지만, 현생 인류의 단계에서는 협동과 분업이 이루어졌다. 내가 직접 하지 않아도 일이 진척되고, 먹을 것도 얻을 수 있다는 믿음. 내가 움직이지 않아도 원하는 것을 얻을 수 있다는 사회 분위기가 형성된 때가 후기구석기시대이다.

그렇다면 분업은 왜 발생하였을까? 두 가지 배경을 추측해 볼 수 있다.

호모 에렉투스 이전의 인류는 대형동물의 사냥이 어려웠다. 200만 년 전 무렵에 동물을 죽일 수 있는 석기와 수렵기술은 초보적인 수준이었다. 대형동물은 혼자서 죽이기 어렵다. 초기 인류는 도구도 부족하고 혼자서 맹수에게 덤볐다가는 사냥 과정에서 예기치 않게 죽거나 치명적인 상처를 입었다.

인류는 오랜기간 동안에 육식동물에 의해 죽거나 자연스럽게 죽은 동물의 사체에서 고기나 골수를 얻었다. 초기 인류는 인지적으로 집단 협동을 할 능력을 제대로 갖추지 못하였다. 수렵 채집민사

회와 같은 작은 사회에서 구성원의 뜻하지 않은 죽음은 공동체를 존
속시켜 나가는 데 큰 타격이었다. 인류는 사냥을 혼자 하는 것보다
무리 지어서 하는 것이 효율적임을 깨우쳤다. 사람은 그 과정에서
사냥을 위한 역할을 자연스럽게 분담하였다.

사람이 공동작업을 한 대표적인 사례로 사냥이 있다. 일본열도
에서는 후기구석기시대에 함정사냥을 한 흔적이 발견되었는데, 대
표적인 유적으로 하쓰네가하라, 뎃피라, 후나쿠보, 쓰카마쓰가 있
다. 지금까지 함정으로 생각되는 구덩이는 300기가 넘는다. 우선 함
정은 혼자서 만들었다고 보기에는 그 수가 많다. 나무로 만든 도구
로 다수의 사람이 함께 땅을 팠을 것으로 추정하고 있다. 함정사냥
은 멧돼지나 사슴과 같은 동물이 구덩이에 빠지길 기다리는 방법과
다수의 사람이 짐승들을 함정에 몰아넣는 몰이 사냥을 하는 방법이
있다. 구석기인은 집단사냥이 식량 획득에 더 큰 이득임을 일찍부
터 알고 있었다. 신석기시대 김포 신곡유적에서는 함정 26개가 발견
되었는데, 함정 내 토양을 채취해 지방산 분석을 한 결과, 그들이 사
슴, 노루, 멧돼지 등 다양한 포유류를 사냥한 것으로 밝혀졌다(곽승
기 2021: 4 - 27).

인류는 아이를 키우기 위해 육아와 먹거리 구하는 일을 분담하
였다. 사람은 다른 동물에 비해 유독 유아기가 길다. 머리가 큰 아기
는 짐승이 덤벼들었을 때 혼자서는 이겨낼 수 없다. 다른 포유동물
과 비교해 부모들은 아이가 걸어 다니고 혼자서 음식을 먹을 수 있
는 서너 살까지는 무조건 돌봐주어야만 한다. 유아가 집단의 말을
배우고, 그 집단의 문화를 배워 사회에 적응할 기간을 고려한다면
홀로서기를 위한 시간은 길어질 수밖에 없다. 사람의 유아기가 긴
것은 집단문화를 습득하고 언어를 배우기 위함이다. 엄마 혼자서 어
린아이를 키우기는 쉽지 않다. 부모가 야생에서 먹이를 구하러 나가
면 아이를 어딘가에 홀로 내버려 둘 수밖에 없다. 부모는 적이나 동

물에 의해 아이가 죽으면 심리적으로 큰 상처를 받으며, 집단으로 봐도 인력 손실이다.

한편 수렵과 채집은 일하는 방식이 다르다. 수렵인은 창을 던지고 활을 쏜다. 빠르게 이동하고 달려야 한다. 수렵 활동은 동적이다. 식물 채집은 정적으로 이동하면서 자루와 바구니에 담는 행위를 반복한다.

남자와 여자는 신체의 구조와 능력이 다르다. 여자도 수렵할 수 있지만, 임신했거나 어린 유아를 가진 여성은 수렵이 어렵다. 채집이라면 여자가 어린아이를 돌보면서 할 수 있다. 따라서 집단 내에서 육아의 중요성이 증대되면서 여성이 수렵에 참여하는 비율이 줄고, 생업을 위한 역할 분담이 강조되었을 것이다. 마가렛 에런버그는 "공동체 일부가 수렵에 전념하는 한편, 남겨진 구성원은 식물성 식량과 소형동물의 수집을 계속했다. 이 임무 분담은 이미 추정된 이유이고 성별을 기초로 맡겨진 것은 자연스러운 것이다."라고 말하였다(Margaret Ehrenberg 1997: 65 - 66).

어느 지역이든 기후가 적당한 곳은 식물이나 동물이 풍족하여 사람이 살기 좋았다. 즉 식물성 식료나 소형동물도 간단히 손에 넣을 수 있었다. 문제는 먹거리가 없을 때 사람이 선택할 수 있는 생존 방식이다. 인류가 서로 일을 나누게 된 배경은 이동 생활을 하는 과정에서 그 지역의 특수한 기후와 환경에 적응하기 위한 수단이었다. 수렵 채집민은 자신의 본거지 둘레의 반경 약 10km(도보로 2시간 거리)의 지역을 이용한다고 추산되었다. 반면 대부분의 농경 공동체들은 걸어서 한 시간 남짓 소요되는 거리인 반경 5km 지역을 이용하였다(콜린 렌프류·폴 반 2006).

사람은 그 생활지가 정해져 있지 않다. 언제든 여행을 떠날 수 있고, 새로운 기후에 가장 잘 적응하는 항온동물이다. 인류가 유럽에서 북극으로, 아시아에서 아메리카대륙으로 이동할 때 살아남기 위해서는 식량 획득이 첫 번째 살길이었다. 각자 임무를 나누어서 음식을 찾아다니고, 누군가는 아이를 지키는 등 환경에 대응하기 위해서는 일을 나누는 것이 효율적이었다.

사람은 모여 살면서 협동과 분업을 적절히 나누었다. 협동과 분업은 호혜주의를 기반으로 한다. 나만 잘되겠다는 마음이라면 협동과 분업은 언제든지 끊길 수 있다. 인류가 출현하여 함께 일하고 일을 나누는 것이 좋다는 믿음을 가지기까지는 무려 2백만 년 이상이 걸렸다.

• 함께 궁리하다, 집단지성

이누이트족은 그린란드·캐나다·알래스카·시베리아 등 북극해 연안에서 어로와 사냥을 하면서 사는 사람들이다. 1820년대에 이누이트족은 유행병이 퍼져 나이가 많으면서 지식이 풍부한 사냥꾼과 구성원들이 상당수 죽었다. 그러자 그들이 지니고 있던 생존 비법도 마을 내에서 사라져버렸다. 생존 지식이 많은 사람들이 갑자기 사라지자 이 집단을 유지하는 데 필요한 '복잡한 도구를 만드는 능력'을 한순간에 잃어버렸다. 그 도구로는 작살, 활과 화살, 열을 가두는 얼음집의 긴 입구, 가장 중요한 카약이 있었다. 그들은 카약을 만들 수 없게 되자 문화적으로 고립이 되었다(톺아보기 7). 다른 부족들과 연락을 할 수 없게 되면서 잃어버린 지식 비법을 다시 배울 수 없었다. 결국, 이 집단은 순록을 잡을 수 없었고 작살로 하는 어로도 할 수 없었다.

그러다가 기술을 잃어버렸던 집단은 1862년에 다른 이누이트족과 우연히 만났다. 문화적으로 두 집단이 연결되자 잃어버렸던 기술을 재빨리 습득하였으며, 모든 것을 모방하기 시작하였다. 특히 다른 집단이 보유하고 있던 카약의 양식으로 배를 만들 수 있었다. 기술을 잃어버렸던 이누이트 집단은 수십 년 뒤에 다른 이누이트족

아메리칸 인디언의
이누피아크 형 카약 모형

(미국 인디언박물관 전시 모습)

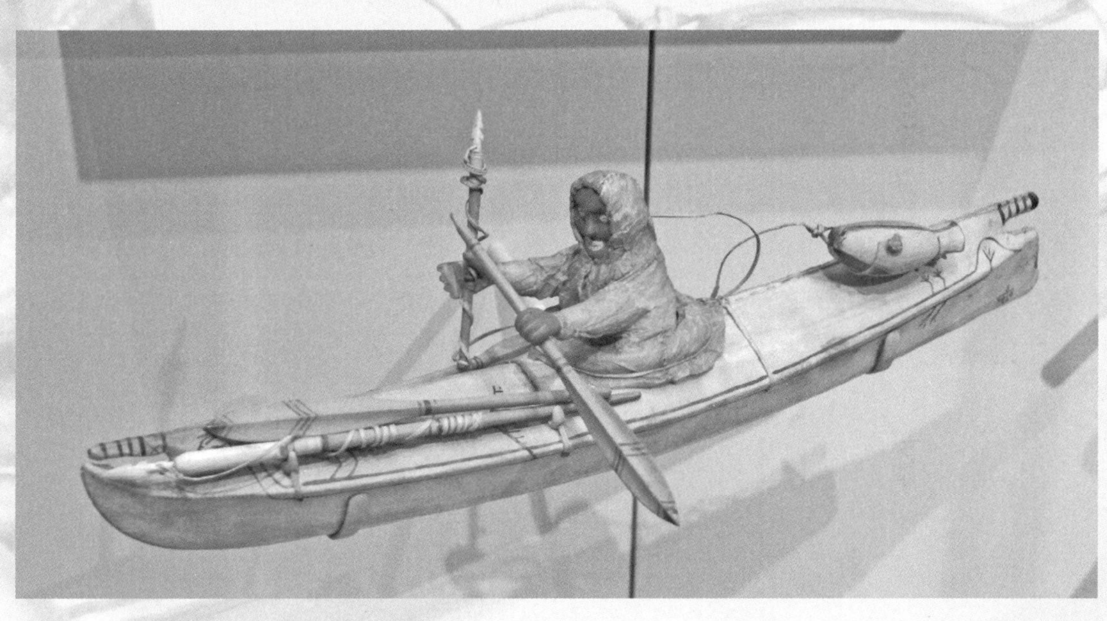

약 1,900년대에 만들어진 알래스카 웨일즈의 케이프 프린스에서 만들어졌던 카약이다. 이것을 만들기 위해서는 나무, 바다표범의 가죽과 위, 페인트가 필요했다. 아이러니하게도 이 배는 바다표범을 잡기 위한 용도로 만들었다. 사냥꾼의 오른손에는 나무와 뼈로 만든 작살로 사냥을 들고 있고, 왼손에는 패들을 들고 있다. 바다표범의 가죽으로 만든 공기주머니는 작살을 맞은 바다표범이 물속으로 도망가지 못하게 만들어, 결국 도망가지 못하고 지치게 만드는 역할을 한다. 고래도 동일한 방식으로 사냥한다.

과 접촉하면서 인구도 늘어났다. 그러나 1820년대에 가지고 있었던 '잃어버린 기술'은 쉽게 재현할 수는 없었다(조지프 헨릭 2019).

이누이트족의 기술들은 한순간에 이루어진 것이 아니라 누적된 문화 진화의 과정의 산물이었다. 사람이 그 환경에 맞는 생존 지식을 배우는 데는 시간과 노력이 필요하다. 그리고 그 지식이 이전 지식과 똑같을 확률은 희박하다. 이누이트족의 사례를 보면, 사람은 배울 수 있는 집단과 연결되면 기술이 없던 사람들도 모방과 학습으로 다른 집단의 비결을 흡수하였다. 특히 집단의 크기가 클수록, 개인 간의 사회적 연결성이 높을수록 집단지성이 성장하고 발현하였다.

우리나라에서는 구석기시대에 수만 년 혹은 수십만 년에 걸쳐 주먹도끼라는 도구를 사용하였다. 인류가 만든 도구 중 가장 오랫동안 사용된 물건이 바로 주먹도끼였다. 주먹도끼는 이런 모양이라는 이미지가 전국적으로 퍼져있었다(그림 7). 170만 년 전에 아프리카에서 처음 만들어진 주먹도끼는 여러 지역으로 퍼져나갔다. 한반도의 구석기인들도 이 석기와 비슷한 모양으로 만들어 사용하였다. 하지만 아프리카와 우리나라의 주먹도끼는 모양은 비슷했지만, 석재가 달라져 기술수법에서도 차이가 있다.

〈정글의 법칙〉이라는 예능이 오랜 기간 인기를 끌었다. 이 프로그램의 좌우명은 오지에 가서 문명의 이기를 최대한 쓰지 말자이다. 이 프로그램에는 출연자가 불을 피우는 장면이 자주 나온다. 어떤 도구를 사용할까. 라이터나 성냥을 먼저 생각할 수 있다. 현대인에게 물고기를 잡아보라고 하면 낚시를 떠올리지 않을까. 그런데 출연자에게 이런 도구를 쓰지 말라고 한다면 불을 피우고 물고기를 잡을 수 있을까? 물속의 물고기는 손으로 쉽게 잡을 수 있는 동물이 아니다. 산속 개울의 피라미 한 마리도 도구를 쓰지 않으면 잡기 어렵다.

우리는 인류 역사에서 누구든지 가보지 않은 길을 가고, 만들어보지 않은 도구를 창안하기가 결단코 쉽지 않음은 실감할 수 있다. 인류가 출현해서 활을 만들기까지는 2백만 년 이상이나 걸렸다. 지금 우리가 생각하는 쉬운 일들, 편리한 도구는 백만 년 이상 동안의 아이디어가 축적된 결과물이다. 오랜 시간에 걸쳐 시행착오를 통해 실현되었다.

인류 4대 문명의 발상지는 그 당시 인구가 가장 몰려 살던 곳이었다. 특히 구석기시대처럼 강이나 하천에서 식수를 얻고 그 주변을 잘 이용한 지역이다. 석기, 토기, 청동, 철, 유리와 같은 새로운 발명품이나 혁신적인 도구는 규모가 큰 집단에서 발명되었다. 한반도는 중국과 인접하고 있었지만, 서해가 있어 두 나라의 왕래는 생각보다 어려웠다. 선사시대라면 누가 어디에 살고 있는지에 대한 정보는 제한적일 수밖에 없었다. 인구수가 적다는 것은 사회적 상호작용이 약하고, 새로운 혁신이 일어날 확률이 낮다는 의미이다. 서로 간에 받는 지적 자극이 약하다는 의미도 된다.

현재 우리나라는 세계 10위권의 경제 대국이다. 이는 수출을 많이 한 것도 있겠지만, 인터넷과 같은 정보통신의 발달로 세계가 긴밀하게 연결되어 있기 때문이다. 지금 사회는 굳이 다른 나라에 가지 않더라도 많은 정보를 얻을 수 있다. 유라시아 전체로 보면 한반도의 선사시대 사람들은 외부 영향을 아주 약하게 받았다. 글자가 출현하기 전에는 모방이 학습의 가장 중요한 수단이었다. 이러한 학습은 주먹도끼, 돌날, 좀돌날 등의 석기를 만들면서 비롯되었다.

현재 휴대전화를 사용하지 않는 사람은 일부 국가를 제외하면 거의 없다. 석기는 구석기시대 수렵 채집민에게 휴대전화와 같은 필수품이었다.

후기 구석기시대에 유라시아대륙의 중위도 이상의 지역에서 주로 사용된 석기형식이 돌날과 좀돌날이다. 이것들은 아프리카 북부, 유럽, 중앙아시아, 중국 북부, 한반도, 일본열도, 시베리아지역, 알래스카에서 출토되었다. 돌날은 축구의 공인구처럼 세계인이 애용했던 최초의 공통도구였다. 이 정도 범위에서 공통적인 형식의 석기가 출토된다는 것은 사람의 이동과 함께 기존 거주민의 모방 학습이 수반되어야만 가능했다. 석기는 그 지역에서 나오는 돌을 이용해서 만들기 때문이다. 어떤 돌이 석기에 적합하고, 어디서 그런 돌이 나오는지를 잘 아는 사람이 석기를 잘 만들었다.

실제 연구에서도 학습 본보기를 보여줄 사람이 많을수록 학습자들의 수준은 빠르게 향상했다. 모방은 새로운 혁신으로 이어지는 가장 빠른 수단이다. 중국은 반도체 굴기를 선언하고 반도체 생산에 몇십조에 이르는 돈을 투자하고 있다. 하지만 삼성, 하이닉스를 아직 따라잡지 못한다. 중국 정부의 주도하에 수백조가 넘는 돈을 투자하고도 성과를 이루지 못하자, 삼성과 하이닉스에 근무했던 핵심 인재를 영입하여 기술을 따라잡으려 노력 중이다. 기술을 가진 사람이 가장 빠른 길을 인도해줄 걸 믿기 때문이다.

모방이 항상 좋은 길로 인도하는 것은 아니다. 하지만 기술에 있어 모방은 어느 수준까지는 지름길로 인도한다. 기술이 특허로 보호되는 이유도 모방이 그만큼 위험하기 때문이다. 개인의 저작물도 마찬가지이다. 중요한 모방은 각 나라에서 법으로 관리하고 통제하고 있다. 인구가 늘어나고 집단이 커질수록 도구는 정교해지고 복잡해졌다. 그 기술을 활용한 생존방식은 폭넓어지고 다양해졌다. 구석기시대부터 통일신라시대, 그 이후의 현대사회까지의 흐름을 살펴보면, 인구가 늘면서 모든 분야에서 전문성과 다양성은 증가하였다. 자체생산이 힘든 기술은 다른 나라로부터 직접 물건을 수입해왔거나 기술을 전수받았다. 국가는 기술능력, 전쟁능력, 생존능력 등 다양한 능력을 보유한 사람들로 채워질수록 강해졌다.

우리나라에 글자가 등장한 것은 BC1세기 무렵이다. 창원 다호리유적의 붓 자료를 통해서 추정한다. 그러나 실제 이 유적에서 한자는 발견되지 않았다. 이 붓이 과연 글자를 쓰는 데 사용한 붓인가라는 논란이 있는 이유이다. 옻칠에 사용하는 붓이라는 주장도 있다. 실제 한자가 사회에서 활용되기 시작하는 것은 삼국시대이다. 문자가 없음은 사회 내에서 무슨 일이 일어나는지를 기록할 수 없음을 뜻한다. 당대의 지식이 후대로는 오직 구전으로만 전수할 수밖에 없다. 그만큼 후대에 제대로 전해져야 할 지식이 오류가 날 가능성이 크고 지식전달이 끊길 위험성 또한 크다.

한반도에서 신석기시대가 8천 년 동안 지속한 것은 중국이나 러시아로부터 간헐적인 영향을 받더라도 그 기술을 수용할 만한 기반이 되어 있지 않았기 때문이다. 특히 청동기와 철제작 기술, 바퀴, 벼농사 등이 대표적이다. 심지어 우리나라가 청동기시대일 때 중국은 철기를 쓰고 있었고, 우리의 핵심도구는 돌로 만든 석기였다. 그 차이는 숙련된 기술자가 늘어나고 기술의 혁신과 모방을 통해 빠르게 극복하였다. 지금 우리나라는 최고의 철 생산 관련한 POSCO와 같은 기업이 있고, 뛰어난 정보통신기술과 전기차, 감히 넘볼 수 없는 반도체 제작기술 등을 기반으로 한 세계적인 기업을 보유한 나라가 되었다. 기술의 협력과 개발, 그리고 혁신으로 일구어낸 성과이다.

• 사람, 두발로 땅을 딛고 일어서 발자국을 찍다

인류와 유인원의 해부학적인 차이는 인류의 두발걷기[이족보행, 직립보행]이다. 사람과 달리 유인원은 등뼈가 더 많이 굽어있고 두개골이 등뼈 제일 위에 위치한다.

사람의 신체에서 가장 큰 변화는 척추가 바로 선 것이다. 엄밀히 말해 옆에서 보면 'S'자형이다. 우리 인간은 두발걷기로 인해 새로운 방식으로 살아야만 했다. 두발걷기는 신체 기관의 변화 중 뼈의 모양이 바뀌고, 뼈와 팔다리의 움직임을 위해 힘을 전달하는 근육의 변화를 일으켰다. 나무를 탔던 초기 인류가 두 다리로 걷게 된 시기는 약 600만 년 전이다. 인류는 아프리카 유인원의 어느 집단 중에서 두 계통으로 갈라져 나왔다. 600~300만 년 전에 두발걷기가 두뇌 성장보다 먼저 일어났다.

약 440만 년 전의 아르디피테쿠스 라미두스는 키 120cm에 두뇌는 $300 \sim 350cm^3$이다. 초기 두발걷기의 진화를 보여주는 가장 중요한 자료이다. 400만 년 전, 오스트랄로피테쿠스의 가장 큰 특징은 두발걷기에 성공하였다는 점이다. 현생인류의 몸이 두발걷기로 확고해진 뒤에는 척추나 골반이 더 크게 진화하지는 않았다.

320만 년 전, 오스트랄로피테쿠스인 루시는 원숭이와 같은 팔을 지녔다. 사람과 비슷한 골반뼈와 손가락은 잡는 게 가능하도록 길고 굽었다. 다리는 굽혀지는 무릎과 유연한 발로 이루어졌다.

우리가 익히 알고 있는 두발걷기의 증거는 1978년 메리 리키(Mary Leakey)가 탄자니아 올두바이 계곡에서 발견한 라에톨리(Lae-toli)유적의 발자국 자료이다(**톺아보기 8**). 360만 년 전에 형성된 것으로 추정하는 오스트랄로피테쿠스의 발자국 화석은 화산재로 덮여 있었기에 보존될 수 있었다.

　우리는 발자국의 모양만으로도 두발걷기를 유추할 수 있다. 여러분이 해수욕장을 거닐 때 자신이 걸어온 발자국을 뒤돌아보자. 그 발자국에서 가장 깊이 들어간 부위가 어디일까. 바로 뒤꿈치다. 두 발로 걷는 사람은 발을 내디딜 때 모든 체중이 뒤꿈치에 실리게 된다. 이렇게 체중을 분산시키고 충격을 흡수하기 위해 뒤꿈치에는 살이 많다. 이런 뒤꿈치에 가해지는 신체 하중을 줄여주기 위해 운동화의 가장 푹신한 부위가 바로 뒤꿈치 쪽이다. 네발로 걷는 동물은 이런 발자국을 만들지 못한다. 바로 이러한 발자국 모양이 라에톨리유적에서 발견되었다. 그 외에도 두발걷기를 한 특징으로는 앞으로 일정하게 나란한 발의 보폭과 엄지발가락이 다른 발가락과 평행하게 배열되어 있었다. 엄지발가락 부위가 깊게 팬 것도 두발걷기로 추정되는 이유이다.

　인류 기원을 연구하는 미국 스미스소니언 협회의 공동연구팀은 아프리카 탄자니아에서 무려 400개 이상의 현생인류의 발자국을 무더기로 발견하였다.

　이 발자국은 5,000년 전에서 최대 19,000년 전 사이에 남겨진 것이다. 연구팀은 화산이 인접한 나트론호수(Engare Sero, on the southern shore of Tanzania's Lake Natron) 부근에서 발자국을 발견하였다. 발자국이 진흙에 찍힌 후 화산재가 그 위에 덮이면서 보존되었기에 아주 양호한 상태로 발견되었다. 이 발자국은 테니스 코트만한 공간에 집중적으로 찍혀있었다. 이에 연구팀이 붙인 재미있는 별칭이 '무도장'이다. 물론 현생인류가 이곳에 모여 춤을 추었다는 뜻은 아니다. 그만큼 발자국들의 모양은 어지럽지만, 규칙성을 갖춘 채로 발견되었다는 의미에서 붙여진 이름이다. 평범하게 걸어가는 발자국, 뛰어간 흔적, 여성과 어린이의 흔적, 심지어 발가락이 부러진 흔적도 확인되었다. 당시 이 지역은 고대 인류가 아프리카를 이동하면서 만들어진 '여정의 흔적'인 셈이다.

아프리카 라에톨리유적의 발자국을 이용해 추정 복원한 오스트랄로피테쿠스의 모습

(미국자연사박물관)

라에톨리 발자국은 세 사람이 걸으면서 남겼던 것으로 추정한다. 남자가 앞장서서 걷고, 키가 작
은 여자가 따라 걸었다. 그 뒤로 남자가 걸었다. 360만 년 전에 살았던 초기 인류의 걷는 모습을
상상해 볼 수 있다. 발자국을 발견한 메리 리키는 자신의 최고 성과로 자평했다. 현재 이 발자국은
흙을 덮어 보존조치를 취해놓은 상태다. 인류가 돌도구를 사용하기 전부터 두발걷기를 할 수 있었
음을 보여주는 중요한 자료이다.

윌리엄 하코트-스미스 박사는 아프리카에서 현생인류의 많은 발자국이 한꺼번에 발견된 것은 처음이며, 이 지역에서 최소 24개의 길을 발견하였다고 말하였다. 한 그룹에 12명 이상이 함께 이동한 것으로 추정했다. 그는 당시 인류가 걸었던 발자국을 따라가다 보면 우리가 어디로 갔는지 알 수 있을지도 모를 일이다고 덧붙였다.

왜 인류는 두발걷기를 하였을까. 두발걷기는 신체적인 변화가 수반되어야만 가능한 일이었다.

척추가 바로 서기 시작한 초기 인류는 걸을 때 손으로 땅을 짚을 필요가 없어졌다. 그 덕분에 손을 자유롭게 쓸 수 있었다. 손의 용도는 무한하기에 말할 필요가 없다. 특히 손은 엄지손가락의 변화가 생기면서 사물을 더욱 잘 잡도록 해주었다. 사람은 손으로 아기를 운반할 수 있었다. 인류는 아이를 손에 들고 두 발로 일어서서 걸었기 때문에 원거리 이동이 가능하였다. 인류는 두발걷기를 시작하면서 보폭도 넓어져 같은 걸음으로도 더 멀리, 더 빨리 갈 수 있었다. 이동에 따른 달라진 서식환경이 사람들의 피부색은 물론, 생활습관을 바꾸고, 새로운 문화를 창조하고, 독특한 개성을 키워주었다. 사람과 달리 유인원은 원거리 이동을 할 수 없었기에 생활반경이 넓지 않았다.

두발걷기로 인해 척추디스크와 같은 사람만이 가지는 질병이 생겼다. 두발걷기로 여자의 골반 내 산도가 좁아지면서 출산의 고통이 심해졌다. 인류가 두발걷기를 하게 된 이유는 학자마다 의견이 분분하다. 500만 년 전 아프리카에서 삼림 지대가 줄어들어 나무 위와 땅에서 활동하게 되면서 부터 두발걷기를 한 유인원이 살아남았고, 그 인류가 진화했다는 주장도 있다. 그들은 숲속에서의 삶을 땅에서의 삶으로 변화시켰다. 인류는 오랜 진화의 과정에서 큰 뇌를 얻었고 두발걷기로 곧추서는 행위가 생존에 큰 도움을 주었다.

• 공간과 공간을 이어준 두 발: 발과 보폭의 변화

인류 진화에 있어 발 모양의 변화는 아주 중요한 사건이다. 침팬지, 초기 인류(오스트랄로피테쿠스 아파렌시스), 현생인류(호모 사피엔스)를 비교하면, 발 모양에 차이가 있다. 특히 엄지발가락의 크기와 위치, 뒤꿈치의 발달 정도에서 차이가 있다. 침팬지의 발은 오히려 손과 더 닮았다고 할 수 있을 정도로 엄지발가락의 위치가 다른 발가락보다 많이 벌어져 있다. 사람은 점차 엄지발가락이 다른 발가락과 같은 위치에 놓이게 되었고, 몸이 움직이는 방향을 고려해 신체가 변화했다. 침팬지의 걸음에서는 사람처럼 뒤꿈치에 하중이 강하게 실리지 않는다.

미국 예일대 기계재료공학부의 마드후수단 벤카데산 교수팀은 사람의 발뼈 중 가로 발목뼈관절이 인류가 두 발로 걸을 수 있고, 발을 단단하게 지탱할 수 있게 해주는 데 이바지했다고 말하였다(그림 8). 즉 가로 발목뼈관절의 활 구조가 발바닥의 강성을 50%로 높여준 데 반해, 길이 방향의 뼈 활 구조는 25% 수준이었음을 밝혀내었다. 사람이 두 발로 걷기 위해 몸을 받치는 데 있어 가로 발목뼈관절은 중요한 역할을 하였다(《동아일보》 2020.2.28.). 사람은 발과 손에 작은 뼈들이 물려있다. 정교한 작업과 장시간 보행을 견뎌내기 위한 진화의 결과물이다.

오스트랄로피테쿠스 아파렌시스는 짧은 다리를 가지고 있었다. 다리가 짧아서 보폭이 좁았다. 인류는 시간이 지나면서 다리가 길어지면서 보폭도 넓어졌다. 초기 호모속은 다리 길이가 0.88m이었지만, 오스트랄로피테쿠스는 0.62m로 더 짧았다. 호모속이 다리가 더 길어 보행능력은 약 41%나 향상되었다. 보행능력이 좋아진 호모속의 이동 시간은 11.5% 단축되었다. 시간도 5% 절약되는 효과가 있었다. 이는 호모속의 하루 생활반경이 넓어졌음을 의미한다(로빈 던바 2015: 163). 인류의 활동반경은 다리 길이와 관련성이 깊다. 인류

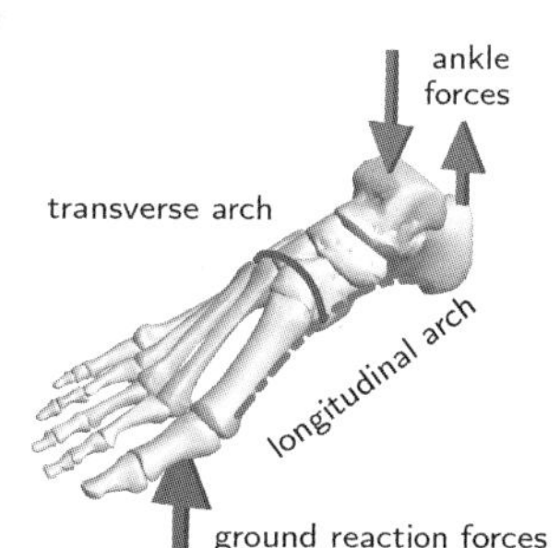

그림 8 인류의 발에는 활 모양을 한 구조가 두 곳이 있다. 하나는 가로 발목뼈관절(transverse arch)과 흔히 평발인지 아닌지를 보는 발 안쪽의 움푹 들어간 발바닥의 활 모양(longitudinal arch)이다. 가로 발목뼈관절의 활 모양이 인류를 두 발로 걸을 수 있게 했을 것이라고 주장한다. 예일대 자료.

는 두 발로 달리기도 가능했다. 네발 동물만큼 빨리 달릴 수는 없어도 효과적으로 움직일 수 있었다. 두 발로 달리는 행위는 인류가 코끼리를 사냥하거나 맹수로부터 도망을 칠 때 도움을 주었다.

사람은 똑같은 거리를 걸어도 어른보다 아이들이 더 힘든 이유가 바로 보폭이 다르기 때문이다. 아이들은 보폭이 짧아서 어른보다 더 많이 걸어야 한다. 보폭증가로 인류의 생존 범위가 확대됨으로써 식량을 확보할 가능성이 커졌다. 생활영역이 그만큼 넓어졌다. 빠른 발걸음은 위험한 환경으로부터 더 빨리 피할 수 있는 이점이 있었다. 인류가 생존능력을 향상하는 데 다리 길이와 발 모양이 중요한 역할을 했다.

인류가 직립한 것은 단순히 걷기라는 장점 때문만은 아니었다. 걷는 것 이외에도 나무타기 등 다양한 생존 활동이 가능하다. 물 속에서 수영도 할 수 있다. 적절한 높이라면 뛰어내리는 것도 된다. 군인이 되면 걸음을 맞춰 걷는 제식동작을 가장 먼저 배운다. 각개 전투에서는 포복해야 한다. 철조망 아래로 통과하기 위해서는 하늘을 보고 드러누워서 총을 쥔 채 철조망을 잡고 빠져나가야 한다. 인류는 다른 동물과 달리 누운 방향과 상관없이 움직일 수 있었다. 사람은 무엇보다 오래달리고 걷는 것이 가능하다. 이러한 지구력은 사냥이나 이동에 있어 두발걷기의 가장 큰 장점이었다. 사람은 동물을 잡을 때 사냥감이 지칠 때까지 쫓아갈 수 있는 강한 능력이 있다.

사람은 하늘을 나는 것 빼고는 모두 할 수 있다. 땅과 물속을 이렇게 자유자재로 이동할 수 있는 동물이 또 있을까. 적정한 온도의 물속이라면 사람은 오랫동안 머물 수 있다. 동물 중 사람은 장소, 기온에 구애받지 않고 생존이 가능한 진귀한 생명체이다.

안토니오 마차도는 "그때그때 한 걸음씩 가라, 여행자여, 길은 없다. 길은 걸으면서 만들어진다, 길은 걸으면서 만들어진다."라고 말하였다(파울로 코엘료 2016: 264). 그의 말처럼 인류는 용기를 내어 목숨을 걸고 모험하여 세계에서 지배적으로 우월한 존재로서 생존하고 있다. 이러한 행위가 가능해진 것도 결국 두발걷기 덕택이다. 만약 우리가 두 발로 걷지 않았다면 지금 아프리카에서 더위와 싸우고, 식량과 물을 찾아다니면서 그곳에 살고 있을지도 모르겠다. 통신이 발달한 시대라 할지라도 언제 어디서 무슨 일이 생기고 있는지는 알기 어렵다. 이 순간에도 정보는 넘치고 있다. 직접 가보지 않고 겪지 않으면 모르는 일이 여전히 많다. 언제나 우리에게 내일은 새로운 일상을 제공한다.

구석기인들에게 이동은 생존이었다. 앞에 보이는 장소에서 무슨 일이 생길지는 그 장소에, 그 시각에 가보아야만 알 수 있었다. 물러설 자리가 없었다. 인류는 그곳에 가보지 않고서는 알 수 없었기에 그럴 바에야 앞을 보고 걸어서 나아갔다. 인류는 이렇게 조금씩 생존을 위해 이동하면서 그 시간과 거리가 더해지면서 지구 전체로 확산하였다. 원하는 곳에 머물게 된 인류는 한 장소에서 잠을 오랫동안 잘 수 있었다. 오늘을 되새기며 내일을 계획할 수 있었다.

두 다리는 우리에게 공간의 자유를 안겨주었다. 두 발로 이동하는 세상은 활짝 열려 있고 드넓게 확장된 공간이었다.

인류의 생존을 위한 공간여행은 아프리카를 벗어나면서 첫발을 제대로 내디뎠다. 초기 인류는 모든 곳에 닿지는 못하였다. 걷고 또 걸어보지 않으면 알 수 없는 세계가 구석기시대였다. 가끔 만나는 '사람'이 그들에게는 작은 위안이었다. 그 '사람'조차 보기 어려웠던 시대였다. 그렇다고 암흑이나 암울을 떠올릴 필요는 없다. 이들은 처절한 생존경쟁에 익숙하였다. 현대인이 느끼는 상실감이나 외로움을 느낄 여유가 없었을지 모른다. 먹고, 그리고 걷고, 힘들면 자고. 그리고 생명체로서 번식하고. 이렇듯 단순하지만 가장 필요한 행위를 우리는 생존이라 부른다.

여행을 싫어하는 사람은 없다. 사람은 태어나서 두발로 걷기 시작해 죽을 때까지 두발로 걷다가 생을 마감한다. 인류는 오랜 걷기 습관으로 두발걷기가 고착화되었다. 현대사회는 먹거리가 풍부해 직접 식량을 구할 필요는 없어졌다. 마트나 시장에서 필요한 것을 돈 주고 사면 된다.

사람의 몸은 이동 생활에 맞춰져 진화했다. 현대 사람들은 잘 움직이지 않기에 복부비만을 비롯한 각종 성인병을 앓고 있다. 사람이 끊임없는 다이어트를 해야 하는 이유는 먹는 양과 비교해 몸을 움직이지 않기 때문이다. 사람이 건강해지기 위한 으뜸은 꾸준히 움직이는 것이다. 인류는 태어난 장소를 걸어서 벗어났다. 이들은 다양한 기후환경을 지닌 낯선 땅으로 이동하였다.

사람은 움직이는 행위 덕택에 그 환경에 적합한 다양한 삶을 산다. 누구도 같은 삶을 사는 사람은 없다. 같은 종의 동물들은 비슷한 생존본능을 나타낸다. 특히 살아가는 장소는 제한이 있다. 살아가기 위한 루틴은 죽을 때까지 깨지지 않는다. 마당을 나온 암탉, 미운 오리 새끼, 벅스 라이프의 주인공들은 자신들의 삶의 행동방식을 바꾸려고 노력하였지만, 그것은 동화나 영화 속의 주인공들 이야기일 뿐이다. 다윈의 진화론에서 얘기하는 갈라파고스제도의 동물들은 주어진 환경에 적응하기 위해 자신의 신체를 변화시켰다. 벌레를 잡기 위해 부리 모양이 바뀐 핀치새가 대표적이다(그림 9).

아프리카를 출발한 현생인류는 자기가 태어난 곳과 다른 곳으로 이동하면서 신체에 여러 가지 변화가 생겼다. 현생인류는 지역마다 피부색과 눈동자 색깔, 머리카락, 체형, 마른 귀지와 습한 귀지 등이 바뀌었다. 사람은 비슷한 문화를 공유하면서 그 안의 개성은 다양해졌다. 하지만, 집단 내 사람들이 모두 같은 생활방식을 취하지는 않았다. 현재 살아가는 주도적인 방식이 후대에 옳다는 보장은

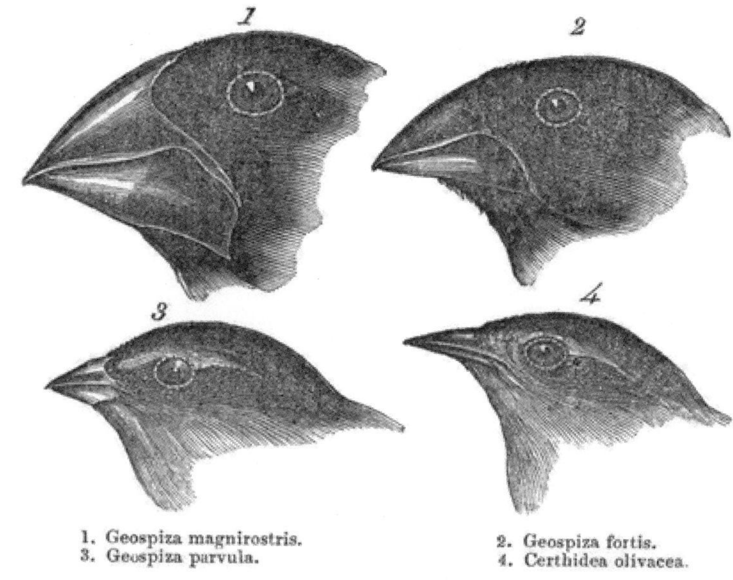

그림 9　갈라파고스의 핀치새(1845년 다윈의 논문에 그려진 4마리의 핀치새). 부리가 짧고 뭉툭한 핀치새는 곤충을 잡아먹음. 부리가 길고 가는 것은 바위나 구멍의 벌레를 잡아먹음. 뽀족한 부리는 이구아나의 피를 빨아 먹는 데 사용. 머리 구조를 결정하는 유전자의 변이와 짝짓기로 형질변환이 후세로 유전됨.

없기 때문이다.

레비스트로스의 『슬픈 열대』에 나오는 4개의 원주민 부족은 각기 다른 삶의 방식을 가지고 있었다. 막연히 상상한 것과는 다르게, 선사시대 사람의 삶은 지역에 따라 모두 달랐다. 누구든지 간에 삶이 모두 같을 수는 없다. 개인의 삶은 다를 수밖에 없다. 우리는 삶의 다양성과 그것을 인정하는 사고의 틀 속에서 선사 사회를 바라볼 필요가 있다.

아무리 과학 문명이 발전하여도 개인의 사상과 정신 체계를 모두 같게 만들 수는 없다. 사람의 다양성은 이동 생활로 변화가 가속화되었다. 초원에서는 방목을, 바다 근처에서는 물고기 잡이를, 숲에서는 사냥을, 어떤 방식이 맞다가 아니라 살아남은 사람의 방식이 옳은 생존법이었다. 인류가 수백만 년 동안 생존한 것은 무언가를 잘했다기보다는 적응하기 위한 의지가 강했기 때문이다. 하지만, 잘한 것 이면에는 무수히 많은 실패로 인한 죽음이 있었다. 문화란 죽은 선조들이 남겨준 축적의 자산이다. 우리는 선조가 살아남기 위해 노력한 삶의 투지에 경의를 표해야만 한다. 선사시대는 하루를 살아남는 것이 가장 큰 숙명이었다. 살아남은 자가 강하다라는 금언이 가슴에 와 닿는 시대가 바로 구석기시대이다.

• 사람, 걸으면서 생각하는 동물

사람은 죽을 때 비로소 걸음을 멈춘다. 움직임이 없다면, 즉 죽음이다. 생각을 멈추는 순간, 목숨이 다했음을 안다. 사람은 걸으면서 생각하고, 생각하며 걷는 동물이다. 우리는 생존을 위해 끊임없이 걷는 동물이다. 눈을 돌려 보면 바쁘게 걷는 사람들은 어디에나 있다. 배움을 위해, 먹기 위해, 작업을 위해 걸음을 잠시 멈출 수는 있다. 그러나 우리는 TV나 휴대폰을 보다가 화장실을 가거나 냉장고에서 아이스크림을 꺼내기 위해서라도 걸어야 한다.

사람은 걷지 않으면 근육이 퇴화한다. 고관절이나 척추 등을 다친 사람은 걷기 힘들거나 아예 혼자서 걷지 못하기도 한다. 환자가 누워만 있으면 욕창이 생기기도 하고, 소화도 제대로 되지 않는다. 필자도 척추를 다쳐 2주간 입원을 한 적이 있다. 가만히 누워만 있다가 섰을 때는 머리가 어지러워서 죽을 것 같았다. 이는 경험해보지 않으면 모른다. 그 어지러움으로 토하고 싶었다. 그리고 내 몸의 척추를 둘러싼 근육은 어느새 힘을 잃어 재활운동을 하여 근육을 다시 만들어야만 하였다. 우리 몸은 걷는 활동을 가정하고 몸 전체가 디자인되었다. 이러한 몸은 수백만 년 동안에 걸쳐 진화되어온 결과물이다.

사람이 이렇게 걷기를 반복하는 동안 뇌는 점점 커졌다. 사람이 무거워진 머리를 지탱할 수 있을 정도까지 뇌용량은 확대되었다.

20세기 조각 거장 폴 자코메티는 스위스 출신으로 파리에서 활동한 예술가이다. 2017년 알베르토 자코메티 한국특별전이 개최되었다. "걷는 사람"이란 작품으로 세계 미술작품 경매에서 최고가를 경신하였다(그림 10). 그는 다음과 같이 이야기하였다.

"마침내 나는 일어섰다. 그리고 한 발을 내디뎌 걷는다. 어디로 가야 하는지 그리고 그 끝이 어딘지 알 수는 없지만, 그러나 나는 걷는다. 그렇다. 나는 걸어야만 하였다."

그는 1960년에 걷는 사람(Walking Man)을 만들었다. 1,600억에 팔린 이 작품에 왜 이렇게 큰 관심을 주었을까. 단지 청동 조각상일 수 있지만, 그 속에 사람의 본질을 느낄 수 있었기 때문일 것이다. 자코메티는 "인간을 담고 있는 것은 형체가 아닌 영혼이다"라고 말했다. 사람은 걷고 있다는 것만으로도 다양한 의미를 내포한다.

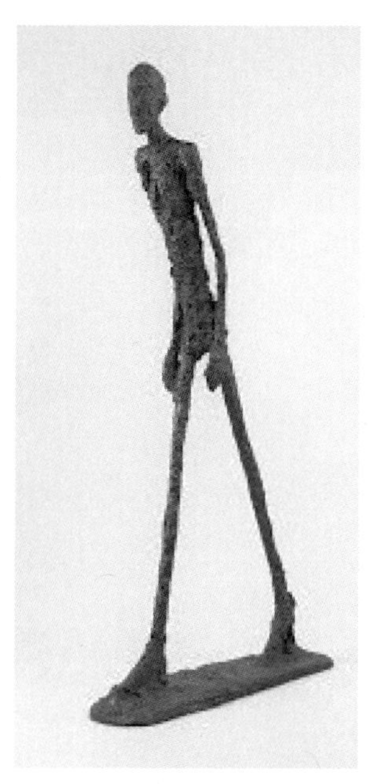

그림 10　워킹맨(1960, 자코메티)

"모든 것을 잃었을 때, 그 모든 걸 포기하는 대신에 계속 걸어 나가야만 한다. 그렇다면 우리는 더 멀리 나아갈 가능성의 순간을 경험할 것이다. 만약 이것이 하나의 환상 같은 감정이더라도 무언가 새로운 것이 또다시 시작될 것이다. 당신과 나, 그리고 우리는 계속 걸어 나가야만 한다."(코바나콘텐츠 2017).

자코메티의 작품 속 걷는 사람은 가냘프고 긴 다리로 어디로 걸어가고 있는 것일까. 우리는 눈으로 보면서도 우리가 어디로 가는지를 단언할 수 없다. 결국, 사람은 죽음에 이르러 더 걸을 수 없을 때, 우리는 최후의 뒤를 돌아보게 된다. 우린 걸으면서 죽을 수는 없다. 죽기 위해서는 걷는 걸 멈추어야만 한다. 더 갈 수 없다. 모든 걸 내려놓는 때가 바로 걸음이 멈춰진 시기이다. 누운 채, 더 일어나지 못하는 순간이 죽음이다.

사람은 반가사유상처럼 사유만 할 수는 없다. 걷고 걸으면서 생존을 생각하는 동물이다.

• 사람, 어디서든 살아남은 유일한 동물

현생인류가 왜 유라시아 서쪽에서 동쪽으로 지속해서 이동하였는지 그 원인을 알 수 없다. 그들은 옷과 도구를 만들고, 불을 사용해 추위를 이겨낼 수 있었고, 집을 지을 수 있었다. 생존을 위한 기본적인 특성이 탁월하여 어디서든 살 수 있었다. 심지어 현생인류는 초식과 육식을 함께 하였기에 먹거리의 종류가 늘어난 것도 생존에 큰 도움이 되었다. 이는 다른 동물이 가질 수 없는 특출난 능력이었다.

동물은 각자의 생존을 위한 환경이나 먹이 종류가 태어나는 순간 결정되어 있다. 살아야 할 장소, 가야 할 방향, 먹이 종류와 사냥법 등이 그렇다. 새는 나뭇가지로 집을 짓고, 개미나 두더지는 땅속에서 살고, 판다는 대나무 위에서 산다. 삶의 패턴이나 환경이 바뀌면 대다수 동물은 살지 못하고 죽는다. 설사 살아남는다고 하더라도 본래 모습이 바뀌기도 하였다. 갈라파고스섬의 도도새가 살기 편안해지자 날기를 포기한 것처럼 말이다.

사람은 위도에 따라 피부색이 바뀌었지만, 신체구조와 능력은 그대로 유지하였다. 사람은 추운 곳에 가더라도 육체적 변화와 더불어 생존환경을 바꿔서 살아남았다. 환경에 맞선 대표적인 도구가 따뜻한 불과 안락한 집이다. 이런 능력을 갖춘 현생인류는 기후변화에 대응할 수 있었고, 장거리 이동도 가능했다.

중국이나 러시아처럼 아프리카의 호모 에렉투스로부터 현생인류가 진화하였다고 보는 다지역 기원설을 지지하는 입장에서는 이런 견해를 받아들이지 않을지도 모르겠다. 현생인류의 조상을 누구로 할 것이냐의 문제를 떠나 현생인류가 아시아지역에 항구적으로 살았던 시기는 4~3만 년 전이다.

현생인류는 고인류 중에서 멀리, 그리고 가장 넓게 이동한 유일한 인류이다. 신대륙을 밟은 최초의 인류이기도 하다. 다른 초기 인류들은 그들의 생존공간과 이동범위가 제한적이었다. 현생인류를 제외하면, 그나마 아프리카 대륙을 처음으로 벗어났던 인류는 호모 에렉투스가 유일하다. 인류 대부분은 아프리카에서 출현하여, 그곳을 벗어나지 못하고 멸종하였다.

그렇다면 구석기시대의 현생인류는 세계 일주를 하였을까. 그렇지는 못하였다. 세계 일주를 위해서는 배가 필요한데, 구석기시대 사람들이 배를 만든 실물자료는 출토된 바 없다. 다만, 뗏목이나 통나무배를 사용하였을 것으로 추정한다. 지금은 바다지만, 빙하기 중 한랭기 때는 배가 없어도 도보로 건널 수 있는 지역이 있었다. 해수면이 내려가면 해협이 얕아지거나 육지가 되어 사람이나 동물이 건널 수 있었다.

현생인류는 독특한 두개골 형태와 큰 뇌(1,350~1,450cc)가 있다. 이전 고인류보다 턱은 작아졌고, 골격도 연약하다. 그럼에도 불구하고 지금 인류의 표준이 되었다. 현생인류는 살 수 있는 땅이라면 어디든 갔고, 살아남았다. 3만 년 전 이후부터 인류는 좀 더 빠르게 동쪽으로 이동하였다.

5만 년 전부터 시작하여, 현생인류가 찾아간 지역에서는 토착인류가 모두 사라졌다. 현생인류가 다른 인류를 받아들이지 못하고 싸움을 통해 그들을 죽였는지는 아직 알 수 없다. 자연스럽게 생존할 수 없는 여건이 되었기에 멸종한 것일 수도 있다. 현생인류의 가장 큰 특징은 집단생활을 하였다는 사실이다. '나'보다는 '우리'가 좋다는 인식. 함께 하는 삶이 나의 생존과 종족보존에 유리하는 것을 오랜 진화를 거치면서 몸속에 간직하고 있었다.

구석기시대 사람들은 집단생활이 생태계 내에서 강력한 힘을 발휘할 수 있음을 인지하면서 유대를 더욱 끈끈히 하였다. 이러한 유대가 강해질수록 나와 다름은 곧 적이라는 인식, 생존동반자가 아닌 경쟁자가 나오는 부작용도 함께 발생하였다. 인류가 증가할수록 살상 무기의 종류도 다양해지고 많아졌다. 다툼이 늘어났다. 백만

년 전 주먹도끼로 시작한 무기는 더 많은 사람을 죽여야 한다는 목
표까지 세워서 핵무기까지 만들었다. 유발 하라리는 현생인류를 "관
용은 사피엔스의 특징이 아니다."(유발 하라리 2015: 39)라고까지 말
하였다. 그들이 스쳐 지나간 곳에 살았던 현생인류 이외의 인류들은
모두 사라졌다.

현생인류가 세계로 퍼져나가 생존하면서 삶의 공간적 영역은
크게 확대되었다. 인구도 급격히 증가하였다. 세계인구를 실시간으
로 조사하는 월드오미터(worldometers)에 따르면, 2016년 1월 기준
으로 세계인구는 약 74억이다. 1900년 무렵에 16억 인구였다. 20세
기에 60억을 돌파하였다. 인구증가세는 급격히 빨라져서 2200년에
는 100억을 돌파할 것이라는 예측까지 나왔다(발렌티나 데필리포, 제임
스 볼 2014). 2022년 11월 15일에 80억 인구를 돌파했다.

7만 년 전, 세계인구는 5,500명 정도로 추산한다. 2만 명을 수
용하는 야구 경기장에 모두 모아놓을 수 있는 사람 수이다. 그러던
인구가 1만 년 전에는 400만 명으로 급증한다. 그만큼 현생인류가
현지에서 잘 적응하였음을 말해준다. 사람은 먹거리와 물만 있다면
사실상 어디든 살아남을 수 있는 능력을 갖추었다. 이런 적응능력은
후기구석기시대에 이미 완성되었다. 안정적인 집단생활은 종족 번
식의 가능성을 높여주었다.

우리나라 청동기시대에 해당하는 기원전 500년 무렵의 인구는
1억 명에 육박했을 것으로 추정한다. 세계인구는 1만 년 전을 기점
으로 급격히 늘어났다. 빙하기가 끝나고 홀로세가 시작되면서 따뜻
한 기후 속에서 농사를 시작하였고 식량을 확보하기 쉬워졌다. 인류
는 100만 년 만에 대이동을 마쳤다. 인류는 더 이상의 대이동을 하
지 않고 정착 생활을 하면서 소규모 이동을 계속하였다.

- **사람, 수렵·채집하고 이동하는 동물**

사람이 갖는 직업은 단순히 돈을 벌기 위한 수단만은 아니다. 수렵 채집 생활이 끝난 현대 사람의 몸에는 여전히 움직여야 살아남을 수 있는 DNA를 어딘가에 각인해 두었다. 옛날 선사시대에 수렵 채집민이 그러했던 것처럼 '살기 위한 의도적인 행동(움직임)'을 이어가야, 현대 인류도 건강하게 살 수 있다. 인류는 오랜 시간 걷고 뛸 수 있도록 몸을 진화시켰고, 그렇게 적응하였다.

사람은 동물이다. 동물은 움직일 수 있고, 움직여야지만 몸의 대사활동이 정상적으로 작동한다. 움직일 수 없는 사람은 근육퇴화, 소화불량, 비만, 욕창 등 헤아릴 수 없는 몸의 이상 반응이 생긴다. 그로 인해 결국 죽음에 이를 수도 있다.

구석기인들은 정착 생활을 하지 않았다. 계절적 요인에 의해 제한적으로 집을 짓고 머물렀지만 계속 옮기면서 생활했다. 그들은 식량 생산과 같은 항구적인 먹거리 조달 수단을 갖지 못하였기 때문이다. 오직 자연에서 나는 과일, 물고기, 고기 등을 구해야만 하였다. 동물이 다른 곳으로 움직이면 같이 이동하고, 추위가 오면 따뜻한 곳으로 이동하였다. 겨울에는 눈보라를 뚫고 동물을 잡아 와야만 살 수 있었다. 이러한 이동 생활은 백만 년 넘게 이어졌다. 차츰 사람들은 어디든 터를 잡았고, 전 세계로 흩어져 살게 되었다.

아프리카 남부 칼라하리사막 일대에 주로 사는 쿵족 여성은 그날의 식량 채집에 시간을 많이 투자하지 않는다. 또 잉여분을 축적할 수 없으므로 당일 또는 다음 날에 소비할 분량만 모으고자 한다. 쿵족 여성은 한 시간에 240칼로리분의 식물성 식량을 채집할 수 있는 것에 반해, 사냥꾼이 수렵하면 실패할 확률이 높은 점을 고려하면 한 시간에 대략 100칼로리분의 식량 외에는 얻지 못한다는 계산이 나온다. 채집활동에 따른 식물성 식량은 매일 먹을 수가 있고 여성들은 최소한의 식량을 언제라도 모으는 것이 보장된다.

구석기인은 어떠한 형태인지 명확하지는 않지만, 저장 용기를 갖추고 있었다. 예를 들어 사람이 장거리 이동을 하는 데 물은 필수품이다. 물을 저장하기 위해서는 가죽 주머니(수통)를 만들어 쓸 수 있다. 이외에도 단순히 저장하고자 한다면 나무를 파거나, 나뭇잎을 이용하거나, 특정 바위에 구멍을 판다. 아프리카에서는 특정 과일에 구멍을 파서 땅 속에 묻어두면 물을 모을 수 있다. 신석기시대부터 만들어 쓴 토기는 음식물의 저장기능과 함께 익혀서 음식을 해 먹을 수 있게 해주었다는 점에서 더 큰 의미가 있다. '국물'요리의 시작이다. 이는 농경을 통해 수확한 곡식을 제대로 섭취하기 위해서는 필수적인 요리법이다. 토기는 인류의 식량 이용면에서 획기적인 발명이라 할 수 있다. 흙으로 만든 토기는 식량의 이용방법과 연관된 과학적인 산물이다. 토기는 불 위에 올려놓을 수 있는 용기란 점에서 큰 의미가 있다.

수렵민이 대형동물을 잡는 것은 실력도 중요하지만, 수렵의 성공여부는 운에 맡겨질 확률이 높다. 그러나 그들이 수렵에 성공하면 긍정적인 흥분을 일으켜서 집단의 다른 구성원에게 고기를 분배하는 것이 보통이다. 획득물은 수렵인에게 신망을 부여하게 된다. 이와 대조적으로 여성이 모은 식물성 식량은 근친의 가족 내에서 소비된다. 수렵 채집민사회의 3분의 2는 식량의 60~70%를 채집된 식물성 식량에 의존하고 있는 것으로 보고되었다(Margaret Ehrenberg 1997, 79쪽).

아무래도 아프리카와 같이 더운 지역에서는 고기를 오래 보관할 수 없다. 수렵민은 이러한 사실을 알고 있었다. 그들이 한 마리를 잡아도 본인이 다 먹을 수 없다는 것을. 그럴 바에야 서로 나누고, 다음에 자기가 배고플 때 얻어먹을 것을 약속받는 편이 더 낫다는 사실을 경험으로 알고 있었다. 인류의 협력은 이렇게 먹는 것을 나누어 먹으면서 시작하였다.

후기구석기시대 사람들은 북위 60도 이상까지 올라간 최초의 인류였다. 그들은 자연에서 구할 수 있는 재료를 활용해 옷과 신발, 사냥도구, 집짓기 도구 등을 갖춘 최초의 사람들이었다. 추운 곳은 여름을 빼면 식물성 식량을 얻기 어렵다는 단점이 있는 반면에 겨울에 부패하기 쉬운 식량을 저장하기 좋다는 장점이 있다. 특히 고위도에 살았던 사람들은 고기나 물고기를 훈제하거나 땅 속에 동결시키면 식량을 더 오래 보관할 수 있다는 지혜를 터득하였다. 현생인류가 식량을 저장하고 운반하는 기술을 갖지 못하였다면, 시베리아를 거쳐 알래스카까지 가지 못하였다.

현생인류가 사회조직 또는 공동체 내에서 수렵을 중요하게 생각했던 이유는 공동으로 사냥하면 동물성 단백질 등의 식량을 구할 확률이 높아질 수 있다는 사실을 깨달았기 때문이다. 그들은 잡기 힘든 사냥감에는 경외감을 느끼기도 했다. 오스트레일리아 원주민 중에는 여성이 개를 이용해 소형동물을 잡는다든지 여성과 남성이 함께 수렵하거나 어로를 하는 사례도 있긴 있다. 아울러 민족지 사례를 보면 수렵은 여성들만으로도 가능했고 남성의 전유물은 아니었다. 수렵은 힘이 센 남성의 용기와 투쟁, 동물적 야성을 깨우는 행위이다.

이런 전투적 본능은 현재에도 남아있다. 과학적인 근거를 명백하게 제시할 수 없지만, 여자보다 남자가 좀 더 전투적이다. 전 세계 군인의 비중도 월등히 남자가 많다. 싸움이 격해지면 폭력이나 살인으로 이어지기도 한다. 세계 전쟁사에서 이름난 장군은 남자들이다. 여성은 이런 폭력에 본능적으로 맞지 않는지도 모르겠다.

수렵이 위험을 감수해야 하는 생존행위임에 비해 채집행위는 큰 어려움 없이 개별 또는 공동작업을 할 수 있다. 채집이 언제 어디서나 손쉽게 가능하다는 점에서 남자들의 활동적이면서 매력적인 작업으로 선택받지 못하였다. 우리가 아는 도구 중 채집과 관련된 도구는 상당한 비중을 차지한다.

수렵 채집민은 기본적으로 동물과 식물의 자연적인 재생산율

그림 11　인제 부평리유적 돌날몸돌과 돌날 등을 접합한 석기(후기구석기시대)

에 의존하기 때문에 단위면적당 생산량을 늘리기 위해 그들이 할 수 있는 것은 아무것도 없었다(마빈 해리스 1996: 27). 로렌스 스트라우스는 후기구석기시대를 군비 경쟁이라고 표현하였다. 현생인류가 다른 사람 혹은 다른 동물과 경쟁해서 식량을 얻지 못한다면 내일은 없다. 오직 죽음이 기다릴 뿐이다. 사람은 뇌용량이 커지고 신체가 발달하면서 더 많은 사냥감이 필요하였다.

현생인류는 도구를 효율적으로 만들어 사냥기술을 개선했다. 사람이 많은 식량을 필요하게 된 원인으로는 현생인류의 뇌를 유지하는 데 많은 에너지가 필요하였기 때문이다. 특히 유아기에 작은 뇌에서 큰 뇌로 발전하는데 필요한 에너지원을 보충시켜주어야 한다. 여성이 임신하고, 아이를 키우는 동안에는 여성에게 좀 더 많은 에너지를 제공해 주어야만 했다.

현생인류는 동물을 잡아서 육식 식량원을 늘리기 위해 효율적인 도구가 필요했다. 후기구석기시대의 돌날기법은 이 도구들을 만드는 데 중요한 변곡점이었다. 돌날기법은 하나의 원석에서 정형적인 격지를 생산하게 해줌으로써 도구의 생산강화를 가져왔다(그림 11). "후기구석기시대에 현생인류는 동물의 이동을 예측하게 된 의인화의 사고가 발달해 자연에 대한 이해 특히 동물의 행동 양식을 이해하고 있었다."(스티븐 미슨 2000: 1 - 416). 이것은 주변 환경에 맞추어진 전문화된 도구제작에 적합하였고, 매머드나 사슴 등 특정 동물을 사냥하는 데 필수적이었다.

우리나라 구석기유적에서는 슴베찌르개처럼 사냥도구의 출토량이 전체 유물조합상에서 차지하는 비중은 대체로 낮다. 수양개, 진그늘처럼 대량으로 출토되는 예도 있지만, 이는 예외적인 현상이다. 여기에는 다양한 원인이 있겠지만, 자기가 필요한 만큼만 사냥을 했기 때문일 수도 있다.

아프리카 단일지역 기원설을 주장하는 학자들은 유럽지역에서는 중기구석기시대부터 후기구석기시대로의 전환기에 해부학상 현생인류가 동부 유럽과 서부 유럽에 이르는 네안데르탈인을 내몰고 그들을 대신하였다고 주장하였다. 이에 반해 다지역 기원설을 지지하는 학자들은 네안데르탈인과 해부학상 현대인 사이에 기술상·해부학상 연속성이 있었음을 주장하였다(박선주 1999: 539 - 540). 이러한 논쟁의 중심은 이동해 온 사람이 누구이며, 누가 그들의 자리를 확보했느냐에 대한 흔적 찾기이다. 사람은 이동하는 동물이다. 특히 그 이동의 범위, 즉 생존 환경은 다른 동물들과 달리 제한이 없기 때문이다.

구석기인들은 정착하지 않는 삶을 살았다. 이동 생활이 반드시 힘들다고만 할 수는 없다. 우리 스스로는 이동 생활은 무조건 행복하지 않다는 선입관을 깰 필요가 있다. 현재 남아있는 목축민은 가축과 함께 이동하면서 살지만, 그들의 삶이 반드시 우리 삶과 비교해 불행하다고 말할 수는 없다. 사람에 따라 행복과 삶의 질의 만족도는 상대적이다. 그들이 불행하다는 것은 정착 생활을 하는 우리의 고정관념에서 나온 착각이다. 작은 규모의 가족집단들은 연중 언제나 자유롭게 캠프를 옮기면서 부득이한 경우는 별도로 자기 캠프를 세울 수 있다는 이점을 가지고 있었다(Lee and Devore 1976).

마빈 해리스는 진화란 같은 것에서 차이가 생기는 방식에 관한 기록으로 정의하였다. 수렵 채집민 사회의 주거단위는 작다. 구성원의 수는 유동적이다. 생산은 하루 벌어 하루 먹는 식이다. 따라서 호혜적 교환은 노동비율을 줄여준다. 호혜성은 수렵 채집민의 지배적 교환형태이다. 수렵 채집민 사회는 정치적-경제적으로 평등한 사회로 규정하였다. 평등주의 기본조건을 자원의 개방성, 생산도구의 단순성, 부동산의 결여, 밴드구조의 유연성을 들었다(마빈 해리스 1996: 115 - 117).

지금까지 원주민을 대상으로 연구된 자원 이용방법에는 일방적으로 자연계에서 수확하는 방법인 수렵·어로·채집과 사람이 적극적으로 자연계를 이용하는 방법인 가축사육과 식물재배가 있다. 시베리아의 경우, 자원에 따라서 기술적 제약이 많다. 순록과 개, 특수한 말(첼스키) 이외에는 사육할 수 있는 동물이 거의 없었다. 시베리아에서는 식물재배가 거의 불가능함으로 일방적으로 자원을 수확하는 수렵, 어로, 채집에 관한 기술이 자연스럽게 발달할 수밖에 없었다. 수렵에는 삼림 수렵, 바다짐승(海獸) 수렵, 야생순록 수렵이 있다. 시베리아 지역의 원주민 중 남자들은 수렵을 최고의 일로 여기고 있다.

• 아시아로 온 현생인류: 서쪽에서 동쪽으로

은희경 작가는 '여행의 시간은 흘러 가버리지 않고 몸에 새겨집니다'고 말했다. 사람이 이동하거나 여행하면서 얻는 건 없어질 물건이 아니었다. 새로운 지역에서 접하게 되는 사람과 환경으로부터 얻게 되는 지식과 영감이었다. 현생인류가 몸으로 체득한 지식은 몸을 지켜내는 생존 지혜로 작동하고 DNA로 축적되었다.

『총·균·쇠』의 저자인 재레드 다이아몬드는 대륙의 방향성을 주장하였다. 인류는 같은 기후대에서 서쪽에서 동쪽으로 이동하였다는 것이다.

지도를 펴서 인류의 선조들이 이동한 루트를 보자. 오스트랄로피테쿠스는 아프리카에서 태어났다. 호모 에렉투스는 처음으로 아프리카를 벗어났고, 중국과 동남아시아로까지 진출하였다. 한반도에는 전기구석기가 출토되고 있기에 호모 에렉투스가 왔을 개연성도 있다. 그 후 아프리카에서 현생인류가 출현하여 유럽과 아시아까지 퍼졌다. 심지어 그들은 유라시아대륙과 알래스카지역이 만나는 베링해협을 최초로 건넜다.

옛 인류의 확산과 이동 방향은 서쪽에서 동쪽이었다. 그 이유는 아직 구체적인 정설이 없다. 지구 자전이 서에서 동으로 돌기 때문일지도 모르겠다. 지구는 한 시간에 15°씩 서쪽에서 동쪽으로 자전한다. 이러한 현상이 인류에게 어떤 영향을 미쳤는지는 명확히 밝혀진 바 없다.

IBS 기후물리연구단장인 악셀 티머만교수가 이끄는 연구팀에서는 200년 동안의 북반구 대륙에 있는 빙하와 온실가스 농도, 지구의 자전축과 공전궤도 변화 등을 연구해서 기후모델 시뮬레이션을 진행했다. 지구자전축은 약 2만 년 주기로 자전축이 회전하게 되면서 지역에 따라 태양열을 변화시킨다. 이런 영향을 받은 현생인류를 포함한 고인류는 서로 다른 기후 환경을 선호했고, 모두 기후 변화로 이동을 했다는 사실이 밝혀졌다.[12]

그런 이유 등으로 초기 인류와 현생인류는 아프리카를 벗어나 유라시아대륙을 출발해 서쪽에서 동쪽으로 퍼져나갔다. 그 과정에서 북쪽으로 남쪽으로 새롭게 길을 개척해서 이동을 계속하였다. 한반도만 하더라도 구석기시대에 우리나라에서 중국으로 건너간 고고학 자료는 발견된 바가 거의 없다.

우리 몸속에 있는 DNA는 설계도와 같다. 아데닌, 구아닌, 시토신, 티민. 이 네 개의 핵산을 합친 것이 DNA이다. 차곡차곡 순서대로 30억 개 DNA가 있다. 유전자에 따라 생김새, 성격, 질병이 결정되기도 하지만, 외부환경에 의해 유전자가 변형되기도 한다. 개인의 일생은 DNA 속에 경험과 습관이라는 이름으로 저장된다.

물론 인류가 서에서 동으로만 이동한 것은 아니었다. 액슬 티머먼 미국 하와이대 해양학과 교수팀이 컴퓨터 프로그램으로 분석해 과학 학술지 『네이처(Nature)』에 발표한 자료에 따르면 새로운 학설을 제시하였다. 현생인류가 10만 년 전 아라비아반도에 정착할 때는 사막이 줄어들고 수온이 올라서 식물은 번성하였다. 현생인류가 최초로 유럽에 정착한 시점을 기존 6만 년 전에서 8만~9만 년 전

12 『지구 자전축 흔들리며 찾아온 극한 기후가 현생인류 만들었다』《동아일보》 2022.4.15. https://www.donga.com/news/article/all/20220415/112890441/1)

으로 수정하였다. 또 인류의 확산 경로에 대한 기존 학설을 뒤집었다는 점에서 주목받았다. 인류가 단일 방향(아프리카 → 유럽 → 아시아 → 오세아니아)으로만 이동하였다는 가설에 이의를 제기하고, 일부는 유럽에서 아프리카로 되돌아왔다는 학설을 내놨다. 놀라운 것은 이렇게 컴퓨터가 추정한 이동 경로가 그간의 지구과학적 증거와 고고학적 사료, 그리고 유전자분석 결과와 톱니바퀴처럼 들어맞는다는 것이다. 하경자 교수(부산대 대기환경과학과)는 "기후변화 모델을 적용해 인류의 분포(인구밀도)를 추론하고 인류의 이동 과정을 연도별로 복원한 연구는 이번이 처음"이라고 설명하였다.

- **사람, 북쪽에서 남쪽으로 이동하다.**

인류가 출현하고 아주 오랜 시간 동안 점진적으로 인류는 아프리카를 기점으로해서 동쪽으로 이동하였다. 지금의 유럽이나 아시아, 아메리카대륙처럼 넓은 생활권역을 넘어서는 이동은 동쪽으로 방향을 잡았다. 그 큰 줄기에서 가지치기를 하여 인류는 남쪽으로, 북쪽으로 방향을 잡기도 하였다. 한반도의 선사와 고대문화를 보면 북쪽에 해당하는 중국 동북지방과 러시아 연해주 지방의 영향을 받았다. 삼국시대 이후부터는 배를 만드는 조선술이 발달하면서 중국은 물론, 일본과의 교류도 활발해졌다. 그 이전에는 육로를 통한 문화와 기술 전파가 중심이었다. 구석기시대에는 배자료가 나오지 않았다. 신석기시대에는 선박기술이 발달하지 않아 원거리 항해가 쉽지 않았고, 위험하였다. 청동기시대에도 배는 있었다.

신석기시대에는 중국이나 러시아로부터 한반도로 다양한 문화가 전해졌다. 하지만 한반도에서 출현한 슴베찌르개, 빗살무늬토기, 간돌검 등이 한반도 이북으로 전해지지는 않았다.

신석기시대에 이르면 한일 두 나라의 사람들은 대한해협을 배로 건너다녔다. 하지만 구석기시대 사람들은 달랐다. 현재까지 밝혀

그림 12　밀양 고례리유적의 슴베찌르개(좌측)와 돌날(후기구석기시대)

진 자료로 볼 때는 선사시대부터 역사시대까지는 한반도에서 일본 열도에 영향을 준 것이 우세하다. 왜 인류는 크게 볼 때 걸어온 길을 되돌아가지 않았을까. 인류의 이동 경로는 서에서 동으로, 북에서 남으로 기본적인 방향을 잡았다.

구석기시대 사람들은 대한해협을 건너면서 어떤 생각을 했을까. 살아야 한다. 먹을 걸 구해야 한다. 아니면 저 바다 너머에는 어떤 사람이, 무엇이 있을까. 저 동물은 어떻게 잡아먹을까. 앞으로 어떤 일이 생길까. 저 너머에는 살 수 있는 땅이 있기는 할까.

인류의 여정은 대체로 길을 떠나면 고향으로 되돌아올 수 없었다. 한반도의 현생인류는 대한해협을 건너면서 생존에 대한 두려움을 느꼈을 테다. 2.5만 년 전의 그들 손에는 슴베찌르개라는 창을 들고 있었다(그림 12의 왼쪽).

구석기시대 200만 년이 지났지만, 인류가 어디로 가야 할지에 관한 답은 세상 어디에도 제시되어 있지 않다. 인류는 생존을 위해 아프리카를 벗어났고, 사람이 살지 못할 것 같은 땅에서도 살아남았다. 이것은 마치 우리가 왜 살아야 하는지에 대한 질문의 답을 찾기 어려운 것과 같다.

사람은 농경 사회로 접어들면서 정착 생활이 굳어졌고, 사람 간의 이동, 특히 이동 거리가 줄어들었다. 오히려 이동의 자유가 제한되었다고 생각할 정도로 생활 범위가 정해져 있었다. 그들은 집을 지으면 한동안 머물렀고, 부동산은 옮길 수 없었다. 몽골족의 이동식 게르는 드넓은 평원에서나 가능한 일이며, 특수한 사례이다. 이동식 집은 산이 많고 강이 많은 한반도 땅에서는 적합하지 않다.

현생인류가 이동하면서 살아남은 것은 생존에 대한 강한 의지가 있었기 때문이다. 비행기 활주로엔 나무가 없다. 추운 북극과 남극에도 나무가 없다. 우리 마음에도 진짜 나무는 없다. 하지만, 우리가 생존을 위한 희망만 품는다면, 언제든지 나무를 심고, 고기를 잡고 사냥을 할 수 있다. 나무에 물이 필요하듯, 사람에게 있어 생존의 물은 희망이다.

• 현생인류, 해협을 건넌 최초의 사람

아프리카를 떠난 최초의 초기 인류는 호모 에렉투스이다. 하지만 유라시아 동쪽 땅을 밟은 인류는 현생인류가 유일하다.

20만 년 전, 아프리카에서 출현한 현생인류는 아프리카의 북동쪽으로 방향을 잡고 이동을 시작하였다. 카프제와 스쿨유적의 자료를 참고하면 13만 전 무렵에 현생인류가 서아시아지역에 도달하였다. 그렇게 처음 아프리카를 벗어났던 현생인류는 약 6만 년 전이 지나면서 본격적으로 유라시아대륙을 향해 걸어 나갔다. 이들은 아프리카로 다시는 돌아올 수 없는 여행을 시작하였다. 현생인류는 유럽 북부에 5만 년 전에 진출해 불피워가면서 살았다. 그들은 한 번이 아니라 오랜 기간에 걸쳐 지속해서 아프리카를 떠나 서아시아를 거쳐 유라시아대륙으로 이동하였다.

오스트레일리아 대륙에 사람이 살기 시작한 것은 언제일까. 이곳에는 현생인류 이전의 인류가 살았던 흔적을 발견할 수 없다. 현생인류는 5만 년 전 오스트레일리아 대륙에 첫발을 내디뎠다. 그들이 배를 만들어서 건넜는지는 여전히 미스터리로 남아있다. 기후변화로 인해 해수면이 내려갔을 때 걷거나 뗏목을 이용하였을 것으로 추정한다.

우리나라와 가까운 일본열도도 마찬가지이다. 일본열도에 처음 사람이 살기 시작한 것은 4만~3.5만 년이다. 그들은 후기구석기시대의 현생인류였다. 유라시아대륙에서 일본열도로 사람이 건너갈 수 있는 루트는 다양하다. 현생인류 중 일부는 한반도를 통한 루트로 일본열도로 건너갔다.

2.5만~2만 년 전은 빙하가 최대로 발달했던 시기였다. 이러한 시기에 사람은 가장 많이 가장 많이 움직였다. 그 대신 추위와 굶주림으로 죽은 이도 많았다. 북극 일부 지역과 중국의 사막 지역, 히말라야 고산지대를 빼고는 유라시아대륙 전역에 현생인류는 발자국을 찍었다. 현생인류는 고위도지역에서는 추운 기후를 이겨내기 위해 사냥감을 쫓아다녔고, 더 나은 서식환경을 찾기 위해 두발로 끊임없이 이동하였다.

이들이 움직인 기본적인 방향은 서에서 동으로 움직였다. 현생인류 중에서 어떤 부류는 아프리카로 돌아갔을 수 있다. 그리고 그들의 이동은 공간이동을 하듯이 한순간에 벌어진 일이 아니다. 생활영역은 확장되고 줄어들기를 반복하였고, 그 과정에서 일부 집단이 그 영역을 벗어나는 이동을 했다. 그러한 이동들이 축적되면서 현생인류의 발자취는 유라시아대륙과 아메리카대륙까지 이르렀다.

동아시아인이 유럽인이나 아프리카인에게 유전적으로 영향을 준 적은 없었다. 선사시대에 고고학적 자료를 참고하더라도 아시아 쪽 유물이 유럽 쪽 유물의 출현 과정에 영향을 미친 사례는 보고된 바 없다. 러시아의 데니소바인이 영국이나 스페인, 아프리카, 이탈리아에 진출한 적도 없다. 우리나라와 일본의 경우, 북에서 남으로 문화전파나 사람이 이주한 사례는 수없이 많지만 일정 공간을 넘어서는 남에서 북으로의 문화전파 현상은 아주 드물다. 우리나라의 선사 문화는 중국과 연해주 지역으로부터 많은 영향을 받았지만, 한반도의 선사 문화가 중국 동북 3성이나 시베리아지역에 전해준 예는 거의 없다.

유라시아대륙의 동쪽 끝에까지 도달한 현생인류는 최대빙하극 빙기 동안에 해수면이 약 130m 정도 낮아졌을 때, 베링해협의 얼음판 위를 걸어서 아메리카대륙의 알래스카지역을 건넜다.

그럼 아메리카대륙에 사람이 언제부터 살았을까. 1492년 아메리카대륙을 최초로 발견한 이탈리아 탐험가는 크리스토퍼 콜럼버스(Christopher Columbus)이다. 그의 이탈리아 이름은 크리스토포로 콜롬보(Cristoforo Colombo)이다. 콜럼버스가 최초로 신대륙을 발견한 사람으로 익히 알고 있지만, 서양사람이 아메리카대륙을 발견한 것은 1000년 무렵의 북유럽 노르만인이었다. 콜럼버스의 업적으로 평가되는 것은 서인도 항로의 발견으로 아메리카대륙이 유럽 사람들의 활동무대가 되었기 때문이다.[13]

그러나 아메리카대륙을 발견한 사람이 아닌 최초로 땅을 밟은 인류는 현생인류이다. 유라시아 대륙의 동쪽에 사람이 살기 시작한 것은 32,000년 전 무렵이다. 이들은 베링 육교(陸橋) 근처까지 진출하였다. 태평양 북부의 베링해(海)와 북극해를 연결하는 베링해협은 데지네프곶(串)과 프린스오브웨일스곶의 사이는 약 88km, 가장 좁은 곳은 너비 85km 정도이다. 평균 해수면 깊이는 30~50m로 대한해협보다도 훨씬 얕다. 그렇다고 이 해협을 수영이나 도보로 건널 수는 없다. 추웠던 빙하기라면 더욱 그렇다.

현생인류가 베링 육교를 건너기 위해서는 배가 필요했으나 배가 없었다. 북극 지역은 통나무배를 만들만한 큰 나무가 자생할 수 없었다. 그들은 배를 만들기 위한 나무를 구하기 어려웠다.

결국, 3만 년 전 유라시아대륙 끝에 도달한 인류는 아메리카대

13 [네이버 지식백과] 크리스토퍼 콜럼버스 [Christopher Columbus] (두산백과)

류으로 건너가지 못하고 그곳에 머무를 수밖에 없었다. 아프리카 대륙을 약 6~5만 년 전에 떠났던 현생인류가 유라시아대륙의 동북쪽으로의 점진적 이동은 베링해협을 앞에 두고 멈추었다. 더 동쪽으로 갈 땅이 없었다. 바로 러시아의 추코트반도의 웰렌 지역이다. 이곳은 알래스카의 웨일스와 가장 가까운 곳이다. 두 지역 사이에는 베링해협이 있고, 해협 중앙에는 다이오메드섬이 있다. 그런 이유로 이 루트가 현생인류가 베링해협을 건너가기에 가장 좋은 선택지였을 것이다.

해수면 하강으로 베링해협 전체가 육지로 변했을 때는 반도 전역이 사람과 동물이 알래스카로 향하는 중요한 길목 역할을 했다. 유라시아대륙의 동쪽 끝에서 3~2만 년 전에 머물렀던 현생인류는 다소 고립된 채 생활했다. 그 결과, DNA 중 2/3가 유라시아 사람, 1/3이 동아시아 사람인 인류가 유전자 변이를 일으켜 아시아사람에게서는 찾을 수 없는 DNA 표지가 생겨났다. 이 DNA는 현대 아메리카 원주민들에게서는 발견된다. 이 원주민들의 조상이 아시아사람임은 분명해졌다.

그 후 현생인류가 해협을 건널 기회가 찾아온 것은 빙하기 중 가장 추운 최대빙하극성기인 25,000~20,000년 전이다. 이때 해수면은 최대 130m까지 내려갔다. 즉 걸어서 베링해협을 건널 수 있게 되었다. 북아메리카 대륙의 코딜레란 빙상과 로렌타이드 빙상은 21,000년 전에 가장 발달하였고, 그 이후로는 약해졌다. 베링해협을 건넌 인류는 15,000년 전을 전후해 아메리카대륙 서쪽 해안선을 따라 본격적으로 남하했다. 대략 5000명 정도 사람들이 살았던 것으로 추정된다. 이들은 매머드 등과 함께 해협을 건넜고, 아메리카대륙의 남쪽으로도 방향을 잡고 저위도 쪽으로 이동하였다.

1

2

3

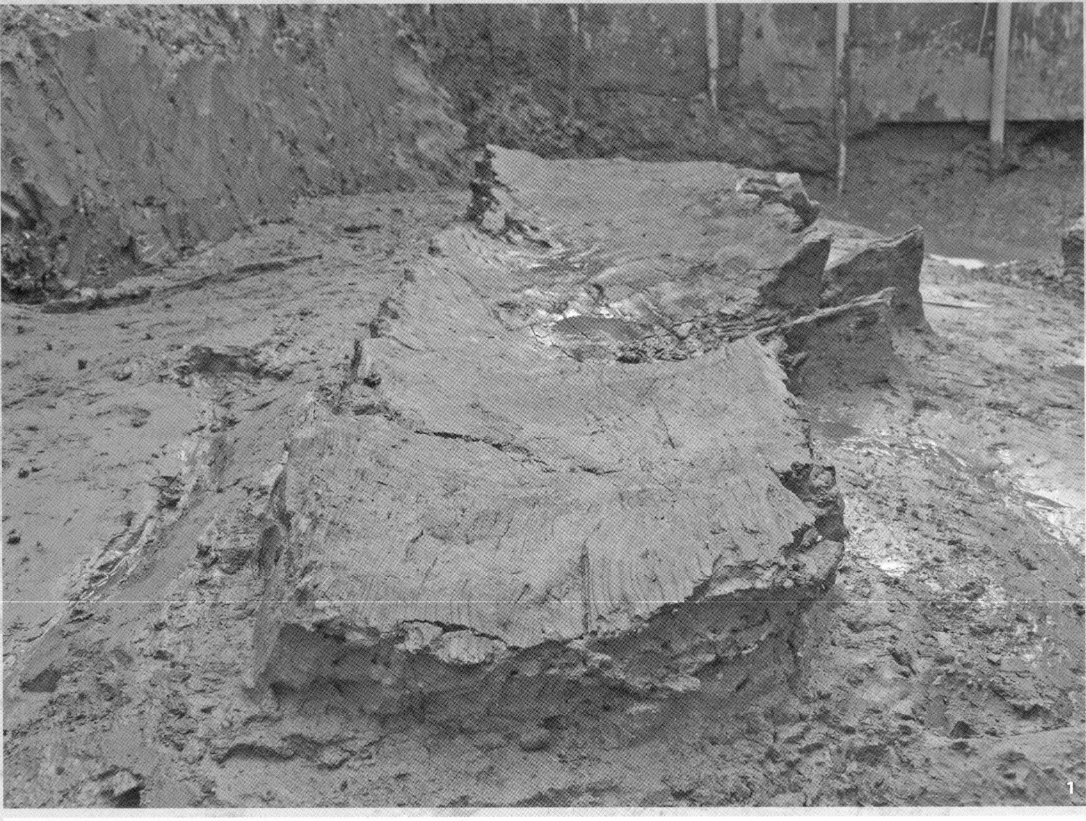

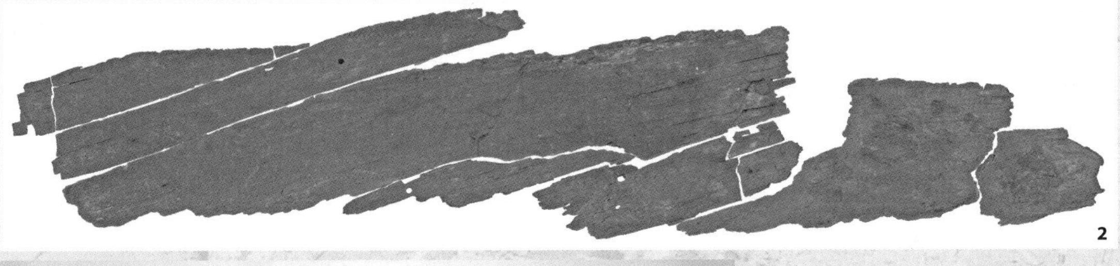

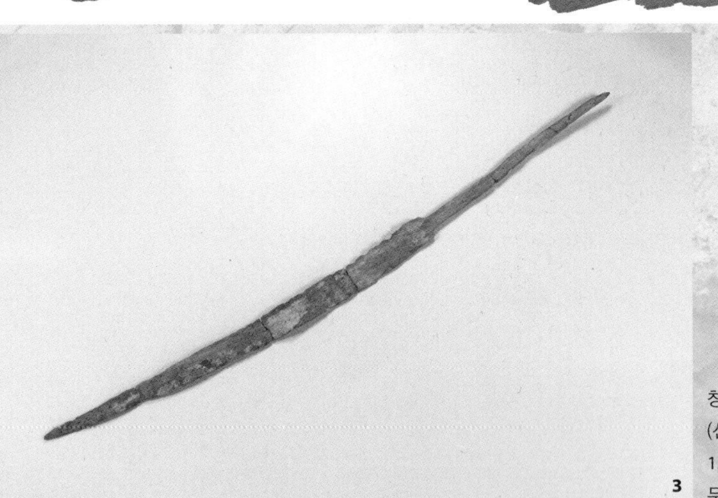

창녕 비봉리유적 통나무 배
(신석기시대, 국립김해박물관)
1. 통나무 배 출토 모습　2. 보존처리 후 통나무 배 모습　3. 삿대(노)

창녕 비봉리유적 통나무 배

(신석기시대)

> 동북아시아에서 가장 오래된 배 중 하나이다. 창녕지역은 지금은 내륙지역이지만, 신석기시대 중 기온과 해수면이 상승했던 시기에는 바닷물이 창녕지역까지 낙동강을 타고 거슬러 올라왔다. 이 유적에서는 일본산 흑요석이 발견되기도 했다. 배는 강을 타고 생활하는 데도 중요했지만, 대한해협을 건너 일본 조몬 사람들과의 교류를 위해서는 필수적인 운송수단이었다.

• 두뇌, 눈으로는 볼 수 없는 지식 집합체

가자니가 교수는 인간의 좌뇌와 우뇌가 독립적으로 작동할 수 있다는 분리뇌 이론을 주장하였다. 좌뇌와 우뇌를 분리하면 하나의 머릿속에 두 개의 정신이 존재할 수 있다는 것이다. 그는 "뇌가 혼자가 아니듯 인간도 혼자가 아니다"라고 주장하였다. 인간의 뇌는 서로 협력하도록 진화해 왔다. 뇌는 오랜 부부처럼 서로 협력한다. 좌뇌의 의식과 우뇌의 의식은 서로 분리된 상태이면서도 외부뿐 아니라 내부를 살펴봐도 마치 통합된 두뇌처럼 작동한다(마이클S. 가자니가 2016).

인공지능이 발달한 현대사회에서 로봇이나 컴퓨터가 가장 어렵게 느끼는 분야가 있다. 카이스트 전기 및 전자과 교수이자 뇌과학연구자인 김대식 교수는 바로 인간이 너무나 쉽게 하는 행위들이 가장 어렵다고 말하였다. 로봇은 두발로 걸어 장애물을 넘고, 손으로 문을 열고, 자유자재로 손을 쥐었다 펴는 것과 같은 일상적인 동작들을 쉽게 하지 못한다.

미국 국방고등연구계획국은 2015년 세계 재난로봇 경진대회인 '로보틱스 챌린지'를 개최했다. 한국과학기술원의 휴머노이드 로봇 휴보(HUBO)가 우승을 했다. 시험 과제는 운전하기, 차에서 내리기, 문 다열고 들어가기, 밸브 돌리기, 드릴로 구멍 뚫기, 돌발미션, 장애물 돌파하기, 계단 오르기이다. 우리가 일상적으로 늘 하는 행동들이지만 로봇의 수행 과제로 넬 만큼 해결하기 어렵다는 얘기이다. 로봇들이 뒤뚱뒤뚱 걷다가 장애물을 넘어뜨리지 않고 계단을 올라가는 모습이 아직은 생소하게 느껴진다. 이 어설퍼 보이는 로봇은 첨단 기술들의 집약체이다. 우리는 스스로의 운동역량에 좀 더 자부심을 가져도 될듯하다.

사람의 목소리와 물체를 인식해서 반응하는 일도 마찬가지이다. 사람이 아닌 로봇이나 컴퓨터는 누군가 해당 조건을 입력해주지 않으면 아직은 아무것도 할 수 없다. 사람은 배우지 않더라도 배울 마음을 일으켜 스스로 학습한다. 로봇은 그렇지 못하다. 입력된 값이 없으면 굳이 알려고 하지 않는다. 특히 AI의 시대가 도래하고 있지만, 로봇은 아직 샛길로 새는 법이 없다. 반면에 사람은 가던 길도 멈추고 돌아온다.

지금 우리가 하는 일상적 행위들은 모두 수백 만년이라는 긴 진화과정의 결과물이다(김대식 2016). 인류의 진화과정에서 다른 동물들과 비교하여 두뇌가 커졌지만, 신기하게도 우리가 맨눈으로 볼 수 있는 뇌 속의 정보는 아무것도 남아있지 않다. 석기를 만드는 정보도, 사랑을 나누었던 사연도. 뇌 속의 어디서도 찾을 수 없다. 이러한 기억과 정보는 두뇌의 활동과 깊은 연관이 있다. 전기적 신호를 주고받으면 뇌는 살아있고, 그러한 신호에 반응하지 않으면 뇌는 활동을 멈춘 것이다. 뇌가 생물학적으로 작동하느냐 아니냐의 차이만 있을 뿐 정보를 추출하는 것은 불가능하다.

그런데도 뇌는 사람이 살아있는 동안에 끊임없이 보이지 않는 정보를 생성하고 지우는 중이다. 사람이 살아있음은 '생각하고 있음'과 같은 의미이다. 두뇌 속에 존재하는 눈으로 볼 수 없는 정보를 표현한 것이 어쩌면 예술과 상징, 그리고 다양한 기록들이다. 아주 오래전부터 사람들은 그들이 살았던 삶의 흔적을 남기길 갈망하였다.

후기구석기시대에 살았던 현생인류는 죽은 사람은 다시 돌아올 수 없고, 죽으면 모든 게 사라진다는 것을 인식하였다. 사람이 죽으면 뇌 속의 정보는 일시에 꺼져버렸다. 죽는 순간 모든 정보는 흔적도 없이 사라진다. 그 사람의 생각은 재생할 수 없다.

오직 사람만이 마음 속의 잔상을 표현하는 행위를 할 수 있다. 모든 예술에는 정답이 없다. 사람 마음속이 모두 다르기 때문이다.

정신과 내면의 마음을 밖으로 표출하는 행위는 오롯이 사람의 능력이다. 예술은 두뇌 진화의 산물이다. 사람은 생김새가 다르듯, 생각도 각양각색이다. 이러한 다름은 각자의 예술로 승화되었다. 인류 진화사에서 예술은 가장 늦게 출현하였다. 유명작가들의 작품이 죽은 뒤에 더 높은 가치로 평가받는 건 다시는 그러한 것을 만들거나 그릴 수 없기 때문이다. 그러므로 예술은 진정성이 중요하다.

• 사람, 일상을 창조하는 동물

사람들은 왜 못난 짓을 하거나 어리숙한 행동을 할 때 구석기시대 사람에 비유할까. 그건 우리가 그들의 삶과 생존방식을 잘 모르기 때문이다. 그들이 얼마만큼 처절하게 생존경쟁에서 버텨냈는지를 이해한다면 상황은 달라진다. 우리는 현생인류의 몸속에 축적된 뛰어난 생존능력 덕택에 살아가고 있다. 현재 우리는 극한의 자연환경이 아니라면, 어디서든 살아남을 수 있다.

구석기인들은 지금 우리가 사는 이 땅에 살았던 선조들이다. 그들이 멋졌던 사람이라는 점은 의심할 여지가 없다. 우리는 그 창조적이고 뛰어난 생존 DNA를 이용해 문명을 발전시키고 있다. 현생인류로 자리 잡은 지 5만 년이 넘었지만, 우리 신체는 크게 달라지지 않았다. 신체 변화가 있었다면 먹는 것이 풍부해지면서 발육이 좋아졌다는 점이다.

'호모 사피엔스(*Homo sapiens*)'. 사피엔스라고 이름을 붙인 동물은 없다. 스스로 슬기롭다고 이름 붙였다. 사람은 능력을 타고 나지만 후천적인 환경이나 교육의 영향도 강하게 받는다. 어머니의 자궁 속에서 서서히 잉태하여 사람으로 성장한다는 것은 어떤 의미일까.

구석기학(舊石器學)은 사람의 태곳적 모습을 탐구해 그 의미를 찾고 밝히는 학문이다. 그 시작이 모두 최초의 것들이다. 인간 행위가 가진 본연의 모습을 찾을 수 있는 시대이다.

국립국어원의 사전에서 정의한 사람은 "생각을 하고 언어를 사용하며, 도구를 만들어 쓰고 사회를 이루어 사는 동물"이다. 그러나 이러한 정의는 우리를 제대로 설명했다고 볼 수 없다. 우리는 살아온 환경과 역할에 따라 달라진다.

구석기시대 사람을 포함한 선사시대 사람의 삶은 일상을 배우고, 그것에 합당한 삶의 방식을 창조하는 일이었다. 선사시대는 바로 지금 내가 살아가는 평범한 삶을 만들었던 시대이다. 언제부터 쌀을 먹었는지, 배는 누가 처음으로 만들었는지, 물고기는 언제부터 먹기 시작했는지 등 나의 주변에서 벌어지고 있는 일 중에서 한순간에 이루어진 것은 없었다. 우리의 경험은 축적되었고, 이를 토대로 새로운 도구와 기술이 생겨난 시기가 바로 선사시대이다.

나의 행위는 시간 축적의 산물이자 시행착오의 결과물이다. 이런 행위 중 사람에게 무의미하게 전달되는 것은 하나도 없다. 축적된 지식은 언젠가 후대로 전해진다.

'선사시대는 창조와 축적의 역사이다.'.

• 사람, 외우고 이해하는 동물

대학 시절, 고고학과의 교양과목에 형질인류학이 있었다. 강사는 의과대학 해부학 교수님이셨다. 교재 이름도 '骨學實習(골학실습)'. 수업방식은 단순하였다. 교수님의 나지막한 목소리로 뼈의 특징을 알려주시면 외우는 것이다. 어쩌면 그냥 외우는 것이 첫 번째 수업목표였다.

장학금이 필요했던 내게 이 수업은 반드시 넘어야 하는 A+의 산(山)이었다. 선배들에게 시험족보에 관해 물어보았지만 별 뾰족한 대안이 없었다. 그래서 내가 선택한 것은 그냥 모두 외우는 무식한 방식이었다. 뼈의 이름을 하나도 놓치지 않고. 노래를 부르듯이 사람의 뼈 이름을 외웠다. 의대생에게는 지극히 일상적인지는 몰라도 고고학을 배우던 학생으로서는 생소하고 한자로 되어 있던 용어를 외우기가 쉽지 않았다.

지금은 대한해부학회 누리집에서 해부학 용어를 순화하였고, 그 자료를 내려받을 수 있도록 서비스하고 있다. 해부학, 조직학, 발생학 등 수십만 개의 인체와 관련된 용어집을 읽어보면, 그걸 외워서 생명을 구하고 고치는 의사를 존경하지 않을 수 없다. 인간의 몸에 이렇게 많은 이름을 붙여서 활용되고 있다는 사실이 오히려 더 놀라웠다.

결국 필자는 시험 전부터 지하철에서 270개의 뼈 이름을 외우기 시작하였다. 머리뼈는 스물두 개다. 지하철은 이 공부를 하기에 딱 알맞은 장소이었다. 맞은 편에 앉아있는 사람의 얼굴을 보며 머리뼈를 순서대로 외웠기 때문이다. 내가 가끔 이상하게 처다보거나 관심 있어 처다본 것으로 착각한 여자도 있었을지 모르겠다. 이런 노력은 성과가 있었고 사람은 배우는 게 장점인 동물임을 깨달았다.

필자의 대학 시절에 공부와 독서의 공간이 바로 지하철 안이었다. 집에서 대략 50분 정도 걸렸기에 지하철 속 지루한 시간을 글과 책, 신문, 논문을 쓰면서 시간을 보냈다. 이때의 공부는 가장 좋은 기억이자 소중한 지적자산이 되었다. 적절한 소음과 나를 처다보는 듯한 타인의 시선은 효과적인 공부를 할 수 있는 동인이 되곤 했다.

골학실습처럼 주입식 교육이 마냥 좋다는 얘기는 아니다. 모든 과목에 암기는 기본적으로 필수인 사실에는 공감하지만, 개인적으로 나에게 더 큰 성과는 다른 데 있었다. 고등학교 시절, 학교 수업은 재미가 없었다. 과연 흥미를 일으켜 준 수업이 있었던가. 친구들과 수업시간에 토론한 적이 있었는가. 특히 주입식으로 암기할 것을 권하는 세계사 수업은 지루하기 그지없었다. 어쩌면 그 사건들과 연관된 시청각 자료는 본 적이 없다. 지도는 선생님이 그려주는 것과 교과서의 내용이 전부였다. 외우려 해도 외워지지 않는 그 말할 수 없는 연도와 사건들의 헷갈림. 바로 골학을 배우면서 똑같이 느꼈고 우리의 교육방식이 잘못되었음을 느낀 순간이었다. 생각없이 그냥 외워라.

골학실습 수업은 왜 고등학교 공부가 재미가 없었는지에 대한 개인적인 해탈을 할 수 있는 계기였다. 나는 '외운다'라는 말이, 반드시 머릿속의 것을 내뱉는 것만을 뜻함에 반대한다. 외움은 머리로 외우는 것만 아니라 마음으로 외우는 것도 있기 때문이다. 우리는 책을 읽고 배운 것을 모두 외울 수 없다. 그런 사람이 있다면 뇌가 과부하 걸려서 오래 살지 못할 것이다. 그렇다면 제대로 외우지 못하였다면 우리는 학습하지 않은 것일까.

학습 과정에서 머릿속에서 내용을 되새기고, 그 순간 내 마음이 움직였다면, 내 머릿속 어딘가에 입력되어 있지 않을까. 그렇게 입력된 기억은 언젠간 무의식적으로 나의 행동과 마음을 움직이는 촉매가 될 것이라 믿는다. 필자는 책을 읽을 때 굳이 외우려 하지 않는다. 읽은 책의 제목이나 저자의 이름도 잘 기억하지 못한다. 그렇다고 책을 안 읽은 것은 아니다. 우리가 책을 멀리하는 이유에는 꼭 그 내용을 외워야 하고, 내용을 말할 수 있어야 한다는 강박관념에 사로잡혀있기 때문이 아닐까 한다. 그냥 필요할 때 그 책을 다시 꺼내보면 된다. 그 책 내용을 외워서 설명하는 것이 독서의 목적이 아니라 책을 읽고 그 내용을 느껴서 새로운 생각을 하는 기회를 만드는 것이 더 중요하다. 책 내용은 굳이 외우지 않아도 된다. 지금은 상식을 많이 아는 사람보다 창의적인 사람이 더 필요한 시기이다.

학자들이 세상의 논문을 모두 읽을 수는 없다. 논문은 필요할 때 꺼내서 다시 읽으면 된다. TV 속의 멋진 연사처럼 내용을 외워서 말할 이유도 없다. 그런 부담감은 버려야 한다. 책 읽기는 퀴즈대회용이 아니다. 지식 자랑은 더욱 아니다. 나를 위한 책 읽기와 학습이 이루어지면 그것으로 충분하다. 우리 마음속에 그것을 담아두었다면, 그것으로 목적달성이다.

암기는 꼭 필요하지만 이런 식으로 배우는 데는 한계가 있다. 내 몸은 여기에 맞지 않았다. 사람만이 자신의 기억과 경험을 타인 또는 후손에게 전해줄 수 있다. 그건 사람이 죽을 때 뇌 속의 기억이 모두 지워진다는 사실을 구석기시대부터 인지하게 되면서부터 동굴벽화를 시작으로 자신의 기억을 남기기 시작하였다.

• 이야기, 사람이 만든 강력한 소통수단

우리는 이야기를 좋아한다. 우리가 즐겨보는 드라마, 영화, 다큐멘터리, 연극, 강연 등은 모두 말로 이야기를 하고 있다. 이야기를 들으면 즐거움도 느끼지만 슬픔과 쾌락도 함께 느낄 수 있다. 이런 이야기는 언어가 있어야지만 가능하다. 인류가 언제부터 언어를 사용하였는지 그 시기는 정확히 알 수 없다.

'단군이 고조선을 세운 이야기', '신라의 박혁거세', '김알지의 금궤 이야기', '김수로왕의 여섯 알 중에서 탄생한 이야기' 등 나라를 세운 사람들에 대한 것도 모두 이야기형식으로 전해져 내려온다. 이야기는 기억에 오래 남는다. 자주 들으면 그렇게 해야 할 것 같고, 마치 세뇌당하는 느낌을 받을 수 있다. 불교, 기독교, 천주교, 유교, 이슬람교 등 그 성전의 기본은 이야기 구조로 되어 있다.

신석기시대에 만들어진 울주 반구대 암각화에는 사실적인 내용의 그림들이 그려져 있다(그림 94·95). 한마디로 그림책이다. 보고 있으면 누가 설명해주지 않아도 그림의 실체가 무엇인지를 알 수 있다. 하지만, 신석기시대에는 그러한 동물을 본 적이 없다면 그것이 무엇인지를 알기 어렵다. 영국자연사박물관에는 코뿔소 그림이 있다. 17세기까지만 해도 유럽 사람들은 코뿔소를 본 적이 없었다. 사람들의 이야기만을 듣고 그린 코뿔소는 실제 코뿔소와 모양이 달랐다. 심지어 몸에 갑옷을 두르고 있었다(톺아보기 10).

사람들은 언어로 다른 사람과 정보를 교환할 수 있다. 어느 순간 언어를 사용하면서 가족을 부르는 명칭도 정해졌고, 그 이름으로 모든 관계를 알 수 있는 시기도 시작되었다. 소규모 집단에서 혈연 관계는 나를 지켜줄 수 있는 가장 강력한 보호장치이다. 혈연관계는 나를 지켜주는 사회적 관계이자, 내가 지켜야만 하는 생물학적 관계이다. 피로 맺어진 관계는 본능이 이끌어준 연결고리다. 혈족의 역사를 아는 사람이 대략 150명이라고 한다.

박경덕은 그의 책에서 방송 콘텐츠는 이야기라고 말했다. 대중의 관심을 끌기 위해서는 메시지가 필요한데 그 대표적인 사례가 영웅전이며, 영웅 이야기를 위해서는 꼭 영웅이 가는 길을 가로막는 적대자가 필요하다고 한다."(박경덕 2016: 182). 사람은 '오징어게임', '도깨비'와 같은 드라마나 영화에 흥분하는 것도 본능적으로 뇌가 활성화되기 때문이다.

스토리텔링은 우리가 알지 못하는 세계나 접하지 못한 현실에 대한 관계망을 형성시켜준다. 사람들의 뇌 속으로 이야기는 그대로 스며드는 장점이 있다. 인류는 진화과정을 거치면서 직접 경험하지 않아도 시뮬레이션을 통해서 간접적으로 그 경험을 체험할 수 있는 능력을 갖추고 있다. 집단 내 이야기의 공유는 공동체 의식을 견고하게 해주고, 동질감을 느끼게 한다.

독일 화가 알브레히트 뒤러 (1471-1528)의 목판화 "뒤러의 코뿔소"(1515년)

크기 24.9×30.3cm

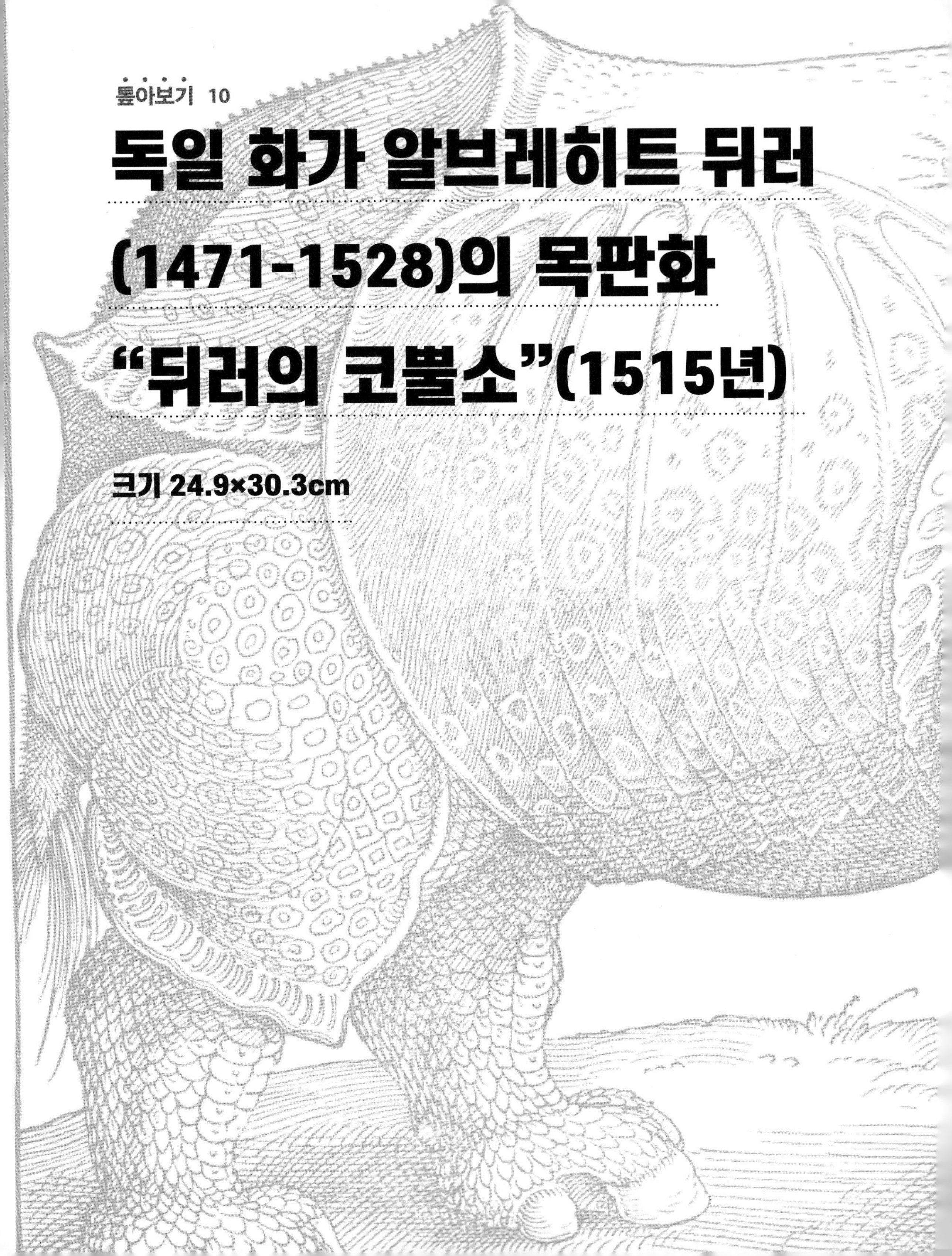

“

20세기 초까지 유럽인은 코뿔소가 정말로 철갑을 두르고 있었다고 굳게 믿고 있었다. 너무나 잘 그린 그림이었기에 400년 동안 계속 퍼져나가 왜곡된 그림이 진실한 그림으로 둔갑하였다.

우리는 말로만 들은 내용을 사실로 100% 확정해서는 안된다. 선사시대 사람은 언제나 올바른 정보에 목말랐고, 정보오류로 목숨을 빼앗기는 일이 다반사였다.

”

• 문화, 머리로 창조하고 손으로 표현하다

인류에게 도구는 물건 그 이상의 가치를 지닌다. 초기 인류는 도구를 사용하였지만 스스로 내면세계를 표현하는 상징능력은 없었다. 이런 능력은 인류에게 가장 늦게 찾아왔다. 중기구석기시대의 일이다. 인류는 신체발달과 함께한 두뇌가 성장하면서 복잡한 사고를 할 수 있었다.

인류가 예술 행위를 하기 위해서는 전제조건이 있다. 사람의 신체 중 정교한 작업이 가능한 손의 진화가 뒷받침되어야 한다. 손은 우리 일상의 모든 것을 지배한다. 밥 먹기, 운전하기, 글쓰기, 휴대폰 등 오늘 하루 손을 쓰지 않는다고 가정하면 우리가 할 수 있는 일은 극히 제한적이다. 거의 걷고 뛰는 것 말고는 할 수 있는 일이 없을지 모르겠다. 사실상 우리가 먹고살기 위한 행위, 즉 의식주를 지배하고 있다. 때론 손 모습으로 그 사람이 어떤 삶을 살아왔는지 유추가 되곤 한다. 현생인류가 출현하기 이전부터 인류의 손 모습은 계속 변화하여 지금의 손 모양이 되었다.

미켈란젤로가 그린 〈천지창조〉 속 중앙에는 손이 그려져 있다. 왜 손이었을까. 손만큼 사람을 잘 대변할 수 있는 것은 없다. 신화 속 신은 손으로 흙을 빚어 사람을 만들었다. 신화의 세계에서 손이 없었다면 사람을 만들지 못했을지도 모르겠다.

그리스 철학자 아낙사고라스는 "두 손이 있다는 것이야말로 인간이 모든 동물 가운데 가장 지적인 이유다"라고 말했다. 에드워드 타일러는 『인류학』이라는 저서에서 "손은 인간이 만물의 영장이 될 수 있는 가장 결정적인 이유 중 하나다"라고 말했다(샤오춘레이 2006). 후기구석기시대의 동굴벽화에 그려진 손자국처럼, 예술은 머리에서 창조되어 손으로 표현되었다.

프랑스에 있는 쇼베 동굴에서는 32,000년 전에 살았던 사람들의 손 모양이 고스란히 찍혀있다. 현생인류가 입속에 물감으로 쓰인 안료를 머금었다가 손 위에 불어서 표현한 것이다. 몸에서 어느 하나 중요하지 않은 부위는 없다. 사람은 뇌와 장기를 제외하면 가장 쓸모가 많은 신체 부위가 손이 아닐까. 손은 도구를 이용하고, 의사소통이나 자기를 표현하는 수단이다. 손으로 싸움을 하거나 자기를 방어할 수 있다. 수화와 같은 의사 표현도 가능하다. 사람은 손으로 먹는 행위를 한다는 점에서 그 가치가 돋보인다. 손으로 아기를 데리고 다른 곳으로 이동할 수 있다.

손의 해부도는 사람이 이룬 진보의 해부도와 같다는 말이 있는 것도 바로 이런 이유 때문이다. 인류가 본격적인 예술 활동을 하기 시작한 것은 두발걷기를 시작한 이후로도 아주 오랜 시간이 흐르고 난 뒤였다. 손을 사용한 인류는 예술과 상징으로 문화를 꽃피웠다.

장관 청문회에서 국회의원이 장관후보자에게 '문화란 무엇인가'라고 묻는 것을 보았다. 우리에게 문화란 마음을 키우는 일이다. 즉, 문화는 마음과 정신을 키우고 사람답게 살게 해주는 원동력이다. 인류가 출현한 이후 가장 늦게 진보한 것도 문화와 예술이다. 마음속에 특정한 생각을 일으키고 떠올리는 건 쉽지만 그걸 밖으로 표출시키는 것은 또 다른 문제이다.

문화는 사람을 키우고 정신을 싹틔워 전혀 생각지도 못한 앞날에 대비할 수 있도록 해준다. 복잡한 경제 논리나 물질문명만으로는

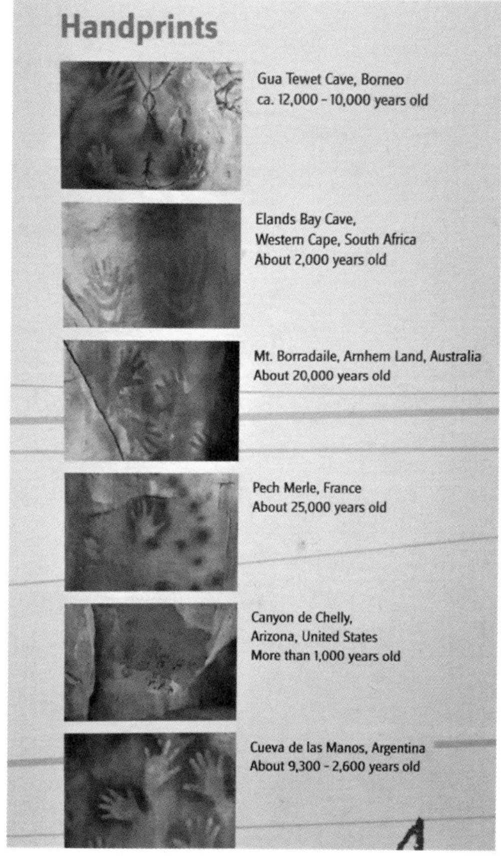

그림 13　구석기시대와 신석기시대의 손자국(미국자연사박물관 패널 자료)

설명할 수 없는 이유도 여기에 있다. 사람 손으로 일구어 낸 문화는 마음이 표현된 것이다. 문화는 사람의 정신과 손의 움직임이 만든 무형의 창조물이다. 설사 그 사람이 마음을 말한다고 할지라도 말하는 당사자도 그 마음이 정말 자신의 마음인지 확신할 수 없다. 그렇기에 그 말을 듣는 사람은 들은 말이 정말 진실일까에 대해 의심을 하게 된다.

인류가 걸어온 700만 년의 여정을 되돌아봄으로써 앞으로 나아갈 나를 잠시라도 떠올릴 수 있기를 꿈꿔본다.

- ## 예술, 보이지 않는 정신을 표현하다

만든 이의 마음이 표현되지 않은 예술품에 우리는 공감하지도 감동받지도 않는다. 무언가의 이야기에 감동하는 것도 같은 맥락이다. 우리는 공장에서 찍어낸 도자기에 크게 감동하지 않는다. 사람들은 고민하였다. 누군가의 감동 이전에 나의 벅찬 마음과 감사의 마음을 표현할 방법을 궁리하였다. 마음은 나와 타인, 모두 볼 수 없는 실체를 알 수 없는 존재이다. 마음은 표현해야 한다. 그것이 입으로 나오면 '말'이다. 그러나 말도 결국 사라진다. 남겨야 한다. 눈으로 볼 수 있는 대상물로. 그것이 곧 그림과 문자이다. 문자도 마음을 표현한 예술품인 것이다. 머릿속의 지식도 마찬가지이다. 보여줄 수 없다. 지식을 적용한 실체와 대상품이 필요하다. 머리와 마음의 떠오른 추상적인 인식을 눈으로 실체화시키는 행위가 바로 예술이다. 자신의 마음표현은 교육되기 이전에 본능적으로 이루어진다. 사람은 배우지 않더라도 배울 마음을 일으켜 학습한다. 이것은 인간의 위대한 능력 중 하나이자 예술의 원동력이다.

사람이 죽으면 뇌 속의 정보는 꺼져버려 그 사람의 생각은 재생할 수 없다. 우리가 맨눈으로 볼 수 있는 뇌 속의 정보는 아무것도 없다. 우리의 행동이나 행위도 흔적을 남기지 않는다. 인류 역사는 원래는 흔적을 남기지 않는 역사였다. 흔적과 기록을 남기기 시작한 것은 인류사를 볼 때 그리 오래되지 않았다. 그런 증거 중에 구석기가 있고, 가장 오랜 시간 동안 남겨진 유물이기도 하다. 보이지 않는 정보를 표현한 것이 예술과 상징이다.

예술이 언어 발달에 어떠한 능력을 미쳤는지는 구체적으로 알 수 없다. 그러나 호모 사피엔스 무렵부터 예술과 언어가 본격적으로 사용되었을 것으로 짐작하고 있다. 언어를 이용한 집단 내 구성원들의 상호 관계와 소통은 그들의 짝짓기와 생식에 큰 영향을 미쳤다.

예술은 두뇌 진화의 산물이다. 사람의 생김새가 다르듯, 생각도 다르다. 이러한 다름은 각자의 예술로 승화되었다. 예술은 가장 늦게 출현한 인류문화이다. 예술은 사회적 정보를 전달하기 위해 물질문화를 이용하였다.

프랑수아 롤로르 등은 두려움은 생존 확률을 높여준다고 보았다. 우리가 겪는 보편적인 두려움의 원인이 대부분 수렵과 채집 환경에서 익숙한 위험과 일치하고 있다. 두려움을 모르면 인생이 위험하고, 두려움을 너무 느끼면 생존 가능성이 제한될 수 있다(프랑수아 롤로르·크리스토프 앙드레 2008).

선사와 고대의 매장행위 중에는 이렇게 해야 할 것 같은 공동체 문화 속의 두려움을 반영한 것이 많다. 이런 행위는 내부의 갈등과 통합을 조정하는 기능이 있다. 내부의 갈등이 외부의 적에 의해 해소되는 것과도 맥락을 같이 한다.

예술은 자연의 자극을 극복하는 과정에서 몸속에서 본능적으로 체득한 것이다.

피터 리처드슨(Pete Richardson)과 로브 보이드(Rob Boyd)는 "문화에서 진화를 바탕으로 하지 않고서 제대로 설명할 수 있는 것은 아무것도 없다"고 말했다. 사람은 다른 사람의 마음에 대한 궁금함이 크면 클수록 다른 사람도 나의 마음을 알아주고 이해하길 바란다. "타인이 어떤 생각을 하는지 이해하고 싶을 때 인간의 감각이 할 수 있는 제일 나은 방법은 추론하는 것이 아니라 귀 기울여 더 많이 듣는 것"이다(니컬러스 에플리 2015).

결국, 사람의 마음은 표현하지 않으면 알 수 없다. 그리고 이를 남기지 않으면 기록될 수 없다. 상대방이 마음을 표현할지라도 그것이 진실인지는 말한 사람만이 안다. 듣는 사람은 진실이라 믿는 것 외에는 할 수 있는 것이 별로 없다.

• 인류, 자아를 발현하다

구석기시대 사람은 사냥과 채집으로 생계를 이어갔으며, 돌과 나무, 뼈 등을 이용해 도구를 만들고, 사냥기술을 발전시켰다. 그들은 빙하기 동안에 일어나는 다양한 기후변화에 맞서서 생존하기 위해 식량 저장법, 자원에 대한 지식 축적, 자원의 계절적 이용 방식 탐구(특히 특정 자원의 집중 이용) 등을 깨우쳤다. 특히 불은 체온을 유지해줌은 물론, 먹을 수 있는 식량의 범주를 넓혀주었다. 음식을 조리하고 불을 쐬던 화덕은 사람이 모이는 장소로써 무리 내 사회적 관계의 구심점과 같은 기능을 했다.

선사시대는 자아가 발현되었던 중요한 시기였다. 후기구석기시대에는 상징과 예술품의 본격적인 출현, 악기 출현, 매장의식 등의 일들이 일어났다. 우리나라에서는 구석기시대의 매장 흔적으로 '흥수아이'가 대표적으로 거론되고 있지만, 시대가 불확실하다. 그런 의미에서 누구나 인정하는 매장 유구는 부족한 실정이다.

유럽과 아프리카지역의 구석기시대 예술품으로는 동굴벽화와 조각품, 비너스라 불리는 여성 조각상과 동물 조각상 등이 있다(Sinitsyn A. 2007: 181 - 202). 그들은 자기 생각과 느낌을 그림과 조각으로 최초로 표현했던 사람이었다. 특히 뼈, 조개, 돌, 호박, 조개껍데기, 타조알 껍데기 등으로 만든 개인용 장신구를 만들었다. 러시아 숭기르(Sunghir) 유적에서 발견된 두 사람은 각자가 3,000개 이상의 상아로 만든 구슬을 몸에 걸쳤다. 남아프리카의 블롬보스 동굴의 목걸이(그림 14)는 개인을 표현하고 사회적인 동질감을 보여주는 자료이다.

후기구석기에는 팔찌와 목걸이 등의 개인용 장신구, 그리고 쓰개 등을 만들었다. 이는 개성의 표현이나 사회적인 동질성을 표현하기 위한 것으로 추측된다. 북아프리카와 유럽에서는 짐승이나 새 뼈로 만든 피리가 발견되었다. 러시아에서는 그림이 그려진 매머드의 뼈가 북으로 사용되었을 것으로 추정한다.

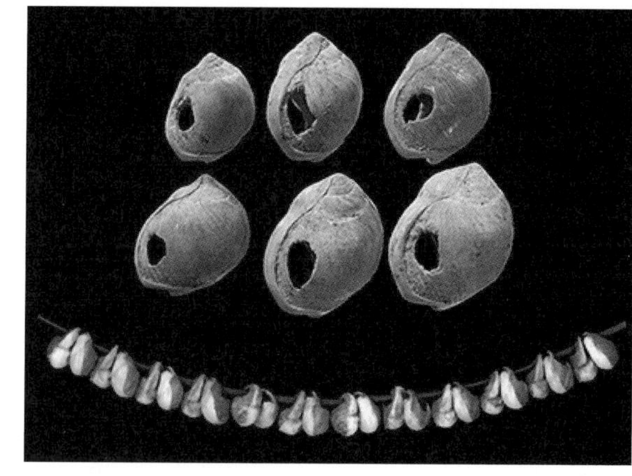
그림 14　블롬보스동굴의 목걸이

중국 저우커우뎬[周口店] 유적에서는 18,000년 전으로 확인된 현생인류 화석이 발견된 지점에서 조가비와 동물 송곳니에 구멍을 뚫어서 만든 장신구가 발견되었다. 특히 장신구를 착용한 두개골 3구는 무덤에서 발견되어 사후세계에 대한 관념이 싹텄음을 알 수 있다.

• 예술, 마음과 감정을 전하는 행위

인류는 상징기호로 의사소통을 시작하였다. 예술은 상상력, 유희 충동, 모방 충동 등의 결과물이다. 지능이 발달해 언어가 진화하고 협동을 위한 대화도 가능해지면서 예술은 급격히 발전하였다.

예술은 감정의 전달하기와 나누기이다. 예술은 곧 마음의 표현이다.

스티븐 제이 굴드는 우리가 문화와 문명이라고 부르는 모든 일들은 같은 몸과 뇌가 만든 것이라고 말했다.

스탠퍼드대학 인류학자 리처드 클라인은 후기구석기시대의 극

163

적인 변화와 문화 복잡성이 틀림없이 어떤 돌연변이 때문이라고 주
장하였다. 동굴벽화, 조각, 장신구 등으로 미루어 볼 때 후기구석기
시대에는 인간의 창조와 발명능력이 폭발적으로 증가하였다. 새로
운 도구뿐만 아니라 새로운 사회제도, 원거리 물물교환, 지역 내 문
화적 변이도 일어났다. 후기구석기시대에는 낯선 재료로 새로운 도
구를 만들었다(그레고리 코크란·헨리 하펜딩 2014: 48 - 50).

예술은 뿜어져 나오는 정신으로부터 작품을 형성시키는 인간
의 창조 활동이다. 원래 기술과 같은 의미이며, 어떤 물건을 제작하
는 기술능력을 말한다. 예술은 일정한 과제를 해결해낼 수 있는 숙
련된 능력 또는 활동을 사전적으로 뜻한다. 'art'는 라틴어 'ars: 조
립하다, 고안하다'라는 의미를 담고 있다. 하지만 예술의 시작은 아
름다운 작품을 만들기 위해 시작되지 않았다. 예술은 자신의 생명을
지키고, 타인을 이해하기 위한 수단에서 비롯되었다.

심리학자인 메리 스테플(Mary Steffel)과 니컬러스 에플리(Nicbo-
las Epley)의 실험에 따르면 미국인 500명을 대상으로 '뇌 망원경'이
라는 타인의 마음을 볼 수 있는 장치가 개발되어 사용할 수 있다고
상상하게 하였다. 그리고 그들에게 무엇을 가장 알고 싶냐고 물었
다. 대다수 응답자가 자기와 가까운 사람, 특히 배우자, 연인, 상사,
가족, 이웃의 마음을 알고 싶어하였다. 반대로 응답자들이 가장 알
고 싶어했던 것은 다른 사람이 자신들을 어떻게 생각하는가였다(니
컬러스 에플리 2015: 27 - 28).

우리는 자기와 가까운 사람의 마음과 다른 사람이 나를 어떻게
생각하지를 궁금해한다. 예술은 불특정 다수 혹은 누군가에게 자기
마음을 표현하는 방법이다. 이것은 사람이 만든 모든 것을 포함하는
의미로 마음이 담겨있는 대상이라면 세상에 만들어지고 그려진 모
든 것들이 예술품이라 할 수 있다.

예술이란, 결국 누군가에게 마음을 표현하고 전달하는 일이다.

우리는 걸작이라 불리는 예술품이 아닐지라도 만든 사람의 마음이
나에게 전달될 때 비로소 감동한다. 세상의 가장 아름다운 예술품은
만든 사람의 창작 의도가 타자에게 100% 전달될 때가 아닐까.

"감정이란 신체의 생리학적, 정신의 인지적, 행위의 행동적 요
소가 동반된 우리 몸 모든 기관의 갑작스러운 반응이다."(프랑수아 롤
로르·크리스토프 앙드레 2008). 감정은 일어난 일, 또는 일어날 일에 대
한 마음의 변화이다. 감정이 일어나는 대상은 제한이 없다. 어느 깊
숙한 곳에서 나오는지 알 수도 없지만, 사람이 감정을 느끼지 못할
때 우린 살아있으나 죽었다고 비유한다. 이러한 감정은 내면에서만
일어나는 것은 아니다. 자신이 속한 사회로부터 감정을 배우고 습득
할 수 있다. 공동체에서 받아들일 수 있는 감정수용의 범위가 무의
식적으로 구성원의 감정을 제어할 수 있다.

다시 말해, 소속된 집단의 문화가 개인을 거쳐 특정 예술로 나
타날 수 있다. 그런 측면에서 유물은 개인의 표상임과 동시에 사회
를 대변하기도 한다. 청동기시대에 죽은 사람을 위해 고인돌을 만들
어야 하는 문화, 죽어서도 무덤속에서 잘 살아야 한다는 마음으로
넣어주는 다양한 종류의 그릇과 숟가락 등, 온전히 죽은 사람을 위
한 것이어야 한다는 의미에서 유물을 부수어서 무덤에 넣는 파쇄 의
례 등이 그렇다.

표 3　감정을 바라보는 4가지 주요 관점(프랑수아 롤로르 등 2008, p.33)

이론 사조	명제	주창자	삶의 지침
진화론적 관점	감정은 유전적으로 대물림된 것이다.	찰스 다윈(1809~1882)	감정에 주의를 기울이라. 감정은 우리에게 유용한 것이다.
생리학적 관점	우리의 몸이 느끼기 때문에 우리는 감정을 느낀다.	윌리엄 제임스(1842~1910)	몸을 다스리면 감정도 다스릴 수 있다.
인지론적 관점	우리가 생각하기 때문에 우리는 감정을 느낀다.	에픽테토스(55~135)	다르게 생각하라. 그러면 감정을 다스릴 수 있다.
문화론적 관점	감정은 문화적으로 학습된 것이다.	마거릿 미드(1901~1978)	감정을 표현하거나 해석하기 전에 먼저 자신이 속한 사회가 어떤 곳인지에 주목하라.

• 인류, 시각 동물·의식 동물

260만 년 전에 비로소 구석기시대가 시작되었다. 진화는 우리에게 복잡한 사회 속에서 살아갈 능력과 문화, 기술을 창조할 수 있는 '적응된 뇌'를 갖도록 해주었다. 인류사에서 예술과 상징의 능력은 25만 년 전 이후가 되어야 갖추어진다.

우리는 시각에 가장 예민하게 반응한다. 2000년 노벨 생리의학상을 받고 뇌와 신경세포, 기억과 무의식 연구를 한 세계적 석학 에릭 켄델은 그의 저서 『통찰의 시대』에서 다음과 같이 말하였다.

"우리는 지극히 시각적인 동물이며, 대체로 시야 위주의 세계에 산다. 우리는 망막이 제공하는 정보를 이용하여 짝과 음식, 음료, 동료를 찾는다. 사실 뇌로 들어오는 감각 정보의 절반은 시각적이다. 시각이 없다면 미술도 없을 것이고 아마 의식도 훨씬 더 제한될 것이다."(에릭 켄델 2014: 290).

우리가 말하는 미술이나 예술은 뇌 속에 물체를 보고 인지할 수 있는 시각 영역이 없다면 이루어질 수 없는 행위이다. 시각과 미술의 공통점은 빛이 있어야 한다.

라마찬드란 교수는 예술의 10가지 보편 원리를 제안하였다.

1.피크(정점) 이동 2.그룹 짓기 3.대조 4.격리 5.지각문제 해결 6.대칭 7.우연적이고 일반적인 관점에 대한 혐오 8.반복, 리듬, 질서 9.균형 10.은유

인류학자 웬디 제임스는 인류를 정의하기를 '의식을 치르는 동물'이라 하였다. 지금도 우리는 무수히 많은 의식과 행사를 치르고 있다. 그러한 행사 중에는 아기가 태어났을 때의 행사를 비롯하여

성인식, 결혼식 등 의식에 붙은 이름은 헤아릴 수 없을 정도이다. 그러한 의식 중에서도 가장 중요한 것이 죽음에 대한 의식이다. 다시 돌아올 수 없는 죽은 사람에 대한 의식은 무섭고 슬픈 일이다. 어떤 원주민 부족 중에는 죽음을 환생의 기회로 생각해 슬퍼하지 않기도 한다. 의식은 우리가 사회를 살아갈 이유를 부여해 주기도 한다. 사람은 누구나 슬픔을 안은 채 사회 속에서 누군가와 함께 살아간다.

우리는 문화와 기술을 창조할 수 있는 적응된 뇌를 갖도록 설계됐다. 인류는 진화과정에서 다양한 시각적 경험을 겪으면서 예술과 상징을 창조할 능력을 갖추게 되었다. 또한 의식을 통해 상대를 헤아릴 수 있는 능력도 갖게 되었다.

• 사람, 정신을 공유하는 유일한 동물

앨리슨 고프닉에 의하면, 사람은 새로운 환경을 상상하고 그것을 창조하는 능력, 온갖 다양한 환경을 학습할 수 있다. 사람은 미성숙 단계에서 이루어지는 이런 학습 과정 동안에는 무력한 채로 버텨야만 하는 단점이 있다. 누군가 돌봐주지 않으면 안 된다. 보호받는 기간 동안 사람은 배우고 상상하고 학습한다. 사람은 본인이 사는 다양한 환경을 이용할 줄 안다.

예술이 개인의 진실을 올바르게 대변했다고는 말할 수 없다. 예술은 철저히 주관적이다. 지금, 이 순간에도 무수히 많은 개인의 말과 사회적 언어들이 올라오고 곧 사라지고 있다. SNS가 발달한 지금은 이전보다 더 많이 기록되고 순간을 공유하고 있다. 그렇다고 하더라도 개인의 역사가 기록되는 내용은 극히 일부에 지나지 않는다.

현재를 살아가지만, 그 현재가 무엇인지 우리는 잘 인식하지 못한다. 현재는 머무를 수 없는 공간이다. 그렇다고 과거를 현재와 바꿀 수도, 분리할 수도 없다. 미래는 예상하지 못한 여러 요인에 의해 예측하기 곤란하다.

인류 역사에서 개인의 역사를 모두 기록한 사례는 어디에도 없다. 머릿속 생각이 누군가에게 공유되지 않는다면 남기는 행위 자체가 성립될 수 없다. 우리는 스스로 말하기도 하지만, 나에게 관심을 가지는 타인에 의해 많은 것이 공유된다. 미처 생각지도 못했던 말과 행동이 다른 사람에 의해 끌어내지는 것이다. 인류가 가진 가르침의 원천이자 교육이 필요한 이유이다. 사람만이 가질 수 있는 말과 행동의 '이끌어줌'은 인류 발전의 근본적인 원동력이다.

시어도어 젤딘의 말대로 사람이 할 수 있는 가장 좋은 일은 아이를 낳는 일이다. 이렇게 태어난 인류의 생각은 만남에서 탄생하고, 사람은 지식을 습득하는 한 살아남는다. 지식습득은 스스로 반박하는 과정이다는 말에도 동의한다. 그의 말은 사람이 지식습득을 갈구하는 사회적 동물임을 잘 표현하였다. 우리는 배움을 본능적으로 갈망하지만, 때로는 가르침을 강요받기도 한다. 그것이 다소의 부작용이 생길지라도 보편적 삶에 필요함을 인지하고 있기 때문이다.

우리는 아이를 낳아 자신의 정신을 전수한다. 세계적인 디자이너 윌리엄 모리스는 "과거는 죽지 않았다. 이것은 우리 안에 여전히 살아있고 우리가 지금 만들어나가는 미래에도 여전히 존재할 것이다"고 말했다. 인류는 집단생활과 종족 번식으로 정신을 끊임없이 후대로 전해주는 유일한 동물이다.

• 누가 예술을 탄생시켰는가

현생인류(호모 사피엔스)는 20~15만 년 전 아프리카에서 출현했다. 10만 년 전을 지나면서 해부학적인 현생인류가 아프리카 대륙 전역과 동아시아로 흩어졌다. 5만 년 전 무렵에는 호주로 이주했다. 4만 년 전 무렵에는 아프리카를 벗어난 현생인류는 유라시아대륙의 동쪽으로 급속히 퍼져나갔다. 그리고 모든 대륙에 비로소 사람이 살게 되었다.

현생인류는 석기를 만들기 위해 새로운 종류의 석재를 확보하고 원거리에 있는 석재원산지를 개발했다. 그들은 한정된 석재를 효과적으로 이용하기 위한 돌날기법과 좀돌날기법(그림 15)을 사용하기도 했다. 현생인류는 식물자원과 수산자원도 이용하여 생계를 이어나갔다. 다른 인류와 달리 현생인류는 동굴벽화와 같은 예술작품은 물론, 악기도 만들어 사용하였다. 이들은 상징능력이 뛰어났고, 다양한 조각품도 만들었다. 죽은 사람을 위한 매장풍습이 더욱 발달하였다. 빙하기 동안에 번성했던 대형 포유류는 시간이 지나면서 차츰 사라지기 시작했다. 기후 변화에 따라 절멸동물이 생겨났다.

초기 인류가 자기의 죽음을 어떻게 받아들였는지에 대한 고고학적인 자료는 없다. '그냥 죽었다.' 정도로 설명할 수밖에 없다. 죽음을 인지하기 시작한 현생인류는 오히려 숨이 끊어져 자기가 이 세상에 존재하지 않는다는 사실을 어쩌면 인정하기 싫었을 것이다. 사람이 죽은 사람을 귀하게 보내야 한다는 인식의 시작은 10만 년 전 무렵이다. 가장 오래된 인공 매장의 증거가 이스라엘의 카프제(Qa-fzeh)에서 발견되었다. 15개체 정도의 인골이 동굴에서 발견되었다. 붉은색을 띠는 진흙 덩어리인 오커(ocher) 71개와 붉은색이 칠해진 석기가 함께 출토되었다. 오커[14]는 인골 근처에서 발견되어 의식에 사용된 것으로 보고 있다.

그림 15　연속적으로 떼어 낸 좀돌날을 접합한 모습(일본 후기구석기시대, 시라타키유적)

우리 조상들은 목걸이나 죽은 사람을 위한 상징물들을 시신과 함께 묻기도 했다(그림 16). 인류의 생존활동과는 직접적으로 무관한 물건들이다.

후기구석기시대의 수양개VI지구에서는 자갈돌에 눈금을 새긴 석기가 출토되었다(그림 17). 선사 유적 중 신석기시대와 청동기시대에 붉은색으로 칠해진 주칠토기나 붉은간토기가 출토되고 있다. 이러한 붉은 색이 구석기시대의 매장의례와 같은 맥락에서 이어졌을 가능성도 있다. 특히 붉은간토기는 청동기시대 고인돌의 무덤인 석관묘에서 많이 출토되고 있기도 하다. 가야와 신라시대의 고분에서도 붉은색으로 무덤 안을 칠하기도 하였다.

우린 죽음을 알게 됨으로써 비로소 사람다운 사람이 되었다. 우리는 죽음을 인지하는 순간, 삶의 태도가 바뀜을 익히 알고 있다. 현생인류의 다양한 문화적, 기술적 발전은 이러한 태도가 긍정적으로 발산되었기 때문이다. 오래전 예술은 죽은 사람을 위한 행위가 많이 반영되어 있다.

선사시대의 의례 행위는 크게 사람의 몸을 치장하는 장식행위와 죽은 사람을 위해 매장할 때의 장례 행위로 나눌 수 있다. 구석기

그림 16 　신석기시대의 부산 가덕도 장항유적에서 출토된 사람 뼈를 이용해서 상상으로 추정한 장례 모습. 목에는 상어 이빨로 만든 목걸이를 하고 있었음. 국립대구박물관 제공

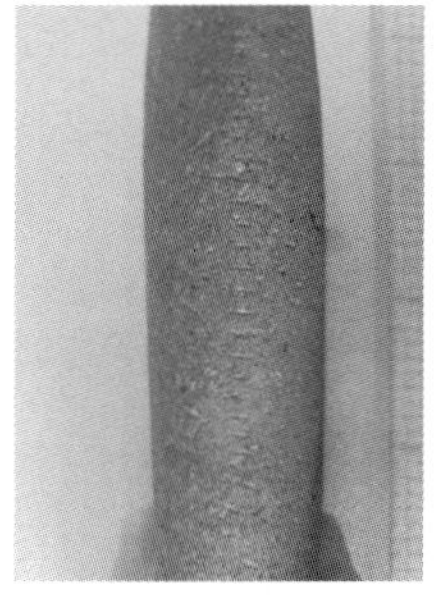

그림 17　눈금이 새겨진 석기(후기 구석기시대, 수양개Ⅵ지구)

시대의 의례 행위는 동북아시아 여러 지역에서 보고되었지만, 우리 나라에서는 의례 행위와 명확한 장신구조차 발견되지 않았다. 우리 나라에서 의례 행위는 신석기시대부터 확인되고 있다.

　　네안데르탈인은 중기구석기시대부터 후기구석기시대에 걸쳐 살았던 인류이다. 현생인류와도 피를 나눈 혈족같은 인류이다. 이 인류는 가장 먼저 죽음에 대해 인식하고, 예술 행위를 하였다. 네안데르탈인은 계획적인 매장을 실시했다. 구석기시대 무덤이 다른 시대 무덤과의 차이점은 유골 대부분이 반듯하게 누워서 몸을 편 상태로 매장되었다는 점이다. 중기구석기시대의 무덤에서는 대부분 시신을 아무렇게나 던져놓은 모양새였으나 네안데르탈인은 달랐다. 프랑스와 이라크의 네안데르탈인 두개골은 의도적으로 매장되었다. 그들은 5만 년 전에 깃털을 장식용으로 사용하였다. 3만 9천 년 전 지브롤터 동굴 바위의 십자 무늬는 네안데르탈인이 가진 추상적 사고를 암시한다. 스페인 엘 카스티요 동굴 벽에 그려진 붉은 원반 한 개는 4만 1천 년 전 작품으로 네안데르탈인이 서유럽에 존재하였다고 알려진 시기와 비슷하다.

　　후기구석기시대 무덤에서는 빨간색 오커의 흔적이 많이 발견되며 부장품이 함께 넣어졌다. 집단 매장이 이루어졌고, 종교적 믿음의 출현 가능성이 있다.

• 현생인류, 언제 예술을 시작하였을까

우리가 일상적으로 즐기는 예술 행위는 인류가 출현하면서부터 등
장하지 않았다. 머릿속에 떠오르는 무형의 느낌을 눈으로 볼 수 있
도록 표현하는 행위는 인류사에서 큰 변혁이었다. 여기에는 회화,
조각 등이 해당한다.

32,000년 전에도 음악이 존재하였다고 믿을 수 있는 가장 오래
된 피리가 있다. 피리는 새 뼈로 만들어졌으며, 독일 가이센클뢰스
테롤레(Geissenklösterle)동굴과 프랑스 이스투리츠(Isturitz)동굴에서
출토되었다(Michael Balter 2004).

귀로 듣고 나의 소리를 표현하기 위해 악기를 만들었다. 연주
는 자신이 품고 있는 그 내면의 소리를 다른 사람에게 들려주고 다
시 내 귀로 듣는 행위이다. 소리가 다른 사람에게 전달되는 순간, 단
순 소리가 아닌 뜻이 담긴 언어이다. 이런 행위들은 모두 현생인류
가 가진 지적능력을 보여준다. 지적능력이란 머리에 있는 무형의 이
미지나 느낌을 나와 다른 누군가가 듣고 볼 수 있게 하는 능력이다.
지금 우리가 일상적으로 하는 행위들이 현생인류 이전에는 할 수 없
었다. 사실상 현생인류의 단계부터 사람은 머릿속에 들어있는 창조
적 능력을 밖으로 표출할 수 있었다. 현생인류가 끝없이 재생산하는
화수분 같은 두뇌활동은 강렬한 생존 활동으로도 이어졌다.

인류가 색을 낼 수 있는 물감과 비슷한 안료라는 물질을 사용한
시기는 약 28만 년 전의 일이다. 그러나 본격적으로 이를 활용한 것
은 후기구석기시대이다. 우리나라에서는 이런 안료를 가지고 그린 구
석기시대 벽화가 발견된 적이 없다. 아마도 동굴유적보다 야외 유적
이 더 많이 남아있기 때문이라고 생각한다. 그러나 호평동유적에서는
붉은 안료와 흑연이 발견되어 우리나라 구석기인들도 그림을 그렸을
지도 모를 일이다(그림 18). 세계적으로 11만 년 전에는 조각품이 발견
되었다. 목걸이는 약 7만 년 전에 등장하였다. 우리가 그림이라 부를

그림 18   남양주 호평동유적의 흑연
(후기구석기시대)

수 있는 수준은 5만 년 전에 처음으로 나타났다.

재레드 다이아몬드는 약 5만 년 전을 '대약진'으로 불렀다. 이제 이 대약진의 시기가 새로운 자료의 증가로 더 빨라지고 있다. 인류는 25만 년 전에 상징기호로 의사소통을 시작한 것으로 추정된다. 인류는 인지능력이 발달하면서 언어 진화, 협동을 위한 대화, 뒷담화를 통한 언어를 발달시켰다. 고고학자는 남아프리카 블롬보스동굴에서 7만 5천 년 전의 인류가 남긴 다양한 조각품과 장식품을 발견하였다. 이 동굴에서 출토된 황토 덩어리는 인간이 새겨넣은 선무늬가 있다. 이 유적을 발굴한 헨실우드 박사는 이것으로 모든 예술이 시작되었다고 주장했다.

프랑스 쇼베(Chauvet) 동굴은 1994년에 발굴 조사되었다. 3만 년 전 이전의 말, 양털, 코뿔소 등이 동굴 벽에 그려졌다. 독일 홀렌슈타인 스타델(Hohlenstein Stadel)에서 사자 인간이라는 뜻의 '뢰벤멘슈'라는 조각상이 출토되었다. 이것은 매머드의 상아로 만들어졌다. 반인반수의 형상이다. 2008년에 독일 홀레펠스 동굴에서 출토된 작은 비너스는 누구나 인정하는 3만 5천 년 전의 조각상이었다. 그리고 이것은 펜던트로 사용되었다. 2만 5천 년 전에 매머드 엄니를 깎아 만든 브라상푸이 여인상은 인간의 얼굴을 표현한 가장 오래된 조각상이다. 이러한 미술품들은 인간의 창의성과 예술적 영감을 보여주는 자료들이다(그림 19).

인류는 3만 5천 년 전 이후에 악기를 만들고 소리를 다룰 수 있었다. 실제로는 아마도 그 이전부터 소리를 만들어 연주했을 것으로 추정되지만, 관련 유물이 없다. 독일 가이센클뢰스테롤레 출토 플루트는 매머드의 상아를 쪼개서 만들었다(그림 20). 상아의 안쪽을 파낸 다음 천연 접착제를 사용해 붙인 것으로 보인다. 그리고 붙인 자국에는 선을 그어 장식성과 더불어 접착력을 높였다. 악기 등장은 인간이 소리를 제어할 수 있게 되었음을 의미한다. 자기가 원하는 음

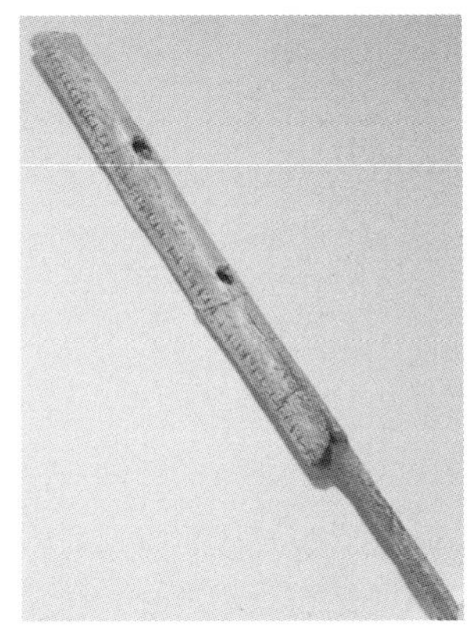

그림 19　후기구석기시대의 비너스 상(좌부터: 러시아 코스텐키 22,700년 전, 레스퓌그 24,000~22,000년 전, 코스텐키 22,700년 전). 전곡리선사박물관 특별전시(복제품)

그림 20　가이센클뢰스테를레유적의 플루트(후기구석기시대, 복제품 촬영)

의 높이와 강약을 조절할 수 있게 된 것이다. 고대 동굴에서 울려 퍼지는 3만 년 전의 피리 소리는 구석기시대 사람과의 직접적인 만남을 이어주는 고리이다.

시가 적접적으로 답을 주는 것이 아니라 독자에게 상상할 수 있는 여지를 남겨두듯, 인류가 남긴 다양한 상징을 이해하기 위해서는 여분의 상상력이 필요하다. 현생인류는 실체가 없었던 정신과 영혼도 외부세계로 확장해 표현하였다. 정신을 물질로 표현한 것은 사고의 새로운 개척이었다. 그렇게 표현된 물질은 직접 보면서 얘기하는 것이 가능해졌다. 그들이 원한 것은 아닐지라도 기록처럼 남을 수 있었다. 이러한 사고 물질은 원시 기록의 첫 출발이었다는 점에서 아주 큰 의미가 있다.

생각을 단순히 표현하는 것을 넘어, 실물로 남기기 시작하였다는 사실은 정신과 몸이 다르지 않음을 인식한 인지능력의 확장을 의미한다. 붉은 안료와 악기는 정신의 실체에 다가가고자 한 인류의 새로운 도전을 보여주는 자료이다. 세상이 정신과 물질로 따로 구성되는 이원론적 세계가 아닌 둘이 분리 불가능한 것임을 인식하였다.

- 안료가 묻은 유물

일본 북해도에서는 2003년 기준으로 20여 군데의 안료와 관련된 유물, 안료가 묻어 있는 자갈돌 석기가 출토되었다. 구석기시대의 유노사토(湯の里)와 시마키(嶋木)유적에서 처음 발견되었다. 적색과 흑색 오커는 밀개와 함께 종종 출토되었기 때문에 가죽에 색을 물들이기 위해 이용했을 가능성을 주장하기도 한다. 밀개는 주로 짐승 가죽을 다듬을 때 사용하는 석기이다(그림 22). 가죽을 다듬는 방법은 양피지를 만들 때 사용하는 방법과 거의 같다(그림 22).

후기구석기시대에는 옥으로 만든 물건이 등장함으로써 오커를 장신구에 칠하거나 몸에 그리기도 했을 것으로 추정하고 있다. 알타이지역에서 발견된 카라봄유적의 후기구석기문화층에서는 광물 안료와 붉은 안료가 묻은 돌이 출토되었다(그림 21·24).

후기구석기시대의 유럽 러시아평원에서는 악기의 장식과 사람의 매장에 오커를 이용했을 가능성을 얘기하기도 한다. 세묘노프는 후기구석기시대의 유럽과 러시아에서는 안료를 제작할 때 이미 가열처리와 수식, 그리고 기름과 골수 등을 섞는 기술이 존재했을 것으로 생각했다. 광물을 가열 처리하면 더욱 명확한 색을 얻을 수 있기 때문이다.

시베리아의 말타유적은 앙가라강에 있는 후기구석기시대 유적이다. 1928년에 발견되었는데, 1958년까지 조사되었다. 구석기시대의 문화층은 제4층에 포함되고, 제2층은 중석기시대의 문화층이다. 탄소연대로는 14,750±120BP(GIN-97)와 뼈의 이오

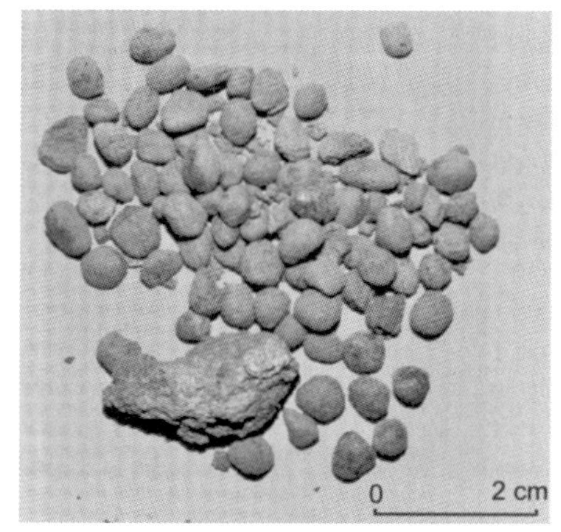

그림 21   카라봄유적에서 출토된 광물 안료

그림 22   가죽을 넓게 펼치고 짐승 털과 안쪽에 있는 이물질을 밀개로 다듬는 모습(후기구석기시대)

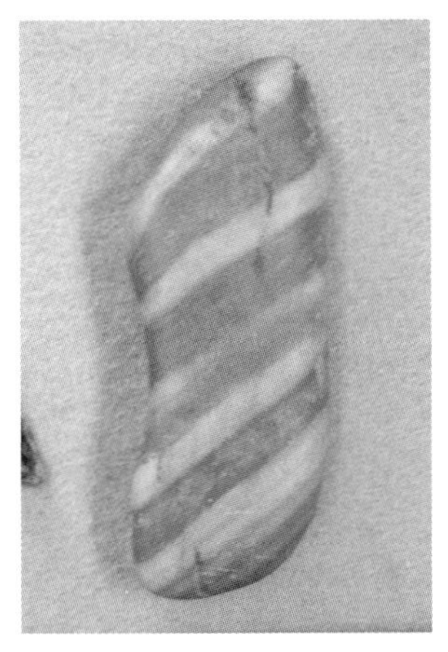

니움법에 따른 연대는 23,000±5,000 BP인데, 후자가 좀 더 신뢰성을 얻고 있다. 1929년에 조사한 Ⅳ구 주거지 내에서는 적색 안료로 도포된 유아 인골 유체가 발견되었는데, 적색으로 온몸을 감싸고 있는 것처럼 느낄 정도로 진하게 칠해져 있었다.

러시아의 마이나Ⅰ, 마아나Ⅱ, 리스트벤카, 코코레보Ⅰ, 우스띠 캬프타17, 스투디노에1, 우스띠 메자, 베리카띠Ⅰ, 우쉬키Ⅰ, 우쉬키Ⅳ, 비르까 누진스크유적의 암벽화에는 적색 안료로 그려진 그림들이 남아있다. 적색 안료의 사용은 레나강 유엽의 쉬쉬키노 암벽화가 가장 오래된 형식으로 구석기시대가 끝날 무렵에 주로 사용되었다. 향후 우리나라에서도 안료가 칠해진 암벽화가 발견되기를 기대해 본다.

• 현생인류의 장신구와 상징

약 40,000년 전에 만들어진 13개의 타조 알껍데기로 만든 목걸이는 케냐에 있는 엔카푸네 야 무토(Enkapune Ya Muto)유적에서 출토되었다. 유라시아에서는 불가리아의 바쵸 키로(Bacho Kiro)유적에서 출토된 두 개의 구멍 뚫린 치아는 장신구의 일부로 생각되는데 이것은 43,000년 전에 만들어졌다. 터키의 우카키즐리(Uçağizli)유적에서는 바다 조개 목걸이를 만들었으며 41,000년 전의 것으로 평가받는다(Christopher Henshilwood 등 2004).

러시아의 코스텐키 I 유적에서는 비너스 조각상이 출토되었을 뿐만 아니라 헤어밴드도 출토되었다. 여기에는 우리나라의 빗살무늬에 새겨진 것과 유사한 문양이 새겨져 있다. 그리고 팔찌 조각과 평평한 면에 매머드를 새긴 돌조각이 발견되었다.

장신구는 신체를 보호하는 기능은 없다. 하지만, 착용자는 재앙과 같은 외적 요인에서 자신을 지켜낼 수 있다는 주술적인 신념을 형상화함과 동시에 집단 간의 유대관계를 표출할 수 있었다. 리스 엘 드리지는 그의 저서 『메이크업 스토리』에서 화장이 전쟁에 나갔을 때 적과 맞서 싸울 때 용기를 내기 위한 '문장(紋章)'으로 보았다. 화장이 단지 예뻐 보이기 위한 수단이 아니라 개인의 정체성이자 개성의 표현이라는 것이다.

장신구는 집단 내에서 자신을 드러내는 매개체이기도 하였다. 신석기시대에 옥으로 만들어진 장신구가 출토된 유적으로는 파주 주월리, 울진 후포리, 통영 연대도, 부산 범방패총, 평양 궁산리, 청도 사촌리, 고성 문암리 등이 있다. 귀걸이 중 결상이식, 대롱옥, 둥근옥 등과 같은 비교적 간단한 것이 많다(그림 25). 매장의 예는 통영 연대도, 춘천 교동, 부산 장항, 울진 후포리, 고성 문암리 등이 있지만, 매장의례를 연구하기에는 관련 유적이 다소 부족하다.

장대형 도끼(장대형 석부)는 매장과 관련된 중요한 석기로 연해주를 비롯한 일본에서도 확인된다(그림 26, 27). 그러나 매장의 일반화는 정착 생활 중 농경과 관련되어 있으며 무덤의 외형적인 정형화는 청동기시대부터로 알려져 있다(국립대구박물관 2005).

청동기시대의 옥 장식품과 간돌검과 같은 석기는 매장에 중요

그림 25　옥으로 만든 귀걸이(결상이식, 고성 문암리유적, 신석기시대)
사진: 국립대구박물관

그림 26　신석기시대의 울진 후포리 유적에서 출토된 장대형 도끼(국립경주박물관)

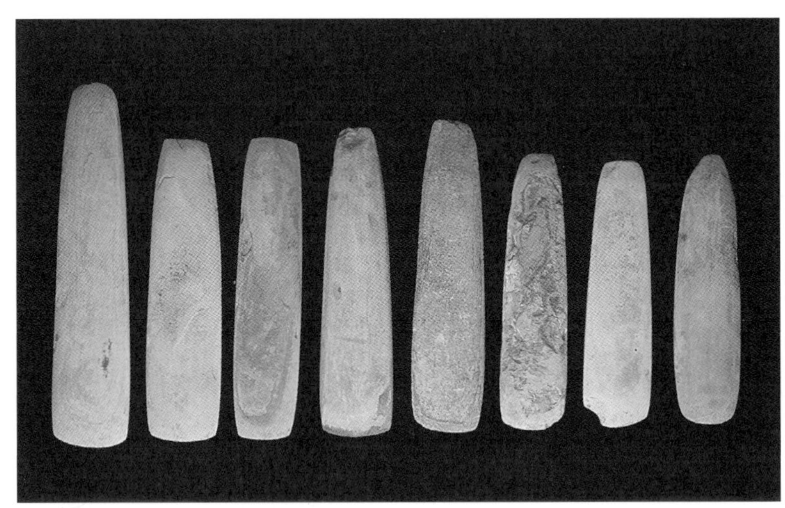

그림 27　울진 후포리유적 출토 장대형 도끼. 단일 유적에서 가장 많은 장대형 도끼가 출토.
사진: 국립대구박물관

한 부장품이자 매장의례에 빠질 수 없는 물건이었다. 청동기인들은 무덤의 안과 밖에 여러 물건을 부장시킴과 동시에 간돌검이나 이형석기(특이한 모양의 돌도구), 화살촉 등을 파쇄하여 무덤 주위에 흩어놓거나 뿌리기도 했다. 일부 간돌검이나 화살촉은 기능성이 완전히 배제된 채 의례용으로 제작되었다.

철기가 처음 출현하는 BC 3세기 전후(세형동검문화기)가 되면 석기는 급격히 쇠퇴하면서 나무와 돌로 만든 도구가 점차 철기로 대체된다. 그럼에도 불구하고 귀한 돌로 장신구를 만드는 풍습은 사라지지 않았다.

인류에게 예술은 언제 어디서나 탄생할 수 있는 잠재적 표현물이었다. 현재 우리가 보고 있는 고고학적 자료라는 것은 인류가 남긴 아주 극히 일부분이다. 인구가 많아지면서 효용성을 떠나 인류의 정신활동이 활발해지면서 예술과 상징이 필요할 가능성이 높아졌다. 런던 자연사박물관 크리스토퍼 스트링어 박사도 집단의 크기는 새로운 예술과 문화를 낳는 중요한 요소로 지적했다.

• 동굴벽화, 인류 최초의 돌 캔버스

인류는 구석기시대부터 색을 인지하기 시작하였다. 인류 최초의 그림은 선이다. 채색은 이루어지지 않았다. 그 뒤 색이 있는 도구로 선을 그리거나, 그 선 안을 다른 색으로 채우게 되었다.

우리는 빛을 색채 정보로 지각하기 위해서 빛이 들어오면 빛 정보를 단순화시켜 뇌로 보낸다. 이 빛이 얼마나 밝은가의 정보를 파악한 뒤, 이 빛이 빨간색인가 녹색인가를 판단한다. 그다음에는 이 빛이 노란색인지 파란색인지를 판단함으로써 색채를 지각한다. 인간은 빛 밝기의 정도에 따라 순응할 수 있는 '명순응(Light adaptation)'의 능력이 있다. 모든 색을 잘 구분할 수 있는 건 '색순응(color adaptation)'의 능력 때문이다(석현정 2016: 148). 환경에 맞춰 밝고 어두움을 조절해서 눈이 받아들인다.

사람이 특정 시점에 예술을 시작했음은 특정 색을 보고 구분해낼 뿐만 아니라, 색을 찾아낼 수 있는 능력을 갖췄음을 의미한다.

사람은 기억을 오랫동안 유지할 수 있는 두뇌가 있다. 그러나 우리는 두뇌의 작동원리를 잘 모른다. 특히 기억 삭제 기능이 어떤 메커니즘으로 작동하는지 전혀 알지 못한다. 부지불식간에 자동으로 삭제 기능이 작동한다. 우리 삶은 머릿속에 모두 담아둘 수 없다. 우리가 기억을 유지하기 원한다면 어떤 형태로든 기록해야만 한다. 만약 그 기억을 살리고자 한다면 연상 모티브를 받아야 하지만, 그마저도 잘 떠오르지 않는 경우가 더 많다. 기억은 시간이 갈수록 희미해지고 사라진다. 어릴 때의 추억과 기억을 자동으로 소환할 수단이 없는 셈이다.

불과 150여 년 전만 해도 그림은 사람이 눈으로 본 것을 가장 오래 기억할 수 있는 유일한 수단이었다. 그림은 글로는 다 표현할 수 없는 사실감과 현장감, 생생함을 줄 수 있었다. 1685년 어두운 방을 뜻하는 라틴어에서 유래한 카메라가 발명되어 찰나를 기록할 수 있고, 1942년 컴퓨터가 발명되어 저장장치를 운용하기 전까지는 말이다. 누군가 숨 쉬는 동안에만 작동하는 뇌 속에 남았다가 지워지면 그만인 그런 순간들이다.

우리에게 남아있는 역사란 100년 정도의 역사를 가진 사진을 제외하면 거의 모든 기간이 글과 그림으로 표현되었다. 그나마도 한 개인의 역사를 모두 담아낼 수는 없었다.

동굴은 어둡다. 밤이면 그 속은 더욱 칠흑 같다. 동굴은 비바람을 피해 사람이 푹 잘 수 있는 환경에 더해 밤에 수면의 질을 높여주었다. 그 이유는 사람이 잘 때 눈으로 들어오는 빛이 차단되면 멜라토닌(수면 호르몬)이 잘 분비되기 때문이다. 그러나 동굴 속에서의 작업은 불빛이 없으면 불가능했다.

구석기시대에 많은 동굴벽화는 작업하기 힘들거나 감춰진 통로에 그려진 것으로 볼 때 보는 즐거움을 위해서라기보다 의례적 행위 때문에 이전 시기의 것과 중첩되어 그려졌다. 특히 위험한 사냥감인 매머드처럼 두려움을 주는 동물들이 많이 그려졌다. 가장 널리 이용한 주제는 식량과 성이며, 특히 식량이 가장 큰 관심을 끌었다(로버트 웬키 2003).

앙드레 르루아-구랑은 동굴 안에서 사자, 매머드, 들소, 순록, 다른 동물들이 나타나는 상대적 빈도를 그림 속 표현과의 관계를 연구하면서 구석기시대 예술에 대한 경제적 해석을 비판했다. 그는 이 그림들은 구석기인들이 그들의 세상을 배열하는 유형을 다양하게 반영하는 우주론적 의미에서 제작되었다는 결론을 내렸다.

윌리엄스와 도슨은 많은 구석기시대 예술은 약물이나 명상을 통해 변화된 의식 상태에 놓인 사람들의 창조물이었다고 주장하였다.

유럽지역 구석기시대의 동굴벽화와 동산예술의 특징을 비교해 볼 수 있다. 동굴벽화는 비일상적 장소에 만들어졌다. 흔히 일상적으로 가는 장소가 아니었다. 동굴의 특성에 따라 암흑, 제사, 의례와 같은 의미를 내포한 것으로 추정된다. 그리 넓지 않은 지역에 분포하고, 사람보다는 동물을 중요한 소재로 그렸다. 벽화는 사람을 그림 소재로 거의 다루지 않는 것이 가장 큰 특징이다.

동굴벽화가 왜 그려졌는지는 아직도 정확히 알 수 없지만, 개인과 공동체의 안녕을 기원하면서 여러 사람이 함께 그렸을 가능성이 크다. 프랑스 남부와 스페인지역의 동굴벽화들은 네안데르탈인이 사라진 다음인 현생인류가 그린 것들이다. 동굴의 규모에 따라 동굴 내 빛과 어둠의 상호작용으로 그림 효과가 극대화될 수 있음을 노렸다. 동굴이 가진 신비스러운 기운과 상징을 그림에 투영시킬 수 있다. 그림으로 동물의 기운을 받고자 하는 마음과 함께 빛과 어둠을 극대화할 수 있는 장소에 염원을 담아 제작한 것으로 여겨진다.

동굴벽화와 달리 사람이 가지고 다닐 수 있는 물건, 즉 동산예술은 거주지 등 일상적인 생활 장소에서 작업을 진행했고 다양한 조각상이 넓은 지역에서 출토되고 있다. 화덕의 중간 또는 그 주변에서 발견되었으며 사람이 주요한 소재(서유럽: 나체상에 과장, 동유럽: 왜소, 옷 착용)였다. 가족의 안녕을 위한 소극적 행위이자 개인적인 소망을 담았을 가능성이 크다. 개인의 무덤에서도 출토되고 있어 죽음을 받아들이는 인식을 이해할 수 있다.

현생인류의 정신적 성숙의 결과물이 동굴벽화이다. 콘키는 "구석기시대 예술은 아마도 문화적이란 말을 제외하고는 어떠한 포괄적인 용어로도 설명될 수 없는 매우 다양하고 풍부한 물질문화의 목록이다."라고 말했다.

유럽에는 적어도 400개의 후기구석기시대의 동굴벽화가 있다. 고고학자는 2만 년 전, 유럽지역 동굴벽화에 그려진 점과 표식이 무엇인지 그동안 알지 못하였다. 2023년 영국 런던의 가구 수리업자(Bennett Bacon)와 고고학자들(Paul Pettitt and Robert Kentridge)은 연구 결과를 발표했다. 그들은 이 지역에서 발견된 후기구석기시대의 이미지 자료에서 자주 등장하는 기호인 〈／〉, 점 〈·〉, 〈Y〉에 주목했다. 〈／〉과 〈·〉은 월을 나타내는 숫자로 봄에 시작하여 음력으로 지역 현상과 기상 달력을 표현하였다. 그리고 Y자 모양은 해당 동물의 분만 월(생식주기)과 관련이 있으며, 숫자의 서수 표현이라고 주장했다. 위의 표식들은 후기구석기인들이 동물들의 짝짓기 기간을 음력으로 나타낸 것이라는 해석이다(Bennett Bacon *et al.* 2023, 도면 1). 현생인류의 역사에서 후기구석기인이 다른 사람과 소통하기 위해 상징기호를 이용했음을 보여주는 최초의 자료로 평가할 수 있다.

인류에게 후기구석기시대는 정신이 물질에 구현되기 시작한 첫 시기였다. 인류의 신체적, 정신적 능력과 다양한 경험이 축적되면서 중기구석기시대보다 더욱 발전된 문화를 보여주었다.

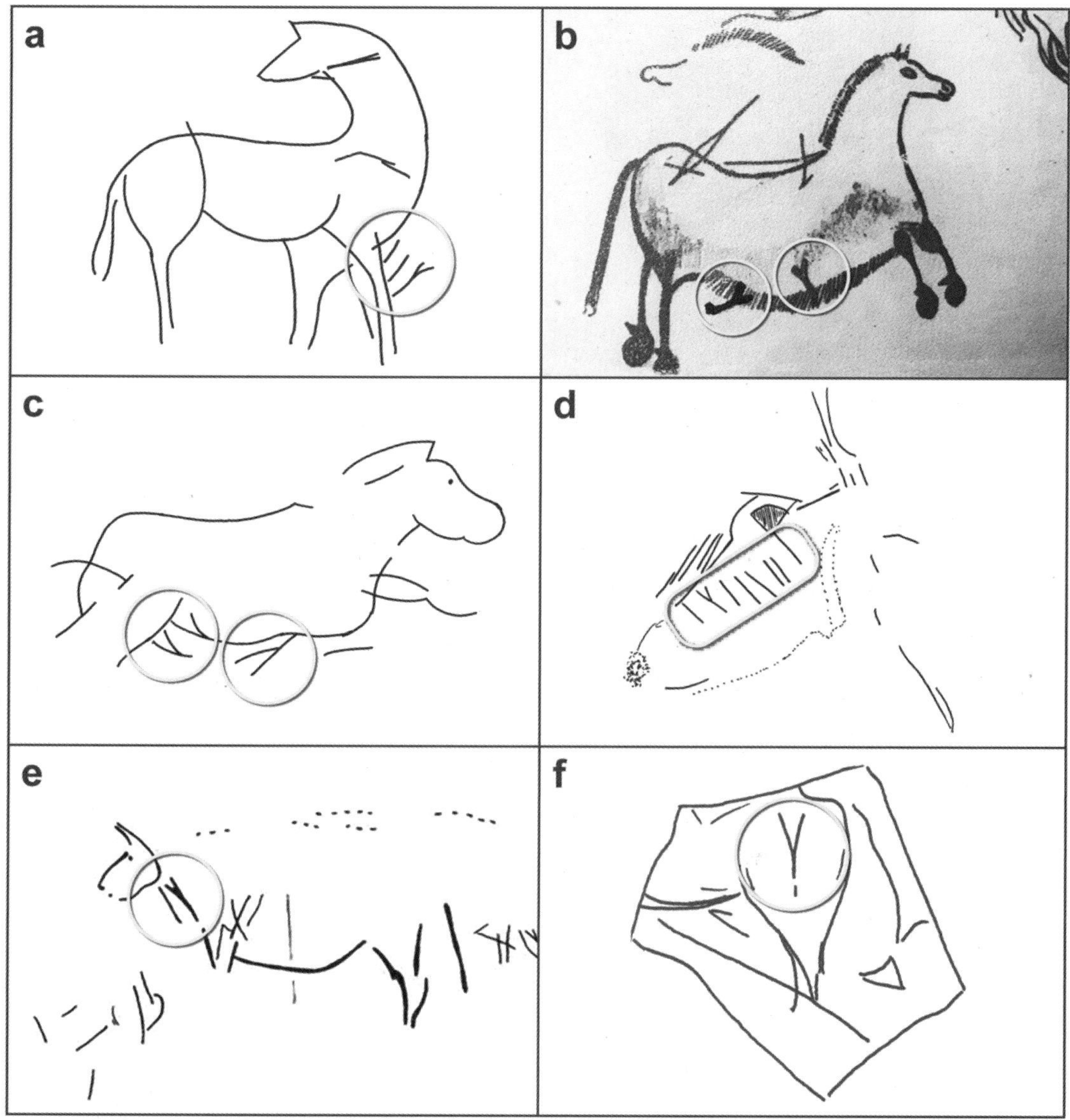

도면 1　동물 묘사와 관련된 일련의 〈Y〉 기호 사례(아래의 설명 중 동물 다음은 동굴이름) Bennett Bacon *et al.* 2023에서 인용.

(a) 말: Pair-non-Pair, 초기, 〈Y〉는 세 번째에 위치

(b) 말: Lascaux, 후기, 〈Y〉는 하나 중에 하나 표시

(c) 말: Sotarizza, 후기, 〈Y〉는 하나 중에 하나 표시

(d) 샤무아(영양류): Labastide, 후기, 〈Y〉는 7개 중 두 번째에 표시

(e) 말: Commarque, 후기, 〈Y〉는 두 개 중에 두 번째에 표시

(f) 말(?): Parpalló, 후기, 〈Y〉는 하나 중에 하나 표시

"뼈에 뚫린 피리 구멍 사이의 간격이 오늘날 완전 4도와 완전 5도인 소리를 낼 수 있도록 배치되었다는 사실을 알아냈다(서양음악을 기준으로 하면 C조에서 F와 F를 일컫는다.). 4도와 5도는 현대음악에서 거의 모든 인기곡에 쓰이는 화음의 뼈대를 이룰 뿐만 아니라, 세계의 수많은 음악 체계에서 가장 흔히 발견되는 음정으로 손꼽힌다."(스티븐 존슨 2017: 110 - 111).

인류사에서 악기의 등장은 사람이 소리를 제어할 수 있게 되었음을 의미한다. 놀랍게도 눈에 보이지 않는 입바람으로 소리를 만드는 물건을 창안하였다는 사실이다. 자기가 원하는 음의 높이와 강약을 조절할 수 있게 된 것이다. 형태가 없는 소리로 구성된 음악은 그림과 달리 물질자료로 남지 않는다. 구석기시대 사람들은 동굴벽화를 그릴 때, 힘들거나 지칠 때, 그림을 완성했을 때에 악기를 불어 위안을 삼았을 터이다. 하지만 그 흔적은 어디에서도 찾아볼 수 없다.

고대 동굴에서 울려 퍼졌을 35,000년 전의 피리 소리는 구석기시대 사람과의 직접적인 만남을 이어주는 고리이다. 그들이 들었던 소리를 내가 들을 수 있다는 느낌. 그 느낌 하나만으로 고고학자는 세상 모든 걸 얻었고, 이 직업을 선택하길 잘했구나, 후회없는 마음을 가질법하다.

사람은 목으로 다양한 소리를 낼 수 있다. 그 소리가 규칙적이고 반복적이라면 멜로디가 된다. 아카펠라를 듣고 있노라면 목소리는 천상의 악기임을 느낄 수 있다. 사람은 자연의 재료로 소리가 나는 기구를 만든 최초의 동물이다. 악기 재료는 모두 자연에서 왔는데, 이것들로 자연의 소리를 만들 수 있기 때문이 아닐까 한다. 사람 목소리와 악기소리는 자연과 하나가 되는 '일치의 소리'. 인류가 찾는 '궁극의 소리'이다.

악기가 가지는 중요한 의미가 있다. 음악은 사람의 머릿속에만 있던 실체없는 소리를 악기나 사람의 입으로 표현하는 행위이다. 소리는 들으면 사라지지만, 우리는 멜로디를 기억하고 다른 사람에게 들려줄 수 있게 되었다. 더구나 세상에 없는 소리를 만들 수 있다. 사람의 소리뿐만이 아닌 머릿속 그림이나 이미지를 악기로 만들 수도 있다. 악기는 사람만이 만들어낼 수 있고, 자연에 존재하지 않는 가공된 소리, 그리고 그 소리를 처음 만든 사람들이 바로 구석기인들이다. 자연과 동화되는 소리지만, 어떠한 자연현상에서도 들을 수 없는 소리이다.

소리의 목적은 신비롭다. 사냥을 위한 소리, 죽은 사람이나 외로움을 달래기 위한 소리, 사랑을 위한 소리, 의례를 위한 장엄한 소리, 즐거움을 위한 유희의 소리 등이다. 이 모든 소리는 사람과 사람 간의 동질감을 느끼게 하는 힘이 있다. 자신의 소리를 만들어 누구나 들을 수 있는 실체적인 소리를 창조하였다.

구석기시대에 세상에 없던 음악이 탄생한 것이다. BTS가 빌보드차트 1위를 차지할 수 있는 것도 인류가 만든 소리에 서로 공감하기 때문이다. 미국 빌보드차트가 만들어진 이유는 상업적 목적도 있겠지만, 음악 인기 순위표를 만들어서 사람들이 공감하는 노래를 시간순으로, 세대별로 정리할 필요가 있었기 때문이다. 사람은 노래의 내용과 소리에 공통적으로 공감할 수 있으면서, 다양한 취향을 가진 동물이다.

• **사람 몸을 본떠 만든 비너스 조각상**

우리나라에서는 구석기시대에 만들어진 여성을 본떠 만든 조각상이 출토된 바가 없다. 사실 구석기시대의 조각상이 발견된 적이 없다.

여성을 형상화한 이른바 비너스 상은 1882년 프랑스 브라쌍푸이(Brassempouy)에서 처음 발견되었고 7개 지역 19곳에서 출토되었다. 프랑스에서는 다섯 곳(브라쌍푸이·레스뷰그·시루요·듀르다끄·구리마르땡 혹은 망돈), 이탈리아에서 세 곳(사비냐노·기옷자·트라시메노), 남부 독일에서 한곳(마우에룬), 오스트리아에서 한 곳(빌렌도르프), 우크라이나에서 다섯 곳(메진·예리세비치·아브디예보·코스텐키·가가리노), 동시베리아에서 두 곳(브레치·말타)이 발견되었다. 유럽에서 절대적으로 많이 출토되었다. 동아시아에서는 발견된 사례가 없다.

비너스가 출토된 유적 연대는 25,000~20,000전이다. 작은 것은 높이 3.5cm(트라시메노)에 큰 것은 22cm(사비냐노)이다. 대부분의 여성상은 젖가슴과 엉덩이 등 여성의 신체적 특징을 돋보이게끔 만들었다. 이것들의 용도에 대해서는 다양한 주장이 있다.

이런 조각상들은 당시 사람이 생각하는 아름다우면서 이상적인 여성 모습을 표현한 사실적인 작품이라는 주장, 몸을 지키기 위한 호신용 부적, 특별한 의식을 치르는 데 사용하기 위한 주술적이면서 제의적인 우상, 가족이나 종족의 수호신, 무녀 상이라는 주장 등이 있다(護雅夫 編著 1970). 조각상 소재는 매머드 이빨로 제작한 것(브라쌍푸이·레스뷰그·메진·코스텐키·가가리노·아브디예보·예리세비치·브레치·말타)이 가장 많다. 그 외는 돌이나 흙으로 만들어졌는데, 돌과 흙으로 만들었으나 붉게 칠한 마우에룬 출토품도 있다. 비너스상의 기원지에 대해서는 불투명한 점이 많다.

비너스상은 집단 내에서 여성이 출생과 관련한 중요한 존재임을 표현한 것이다(톺아보기 11). 선사시대에 풍족한 사람 수는 집단의 힘이었고 가장 강력한 안전수단이었다. 클라이브 갬블은 집단 내 커뮤니케이션의 수단으로써 조각상의 역할을 설명했다. 광대한 지역에 분포하는 공동체 동지를 상징하고 유대관계를 강화하기 위해 만들었다는 주장이다. 특히 조각상의 제작 시기는 후기구석기시대 중 최대빙하극성기에 주로 만들어졌다. 이 시기는 공동체가 식량을 구하기 어려웠고, 그에 따른 출산 위험이 가장 컸던 시기이기도 했다.

조각상을 이용해 산모의 심신을 안정시킬 목적으로 만들었을 가능
성도 있다.

조각상은 공동체의 상징으로서 유대관계를 강화한다. 조각상
의 제작 시기는 최종빙하극성기로 각각의 공동체는 식량 자료의 불
균형을 해소하기 위한 특별한 사회적 안전 보장망이 필요했던 것은
아닐까. 조각상은 동굴의 깊은 곳보다도 야외 유적과 바위 그늘에
서 발견되고 있다. 이것은 언제라도 누구라도 조각상을 볼 수 있고
따라서 조각상을 전하는 메시지를 읽을 수 있다는 것이다(Margaret
Ehrenberg 1997: 116).

클라이브 갬블은 2.3~2.1만 년 전의 유럽에 있어서 비슷한 여성
상이 광범위하게 분포하는 이유가 최대빙하극성기 직전에 남겨진 지
역에서의 범유럽동맹 망에 있다고 주장하였다. 그보즈도버는 러시아
의 여성상을 코스춘키타입, 아우데예보타입, 일반적인 타입, 가가리노
호츄레보Ⅱ타입으로 분류했다. 그는 각 유적마다의 지역적인 특징에
주목했다.

소퍼는 여성상이 방법, 기술, 시각적인 관습, 그리고 시공적인 분
포에 있어 동질성보다도 여러 시기에 걸친 다양성을 보이며, 후기구석
기시대 외의 예술처럼 일원론적 상황을 반영한다고 생각할 수는 없다
고 보았다(木村英明 1997: 322 - 323).

일본 구석기시대의 유적에서 나오는 예는 규슈 이와토[岩戸]유적
의 고케시형 돌인형과 노지리호수[野尻湖]유적의 나우만코끼리의 상아
로 만든 조각상이 있다. 하지만 이 역시 조각상으로 볼 것인지 아닌
지는 연구자마다 견해 차이가 있다.

러시아 말타유적의 후기구석기시대 사람 조각상(복제품)
시베리아에서 출토된 사람조각상은 옷을 두텁게 입고 있고, 마른 체형이다. 유럽에서 출토되는 조각상과는 엉덩이와 가슴이 두드러지지 않은
신체 특징을 지닌 점이 이채롭다.

뚱뚱한 비너스상

(후기구석기시대)

크기 | 103.5cm

구석기시대의 대표적인 예술품으로 오스트리아의 빌렌도르프의 비너스라 불리는 조각상이 있다. 미국 콜로라도 대학의 리처드 존슨 박사는 비만이 구석기시대의 빙하기 동안에 생존이 유리했다고 주장했다. 조각상의 허리, 엉덩이, 어깨의 비율 등을 분석했고, 빙하와 가까운 곳에서 발견된 조각상이 빙하보다 먼 곳보다 더욱 뚱뚱하다는 사실을 찾아냈다. 특히 비만한 여상이 영양실조에 걸린 여성보다 임신을 더 잘할 수 있다고 덧붙였다. 비너스라 불리는 여성 조각상은 현재까지 200여 개가 발견되었다. 비만으로 생각되는 뚱뚱한 비너스는 임신과 출산, 산모의 생존능력을 향상하는 가장 효과적인 수단이었다. 한편, 현재 아프리카의 여성 모습과도 유사해 아프리카를 벗어나 유라시아대륙으로 이동한 현생인류의 모습일 가능성도 있다.

• 나를 짓는 도구, 장신구

장신구는 서로 나누는 사회를 대변한다. 아프리카 산족 여자들은 목걸이와 팔찌 같은 장식품을 만들지만 자기가 직접 장신구를 만들어 장식하는 일은 없다고 한다. 누군가를 생각하고 만들어서 선물을 준다고 한다. 왜 인류가 최초로 만든 장식품 중 하나가 목걸이였을까? 목걸이는 사람들을 잇는 끈이자 자신과 같은 집단의 사람들이라는 뜻이다. 목걸이는 사람 사이의 마음을 나누는 관계를 상징하고, 집단을 넘어선 연결 고리를 만드는 데 역할을 했다. 목걸이 교환으로 마을 간의 관계를 강하게 유지시킨다. 목걸이 선물은 아기 때부터 받기 시작한다. 이러한 목걸이는 혈족의 증거이면서 너를 오랫동안 지켜주겠다는 의미도 된다. 사람과 사람을 잇는 끈과 같은 의미로 목걸이를 서로 나눈다. 리차드 리 박사는 이러한 친족 관계의 모습이 초기 구석기시대의 가족관계를 보여준다고 생각하였다(NHK 특별취재반 2014: 44 - 49).

우리가 장식품이라고 얘기하는 것이 어쩌면 틀렸을 수 있다. 현재 우리가 사용하는 장식의 사전적 개념은 '옷이나 액세서리 따위로 치장함. 또는 그 꾸밈새', '2. 그릇, 가구, 옷 등에 쇠붙이·헝겊·뿔·돌 따위로 여러 모양을 만드는 데 쓰는 물건', '3. 어떤 장면이나 부분 따위를 인상 깊고 의의 있게 만듦'이다.[15]

실용적 의미가 거의 없다. 그러나 몸에 치장하는 장식이 정말 쓸모없었을까? 장식은 다른 동물은 하지 않으면서 인간만이 하는 유일한 행위이다. 또한 몸에 장식하는 것은 생존을 위한 목적도 빼놓아서는 안 된다.

패션계의 명제 같은 말이 있다고 한다. "패션은 구매하는 것이지만, 스타일은 소유하는 것이다."(심만수 2015: 70 - 71).

---

15 네이버 국어사전 참조

인류는 중기구석기시대에 처음으로 자신의 스타일을 치레 걸 이로 장식하였다. 세계에서 가장 오래된 장신구는 약 7만 년 전의 것이다. 이러한 장신구가 무조건 주술적, 내세적 의미로 만들어져서 착용했다고 보기 어렵다.

몸에 치장하는 장식을 바라보는 시선은 세 가지이다.

하나는 자신의 믿음을 반영한 시선이다. 주변의 위협적인 대상으로부터 자신을 지키고 보호하기 위한 목적이다. 대표적인 예가 매머드의 뼈나 상아를 이용한 장신구, 독수리 발톱 목걸이, 상어 이빨로 만든 목걸이 등이다. 동물계의 최고 포식자에게서 주술적인 힘을 빌리고자 함이다. 둘째는 타인이 나를 바라보는 시선이다. 제일 중요한 것은 남녀 간의 사랑을 얻기 위한 장식이다. 수렵 채집민들의 사례를 보면 치장을 하지 않은 사람은 없다. 독특한 머리 스타일은 물론, 형형색색의 다양한 색깔의 추상적인 그림을 문신하였다. 남자라면 상대에게 위협을 주기 위함도 있겠지만, 배우자를 얻기 위한 본인만의 패션이다. 여자도 어렸을 때부터 예뻐지기 위한 관리를 받는다. 셋째는 사회적 시선이다. 어렸을 때부터 발을 못 크게 한다거나 목에 목걸이를 착용하는 집단 내 특이한 풍습이 있다면 더욱 그러하다. 사회 내에서 신분을 나타내고 역할을 보여주기 위해 스스로를 장식한다.

자기만의 스타일은 평생 만들어가야 하는 숙제라는 얘기가 있듯이 상징적인 문양을 인식하고 생각하는 현생인류에게 장식과 더불어 패션은 또 다른 생존 전략이었다.

• '짓다': 집을 짓고, 옷을 짓다

집을 짓다

우리말을 보면, 옷을 짓고, 밥을 짓고, 집을 짓는다고 한다. 왜 공통의 동사를 사용했을까라는 생각이 들었다. 근데 의식주는 모두 '짓다'라는 동사를 쓰고 있는 사실이 흥미로웠다.

'짓다'는 순우리말이다. 사전에서 '짓다'는 '재료를 들여 밥, 옷, 집 따위를 만들다'라고 정의한다. 사람의 창의와 정성, 노력을 추가해 이 세상에 없던 것을 만들어내는 행위이다. 인류 역사는 이러한 끊임없는 '지음'을 통해 이끌어져 왔다. 짓고 허물어지고.

우리가 살아가는 데 필수적인 요소가 무엇인가. 누구나 알고 있는 답은 바로 의식주이다.

겨울이 몹시 추운 우크라이나지역의 메지리치(Mezhirich)유적에서는 18,000년 전에 집을 지었다. 매머드 뼈를 이용(춥고 건조한 스텝 지대라서 나무가 부족했다)해 집 4채를 만들었다. 나무가 귀한 지역에서 집을 지을 수 있는 재료가 부족해지자, 매머드 뼈를 이용해 만들었다. 화덕 내부에는 뼛가루로 가득 차 있었다. 아마도 구석기시대에 남아있는 집 중 사람이 만든 가장 아름다운 집이다. 이 집은 인류 적응의 가장 멋진 지혜를 볼 수 있는 자료이다.

구석기시대 사람이 집을 짓지 않았다는 오해는 이제 하지 말자.

옷을 짓다: 바늘의 등장

구석기인들은 옷을 만들어 입어 추위를 이겨내야만 했다. 사람은 먹지 않으면 살 수 없다. 그나마 집은 기후환경에 따라 형태나 쓰이는 재료가 다르지만, 추운 기후라면 집 없이 사람은 살 수 없다. 지구는 넓고 기후도 시시때때로 변하기 때문이다. 더욱이 구석기시대는 빙하기가 있었던 시기로, 고위도지역에 살았던 인류라면 집은 필수품이다.

추위가 시작되면 가장 큰 문제가 체온 유지이다. 인류는 진화를 거치면서 피부가 얇아졌다. 다양하고 섬세한 기능을 하도록 피부도 함께 진화했지만, 추위를 직접 막아주지는 못했다. 불과 더불어 사람의 생존과 직접적인 관련이 있는 것이 바로 의복이다. 아직 우리

그림 28   실과 바늘로 옷 짓기

나라에서 구석기시대에 옷을 지어 입었다는 사실을 증명할 유물이 출토된 바는 없다. 하지만 인류가 살았던 시기 중 가장 추웠던 시기를 보낸 구석기시대 사람은 가죽 등을 이용해 몸을 가려 추위를 견뎌냈다고 보는 것이 합리적이다. 특히 후기구석기시대 사람은 여러 조각을 하나로 합칠 수 있는 바늘을 발명해 옷을 만들기 시작했다(그림 28).

구석기시대에 바늘이 출토된 유적들이 있다. 프랑스 도르도뉴(Dordogne)지방의 플레카(Placard) 동굴에서 상아로 만든 바늘(21,000~18,000년 전), 도르도뉴지방의 로제리 베스(Laugerie Basse)에서 출토된 뼈바늘(17,000~11,500년 전), 중국 랴오닝성 시아오구산(Xiaogushan)의 뼈바늘(30,000~20,000년 전), 러시아 쿨라유적의 뼈바늘 등이 있다(그림 29). 이러한 바늘들은 바늘귀가 있어 실을 활용해 옷이나 신발 등을 만들어 입었다. 특히 추웠던 시기에 옷을 갖춰 입게 된 현생인류는 위도가 높은 지역으로도 진출할 수 있었다.

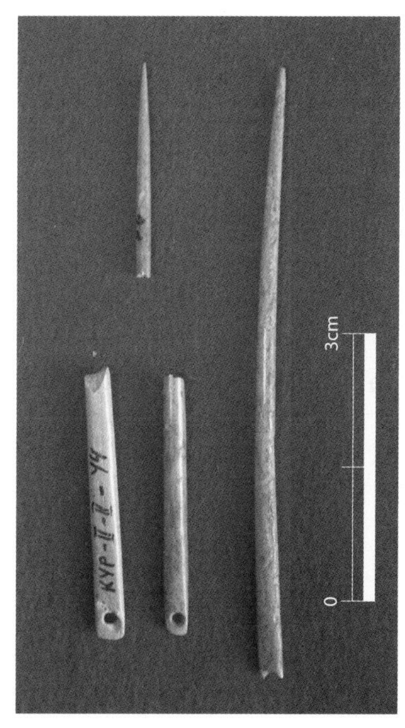
그림 29   뼈바늘(후기구석기시대, 시베리아지역)

우리에게 옷은 단순히 추위를 막아주는 물건이 아니다. 옷이 없었다면, 현생인류가 시베리아의 혹독한 겨울 추위를 뚫고 한반도까지 오지는 못하였을 것이다. 얼음판을 걸을 수 있는 가죽 신발도 필수품이었다.

　　이런 바늘은 지금 사용하는 바늘과 그 형태가 똑같다. 지금은 스테인리스로 만들지만, 당시에는 동물 뼈나 뿔로 만들었다는 차이점이 있을 뿐이다. 바늘은 인류가 생존을 위해 발명한 작지만 위대한 도구이다.

　　제철기술이 발달했던 조선시대에도 바늘은 쉽게 만들 수 있는 물건은 아니었다. 함경도로 부임한 군관 나신걸은 고향에 있는 아내에게 바늘을 선물했는데, 당시 여성을 위한 선물 1위가 바늘과 분(화장품)이었다고 전한다. 조선 순조 때 유씨 부인이 쓴 '조침문'에는 다음과 같은 글귀가 있다(이기환 2023). "바늘이 부러지자 혼절할 정도였다". 당시 여성이 얼마나 바늘을 소중히 다루었는지 알 수 있는 대목이다. 바늘처럼 뾰족하면서 가늘게, 그리고 튼튼하게 만드는 일은 아주 수준이 높은 기술이었다. 현대에 바늘을 대량 생산하기 전까지 아주 귀한 물건이었고, 아무나 쉽게 손에 넣을 수 있는 물건도 아니었다. 특히 여성에게는 옷을 깁고 짓는 데는 물론, 자수와 같은 취미생활에도 유용한 도구였다.

　　인류에게 있어 바늘은 아주 작은 도구이지만, 옷을 만들 수 있게 해줘 추위를 이겨낼 수 있게 해주었다. 특히 몸을 감싸주는 옷은 우리의 목숨을 지켜주었다. 바늘은 인류가 춥고 척박한 환경에 적응하고 이겨내기 위한 필수적인 도구였다. 바늘은 시간이 흘러 침술에도 쓰이는 중요한 의료기구가 되었다.

• 바늘로 지은 옷, 문신

옷에는 사람들이 기억을 떠올릴 수 있는 기억 이미지를 제공한다. 일상의 삶에서 옷은 입고 있는 당사자에 대한 많은 정보를 담고 있다. 옷은 특정 기억을 되살리는 중요한 기억장치이기도 하다. 영국 해양사박물관을 가면, 넬슨 제독이 트라팔가르 해전 당시에 입은 옷을 전시하고 있다. 넬슨이 총을 맞아 붉은 피로 흥건한 옷을 의사가 수술을 위해 자른 흔적까지 고스란히 남아있다. 그 당시의 생생한 긴장감은 물론, 넬슨이라는 사람이 무슨 일을 하였고, 어떤 삶을 살았는지까지도 느낄 수 있었다. 우리가 편하게 입고 다니는 옷은 자기 생각과 관념을 표현하는 장치이기도 한 것이다.

잠깐 우리가 옷을 입지 않은 사람들이 거리를 돌아다닌다고 생각해보자. 현대 사람들은 맨몸의 사람을 보고 불편함과 민망함으로 눈을 감아버릴 수 있다. 때론 성적으로 흥분한 사람이 예기치 못한 공격을 가할지도 모르겠다. 옷은 개인의 가장 숨기고 싶은 은밀한 영역을 지켜주는 물품이다. 마음은 눈에 보이지 않는다. 추측만 할 뿐이다. 몸은 다르다. 일단 보인다. 볼 수 있다. 볼 수 있으면 상상도 할 수 있다. 사람의 가장 비밀스러운 부분이 자기의 몸이다. 사람의 신체는 생물학적으로는 같다. 그러나 얼굴부터 발톱까지 그 생김이 같은 사람은 한 명도 없다. 그 개성만큼이나 숨기고 싶은 욕구도 같이 생겼다.

알랭 드 보통(2013: 43)은 "우리가 옷을 입는 것은 단지 비바람으로부터 몸을 보호하기 위해서만이 아니라는 것이다. 맨살을 내보였다가 남들에게 혐오감을 일으킬까 봐 두려워서이기도 하다. 어쩌면 후자가 더 중요한 이유일지도 모른다."고 말했다. 그의 말대로 옷을 벗는다는 건 다른 사람에게 수치심조차 접어둔다는 의미이다. 사랑하는 사람 앞에서 옷을 벗을 수 있는 건 수치심이 아닌 사랑의 표현으로 감정이 바뀌었기 때문이다. 부끄럽지 않다. 사랑스럽게 변한 자신의 몸이 자랑스럽다.

구석기시대부터 옷 입기 시작했지만, 우리는 맨몸이었던 시절을 기억할 필요가 있다. 바늘로 내 몸에 옷을 짓는 일이 또 있다. 바로 문신이다. 바늘처럼 뾰족한 도구로 살갗에 피를 내서 새기는 문신은 평생 지니고 다녀야 하는 그림 옷이다. 우리나라 삼국시대에도 문신을 했다는 기록이 있다.

문신은 몸을 드러낼 수 있는 지역에서 유행하였다. 적도 인근의 열대 기후 지역에 사는 사람들이 문신을 여전히 하고 있다. 기후가 따뜻한 지역에 사는 사람들은 그들의 몸을 드러내기에 거리낌이 없다. 오히려 드러낸 몸을 자신의 자랑으로 생각하였다. 더운 기후에 옷을 거의 입을 필요가 없었던 원주민들은 새로운 방식으로 자신을 뽐냈다. 바로 문신이다. 옷에 문양을 넣듯 사람들은 자신이 좋아하고 부족을 대표하는 다양한 문양을 몸에 새겼다. 평생 지워지지 않는 그런 문양을 자연스레 알고 있었다. 열대지역이나 따뜻한 기후에 사는 사람들의 공통된 문화 중 하나가 문신이다.

반대로 추운 기후 지역에서는 문신이 발달하지 않았다. 문신은 옷으로 뽐낼 수 없는 부분을 보완해주었다. 다양한 문양의 문신은 장신구와 어울리면서 더욱 효과적으로 개성을 표출할 수 있었다. 여성에게는 자신의 매력을 발산하는 수단이기도 하였다. 문신은 자신의 가치를 내보이고자 하는 개인의 중요한 의식의 표출이었다.

• 죽음, 이별의 슬픔을 느끼다

죽음. 살아 있는 사람이나 동물이 더 숨을 쉴 수 없어 원소로 분해되는 과정이다. 죽음에는 이별과 슬픔이 따라온다. 우리가 죽음을 인지하였다는 것은 다른 상대를 마음으로 느끼고 공감했기 때문이다. 이러한 과정은 사람이 자연의 동물본능을 벗어나 집단생활을 통해 새로운 사회를 구성하는 가장 중요한 능력이었다. 사람의 말하는 능력은 슬픔을 통해 극대화된다. 말은 슬픔을 후벼판다.

다른 어떤 동물들보다 우리 인간은 타인의 죽음을 쉽게 받아들이기 어렵다. 죽음은 사람의 인지능력이 더 발달하고 진화할수록 슬픔의 강도가 더 커지는 감정이다. 현대문명이 발달한다고 할지라도 죽은 대상에 대한 슬픔이 약해지지는 않는다. 사랑하는 사람이라면 살아남은 자의 고통과 슬픔은 형언할 수 없다. 사람이 받아들이기 힘든 감정이 이별이다. 다시 볼 수 없는 얼굴, 들을 수 있는 소리와의 헤어짐.

누군가 죽어서 떠나면, 그 사람에게 잘해준 일은 생각나지 않는다. 그냥 못 해 준 일들이 미안하고, 싸우기라도 했다손 치면 그 일이 안타깝다는 듯이 머릿속을 맴돈다. 왜 그때는 더 잘해주지 못하였을까. 별일도 아니었는데 왜 이해를 못 해 주었을까 등등. 그냥 다 같이 살아보자고 만난 가족이자 사람들이었는데도 말이다.

구석기시대부터 사람은 죽음을 새롭게 인식하기 시작하였다. 호모 에렉투스는 누가 죽었다고 하여 특별한 장례식이나 의례를 진행하지는 않았다.

"야생동물은 늙어서 죽는 일이 거의 없다. 늙기 훨씬 이전에 굶거나 병들거나 포식자에게 먹혀버린다."(리처드 도킨스 2018)라는 말처럼 사람이 야생동물과 다른 삶을 시작한 것은 인류사 전체로 보면

그리 오래되지 않았다.

사람의 생명은 유한하다. 인류사에 있어 사람의 유한함을 극
복하는 길은 '남기는 일'이다. 미이라라 할지라도 자신의 육신을 온
전히 남길 수는 없다. 설령 육신이 남는다고 할지라도 나의 생을 다
른 누군가가 알아줄 리는 만무하다. 죽기 전, 내 흔적을 남기는 유일
한 방법은 어딘가에 기록하고 새겨두는 일뿐이다. 사람은 남기는 내
용도 중요하였지만, 변하지 않는 '물체'를 선택하여 남기는 것이 무엇
보다 중요하였다. 그 좋은 사례가 돌에 새기는 비석이나 암각화이다.

우리가 사는 이 현실을 불교에서는 사바세계라 부른다. 사바는
참고 견디는 곳이란 의미이다. 참고 견딘 인류는 그 고난과 행복, 지
식을 선사시대부터 돌에 새기기 시작하였다. 신석기시대에 새겨진
반구대 암각화가 대표적이다(그림 30). 구석기시대 때인 5만 년 전 무
렵부터 돌(동굴 벽)에 직접 그리기 시작하였다. 안타깝게도 우리나라
에는 동굴벽화가 발견된 바가 없다.

• 사람의 속과 마음, 그리고 내시경

현재 우리가 생각하고 느끼고 하는 마음은 구석기시대에 발현했다.

198

이 시대에 우리와 같은 현생인류가 출현하였으니 마음이 생기는 것
도 당연한 것인지도 모르겠다. 우리 문명의 역사가 바뀌어 왔듯, 마
음의 흐름도 계속 변화하고 발전했다. 인류가 진화를 거듭하던 수백
만 년 전, 내가 나의 존재를 인지하고, 내가 타인을 의식하기 시작하
였다. 다른 사람의 마음을 읽고 싶어하는 욕망도 일어났다. 이러한
나를 느끼면서 솟아난 마음은 집단생활을 통해 다른 사람을 의식하
면서 더욱 발달하였다.

다른 사람 속을 들여다보고 싶은 생각. 그 '속'이 머리 '속'일 수
도 있고, 마음 '속'일 수도 있다. 우리와 같은 뇌용량을 지녔던 현생
인류는 마음이 어디서 왔고, 생각은 왜 일어나는 것인지를 본격적으
로 고민한 최초의 인류이다.

그러한 사람의 호기심이 단지 마음에만 머무르지 않고 속을 직
접 들여다보겠다는 의학적 호기심이 극대화된 물건이 바로 내시경
이다. 고대부터 사람 '속'을 들여다보는 내시경이 발명되었다.

기원전 4세기, 고대 그리스인은 항문 내부를 관찰할 때 내시
경을 사용하였다. 1805년 독일 필립 보찌니가 만든 금속제 원통
을 이용해 내시경을 만들었는데, 근대적인 최초의 내시경이다. 그
후 1868년 독일 쿠스마울(Kussmaul) 차력사의 식도와 위를 관찰하
기 위해 금속관 내시경을 사용해서 세계최초로 위 관찰에 성공했다.
1950년에는 세계최초로 일본 올림푸스는 위 카메라 내시경을 개발
해 상용화시켰다. 1957년에는 처음 연성 내시경이 출현하였다. 이
것을 개발하는 데 시간이 오래 걸린 이유는 빛이 직선한다는 고정관
념에 사로잡혔기 때문이다. 1959년 파이버스코프라고 불리는 지금
의 내시경이 개발되었다.

이렇게 과학이 발달하고 사람의 신체구조를 알기 전까지 사람
의 '속'은 비밀로 감춰져 있었다. 사람의 신체구조를 알기 위해서는
해부가 전제되지 않고서는 불가능하다. 그리고 그렇게 관찰한 해부

모습을 기록으로 남겨두지 않는다면 그저 관찰에 그칠 뿐이다. 죽은 사람을 해부했으나 어디에도 마음은 찾지 못하였다.

뇌는 사람이 죽어 산소공급이 되지 않는 순간, 어떠한 증거도 남지 않기 때문이다. 그러다 보니 생물학, 심리학 등의 분야에서 사람 마음을 연구하지만, 누구도 정확한 마음의 기원이나 속성을 알지 못한다. 마음은 표현되어야 알 수 있지만, 몸속은 내시경으로 볼 수 있는 세상이 되었다.

• 질병, 몸이 아프다

수렵 채집민에게 삼시 세끼가 가능했을까? 삼시 세끼를 챙겨 먹을 수 있는 가장 기본적인 조건은 어느 정도 저장된 식량이 있어야지만 가능하다. 바다나 강의 물고기도 언제나 잡을 수 있는 것은 아니다. 나무 열매도 항상 익어있는 것은 아니다. 이런 와중에 위생이나 청결을 유지하는 것은 불가능한 사치일 수 있다. 토니 맥미켈은 문명 이전의 화석을 토대로 수렵 채집 생활을 한 선행인류는 20~25세 정도의 평균수명을 지녔고, 40세가 넘는 경우는 열 명 중 한 명도 되지 않았을 정도로 수명이 짧았다고 하였다(Tony McMichael 2001).

인구 증가는 수렵 채집사회의 변화를 재촉했다. 실제 현재 남아있는 수렵 채집사회의 규모는 작다. 수렵 채집민에게 질병은 인간접촉에 의한 전염성 질환이 주요한 요인은 아니었다.

약이 없었던 수렵 채집시대의 감염성 질환은 인구 집단 간의 접촉과 교류만으로 발생한 것이 아니라 거주지에 서식하는 기생충에서 생긴 질환이었다. 동물에게서 유래된 병원균이 사람에게 감염되었거나 상처 등을 통해서 질병이 생겼다. 드물게는 음식을 제대로 먹지 못하면 영양 상태가 나빠지면서 영양 상태가 좋았을 때는 병을 일으키지 않던 세균이 감염성 질환을 유발했다(홍윤철 2014: 57).

구석기시대에는 이동 생활을 했으므로 전염병에는 쉽게 걸리지 않았다고 알려져 있다. 물론 그들도 여러 질병을 앓았다. 다만, 우리는 아직 그 병이 무엇인지는 고고학 자료가 부족하여 알지 못한다. 질병은 예나 지금이나 사람에게 가장 두려운 존재이다.

구석기시대 사람에게 생긴 병이 세균에 의한 것인지, 신의 벌을 받아서 생긴 것인지 그들은 알지 못하였다.

• 자연계에서 짝사랑은 곧 멸종

유기체가 자신의 유전자를 다음 세대로 전달할 기회를 최대한 늘리려면 가장 능력이 있는 배우자를 선택해야 한다(닉 배티 등 2015: 119).

종족보존에 있어 동물 종 대부분은 암컷이 배우자의 선택권을 가지고 있다. 그 이유는 수컷의 수백만 개의 정자와 달리 암컷은 소량의 난자만을 생산하고, 정자보다 난자의 가치가 더 크기 때문이다. 양육도 수컷보다 암컷이 책임지는 경우가 대부분이다. 동물들의 세상에서 암컷이 화려한 수컷을 고르는 이유를 좋은 유전자가 건강하다는 설, 건강한 유전자를 낳을 확률 때문이라는 설이 있다(닉 배티 등 2015: 119).

사람의 외모도 그리 다르지 않다. 키가 큰 사람이 키가 작은 사람보다 결혼할 확률이 높다. 잘생기고 건장한 남자가 여자의 선택을 받을 확률도 높다. 그렇지만 현대 사회에서는 외모만이 아니라 그 남자의 직업과 능력, 집안, 재산, 패션 등 다양한 요인이 결혼의 요소로 작용한다. 자연선택이 항상 진보하는 쪽으로 맞춰져 있지 않기에 여러 환경적 요인을 받고 거기에 적응해서 살아왔다.

> "인간의 삶의 의지는 성욕으로 나타나며, 이는 개체의 탄생을 통한 종의 유지에 이바지한다. 중략…. 성욕은 다른 무엇보다도 강렬한 것으로 인간의 시간적 유한성을 극복하고 새로운 개체의 생산을 통해 존재를 무한히 확장하려는 삶의 의지다."(구인회

2015: 176).

동물에게 성욕이란 종족보존과 직결된다. 성적 충동이 인간이 즐기는 강한 욕구라는 건 그만큼 종족보존에 유리하게끔 하기 위한 장치이다. 자꾸 성욕을 느끼고 관계를 맺으면서 여자는 임신확률이 높아진다. 남자는 만족감과 쾌감을 가져간다.

여성의 이른 초경은 생식 기간을 늘려주는 장점이 있는 대신, 임신 실패율이 높고, 생리통, 생리불순 등이 더 자주 일어나는 단점이 있다. 유방암에 더 잘 걸린다는 연구 결과도 있다(웬타 트레바타 2017). 임신 기간은 8개월 내외. 가임력이 왕성한 20대 초반에 한 번의 생리 주기당 약 25%의 임신확률. 한 번의 임신을 위해서는 약 100번의 성관계가 필요하다고 한다.

사람은 포유류에서 흔하지 않은 생리를 한다. 트레바타는 생리를 28일의 악순환이라고 말하였다. 인간은 발정기가 사라지고 배란을 은폐한다. 생리와 상관없이 성관계는 언제든지 이루어진다. 임신 가능성과 무관하게 아무 때나 성관계를 가진 여성은 배란 시에만 성관계를 가진 여성보다 번식 성공률이 더 높다고 알려져 있다(웬타 트레바타 2017: 112).

번식 중단은 폐경, 즉 배란 중단이다. 1년간 한 번도 생리가 일어나지 않으면 여기에 해당한다. 폐경은 모든 유인원에서 비슷하지만, 유독 인간만이 더 오래 살기 때문에 이런 현상이 발생한다는 주장이 있다(웬타 트레바타 2017: 288). 여자가 배우자를 선택할 때는 자기 아이에게 아버지의 좋은 유전자를 물려주고자 하는 본능이 작동한다. 전 세계에 인류가 살고 있다는 사실은 환경에 잘 적응하였고, 그런 환경에 생존할 수 있는 적합한 형질을 다음 세대로 전해주었기 때문이다. 인간의 적응능력은 주변 환경의 물건을 용도에 맞게 적용하는 점에서 탁월하였다. 수백만 년 동안 인간의 몸속에 있는 환경

적응능력은 기후변화에 대응할 수 있는 능력이기도 했다.

종은 동물이 짝짓기하여 생식능력을 가진 자손을 낳을 수 있는 무리를 말한다. 남녀를 불문하고 짝짓기를 하지 않고 짝사랑만 한다면 자신의 종족(DNA)은 지구상에서 사라질 것이다.

종족 번식은 자손에게 유전정보를 운반하는 분자인 DNA를 전하는 일이다. 세포는 끊임없이 에너지를 공급받아야 하고, 생물은 그 에너지를 호흡 과정으로 적절히 제어한다.

• 죽은 이를 생각하고, 붉은색으로 칠하다

마이크 파커 피어슨(Mike Parker Pearson)은 『죽음의 고고학』에서 '껴묻거리는 죽은 사람이 소유하였던 물품을 포함할 수 있고, 아니면 애도자들이 죽은 사람에게 바친 선물일 수도 있다. 껴묻거리는 죽은 사람이 내세에서 필요로 하는 것을 갖출 목적으로나 죽은 사람이 되돌아와 산 사람에게 출몰하는 것을 막을 목적으로 넣을 수 있다. 껴묻거리는 한 사람의 치적이나 인물됨을 기리기 위한 목적에서 선정할 수도 있다. 가장 흔한 껴묻거리는 옷과 그에 연관된 갖춤, 용기, 음식 및 음료 잔존물들이다.'라고 말하였다.

남아프리카 공화국 호모 날레디는 2013년 버거 교수팀이 남아공 요하네스버그 인근의 유적인 이 동굴 깊숙한 곳에서 출토된 15명 정도의 뼈와 치아 유골을 이용해서 지은 이름이다. 동굴 안에서 호모 날레디의 흔적이 있는 또 다른 공간이 발견되었다. 인류 역사상 가장 오래된 장례 의식의 단서가 확인되었고, 이는 무덤으로 추정할 수 있는 단서로 보았다. 스트링어 박사는 약 30만 년 전에 이 지역에 호모 사피엔스와 호모 날레디를 포함해 적어도 세 종류의 인류가 살았을 것으로 추정한다고 말했다.

우리가 지금 치르고 있는 장례식은 언제부터 시작되었을까. 장례식은 죽은 사람을 위해 슬퍼하는 의미가 체계화된 의례이다. 중기구석기시대의 네안데르탈인도 죽은 사람을 위해 슬퍼하였고, 시신을 매장한 증거가 있다. 24,000년 전, 러시아 숭기르(Sunghir)유적에서는 죽은 아이들을 붉은 오커로 덮었다.

우리나라의 신석기시대와 청동기시대에는 붉은색으로 칠해진 주칠토기나 붉은간토기가 출토되고 있다.[16] 국립김해박물관 연구진은 신석기시대 붉은 토기에 옻을 접착제로 이용해 칠했음을 밝혀내었다. 가야시대 말이산고분군의 무덤 내부에도 붉은색으로 칠한 흔적이 발견되었다. 특히 붉은간토기는 청동기시대 고인돌의 무덤인 석관묘에서 많이 출토되고 있기도 하다.

붉은색은 구석기시대부터 이루어진 매장의례처럼 죽음과 관련된 맥락에서 사용되었을 가능성이 있다. 죽은 사람을 위해 붉은색으로 사람을 칠하거나 주변을 장식하는 행위는 사람의 핏빛에서 의미를 찾아볼 수 있다. 살았을 때 선홍색이던 핏빛은 죽으면 검붉게 변한다. 죽은 사람이 붉은빛의 기운을 받아 다른 세계에서 잘 살기를 바라는 마음으로 붉은색을 선택했을 가능성이 있다.

• 식인(食人), 사람을 먹다

현재는 사람을 죽여서도 사람고기를 먹어서도 안 된다. 하지만, 선사시대는 물론, 현재 살아남은 원주민 중에도 식인풍습을 가진 민족이 있었다.

런던 자연사박물관 크리스 스트링어 교수의 연구진은 1987년 체더 협곡에서 발견된 뼈를 이용해 생활풍습을 연구하였다. 그들은 강제로 목이 베인 흔적, 몸에 있는 살을 마치 회를 뜨듯 얇게 잘라낸 흔적, 그리고 두개골을 마치 컵처럼 이용한 흔적 등을 찾아냈다. 지그재그 모양의 흔적은 부족 간의 경쟁 뒤에 사람고기[人肉]을 먹기 위해 다듬는 과정에서 생긴 것으로 판단하였다. 방사성탄소 측정법으로 연대를 측정한 결과, 1만 4,700년 전에 살았던 사람들이었다.

16 우리나라의 선사시대 토기는 모두 붉은 계열이다. 그 이유는 토기를 구울 때 산화염 소성, 즉 밀폐된 가마에서 구운 것이 아니라 야외에서 산소와 접촉시켜 구웠기 때문이다. 여기 말하는 붉은 색 토기는 토기 표면에 안료를 칠했거나 황토 등으로 표면을 칠한 뒤에 갈아 만든 토기들을 지칭한다.

선사시대 인류가 목을 베어 죽인 뒤 살을 발라낸 것이었다. 옛 영국인이 사람고기를 먹고 골수를 빼내 먹었음은 밝혀졌고, 두개골은 물 마시는 도구로 이용하였을 것으로 추측하였다.

선사시대 사람들은 생존을 위해서 사람고기는 먹으면 안 된다는 관념이 부족했을까. 사람고기를 먹는 습관은 죽은 사람을 그리워하고 슬퍼하는 관념이 생기기 시작한 후기구석기시대부터는 줄어들었을 것이다. 사람을 생각하는 마음이야말로 가장 강력한 의례 행위의 동인이기 때문이다.

매장의례가 본격적으로 시작된 후기구석기시대 사람들은 죽음이 무엇이냐고 고민했다. 사람이 죽은 뒤에는 어떻게 되는지 의문을 품었다는 의미이기도 하다. 우리는 죽은 이의 영원한 안녕과 명복을 위해 장례를 치른다. 죽은 사람이 돌아오지 않는다는 사실을 인지하게 된 것도 중기와 후기구석기시대 사람들이다.

통계학에서 '도박사의 오류(Gambler's Fallacy)'라는 말이 있다. 예를 들어, 도박사가 홀수와 짝수에 거는 게임을 할 때 홀수가 많이 나왔다면 다음번에는 짝수가 나올 확률이 높아진다는 오류를 범하게 된다. 룰렛 테이블이나 게임 기계는 변하지 않는 확률로 나올 뿐인데도 사람은 착각한다. 누군가 죽었다면 도박사가 오류를 범하는 것처럼 세상에 다시 돌아오고, 우리 곁에 다시 나타날 것이라는 믿음을 가졌을지도 모른다. 적어도 다른 세상에서라도 더 좋은 삶, 굶지 않고 살아가길 바랐음은 분명하다. 그렇게 시대마다 죽음을 받아들이는 방법과 인식은 달랐다.

선사시대부터 사람들은 내세가 있을 것이라는 생각을 하여 왔고, 누군가는 지금도 내세가 있다고 믿고 있다. 우리나라 고대 무덤에서 가장 많이 출토되는 것이 바로 그릇과 같은 생활 용기이다. 삼국시대에는 죽은 사람을 위해 음식을 차려 제사를 지냈다. 정작 이러한 장례 행위는 산 사람을 위한 것일 수 있다. 그렇게라도 하면 죽은 사람에 대한 산 사람으로서 미안함과 슬픔을 잊기 위함일 수 있다. 아울러 자신도 죽었을 때 이러한 대접을 받고자 하는 마음도 있었으리라.

인지심리학에서는 사람이 어떤 정보를 선택적으로 받아들이고 해석하는 행위의 인식 틀을 스키마(schema)라고 부른다. 사람들은 살아오면서 축적된 경험으로 세상을 이해하고 보려 한다. 스키마는 특정 문화와 사회화 과정에서 공유된 환경 안에서 형성된다. 사람들과 공감대를 형성할 수 있지만, 스키마는 결코 고정불변한 것이 아니라 학습과 경험으로 지속해서 수정되는 메커니즘이다(하지현 2010: 144). 장 피아제는 동화와 조절을 환경적응 과정으로 이해하였다. 개인이 장례를 포함한 집단 내 문화를 받아들이기 위해서는 그 집단의 문화에 깊숙이 스며들어야만 한다. 여러 이유가 있겠지만, 식인행위는 내가 죽은 뒤 누군가 나의 육신을 먹을 수 있다는 끔찍한 생각이 머릿속에 자리잡히면서 자연스럽게 사라졌을 것 같다.

• **사람, 누군가에게 잊히면 죽는 것?**

우리는 남성과 여성이 사고방식에 차이가 있다는 것을 익히 알고 있다. 남성과 여성은 인식론적으로 사고의 차이가 있다. 시쳇말로 "남자는 자기 얘기, 여자는 남 얘기"를 좋아한다고 한다. 이러한 사고방식은 현대 사회에만 적용되는 건 아니다.

오랜 집단생활을 하였던 인류는 함께 사는 사람의 눈치를 보며 공생하였다. 특히 마음에 드는 이성을 향한 마음은 언제나 풀 수 없는 미로같이 느껴졌다. 우리는 남의 마음을 읽으려 하고, 그 생각을 상대방의 생각이라 의심하면서도 확신한다. 우리는 끊임없이 다른 사람을 의식한다. 소위 눈치를 본다. 눈치를 보지 않고 세상을 살아가는 사람이 과연 얼마나 될까. 사람의 눈만 그려놓아도 눈치를 보고 행동한다는 연구 결과가 있다. 딱히 누가 뭐라 하는 것도 아닌데 사람의 눈과 시선에서 벗어나 살지 못한다. 이는 우리에게 다른 사람의 마음을 확정할 수 있는 능력이 없기 때문이다. 수백만 년 동안 진화하면서 사람은 진화하였지만, 오직 타인의 마음은 꿰뚫어 볼 수 없다.

위와 같은 관계의 언어들은 집단 속에서 정착되었다. 그러나 정작 우리가 상대의 마음을 알면 과연 좋은 일만 생길까. 내가 사랑하는 사람이 다른 사람을 좋아한다면 그 마음을 읽은 사람은 마음이 어떨까. 인터넷을 검색하면 상대의 마음이 무엇인지, 그 말을 왜 했겠느냐는 질문이 꽤 많다. 심지어 카톡의 의미를 분석해주는 앱도 운영되고 있다. 그만큼 상대의 마음을 잘 모르겠다는 사람이 많다는 뜻이다. 모르면 당사자에게 묻는 것이 정답이지만, 상대의 마음을 읽어낼수록 관계는 더 악화할 가능성도 상존한다.

내 마음도 알 수 없는 존재에게 상대의 마음을 읽어내는 능력은 정말로 필요할까. 아마 무의미하리라. 신이 우리에게 그런 능력을 주지 않은 건 타인의 마음으로부터 나를 지키기 위한 수단일 수 있다. 사람은 아프면 아프다고 말할 수 있으나 표현은 쉽지 않다. 그 대상도 마땅치 않다. 마음은 무쇠가 아니며 내 마음에 따뜻한 관심을 주어야 한다.

사람은 자신 이외의 생각을 알 수 있는 능력이 없을뿐더러 자신의 마음도 모르는 게 사람이다. 하물며 이성의 복잡다단한 심정을 간파하기란 어쩌면 하늘의 별을 따는 일일지도 모른다.

알파고가 지능을 쌓기 위해서는 많은 데이터입력과 반복 계산이 필수적으로 선행되어야만 한다. 사람은 오래전 조상들이 다양한 경험을 쌓고 그 지식을 DNA로 물려주었다. 문자가 있든 없든 상관없이 사람의 내재적인 행동방식을 전달하는 방법으로 생물학적인 유전자를 선택한 것이다. 우리는 잘 지각하지는 못하지만, 우리가 축적하는 다양한 사회적응의 기재들은 다시 후대에 전해줄 생물학적 데이터로서 준비된 셈이다.

만화 『원피스』에는 사람이 사람들에게서 잊혔을 때 죽는다는 글귀가 나온다. 생물학적 죽음과는 거리가 먼 얘기이지만, 어쩌면 심리적인 죽음을 맞이한다는 뜻이리라. 그리고 심리적 상실감은 몸을 움직여 심할 경우 자살로 이어지기도 한다. 마음은 눈에 보이지 않지만, 사람을 조절하고 명령하는 컴퓨터의 CPU와 같음은 분명하다.

소통하는 사람

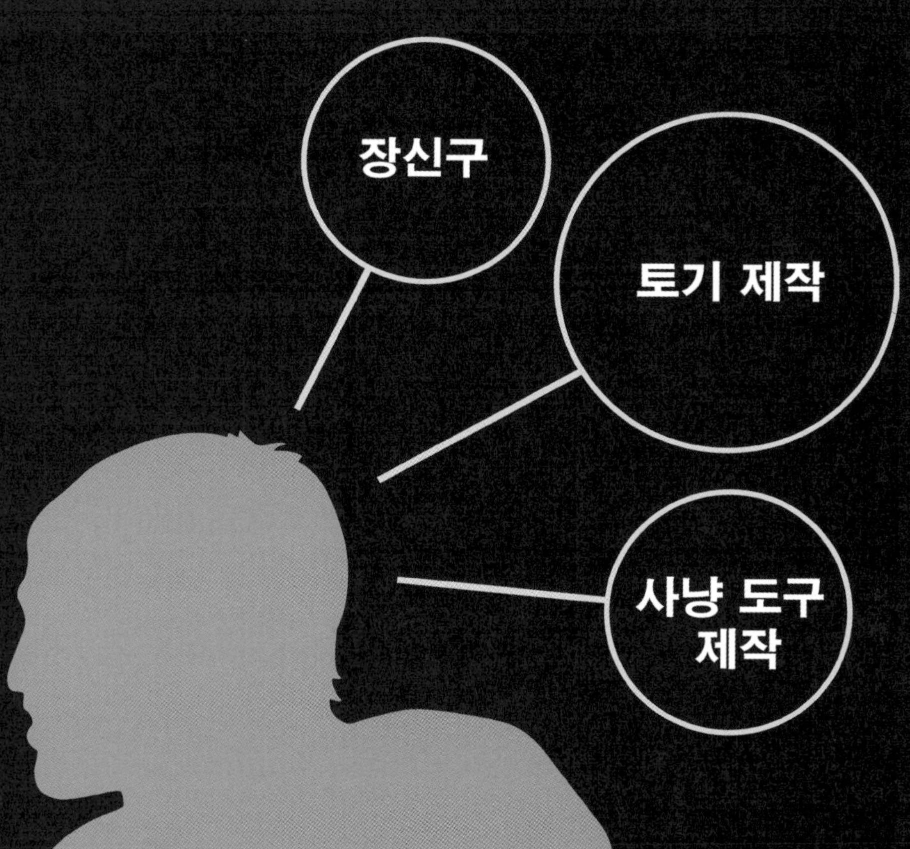

현재 과학자들은 언어가 언제 시작되었는지를 정확히 알지 못한다. 대략 400,000~350,000년 전에는 수준 낮은 말이라도 사용했을 것으로 추정할 뿐이다. 말은 사람과 사람을 엮어주는 제일 중요한 수단이자, 마음을 전달하는 핵심적인 기능을 한다. 국어사전은 물론, 많은 외국어 사전이 두꺼운 이유는 그만큼 사람의 감정과 이를 표현하는 방법이 복잡다단하기 때문이다. 명사라 불리는 각종 이름이 많은 것도 누군가와 소통을 명확히 하기 위해 내려진 규칙이다. 사람 사이에 소통하면서 문명이 발전한 건 명확하지만, 그만큼 말로 사람을 상처 주거나 그로 인한 내면의 상처도 깊어지는 아이러니한 세상을 우리는 살아가고 있다.

그들은 얼마나 대단했는가?

고고학은 역사의 뿌리를 찾고 인류의 초석을 밝혀내는 학문이다.

인류는 미래를 내다보려 노력했으나 그것은 정답을 찾을 수 있는 일은 아니었다. 지나간 일을 성찰하고, 앞날을 예측하는 것은 인류의 본능이자 생존 의지이다. 기초과학이 과학의 뿌리이듯 역사의 뿌리는 고고학이다. 식물 뿌리는 깊이 숨겨진 생명의 산실이지만, 우리는 눈으로 볼 수 없다.

그러나 살아 숨 쉰다. 뿌리가 없으면 죽는다.

고고학은 역사를 되살리는 뿌리이다. 우리는 선조가 심어놓았던 뿌리, 그 속에서 성장했던 줄기를 찾기 위해 노력 중이다. 뿌리가 나의 기원이고 생명줄이기 때문이다.

침팬지가 도구를 사용한다고 해서 그들이 도구 문화를 가졌다고 얘기할 수 없다. 즉, 자연에 대해 고민하여 새로운 문화를 만들었다고 보기 어렵다. 도구 문화는 교육이 뒤따라야만 한다. 문화는 유기체이다. 지속적인 발전을 위해서는 인류 개개인에 축적된 지식이 후대에 전달되어야만 한다.

인류가 출현하고 처음부터 도구를 사용했던 것은 아니다. 300~260만 년 전부터 인류는 도구를 만들어 쓰기 시작했다. 인류 기술은 돌에서 출발했다.

도구의 주된 재료로 돌이 있었다.

이렇게 돌로 만든 도구는 구석기시대부터 청동기시대까지 생계를 이어가는 데 있어 중요한 물품이었다. 도구로 사용된 돌은 떼서 만드는 것과 갈아서 만든 것이 있었다.

즉, 뗀석기와 간석기이다.

'돌이 깨지면 날카로운 날을 지닌다, 돌을 갈면 날카로운 날을 만들 수 있다, 뾰족하게 만들면 사냥하기에 적합한 도구가 만들어진다.'와 같은 여러 원리를 깨치면서 돌 도구를 발전시켜 나갔다.

농사를 짓기 시작하는 1만 년 전 이전에 인류는 모두 수렵 채집민이었다. 이들은 농사를 지을 수 있는 기술과 재배에 적합한 작물을 알지 못하였다.

재레드 다이아몬드는 "'문명'과 같은 낱말이나 '문명의 발흥' 따위의 구절들은 은연 중에 문명이란 좋은 것이고, 수렵 채집민의 부족 사회는 비참하고, 결국 지난 13,000년의 역사는 인류의 더 큰 행복을 향한 진보 과정이었다는 식의 그릇된 인상을 주는 것이 아닐까?"라고 역설했다(재레드 다이아몬드 2009: 23).

인류 역사에서 도구는 '귀찮음'을 극복하고 '절박함'을 발현시킨 성공적인 결과물이었다. 사람은 귀찮은 것을 싫어한다.[17]

여기서는 선사시대의 돌이 어떻게 사용되었는지를 살펴보고자 한다. 특히 수렵 채집민이 만들어 사용한 석기에 관해 얘기하고 싶다.

• 인류, 도구를 처음 만들다

아프리카는 인류의 기원지이다. 어느 지역보다 먼저 인류가 출현하였다. 그런데도 아프리카는 여전히 우리와는 전혀 다른 세상처럼 낯설고 먼 곳이다. 그 과정에서 최초의 다양한 것들을 역사에 길이 남겼다. 구석기시대에 아프리카에서는 다른 지역보다 일찍 돌도구, 목걸이를 비롯한 장식구와 채색 도구를 사용하였다.

현생인류는 20만 년 전 이후부터 이동하기 시작하였고, 5만 년 전부터 본격적으로 유라시아대륙으로 진출하였다. 그 과정에서 현생인류는 각 지역의 환경과 특성에 맞는 도구를 개발하였다. 자연에서 도구 재료를 찾을 수밖에 없는 인류에게서는 당연한 결과이다. 그 과정에서 우리 인류는 아프리카와는 다른 생활용품이나 예술품을 만들어 생활하기 시작하였다. 후기구석기시대부터 이러한 문화적 차이는 속도 차이가 나기 시작하였다. 아프리카에서는 겪지 않았던 추위라는 환경적 요인을 극복하는 과정에서 나타난 산물도 포함되어 있다.

하버드대학교 경영대학원의 클레이턴 크리스턴슨(Clayton Christensen) 교수는 '혁신 기업의 딜레마'란 이론에서 혁신에 3가지 유형이 있다고 하였다. 파괴적 혁신, 지속적 혁신, 효율화를 위한 혁신이다(사토 지에 2019). 물론 이 이론은 기업이나 제품을 대상으로 하였다. 그 이론을 선사시대에 그대로 대비할 수는 없겠지만, 도구에 한 번 대입해 보고자 한다.

구석기시대의 파괴적 혁신은 무엇일까. 돌은 누구나 접할 수 있는 천연 재료이다. 전 세계에서 사막을 제외하면 돌은 항상 어디라도 존재한다. 인류는 돌을 도구로 승화시켰다는 점이다. 토기는 흙을 구워 만들었다. 흙과 불을 결합해 세상에 없던 그릇을 창안하였

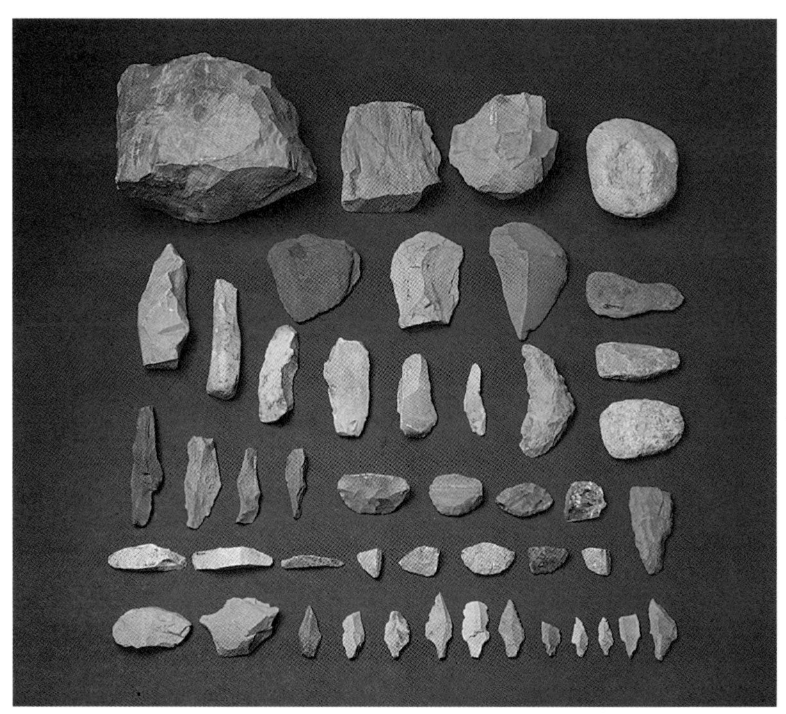

다. 청동과 철은 특유의 성분이 포함된 돌을 불태워서 만들어 낸 물질이다. 금속기의 출발은 석기를 대체하고 기능과 내구성이 있는 도구를 만드는 지속적 혁신이었다. 지구상에 존재하는 동물 중 사람 이외에는 하지 못한 일들이다.

260만~180만 년 전부터 본격적으로 사용한 석기는 4만 년 전, 후기구석기시대에 퀀텀 점프를 하였다. 석기는 가벼워졌으나 날카로웠고, 기능은 정교해졌다(그림 31). 이러한 석기는 청동기와 철기로 도구를 대체하기 전까지 지속적인 혁신을 거듭하였다. 우리가 부엌에서 쓰는 칼을 생각해보자. 이것은 주먹도끼와 격지, 돌칼, 돌날과 좀돌날, 간돌검, 청동칼, 쇠칼, 스테인리스제 칼로 이어진 재질의 지속적 혁신의 산물이라 할 수 있다.

인류의 도구 발달사에서 파괴적 혁신은 180만 년 전 돌로 도구를 만든 혁신, 1만 4천 년 전 흙으로 토기를 만든 혁신, 5천 년 전 돌로부터 재료를 추출해 금속기를 만든 혁신이 있다. 우리나라에서는 그보다도 훨씬 늦게 파괴적 혁신을 진행하였다.

- **최초의 곡식**

자연에서 성장하는 식물은 대부분 먹을 수 없다. 무엇이 먹을 수 있는 것인지를 알 수 없다는 말이 더 정확한 것 같다. 사람이 아무 식물이나 먹지 못하는 이유는 독을 가지고 있어 죽거나 병에 걸릴 수 있고, 영양 측면에서 별로 가치가 없거나, 나무껍질처럼 씹어 삼키기 어렵기 때문이다.

캐나다 캘거리 대학 연구진은 아프리카 모잠비크의 깊은 동굴 속에서 100,000년 전의 현생인류의 조상들이 야생 수수를 주식(主食)으로 먹었음을 알려주는 수십 개의 돌 도구를 발견하였다. 야생 수수는 오늘날 사하라 이남 아프리카인들이 가루를 내거나 빵, 죽, 술 등에 가장 많이 사용하는 곡식으로 알려져 있다. 수천 개의 전분 곡물 알갱이들은 지금까지 전 세계에서 발견된 농작물화 이전 곡물 가운데 최초의 것이었다. 연구진은 현생인류의 최초의 진화지인 아프리카의 사바나와 삼림지에서 전분 사용은 식생활의 질을 향상하는 결정적인 계기가 되었다고 말했다. 이번 발견은 식생활 변화를 보여주는 최초의 사례라고 평가하였다(연합뉴스 2009).

20만 종의 야생 식물 중에서 인간이 먹을 수 있는 것은 수천 종뿐이다. 그 중 작물화되어 인간이 재배할 수 있는 것은 수백 종에 불과하다. 지금 재배되고 있는 농작물의 총생산량은 12종(밀, 옥수수, 벼, 보리, 수수, 메주콩, 감자, 마니오크(카사바), 고구마, 사탕수수와 사탕무, 바나나)이 80%를 차지한다. 이러한 작물들은 모두 수천 년 전에 재배되었고, 새롭게 재배된 작물은 없다(재레드 다이아몬드 2016: 199). 사람들은 가장 가치 있는 작물을 수천 년 동안에 걸쳐 검증한 것이다. 우리나라 신석시시대의 곡물 자료를 보면, 도토리와 조, 기장이 가장 대표적인 곡식이었다. 우리는 그런 선조 덕분에 잘 먹으며 지내고 있다.

구석기시대의 수렵 채집민은 농산물을 생산하고, 그 남은 것들을 재분배할 여력은 거의 없었다. 이러한 잉여 생산물이 있었다면 그들의 집단이 커지는 만큼 식량을 공급할 수 있게 되어 더 일찍 큰 사회를 조직화시킬 수 있었을 것이다. 구석기시대에는 신석기시대의 토기처럼 저장을 목적으로 한 용기가 출토된 적이 없다. 물론 가죽이나 직물, 나뭇잎, 나무 등을 이용해 저장 용기는 만들 수 있었다. 하지만, 흙으로 자기가 원하는 물건을 만든다는 개념은 전혀 차원이 다른 문제이다.

식량 생산은 불과 10,000년 전에 시작된 일이다. 재배할 식물의 종류를 찾아내 심고, 야생동물 중 일부를 선택해 가축화시키는 작업은 인류가 식량을 자연에 맡기지 않고 사람의 힘으로 문제를 해내겠다는 것으로 어쩌면 자연의 섭리를 거스르는 행위였다. 인류가 자급자족을 할 수 있다는 의미는 인류에게 '시간 관리의 혁명'과 같은 일이었다. 먹을거리를 찾아 헤매는 시간을 줄이는 대신, 그 남은 만큼의 시간을 다른 생산활동에 쓸 수 있기 때문이다. 사람이 창조적인 활동을 할 시간적인 여유를 농업혁명에 따른 식량 생산이 가져다준 것이다.

결국, 남은 식량을 저장하거나 다른 사람의 식량을 구할 수 있게 되었다는 사실은 '잉여시간을 샀다'라고 보아야 한다. 그 남은 시간 동안 우리의 문화와 기술은 발전하게 되었다. 특히 인류가 식량 생산을 하기 위해서는 정착 생활을 하여야만 했다. 곡식 성장에는 꽤 긴 시간이 필요하고, 돌봐주어야지만 제대로 수확을 할 수 있기 때문이다. 부수적으로 여러 사람이 정착 생활을 하면 수렵 채집민보다 신생아 출산율이 높아지게 된다. 수렵 채집민은 4년 터울의 아이를 유지하지만, 농경민족은 약 2년 정도면 다시 출산할 수 있다.

- **최초의 물고기잡이**

사람은 육지에서 걸을 수 있고 물속에서도 일정 시간 살 수 있는 능력이 있다. 수영을 할 수 있는 능력은 수산자원을 더 많이 이용할 수 있게 해 주었고, 바다에 빠졌을 때나 강이나 바다를 건널 때 생존을 위해서도 중요했다. 우리나라의 신석기시대 인골 중에는 잠수를 많이 했을 때 생기는 외이도(바깥귀길)병에 걸린 사례도 있다.

우리의 먹거리는 육지에서 나는 것과 바다에서 나는 것으로 나눌 수 있다. 필자의 부모님 고향은 통영의 자그마한 어촌이다. 국민학교라 불리던 시절, 필자는 방학만 되면 혼자서 할머니 댁에 가서 놀았다. 여름에는 바다에서 수영을 배우고, 온종일 바닷속에서 살았다. 그 덕택에 귀에 물이 들어가 통증을 이기지 못하기도 하고, 살갗은 새까맣게 타들어 가, 너무 아파 잠을 못 이룰 정도였다. 새벽 일찍 친척 어르신의 배를 타고 멸치잡이, 통발을 보러 가는 것이 너무 재미있었다. 전날 쳐놓았던 그물에 반짝거리면서 은빛을 자랑하는 물고기가 가득 들어있으면 그리 기분이 좋았다. 멸치 어장에는 멸치 대신 정어리가 가득 들어있기도 하였다. 그렇게 잡은 고기를 통영의 어시장까지 팔러 가기도 하였다. 바다는 원하면 언제나 사람들에게 먹을 것을 내주는 삶의 희망을 주는 보배 같은 존재였다. 그렇다면 사람들은 언제부터 강과 바다에서 물고기와 어패류 등을 잡아서 먹었을까.

세계적으로 약 7만 년 전에 중앙아프리카 사람들이 처음으로 물고기를 잡았던 것으로 추정된다. 구석기시대 카탄다유적에서는 뼈 작살이 발견되었다. 고기잡이에 적합한 미늘이 달린 작살이다. 아마도 메기류를 잡았던 것으로 보고 있다. 이러한 작살을 들고, 배를 타고 멀리 나아가서 고기를 잡았다. 그러나 낚시도구와 그물은 이보다 더 늦게 등장하였다. 물고기를 잡아먹고 살아가기 시작한 것은 구석기시대이다. 인류와 달리 영장류는 물고기를 먹지 않는다.

특이하다. 왜 사람만 물고기를 잡아먹었을까. 초기 인류도 물고기는 먹지 않았다.

42,000년 전, 현생인류가 참치와 상어잡이를 했음이 아프리카 제리말라이(Jerimalai)유적에서 발견된 뼈로 확인된다(그림 32). 참치가 먼바다의 표층에 살고 있으므로 최초의 원양 어업 증거이기도 하다. 이 유적에서 출토된 4만 년 전의 상어 척추뼈는 현재까지 세계에서 가장 오래된 상어잡이 자료이다(O'Connor Sue *et al*. 2011).

아울러 어로는 배를 만드는 기술과도 밀접한 관련이 있다. 즉, 구석기시대에는 통나무배나 뗏목이었겠지만, 어느 쪽이든 이미 만들어 타고 다녔음은 분명하다. 그런데 아직 우리나라에서는 정선 매둔 동굴에서 그물추가 발견되었다고 보고되기는 했으나 명백한 구석기시대의 어로구가 발견된 적은 없어 아쉽다. 그러나 어로와 관련된 증거가 출토되지 않는다고 해서 구석기시대에 어로행위를 안 한 것은 아니다. 동북아시아의 어로 관련 증거로 볼 때 우리나라의 구석기인들도 물고기잡이를 하였다고 보는 것이 옳다.

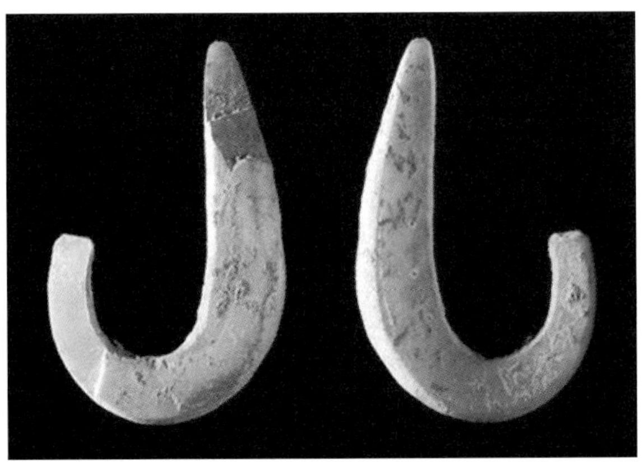

그림 32　아프리카 동티모르 제리말라이유적출토 낚싯바늘(후기구석기시대, O'Connor Sue *et al*. 2011)

구석기시대의 사람들을 비롯하여 선사시대 사람들은 강이나 하천 주변에 많이 살았다. 사람은 물 없이는 살 수 없기 때문이다. 그들이 이동 생활을 하면서 임시 거처를 잡는 가장 중요한 기준이 물의 확보가 가능한 곳이었다. 가족과 함께 움직였다면 물은 더욱 필요하였다. 다행히도 우리나라에 식수로 쓰기 힘든 석회암지대는 한정되어 있다. 그런 이유로 산이나 하천의 깨끗한 물은 특별한 여과 없이도 마실 수 있다. 산에서 쉽게 마실 수 있는 약수도 마찬가지이다. 하지만 우리가 외국을 나가보면 상황은 다르다.

필자는 스위스에 여행을 간 적이 있다. 경치가 아름답기 그지없는 곳이다. 아름다운 절경과 맑은 공기는 세계 각처에서 스위스를 찾는 이유이다. 하지만, 스위스 융프라우로 가는 길옆의 하천은 맑은 물이 아니었다. 눈이 녹고, 석회암성분이 가득 들어있어 그야말로 흙탕물이었다. 어딘가는 깨끗한 물을 얻을 수 있겠지만, 우리나라처럼 맑고 깨끗한 물이 흐르지 않았다. 세계의 많은 나라에서 오염이나 불순물 등의 이유로 하천의 물을 사람들이 그대로 마실 수는 없다. 우리나라는 자연 그대로의 물을 마실 수 있는 좋은 환경을 지녔다.

그런데 현재 아프리카에 사는 사람들의 상당수가 깨끗한 물을 구할 수 없어 고통받고 있다. 그들에게는 더러운 물을 걸러낼 정수기를 살 형편도, 운용은 꿈도 꾸기 어려운 실정이다. TV 다큐멘터리에서 마을 한가운데로 흐르는 지저분한 하수도 물을 아이들이 떠와서 마시는 장면을 보았다. 충격 그 자체였다. 깨끗한 물은 10km 떨어진 곳에 있고, 심지어 돈을 주고 사 와야 하는 실정이었다. 그들에게 있어 삶의 질이 아주 나빠진 이유로는 안정적으로 깨끗한 물을 확보할 수 없었기 때문이다.

이런 아프리카 사람들이 안전한 물을 확보하기 위하여, 2005년 휴대용 정화 장치 '라이프 스트로(life straw, 생명 빨대)'가 발명되었다. 이것은 물이 오염되어 있는 개발도상국과 제3국, 여기를 여행하는 사람과 구호 요원, 선교사 등이 안전하게 물을 마실 수 있도록 하기 위한 장치이다. 라이프 스트로는 스위스 베스트가드 프랑센에서 만들었다. 아프리카를 비롯한 사람들의 생명을 살리기 위한 것으로 이것을 사용하면 오염된 물을 안심하고 마실 수 있다.

라이프 스트로는 길이 25cm, 지름 5cm이다. 전기적 장치도 없이 미생물과 기생충, 박테리아의 99.9%를 걸러 낸다(삼성경제연구소 2015: 106). 오염도가 혼탁한 물도 정수한다. 심지어 필터 교체도 필요하지 않다. 이 필터는 신장투석에 사용되는 중공사막 필터를 사용하였다. 혈액을 걸러주는 필터니 성능이 뛰어날 수밖에 없다. 개인용은 1년간 700ℓ의 물을 정수한다.

이런 이유로 타임지와 유럽에서 최고의 발명품으로 선정되기도 하였다. 더 놀라운 건 우리가 하나를 사면 아프리카에 라이프 스트로를 무상으로 전달된다는 점이다. 필자도 좋은 취지를 생각하여 이것을 구매했다. 사람이 살아가는 데 있어 가장 필요한 게 물이다. 그 물의 생존 가치를 가장 잘 반영한 제품이다.

그러나 대한민국에서 이것을 쓸 일은 거의 없었다. 물인심이 너무나도 좋은 나라이기 때문이다. 세계 어느 나라를 다녀도 한국처럼 물을 쉽게 주고 공짜로 마실 수 있는 곳은 거의 없다.

우리나라에서는 삼국시대부터 본격적으로 우물이 등장한다. 돌로 만든 다양한 형태의 우물이 발견되고 있다. 우물의 출현은 강과 하천에서 떨어져 있는 땅에서도 사람이 살아갈 수 있음을 의미한다. 특히 대량의 물을 운반할 수 있는 용기가 마땅치 않던 당시 우물은 무척 중요하였다. 1980년대만 하더라도 마을 곳곳에 우물은 있었다. 우물과 함께 마을은 발전하였다.

• 우리나라 박물관에는 왜 석기, 토기, 철기가 많은가

우리나라 고고학 발굴현장이나 박물관 전시실에서 흔히 듣는 얘기가 있다. '이런 쪼가리도 유물입니까?', '부서진 작은 조각인데, 유물이 맞긴 맞습니까?' 애당초 발굴현장에서는 원래 그대로의 모습보다 부서진 채로 출토되는 것이 당연함에도, 쪼가리는 그 가치를 제대로 인정받지 못한다. 실제, 이런 쪼가리들은 원래 형태를 추정할 수 없거나, 무엇에 쓰던 것인지조차 이해하기 어려운 것도 있다. 하지만 그 쪼가리 속에는 무시하지 못할 고고학적인 정보와 깊은 역사가 담겨있는 것도 사실이다.

먼저 구석기유적에서 발견되는 돌 부스러기는 구석기인들이 유적 내에서 석기를 만든 증거이다. 동물 유체 쪼가리는 그들이 무엇을 먹었고, 동물 종류는 당시 기후가 어떠했는지를 밝힐 수 있다. 신라와 고려시대의 기와 쪼가리는 초가집이 아닌 기와집을 지었음을 입증하는 자료가 된다. 금속 쪼가리는 그 성분을 분석하면 고대 금속공예품에 사용된 금속 종류 및 합금비율을 알 수 있다. 이렇듯 발굴현장에서 출토된 쪼가리는 역사의 한순간을 담고 있는 소중한 기록 덩어리와도 같다.

흙의 원료는 용암이다. 용암이 굳어서 바위가 되고 바위가 부서지면 자갈이 된다. 자갈은 모래가 되고 점점 작아져 흙 알갱이가 된다. 이런 과정을 풍화라고 한다. 흙 중에서 가장 양이 많고 핵심을 이루는 성분은 규소이다. 주먹만 한 자갈 하나가 풍화되면 흙 알갱이 사이사이에 공간이 생겨 두 주먹의 흙이 된다. 바위에서 흙 1mm가 만들어지는 데는 약 140년, 길게는 700년이 소요된다.

우리나라의 흙은 pH 5.2~5.4의 산성이다. 흙은 모체가 되는 바위가 무엇이냐에 따라 성격이 결정된다. 흙을 만들어 낸 바위인 화

강암, 화강편마암이 산성암이기 때문이다. 작물도 흙을 산성화로 만드는 요인이기도 하다. 특히 수소이온을 공급하는 빗물이 산성을 부추긴다. 빗물이 pH 5 정도이기 때문이다. 우리나라는 연간 강수량이 1,200mm를 넘기 때문에 흙 속의 칼슘과 마그네슘처럼 산성을 막아주는 성분을 사정없이 씻어내어 산성화를 더욱 빠르게 한다. 강우량이 $600ml$ 이하면 흙은 산성화되지 않는다. 오히려 pH 7보다 높아져 알카리성 흙이 된다. 작물은 pH가 6.5~7.0일 때 생육이 가장 좋다. 우리나라에는 황토가 많다. 화강암이 풍화되는 과정에서 비가 많이 내려 양분이 녹아 씻겨 내려간 뒤 잘 녹지 않는 철분만 많이 남으면 흙은 황토가 된다(이완주 2013).

문제는 이러한 산성이 땅속의 유물을 거의 사라지게 만든다는 사실이다. 유기물로 된 유물은 물론이거니와 금속유물도 예외는 없다. 그중 일부가 남아 고고학자의 손에 발굴되어 박물관에 전시나 보관된다.

• 이런 쪼가리도 유물입니까

신석기시대부터 만들어지는 토기의 형태와 질은 제작 당시의 특징을 잘 반영한다. 토기 쪼가리는 문양도 다채롭고, 굽는 방법에 대한 가마사용방식을 유추할 수 있다. 도자기는 전문가에 따르면 100점을 구워, 10점 정도만 건져도 성공이라고 한다. 토기를 구워 성공할 수 있는 확률은 아마도 20% 내외일 것이다. 그 외 80~90%는 모두가 실패품이다.

하지만, 고고학자나 미술사학자의 안목으로는 깨진 토기나 도자기가 700~1,000도가 넘는 불가마 속에 넣어져 제대로 구워지지 않았더라도 실패품으로만 보지는 않는다. 비록 도공은 마음에 들지 않아 버렸을지라도 토기와 도자기의 쪼가리는 당시에 유행했던 형태나 문양, 제작기법을 알 수 있는 중요한 자료가 되기 때문이다.

필자가 국립대구박물관에서 2017년에 개최했던 "마침내 찾은 유적, 고대 마을 시지" 특별전은 1992년부터 최근까지 발굴 조사된 성과를 전시하였다. 대구 시지유적은 약 21,500,000㎡에 이르는 넓은 지역이다. 발굴조사는 10개 기관이 참여했다. 현재도 발굴조사가 진행 중일 정도로 시지 일대에서는 구석기시대부터 조선시대까지 많은 사람이 살고 있었다.

2017년 기준으로 조사된 유적 수만 하더라도 55개 유적이나 된다. 삼국시대가 중심이 되는 분묘 2,913기, 주거지 등 생활 유구 1,137기, 토기 가마 등 생산 유구 47기, 제사 유구 44기 등 헤아리기 힘든 옛사람들의 흔적이 확인되었다. 여기서 출토된 국가귀속문화재가 무려 40,362점에 이른다. 특히 삼국시대 욱수동·옥산동 토기 가마는 우리나라에서 유례가 드문 토기생산 관련 자료이다.

시지 특별전시는 토기와 철기, 기와, 청동 숟가락, 청자와 백자 등 그중 10,000여 점을 간추려 전시형 수장고 형식으로 전시했다. 이런 전시품들은 비록 화려하지는 않지만, 서민들의 생활과 죽음을 이해할 수 있는 중요한 자료이다. 대구 시지유적이 경산 임당유적에 가려져 제대로 조명되지 않은 것도 이런 이유 때문이었다. 시지지역은 3,000여 기에 달하는 삼국시대의 무덤 숫자와 비교하면 칼, 화살촉, 갑옷 등과 같은 무기류의 수량이 아주 적다. 이는 마을 사람들이 비교적 평화롭게 살았고, 이들이 전쟁의 중심역할에서는 조금 벗어나 있었던 것으로 생각된다.

시지 생활유적들은 경북 경산 지역의 압독국 중심세력이 형성했던 임당유적의 화려함과 위세에 가려져 그동안 빛을 제대로 보지 못했다. 고고학 조사에서 주목받아 온 것은 왕과 귀족, 지배자들이 사용했던 물건들이다. 껴묻거리로 나온 금 공예품, 전쟁과 관련한 위세 등등한 무기류, 최상급 토기들이나 진귀한 교역품이 그러하다. 신라시대의 경주 황남대총, 천마총 등에서 발견되는 금관과 같은 화려한 꺼묻거리는 시지지역에서 찾아볼 수 없다. 일반 서민들은 이런 물건들을 사용하지 못했고, 일상적인 삶과는 거리가 있는 것들이었기 때문이다. 그렇지만 이 사람들은 압독국의 90%를 차지했던 민중들이었다.

유물들이 '흔하다', '깨졌다'라는 이유가 당시에 살았던 사람들의 삶을 무시 또는 소홀히 해도 된다는 뜻은 아닐 터이다. 10%의 성공은 90%의 실패가 있었기에 가능했다. '쪼가리'는 완성의 중요한 일부이며, 성공을 위한 필연의 산물이었다.

고고학자는 이렇게 깨진 쪼가리를 완성품으로 만들어내는 재주를 가진 사람들이다. 유물에 남아있는 유물 접합흔들은 고고학자의 열정과 땀 줄기의 흔적이다. 쪼가리는 쓰레기가 아니다. 우리가 주목하지 못했을 뿐이다. 역사는 어차피 삶의 편린이며, 사람이 남긴 여러 쪼가리가 모여 만들어진다. 그렇게 쪼가리는 역사의 한 부분이 된다(**톺아보기 13**).

다수를 차지했던 '보통 사람들의 유물'을 제대로 평가할 때, 비로소 우리 역사는 온전히 복원될 것이다.

삼국시대 대형 토기와 접합 흔적

> 2016~2017년에 필자는 국립대구박물관에서 근무하면서 "고대 마을, 시지"특별전을 개최했다. 그저 빛나지 않았던 보통 사람들이 주인공이었던 유적들이 전시 대상이었다. 대형토기들은 곡식 등의 식량과 물을 저장하던 용도였지만, 죽은이의 무덤 속에 함께 묻어주기도 했다. 이러한 토기들은 온전한 형태로 출토되는 경우가 드물기 때문에 발굴 이후에 고고학자가 모두 복원해야만 형체를 알 수 있다. 이때 토기에는 깨진 흔을 붙인 자국이 남게 된다. 이 자국들은 고고학자의 노력없이는 생길 수 없는 아름다운 흔적이다.

4 돌의 특징: 석기에 담긴 과학원리

• 돌 쪼개기

우리나라의 고인돌 중 한국의 고창, 화순, 강화의 고인돌유적이 2000년 12월 유네스코가 지정한 세계유산으로 등재되었다. 고인돌은 동북아시아에서 한국에 가장 많이 분포하고 있고 선사시대의 다양한 역사와 문화, 기술, 생활상을 알 수 있다. 화순지역에는 덮개돌 중 100t이 넘는 것이 수십 기나 된다.

고인돌은 청동기시대에 만들어졌고, 3,000~2,000년 전에 처음 등장하였다. 한강 이북에서 발견되고 고조선의 영토와도 연관이 있는 탁자식(그림 91), 한강 이남에서 발견되는 고인돌은 주로 낮은 굄돌 위에 뚜껑돌을 올리는 바둑판식 고인돌과 고임돌이 없고 뚜껑돌로 바로 무덤을 덮은 개석식 고인돌이 있다. 우리에게 친근한 고인돌은 두 개의 돌기둥 위에 큰 돌(상석)을 올려놓는 형태가 유명하다. 규모가 큰 고인돌을 만들려면 500명 이상의 사람이 필요하다는 주장도 있다. 바위에서 돌을 떼어내기 위해서는 바위틈이나 구멍을 내어 나무쐐기를 박고 물을 부으면 나무가 물로 인해 팽창하면서 돌이 쪼개졌다.

신라시대에 건립된 건축물 중 단연 으뜸은 불국사(그림 33)와 석굴암이다. 불국사에는 청운교와 백운교가 있으며, 대웅전으로 들어가기 위한 자하문과 연결된 돌계단이 화려함을 뽐내고 있다. 751년 만들어진 석굴암은 돌로 만든 본존불과 여러 불상을 새겨서 만들었다. 억지스러운 비교일 수 있으나 선사시대의 석기제작기술 즉, 떼기와 갈기가 없었다면 우리는 이러한 문화재를 지금 만나지 못했을 수도 있다. 신라의 뛰어난 치석(治石) 기술은 석기시대의 기술과 결코 무관하지 않다.

그림 33   불국사 청운교와 백운교

• 갈아서 최초로 무언가를 만들다

구석기시대는 인류가 출현해야만 시작하는 시기이다. 인류가 출현
하지 않았다면 구석기시대의 시작은 없다. 구석기를 제외한 고고학
이 다루는 분야의 시간을 모두 합쳐도 구석기시대의 시간과 비교하
면 아주 미미한 시간일 뿐이다. 인류사에서 다른 어떤 시대와도 비
견할 수 없는 긴 시간 동안이 구석기시대였다.

　　인류가 처음 출현한 것은 700~600만 년 전이다. 오늘날, 사람
의 평균수명은 80세 전후이다. 그렇게 보면 700만 년이라는 시간은
얼마만큼 긴 시간인지 가늠하기 힘들다. 구석기시대가 시작되는 260
만 년 전 역시 마찬가지이다. 너무나 오래전 일이다. 25,000년 전. 얼
마나 먼 시간인지 감을 잡을 수 없다.

　　빛의 속도는 초속 299,792km다. 1초에 30만 킬로미터를 간다.
이 속도로 25,000년을 가면 허큘리스 대성단인 구상성단[18] M13을
만날 수 있다고 한다. 그 얼마나 먼 시간인가. 구석기시대가 끝나고 1

18 　구상성단은 수만~수백 만개의
별이 공 모양으로 밀집한 별들의 집단
을 말한다.

229

만 년 전에 시작되는 신석기시대도 머나먼 시간인데 구석기시대는 말할 필요도 없다.

우리가 생각하는 대부분의 '최초의 것들'이 구석기시대부터 만들어지고 사용되었다. 하지만, 우리는 이 시대에 일어난 일을 잘 모르고, 알려고도 하지 않는다. 그저 국사 교과서에 두 페이지 남짓으로 다루어질 뿐이다.

구석기시대는 수렵 채집사회이면서 이동 생활을 하였다. 농사를 기반으로 한 식량 생산과 정착 생활, 가축 키우기, 토기 제작, 활의 사용은 신석기문화의 특징이다. 구석기시대에 처음 사용된 기술들은 무엇이 있을까. 사실 너무 많아서 말할 수 없을 정도이다. 여기서는 대표적인 것만 몇 가지 살펴보자.

먼저 교과서와 많은 책에서 신석기인들이 마제석기를 처음 사용하였다고 적혀있다. 하지만 그 내용은 틀렸다. 마제석기는 구석기시대에 최초로 등장했다.

돌에 돌을 갈면 도구를 만들 수 있다. 갈아서 돌을 만드는 기술은 신석기시대에 본격적으로 사용되었다고 알려져 있다(그림 34). 하지만 일본에서는 3만 년 전 구석기시대에 부분적으로 갈아서 만든

그림 34　신석기시대의 석기 모둠 (뗀석기와 간석기를 활용해서 생존 활동을 했음. 국립대구박물관 사진 제공)

230

도끼가 출토되고 있다. 우리나라에서도 후기구석기시대에 석기를 갈아서 만들었다. 월평·신북·수양개유적에서 날의 끝부분과 몸 부분에 부분적으로 갈린 석기가 출토되었다. 마제석기의 출현은 신석기시대가 아닌 후기구석기에 출현했다.

신석기시대에는 다양한 마제석기가 만들어졌고, 도구제작에서 마제석기의 비중이 높았던 시기였다. 특정 물질들을 서로 맞부딪쳐서 갈면 표면이 매끄러워지고 원하는 모양을 만들 수 있다는 개념은 후기구석기시대에는 널리 퍼져있었다. 구석기인들은 석기보다는 뼈 도구를 만들 때 가는 개념을 적용했다. 세계적으로 수많은 뼈 도구가 갈아서 만들어졌다. 또한, 목걸이, 악기, 조각상 등도 갈아서 만들었다. 구석기시대에 처음으로 '가는[磨硏] 기술'을 꽃을 피운 뒤 신석기시대에 비로소 다양한 기능을 가진 간석기라는 열매를 맺었다.

- **자르는 도구의 원리, 빗면**

선사시대 사람이 도구를 만들기 시작하면서 날의 기본적인 형태는 빗면이었다(그림 35). 고인돌을 만들 때 100t이 넘기도 하는 이렇게 무거운 돌을 옮겨오기 위해 바닥에 통나무로 레일을 만들어 그 위에

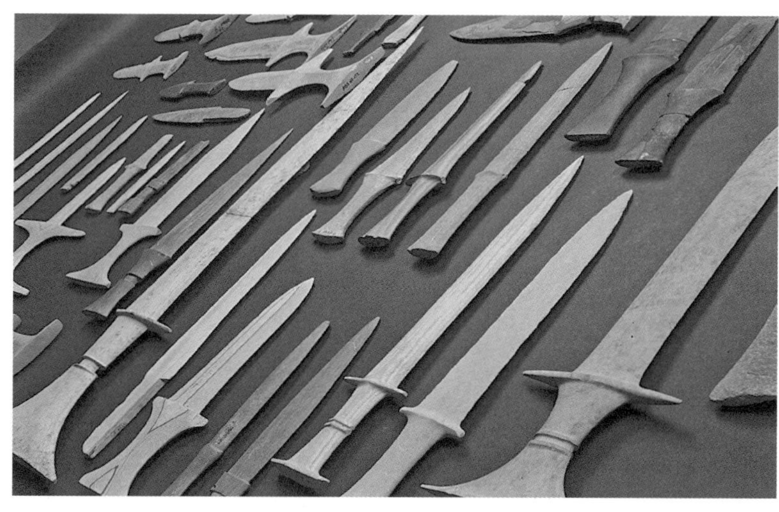

그림 35 간돌검의 날과 빗면. 국립대구박물관 사진 제공)

올려서 이동시켰다. 즉 큰 돌을 이동시킬 때 생기는 돌과 땅의 마찰력을 줄이기 위해 나무 등을 이용했다. 기둥 위에 돌을 올리기 위해서는 빗면[斜面]의 원리를 이용했다. 빗면은 수직면보다 길이는 두 배나 길지만, 힘은 반만 있으면 된다. 수천 년 전에 살았던 청동기시대 사람들은 굄돌 위로 덮개돌을 올리기 위해 돌기둥 주변으로 흙을 덮어 인공적인 빗면을 만들었다.

우리가 산에 올라가거나 가파른 길을 오를 때 길을 꼬불꼬불하게 만든 것도 길은 길어지지만, 힘은 훨씬 덜 들기 때문이다. 또한, 빗면의 꼭대기에 무거운 돌을 올려놓고 매머드처럼 큰 동물들이 지나가길 기다렸다가 돌을 밀어서 떨어뜨려 사냥을 했을 수 있다. 이때도 빗면이 아니면 작업이 힘들다. 이집트의 피라미드도 이런 식으로 제작했다.

이러한 선사시대에 만들어진 칼이나 도끼, 낫 등의 날도 빗면 모양으로 만들었다. 자르거나 물체를 찍을 때 빗면이 효과적임을 알고 있었다. 땅을 가는 쟁기도 날이 빗면이다.

• 회전력의 이용

물체가 중심축을 중심으로 도는 회전운동의 힘으로 특정 물체에 구멍을 뚫었고, 방추차를 돌려서 실을 뽑았다.

선사시대 사람들은 구멍을 뚫을 때 나사의 원리까지는 파악하지 못했다. 그렇지만 투공구의 회전력을 이용하거나 타격을 가해 구멍을 내었다. 토기를 만들 때 사용하는 물레는 회전력을 이용했다. 물레의 모양이 원반인 것은 관성이 세게 작용하기 때문이다. 청동기시대까지는 토기를 만들 때 물레를 사용하지 않았다. 토기는 테쌓기만으로는 둥근 형태나 멋진 모양을 만들기가 어려웠다.

- **돌의 특성**

돌, 접고 펼 수 없다

2019년 2월, 봄을 앞둔 시기에 삼성전자에서는 갤럭시 폴드를 발표하였다. 접으면 4.6인치, 펼치면 7.3인치가 된다. 특히 디스플레이를 안으로 접는 방식은 10년 가까이 노력하여 만들었다고 한다. 심지어 카이스트에서는 접이식 전기차인 '아마딜로T'를 만들었다. 우리는 물건을 접으면 크기를 작게 만들 수 있음을 안다. 합죽선[접이식 부채]과 병풍이야말로 접는 기능을 잘 살린 물건이다.

오래전부터 접고 편다는 인식이 있었음에도, 유물 중 접을 수 있는 것들은 많지 않다. 인류가 출현한 뒤 도구를 접을 수 있게 된 때는 역사시대에 접어들면서부터이다. 우리는 접은 것을 폈을 때 접지 않은 것만큼 기능이 뒤떨어지지 않아야 접는다.

돌로 만든 석기는 단단하고 잘 깨지지 않는다. 깨뜨리면 날카로운 날도 생긴다. 접기는 돌로 만든 물건들로는 할 수 없는 행위이다. 주먹도끼, 간돌검, 화살촉, 도끼 등이 그렇다. 구부리면 부러진다. 바로 '접기'와 '구부리기'는 돌 도구의 불가역성 성질이다. 우리는 일상생활에서 많은 물건은 접거나 구부릴 수 있는 탄력성을 가진 재질을 많이 쓰고 있다. 플라스틱, 금속 등이 있다. 형상기억이 가능한 재질로 만든 물건도 많다. 만약 어떤 재질을 구부릴 수 없다면 경첩을 사용하여 접히도록 할 수 있다. 역사시대 이전에 경첩이 달린 물건은 출토된 바가 없다.

선사시대에는 도구 중에서 접을 수 있는 재질로 만든 것이 희소했다. 특히 석기는 그러하다. 한번 만들면 다시 만들거나 부숴야 한다. 선사시대 사람들은 석기를 접었다, 폈다, 구부린다와 같은 개념을 상상조차 할 수 없었다. 자연에서 구할 수 있는 돌, 뿔, 뼈, 나무 등이 재료의 전부였기 때문이다. 뼈와 나무는 틀에 넣어 오랫동안 놓아두거나 불에 쬐면 구부릴 수 있다. 두께가 얇으면 휘게 할 수도 있다. 하지만 돌은 그렇지 않다.

도구를 접는 행위는 혁명과도 같이 어려운 일이었다. 접는 우산은 중국에서 처음 만들어졌다. 최초의 스위스 아미 나이프와 같은 형식의 칼은 약 300년 무렵 고대 로마시대 때 처음 만들어졌다. 돌은 본질적으로 접을 수 없다. 돌은 부드러움이 없어 탄성이 없다. 즉, 모양을 축소했다가 확대시킬 수는 없다. 그 대신 돌은 단단하면서 날카롭고, 차가우면서 무게가 있다. 접기는 형태변형을 전제로 한다. 현대 생활에 사용하고 있는 접기를 반영한 물건들은 선사시대 때는 감히 상상할 수 없었던 혁신적인 물품이다.

돌, 오랫동안 변하지 않는다

돌은 오랜 시간 동안 변하지 않는다. 변하지 않는 물건에 이름을 새기고, 글을 새기는 행위는 변하지 않을 것이라는 믿음을 준다. 우리나라 신석기시대 때 조성된 것으로 알려진 바위에 많은 사람과 동물 등을 새긴 반구대 암각화, 사우디아라비아 신석기시대 비석, 몽골의 암각화 등 모든 것이 돌에 새겨졌다. 지금은 죽은 사람을 위해 관을 나무로 주로 만든다. 하지만 구석기시대부터 어쩌면 지금까지도 무덤은 돌로 만든다고 할 수 있다.

최초의 시신을 매장했다고 알려진 네안데르탈인의 무덤도 돌로 만들었다. 우리나라 청동기시대 때 고인돌의 덮개돌이나 받침돌, 모두 돌이다. 심지어 그 아래에 묻은 돌널무덤도 돌이다. 삼국시대 때 만들어진 돌널무덤, 돌덧널무덤, 돌무지무덤, 돌방무덤 모두 돌로 시작하는 무덤이다. 인류가 출현한 이래 돌은 변치 않고 오랫동안 남을 수 있는 유일한 재료로 돌을 빼놓지 않고 사용했다.

인류가 금속을 사용하기 시작한 것은 기원전 1만 년 전 이후부터이다. 인류는 구리, 납, 은, 금, 주석, 철, 수은 순으로 사용하기 시작했다. 구리는 기원전 9,500년 전, 이라크 북부 쿠르디스탄 샤니

다르동굴에서 발견된 구리 펜던트가 인류 최초로 사용한 금속유물이자 구리유물이다. 납은 기원전 6,500년경, 터키 남동부 차탈휘위크에서 발견된 납 비드(구슬)가 최초의 납 관련 자료이다. 은은 기원전 5,000년 경, 터키 남동부 도무즈테페에서 발견된 은 비드가 최초이다. 금은 기원전 4,700년경, 불가리아 동부 바르나에서 발견된 금 장신구가 처음이다. 주석은 기원전 3,300년경 이라크 남부 우루크에서 발견된 주석 유물자료이다. 철은 기원전 2,100년경, 터키 중부 카만-카레휘위크에서 발견된 철 단검 조각이 최초의 자료이다. 수은은 기원전 1,500년경, 이집트 중부 아비도스에서 출토된 병에 담긴 수은이 최초의 수은 사용자료이다(김동환·배석 2015).

재미있는 사실은 이런 금속도 모두 돌에서 직·간접적으로 추출한 재료란 점이다. 땅속에 이런 돌이 없었다면 우리는 여전히 석기시대에 살고 있을지도 모른다. 돌 덕분에 차도 타고, 통신도 하고, 비행기도 타고 무기도 만들 수 있다. 단순히 '돌이 돌이 아닌' 이유이다.

돌, 나무보다 무겁지만 날카롭고 효과적이다

돌은 크기가 크면 무거워서 이동 중에는 쓰기 불편하다. 선사시대 석기 중 크기가 큰 것이 드문 이유도 무게 때문이다. 멀리 사냥을 나갈 때 무거운 석기는 그저 짐이다. 손에 들고 갈 것이 많아지면 먹거리를 들고 올 수 있는 양이 줄어들 수밖에 없다. 수렵 도구는 무게와의 싸움이기도 하였다. 아무리 기능이 좋아도 무거우면 가지고 다닐 수 없기 때문이다. 수렵 채집민의 도구는 가볍고 날카로우면서 효율적인 것이 좋았다. 다만 돌도끼는 나무와 달리, 예리한 날을 벼릴 수 있고, 나무보다 무거워 깊이 패는 데도 큰 효과가 있었다. 특히 돌도끼는 그 자체로 사용되기 보다는 나무로 만든 도낏자루와 함께 사용했다. 도낏자루에 결합한 돌도끼는 회전력이 더해져 큰 파괴력을 지닌 도구로 거듭났다(그림 36).

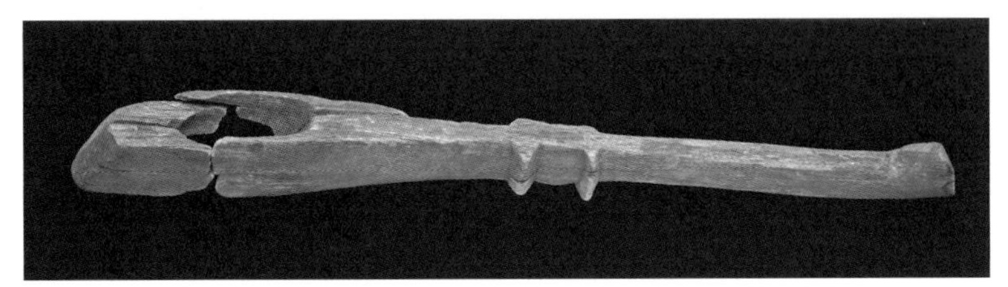

돌, 불을 담아두고, 막을 수 있다

구석기시대에는 사람이 만든 합성물질이 존재하지 않던 시대이다. 자연의 광물을 이용해 금속기를 만들기 전까지 플라스틱이나 철, 청동 등은 없었다. 금속기들은 높은 온도에서 제련되고 녹인 뒤에 만들어진 것이라 불의 태우는 성질을 버텨낼 수 있다.

구석기인들은 자연계에서 불에 타지 않는 재질로 무엇을 선택하였을까. 머릿속에 떠오른 것이 등잔일 것 같다. 도자기로 예쁘고 아기자기한 모양을 한 등잔은 오랜 시간 불을 켜는데 사용할 수 있다. 철이나 도자기. 이 두 재질은 모두 1,000도가 넘는 온도에서 구워졌다는 점이다. 토기는 보통 700~800도에서 구워진다. 이 온도도 아주 높아서 한번 구워진 토기는 겉에 탄 것처럼 보이더라도 속은 단단하다. 세계최초의 등잔은 돌로 만들었다. 등잔의 기원은 돌로 만든 화덕일 수 있다. 돌을 파서 안쪽으로 오목하게 만든 등잔은 불을 담고 있는 모양이다.

화덕은 불을 돌로 에워싸서 불이 다른 곳으로 달아나지 못하게 해 준다. 화덕은 둥글거나 네모나게 만들었다. 불을 오랫동안 피우고, 다른 곳으로 불이 날아가 옮겨붙지 않아야 하기 때문이다. 화덕을 만드는 손쉬운 방법은 지름 50~100cm로 돌을 두른다. 바닥은 젖어있지 않으면 좋다. 구석기시대와 신석기시대까지의 화덕의 모양은 대부분 둥근 모양이다. 청동기시대가 되면 돌을 판자 모양으로 납작하게 다듬어서 바닥에도 깔고 화덕을 만드는 데에도 사용하였다. 둥근 화덕과 네모난 화덕을 이용하였다. 화덕은 요리에도 쓰였다. 지금 부엌에 설치된 가스레인지의 원조격이다.

불을 담아두고 밥을 해 먹을 수 있는 기계. 바로 전기밥솥이다.

TvN의 나영석 PD가 연출하는 〈삼시 세끼〉라는 프로그램이 있었다. 이 프로그램은 연출자가 밝혔듯이 유명 연예인들과 출연자가 하루 밥 세 번 먹는 프로그램이다. 이 프로그램이 촬영되는 장소는 공기가 깨끗하고 자연풍광이 변화무쌍한 곳. 사람들이 별로 살지 않아 밤이면 어둠이 짙게 내려앉는 적막한 곳. 산과 바다, 촬영장소가 바뀌고 출연자도 바뀌었다. 유독 바꾸지 않은 촬영 포인트가 있다. 바로 화덕이다. 출연자는 첫 회에 출연하면 벽돌로 화덕을 만드는 일부터 시작한다. 연출팀은 항상 벽돌과 무쇠솥을 준비해둔다. 벽돌이 없다면 무엇으로 화덕을 만들까. 솥이 없다면 무엇으로 밥과 국을 만들며 다양한 요리를 해낼 수 있을까. 삼시 세끼의 가장 중요한 핵심은 밥을 지어서 나눠 먹는 모습이다. 밭에서 일하지 않으면 밥 먹을 자격이 없는 행위는 덤이다. 일일부작이면 일일불식이라 했다. 하루 일하지 않으면 한 끼 밥도 없다.

그런데 왜 굳이 화덕을 만드는 것부터 촬영을 시작하였을까. 부엌이 협소해 촬영이 여의치 않은 것도 고려되었을 것이다. 무엇보다 불피우고 그 불을 가두어야만 요리를 할 수 있기 때문이다. 화덕을 만드는 행위가 요리의 첫 출발인 셈이다.

70~80년대 연탄불을 대신하는 조리기구는 곤로였다. 석유를 넣어서 쓰는 곤로는 양은냄비에 라면을 끓이거나 밥을 할 때 없어서는 안 될 존재였다. 이런 곤로가 가스레인지로, 그리고 최근에는 전기 인덕션으로 발전했다. 이 모든 기구는 불 또는 열을 담고 있다. 인덕션은 실제 스파크를 일으켜서 불을 피우지는 않지만, 전기의 힘으로 불과 같은 열을 발생시켜 조리할 수 있게 해 준다. 참고로 일상 생활에서 불이 가진 빛은 초, 등잔, 전구로 바뀌었다.

도자기와 철이 등장하기 전까지 돌은 자연에서 불을 담아두고 가둘 수 있는 유일한 재질이었다. 집 안에서 불을 피우고 조리할 때 돌로 불을 에워싸진 않았을 때는 불이 날 확률이 높아진다. 그러면 집이 불에 타면서 가족을 죽게 할 수도 있다. 불은 여러 방식으로 다른 곳으로 번져가지 않도록 통제가 필요했다.

무엇보다도 불은 겨울에 집 안의 추운 공기를 따뜻하게 해주었다. 여행할 때는 추위를 막아주었다. 여행자의 목숨을 지켜주었다.

돌, 물을 가두다

옛날 사람들은 물을 어떻게 구했을까. 강이나 하천이 옆에 있다면 금방 달려가 구할 수 있다. 상식적으로 물을 구하는 가장 좋은 방법은 우물이다. 그러면 우물은 어떻게 만들었을까. 돌을 이용해서 만들었다. 경주에는 신라시대의 우물들이 많이 확인되고 있다. 우물의 깊이도 지역에 따라 다르지만 깊은 곳은 20m가 넘는다. 돌로 에워싸서 물이 고이게끔 하였다.

삼국시대에는 산성을 만들어 적으로부터 마을과 사람들을 지켜냈다. 조선시대에 만들어진 수원화성, 낙안읍성, 제주읍성 등 평지에 만들어지는 성도 있지만, 군사적 목적으로 가파른 산에 만들어진 산성도 있다. 군대가 산성을 빼앗기 위해서는 직접 공격을 해서 쟁취해야 한다. 하지만, 병법에도 나와 있듯이 성안에서 수비하는 적을 무찌르기 위해서는 3배 이상의 군사와 무기가 뒷받침되어야 가능하다. 그만큼 성을 공격하는 처지에서는 피해가 클 수 있다.

이때 성안에 있는 사람을 밖으로 끌어내는 방법의 하나가 물길을 끊는 것이다. 성을 지키는 사람들이나 그 안에서 사는 사람은 군량미도 필요하다. 수많은 사람이 먹고 마시면 웬만한 군량미로는 감당할 수 없다. 성안에 우물이 있다면 사정이 다르겠지만, 산성에는 우물을 만들 수 없다. 우물대신 빗물을 모아서 식수로 사용하거나, 산에서 나는 약수나 계곡물을 이용할 수밖에 없다. 산성은 산 중턱이나 정상에 만들어지기에 꽤 많은 물이 필요하였다.

　고대 유적에서는 성 내에 물을 가두어두었던 집수지가 흔히 발견된다. 집수지는 돌로 쌓고, 돌 사이의 빈틈은 진흙과 같은 것으로 메웠다. 바닥에도 물이 땅속으로 스며나가지 않도록 진흙 등을 깔아서 보완하였다. 그 크기도 꽤 크다. 아마도 집수정이 돌을 파서 만든 게 아니므로 물이 바닥이나 옆으로 새어나갈 수밖에 없다. 물이 새어나갈 것을 참작하여 최대한 많은 물을 모아 둔 것으로 생각된다.

　절에서는 많은 스님과 신도들이 공양미로 식사를 하였다. 식사 준비를 위해서는 많은 물이 필요했다. 이때 물을 담아 두기 위한 수조를 만들었다. 물에 새지 않는 재질이 뭐가 있을까. 조선시대까지도 물을 담아두고 오랫동안 쓸 수 있는 것은 돌로 만든 수조였다.

　구석기시대에는 물을 어떻게 담아두거나 가두었을까. 가장 손쉬운 방법은 나무를 이용하는 것이다. 나무를 파서 그 속에 물을 담을 수 있다. 둥근 형태의 통은 나뭇조각을 서로 엮어서 만들어야만 한다. 나무는 물을 흡수하는 성질이 있어 시간이 지나면 차츰 물이 새어나간다. 가죽으로 만든 주머니에 물을 담으면 멀리 여행이나 사냥을 할 때 생명수가 된다. 토기는 중국, 러시아 동부 시베리아지역과 연해주, 일본에서는 1만 년 전에 만들었다. 우리나라에서는 아직 이런 토기 자료가 확인된 바 없다. 토기는 물을 담아둘 수 있다. 하지만 구석기시대에는 일부 지역을 제외하곤 토기를 사용하지 않았다.

　선사시대에 물을 보관하는 가장 좋은 방법 중 하나가 돌을 파서 저장공간을 만드는 것이었다. 돌은 천연 물통이자 대야였다.

• 왜 돌을 이토록 오랫동안 썼을까

인류는 도구를 만드는 데 있어 돌 이외의 재질도 사용했다. 특히 인류는 재질이 단단하거나 깨졌을 때 날카롭거나, 깎아서 뾰족하게 만들 수 있는 재질을 선호했다. 예를 들면, 돌, 뼈, 뿔, 나무를 가장 많이 이용했다. 모두 자연에서 얻을 수 있다.

아프리카에서 처음 만들어진 주먹도끼는 100만 년 넘게 사용하였다. 주먹도끼는 아메리카대륙과 유라시아 동쪽 끝, 오스트레일리아를 제외하면 인류가 공통으로 만들어 사용한 최초의 도구이다. 물론 일부 석기 모양에 차이가 있고 제작방식과 사용한 석재는 다르다. 하지만 그것을 주먹도끼로 부르는 데는 문제가 되지 않는다. 특히 이 석기는 인류가 만든 최초의 대칭 석기로 부를 수 있다. 대칭이라는 개념은 인지능력이 있어야 표현할 수 있다.

고고학에서 기술이 오랜 기간 유지되는 이유 중에는 본능적일지 모르겠지만 인간의 타성 때문이 아닐까 싶다. 일부 사람은 기존 방식을 깨고 기술 혁신을 시도한다. 하지만 한 번 퍼져나간 기술 중에는 변함없이 특정 집단에서 공유·사용되는데 어쩌면 기존 방식에 있어 그 이상의 변화가 필요치 않다는 타성에 젖었기 때문일 수도 있다. 현재 상태에 안주하려는 사람의 본성과도 관련이 있다. 도구와 기술은 일정 시간 동안은 우상향으로 계속 발전한다. 그 후로는 제작기술의 정체기가 반드시 온다. 이때 제작자는 두 가지 길을 선택할 수 있다. 새롭게 혁신하여 더 발전시킬 것인가 대충 쓰고 도태시킬 것인가이다. 유물이나 유구의 소멸과정은 이론적으로는 사람의 심리와도 관련이 있다.

석기는 창의, 개량, 지속, 타성, 소멸의 속성이 있다. 제작자는 특징을 고려해 석기를 바꿀 수 있다. 신석기인은 타제기술로 좋은

여러가지 뗀석기

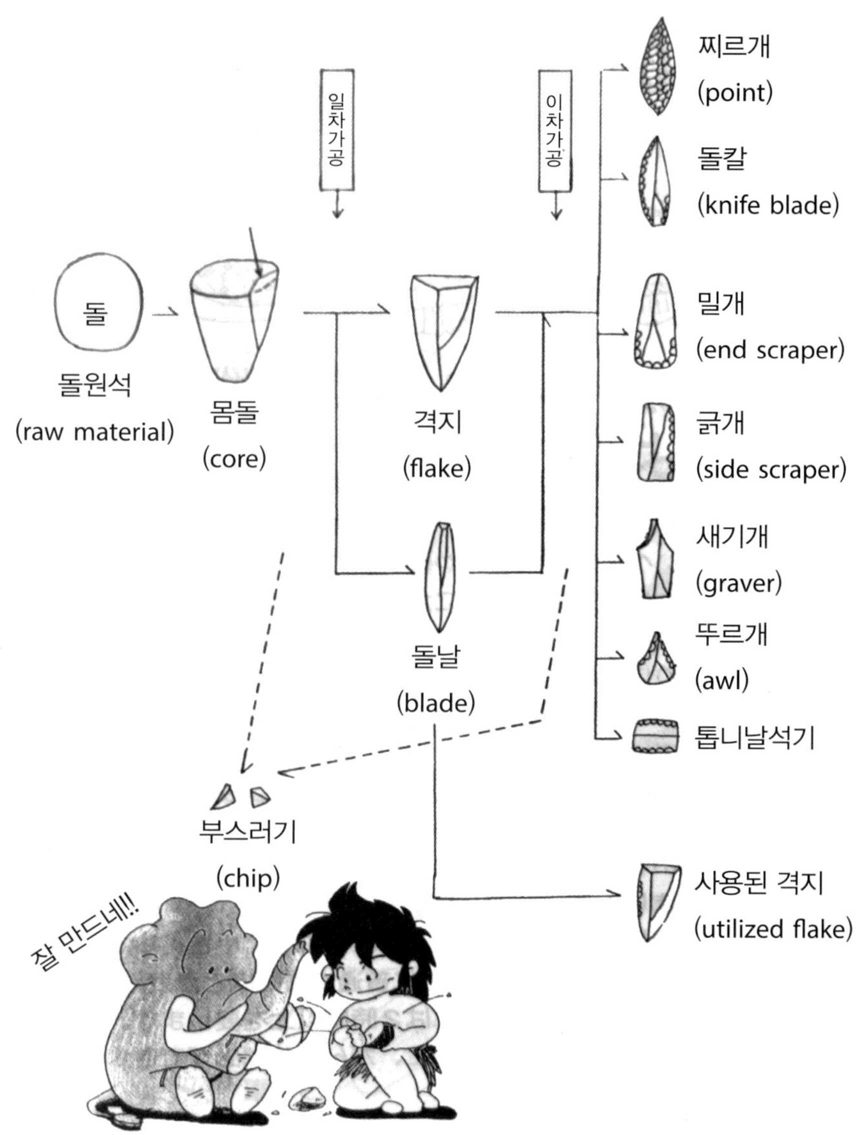

그림 37　석기 분류도(野尻湖人類グループ 1995를 수정)

돌 도구를 만들 수 없게 되자 갈아서 만들어 사용하는 마제기술을 발전시켰다. 청동기인은 석기를 사용하다가 한계에 부딪히자 금속기를 선택했는데 이것이 전형적인 창의이며, 청동기 기술을 개량해 철기를 생산하였다. 청동기는 도구로서 석기를 완전하게 대체하지는 못했다. 하지만, 철은 돌로 만든 모든 도구를 완전히 대체하였다.

현생인류가 처음부터 도구를 혁신하고 새로운 재료를 사용했던 것은 아니었다. 동시대의 다른 인류 종족과 크게 다르지 않았다. 그러다가 5만 년 전부터 변화가 일어났다. 현생인류가 사용해왔던 조잡하고 거의 알아보기 힘든 석기가 바뀌기 시작했는데 그것도 빠르게 바뀌기 시작했다. 이때까지 초창기의 현생인류는 도구제작에 있어 혁신을 꾀하지는 않았다. 그들이 사용하는 도구는 그들의 부모, 조부모, 증조부모가 사용하던 도구와 똑같았다. 그 도구는 전해 내려온 것으로 직관적이었으며 바뀌지 않았다. 진화의 산물이었을 뿐 의식적인 창조물이 아니었다(캐빈 애슈턴 2015: 36).

인류의 혁신은 현생인류에 의해 5만 년 전에 본격적으로 이루어졌다. 케빈 애슈턴이 말한 대로 "계속해서 진보하는 기술이라는 단 한 가지 중대한 차이"를 인류는 가지고 있었다. 인간이 가진 뇌의 크기, 언어, 도구사용보다도 더 중요한 것은 개선하려는 동기가 있다는 사실에 주목했다. 이것이 인간을 인간답게 만든다는 것이다. 진화과정에서 창조라는 지위를 차지했다고 보았다.

마이클 토마셀로는 교육과 순응이 톱니 효과를 특징으로 하는 문화의 누적적인 진화의 결과로 보았다. 그는 뚜렷한 기술 혁신이 없었다면 문화적 관행은 교육과 순응으로 상당히 안정적으로 지속한다. 대형 유인원의 사회적 학습은 기본적으로 착취와 유사하며 교육과 순응에 의한 협력적 구조가 아니므로 톱니 효과에 의한 누적적인 문화 진화로 계승되지 않았다(마이클 토마셀로 2017: 65 - 73).

결국, 인류 도구사에서 주먹도끼와 찍개와 같은 석기가 백만 년

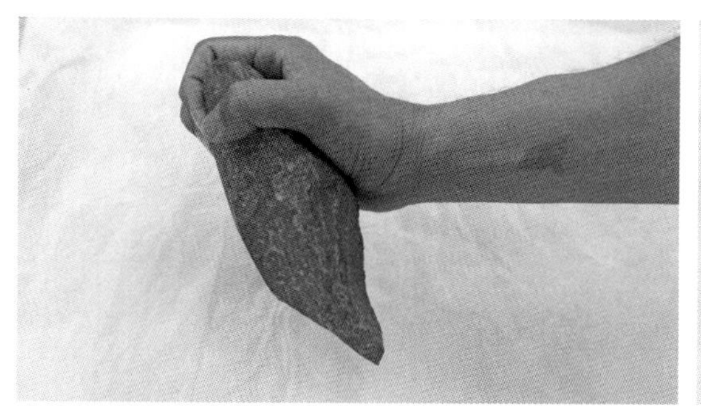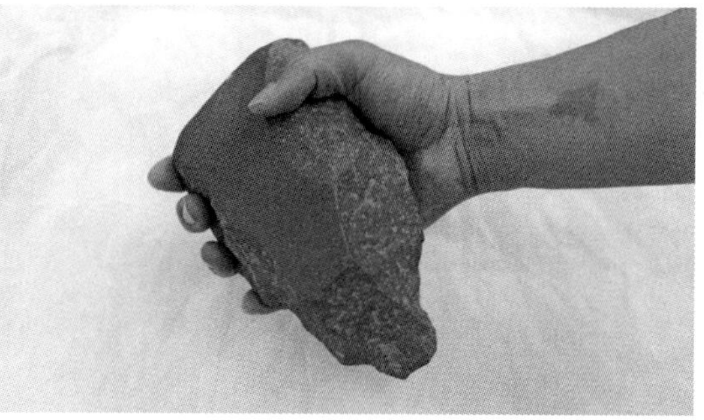

넘게 사용되었던 것은 그들의 석기문화가 변화와 혁신이 아닌 집단
내에서 순응되었기 때문이다(그림 38). 아울러 이러한 석기기술은 아
주 느려서 변화를 관찰하기 힘들지만 누적되었다. 누적된 문화가 창
의와 혁신을 일구어낸 시기가 바로 현생인류 단계이다.

• 우리나라 구석기를 열다–주먹도끼–

똑같은 모양은 없다

주먹도끼는 사람이 돌을 이용해 만들었기 때문에 사용되는 돌의 형
태와 종류가 모두 다르다. 특히 망치돌로 내리치는 기술과 힘, 방향이
사람마다 다르므로 똑같은 모양의 주먹도끼는 만들 수 없다. 그 형태
와 크기가 상이하다. 주먹도끼는 다양한 모양이 출토되고 있다. 우리
나라에서 출토되는 주먹도끼는 아프리카와 유럽에서 출토되는 주먹
도끼와 비교하여 시기도 늦고, 형태적인 정형성도 떨어진다. 우리나
라에서 출토되는 주먹도끼는 타원형과 원형이 많다(그림 38). 주먹도
끼는 손으로 쥐고 사용하기 때문에 무한정 크게 만들 수가 없다.

　　주먹도끼의 예비소재로는 강가에서 구할 수 있는 자갈돌이나
큰 격지를 많이 사용한다. 석기의 가로 단면은 렌즈 모양이 우세하
다. 주먹도끼는 상당히 정성들여서 만들기도 하지만, 때로는 몇 번
의 떼기만으로 만들기도 한다.

주먹도끼는 초기 인류가 만든 최초의 대칭 도구도 불린다. 인류의 인지능력 발달과도 밀접한 연관이 있다. 우리나라 주먹도끼는 좌우 대칭에 가깝기는 하지만 완전한 대칭은 아니다. 유럽에서 플린트로 만든 주먹도끼와 비교하면 대칭 정도가 낮은 편이다. 아프리카와 직접 비교하기에는 시기 차이가 너무 크다. 사실 우리나라에서 주먹도끼에 가장 많이 사용하는 석재가 규암과 석영인데, 이것은 아주 단단한 암석으로 좌우대칭으로 만들기가 쉽지 않다. 좌우가 대칭인 석기를 만들기 위해서는 작업시간을 많이 들여야 하고 기술 수준이 뛰어나야 한다. 특이하게 석기가 클수록 석기 조정의 빈도도 낮아지면서 조정 범위도 좁다. 석기의 디자인보다는 실용적인 기능에 중점을 두었다고 생각하는 이유이다.

다양한 석재로 만든다

임진강과 한탄강, 한강, 낙동강 상류 지역 등 규암이 풍부한 지역에서는 이 석재를 이용해 몸돌석기를 만들었다. 주먹도끼도 마찬가지였다. 하지만 주먹도끼에 적합한 규암을 얻기 힘들 때는 다른 석재를 활용해 주먹도끼를 만들었다. 여러 석재를 사용하였기에 주먹도끼의 색깔은 아주 다양하다. 특히 이런 현상은 규암 이외의 석재로 주먹도끼를 만드는 강원도지역과 전라도지역, 경상남도지역에서 두드러지게 나타나는 현상이다.

측면의 날 모습이 다양하다

대칭성이 높은 주먹도끼는 측면에서 보았을 때 날이 직선보다는 지그재그에 가깝다. 석기 대부분은 한쪽만 조정하거나 거칠게 조정이 되어서 날 모습이 고르지 못하다. 대형 격지로 주먹도끼를 만들면 측면의 날이 한쪽에서만 조정되는 경우가 많다.

끝은 대체로 뾰족하게 만든다

주먹도끼의 가장 중요한 기능은 어떤 대상을 찍고, 자르고 부수는 것이다. 주먹도끼는 나무를 찍거나 자를 때, 사냥하거나 동물 뼈를 깨뜨려 골수를 빼먹을 때, 딱딱한 것을 깰 때 등 다양한 쓰임새가 있는 석기이다. 구석기시대의 스위스 아미 나이프에 비교되는 만능석기이다. 하지만 후기구석기시대의 석기에 비해 크기가 크고 무겁다. 그만큼 주먹도끼는 특정한 대상에 강한 힘으로 내리치는 것이 가능하다. 주먹도끼가 크고 무거울수록 하단부에 매끈한 자연면을 남겨둔 이유가 사용자가 쥐고서 작업하기 쉽도록 하기 위함이다. 주먹도끼의 가장 중요한 기능을 보여주는 속성이라고 할 만큼 석기의 끝이 뾰족하고, 그 아래로 날이 만들어졌다. 이러한 양상은 석재나 형태와 무관하게 모든 주먹도끼에서 관찰할 수 있다.

손으로 쥐는 부분은 자연면을 남겨 둔다

주먹도끼는 손에 쥐고 쓰는 석기이다. 주먹도끼의 하단부까지 조정한 사례도 있지만, 대부분은 손으로 잡을 수 있도록 자연면을 남겨두거나 파지를 생각하여 쥐기 불편한 부분은 모양을 다듬었다. 이런 측면을 고려할 때 자연면이 남아있지 않은 주먹도끼는 우리나라에서는 거의 출토되지 않는다.

학자마다 조금씩 다르게 정의하고, 분류한다

주먹도끼는 다양한 형태만큼이나 정의도 다양하다. 학자들마다 주먹도끼를 정의하는 기준은 통일되어 있지 않다. 그들이 대체적으로 동의하는 모양은 아몬드형, 눈물방울형, 타원형, 삼각형, 난형, 원형 등으로 세로로 중심선을 그었을 때 좌우 대칭에 가깝다. 한 면 또는 양면을 조정해서 만들었다. 우리나라 주먹도끼는 아프리카나 유럽과 달리 양면 전체를 조정해서 만든 예가 거의 없다. 통상적으로 한쪽 끝이 뾰족하여 내려쳐서 찍거나 깨기 좋고, 측면에 날이 있어 물건 등을 자를 수 있다.

지역마다 다른 석재종류, 만드는 사람의 기술 차이와 숙련도, 망치돌의 종류와 타격각 등 변수가 많아 똑같은 주먹도끼는 세상에 없다. 그런 이유로 학자들마다 정의하고 분류하는 기준이 유물마다 다를 수밖에 없다. 주먹도끼는 아프리카에서 전기구석기시대부터 아주 오랫동안 사용했지만 기본적으로 현생인류는 만들어 쓰지 않았다. 우리나라에서는 후기구석기시대 초에 만들어 쓰기도 했다.

석재는 유적 주변의 하천에서 주로 획득하였다

주먹도끼를 만드는 데 사용한 석재는 강이나 하천 주변에서 구할 수 있는 자갈돌을 많이 이용하였다. 석기를 만들기에는 완전히 둥근 것보다는 다소 납작한 것을 골랐다. 이는 납작한 원석이 제작하기에 쉽기 때문이다. 크기는 주로 20cm를 전후한 것을 많이 선택하였다. 둥근 자갈돌은 주먹도끼의 가장 중요한 소재였다.

직접떼기로 만들었으며, 석기 역사에 있어 획기적인 도구이다

우리나라에서는 주먹도끼는 전기구석기시대에 처음 출토되었고, 중기구석기시대에도 만들어졌다. 하지만 현재 주먹도끼가 출토되고 있는 유적들은 대부분이 중기구석기시대에 해당한다. 교과서에서 언급하고 있는 검은모루 주먹도끼는 실제 유물을 살펴본 적이 있다. 그 때 관찰한 느낌으로는 석기가 아닌 자연석일 가능성이 컸다. 이것을 70만 년 전의 석기로 보는 시각은 바뀌어야 한다.

후기구석기시대의 초반에 주먹도끼가 출토되기도 한다

후기구석기시대의 주먹도끼에 대한 해석이 분분하다. 배기동(2019)은 주먹도끼 지역적인 패턴의 이행에서 다음과 같이 주장하였다. 첫째, 시기적으로 동아시아 지역의 주먹도끼 출현이 낮다는 점, 둘째, 형태적으로 정형성이 유럽지역의 주먹도끼보다 떨어지는 점, 셋째, 유적에서 출현빈도가 전체적으로 낮다는 점, 넷째, 기능적인 차이로 한탄강과 임진강유역을 포함한 동아시아의 주먹도끼는 자르는 기능보다 끝이 뾰족한 형태가 압도적으로 많다는 점이다. 주먹도끼가 출토된다고 전기와 중기구석기시대의 것이라 단정짓기는 어렵다.

- 돌 보는 눈, 돌 쓰는 안목

구석기인은 암석학자라고 해도 과언이 아니다. 구석기시대를 비롯해 선사시대 사람들이 석기제작을 위한 첫 번째 작업은 바로 돌 고르는 일이다. 언뜻 아무 돌이나 사용했다고 생각할 수 있다. 그러나 유적에서 출토되는 돌 중 의미 없는 돌은 없다.

유적에서 출토되어선 안 되는 돌이 있다. 예를 들어 강이나 하천에서 나오는 모서리가 매끄럽고 동그란 돌은 산에 있는 유적에서는 나와서는 안 된다. 그리고 그 지역에서 나는 돌이 아닌 흑요석과 같은 특수한 곳에서 나오는 돌은 선사인이 석기를 만들기 위해 다른

곳에서 가지고 들어온 돌이다. 무언가를 만들기 위해 유적으로 가지고 온 돌은 사람의 행위를 이해하는 중요한 증거이다.

구석기인은 석재를 구별하는 능력을 갖고 있었다. 중기구석기시대에 출토되는 몸돌석기도 여러 석재를 사용했다. 석기의 색깔이 아주 다양하다. 그림 40의 몸돌석기는 모양도 석재도 다양하다. 포천 용수재울 구석기유적에서는 산출된 석기 대부분이 응회암이었다. 밀양 고례리유적은 이암이나 혼펠스, 수양개는 혈암, 전곡리 등 중기구석기유적은 대부분 규암이나 석영으로 석기를 만들었다. 신석기시대 때부터 등장하는 지석(숫돌)은 사암으로 만들었다.

선사인은 돌을 잘 아는 암석학자였다. 주먹도끼에는 규암이 좋은 돌이고(그림 41), 슴베찌르개는 혈암, 응회암, 이암, 혼펠스가 좋은지를 구분할 수 있었다. 돌날에는 석영계 석재가 좋지 않다는 사실도 경험적으로 잘 알고 있었다.

그림 40　우리나라 구석기시대의 몸돌석기(국립대구박물관 사진제공)

　　자갈돌이 많은 하천 변에 여러분을 데려다 놓고, 석기를 만들어 보라고 하면 당황할 것이다. 아무 돌이나 주워서 깬다고 석기를 만들 수 있는 것은 아니라는 사실을 깨우치는 데에는 경험과 시행착오가 필요하다. 오랜 시간 그러한 노하우를 숙지한 뒤에 비로소 새로운 지식을 습득하고 후대에 전해줄 수 있다.

　　선사인은 석기에 사용되는 돌의 암석학적인 성분이 중요한 것이 아니라 오직 스스로 만드는 도구로 '적합하고 적절하며', 도구로 사용했을 때 '효율적이고 날카로운' 돌인지가 중요했다.

• 돌 도구가 모두 다른 이유

돌도구는 석재가 다르고, 돌의 조성성분은 같은 것이 없다. 석기를 만드는 데 사용하는 망치돌의 종류와 형태도 다르다(그림 42). 무엇보다 제작하는 사람의 기술이 각양각색이다. 석기를 만들 때 내려치는 힘의 강도가 항상 달라서 석기는 늘 다른 모양으로 만들어질 수밖에 없다. 갈아서 만드는 마연기술로도 형태는 비슷하게 만들 수 있어도 완전히 같게 만드는 것은 불가능하다. 결국, 석기제작자는 세상에

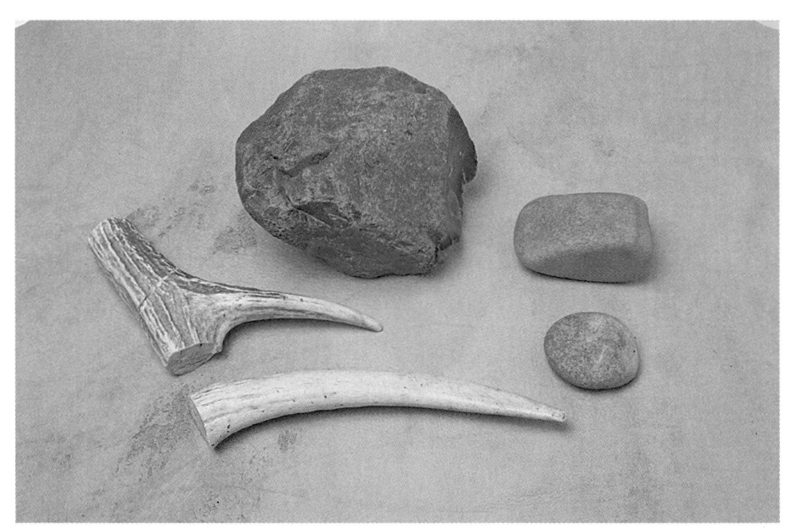

하나밖에 없는 도구를 만드는 사람이다.

사람은 학습하면 학습기억을 하게 된다. 도구를 만들고 사용하는 것은 인류의 뇌 발달에 크나큰 영향을 미쳤다. 생계를 위해 만들어지는 도구제작행위가 물질적인 도구 발명뿐만 아니라 사람의 신체까지 변화시켰다.

도구 차이가 발생하는 요인(변화, 다양성의 요인)은 다음과 같다(그림 43).

1. 성별 차이(남자와 여자), 2. 지역 차이(기후, 석재, 생존방식 등), 3. 집단 간 차이, 4. 계절적인 차이(계절 또는 기후변화에 맞는 생존방식), 5. 제작기술의 차이(기술 숙달 여부), 6. 도구사용의 목적 차이 등이다. 그중에서도 도구사용의 목적과 지역적인 차이는 도구 다양성의 주된 요인이다.

세계적인 구석기학자인 프랑수와 보르드가 말하고 있는 석기 문화변화의 강제적 요소란 1. 고안되고 그것이 고쳐지기도 하고, 혹은 방치되기도 하는 특정 형식의 석기 필요성 2. 입수할 수 있는 석재의 고유의 질, 3. 기술적 전통이다[山中一郎 1994 에서 재인용].

뱀포스(Bamforth 1986: 48)는 도구 기획성(tool curation)을 어떤 단일한 요소로 설명할 수 없는 행위들의 복잡한 경향(complex set) 으로 정의했다. 특히 그는 기획성(curation)을 다섯 가지로 나누었다. 사용에 앞서 도구를 제작, 다양한 용도로 사용될 도구의 디자인, 한 지역에서 다른 지역으로의 도구의 운반·지속성·재이용이다(Bam- forth, D. B. 1986: 38 - 50).

구석기시대 사람들은 물론, 선사시대에 돌로 석기를 만들어 사용했던 사람들은 프로였다. 누구도 넘볼 수 없는 전문적인 석기제작 자였다. 수렵 채집민은 석기를 만들어 사용하지 않으면 죽을 수 있었다.

중국 싼이중공업 량원건 회장의 말이다.

"'할 수 있다'와 '할 수 없다'는 모두 옳은 판단일 수 있지만, 그에 따른 결과는 전혀 다르다. 할 수 있다고 생각하면 그것을 이루려 고 노력할 것이고, 할 수 없다고 생각하면 아무것도 하지 않고 그 냥 포기하고 말 것이다."(삼성경제연구소 2015: 106).

'인생학교' 창립회원이면서 영국 최고의 라이프스타일 사상가 로 평가받는 로먼 크르즈나릭(Roman Krznaric)은 다음과 같이 우리 가 일하는 이유를 다섯 가지로 정리했다(로먼 크르즈나릭 2013: 82).

첫째는 '돈'을 버는 것

둘째는 사회적 '지위'를 획득하는 것

셋째는 더 나은 세상을 만드는 데 '기여'하는 것

넷째는 '열정'을 따르는 것

다섯째는 '재능'을 활용하는 것이다.

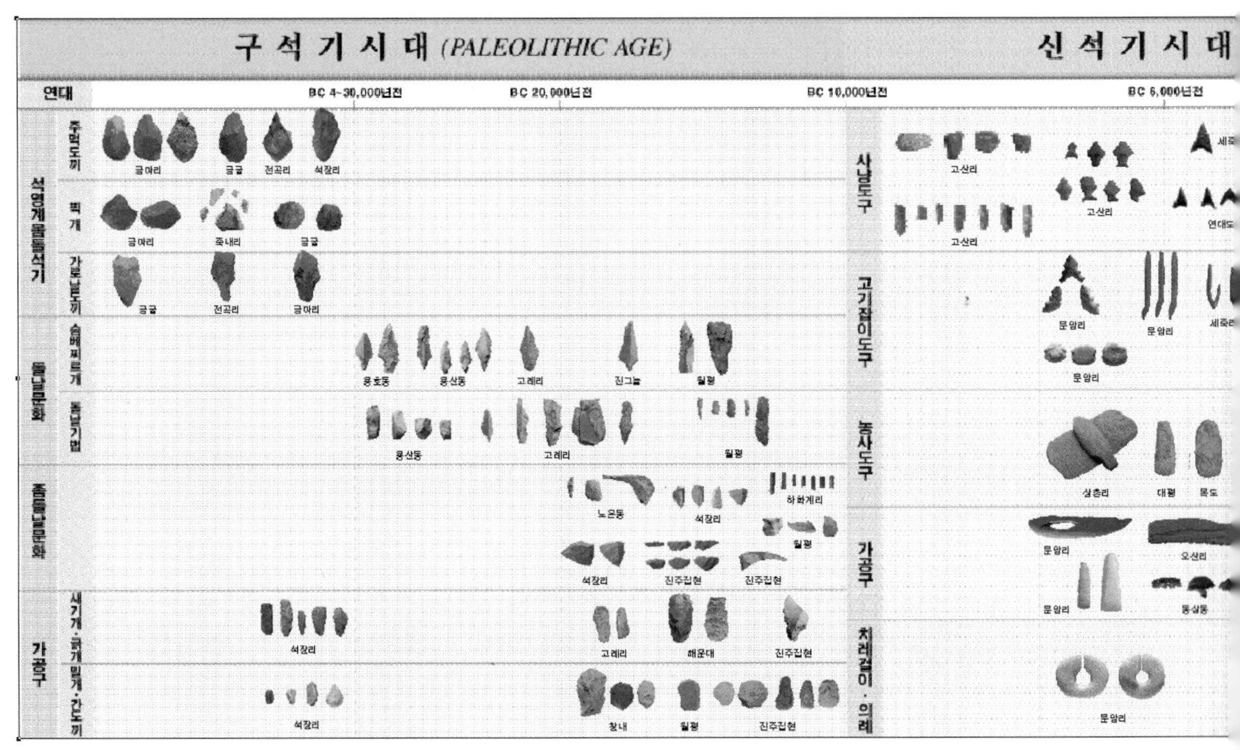

그림 43 우리나라 선사시대의 석기 일람(축척 부동)

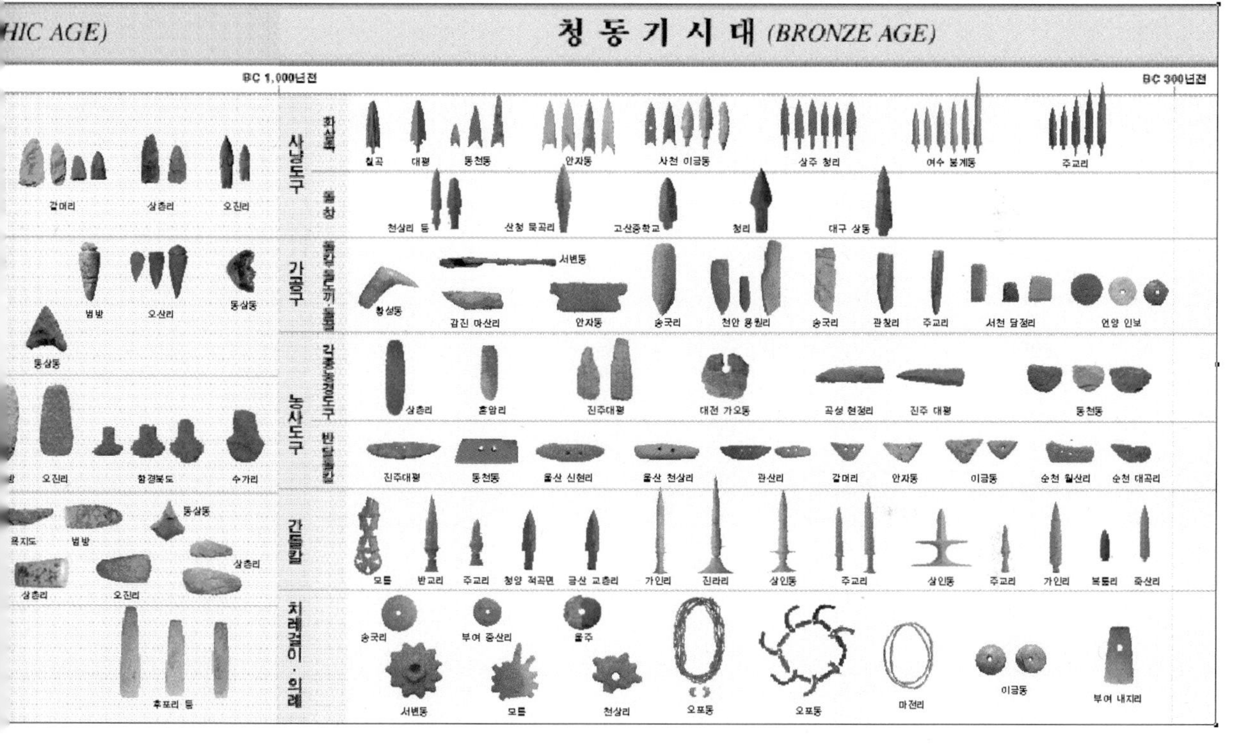
BC 1,000년전
BC 300년전
사냥도구
가공구
농사도구
간돌칼
치레걸이·의례
화살촉
돌창
돌칼·돌도끼·끌
각종농경도구·반달칼
간돌칼
치레걸이·의례
갈머리
상촌리
오진리
범방
오산리
동삼동
동삼동
오진리
함경북도
수가리
죽지도
범방
동삼동
상촌리
오진리
후포리 등
칠곡
대평
동천동
안자동
사천 이금동
상주 청리
여수 봉계동
주교리
천상리 등
산청 묵곡리
고산중학교
청리
대구 상동
서변동
황성동
갈진 마산리
안자동
송국리
천안 용원리
송국리
관창리
주교리
서천 달정리
연양 인보
상촌리
흔암리
진주대평
대전 가오동
곡성 현정리
진주 대평
동천동
진주대평
동천동
울산 신현리
울산 천상리
관산리
갈머리
안자동
이금동
순천 월산리
순천 대곡리
모틀
반교리
주교리
청양 적곡면
금산 교촌리
가인리
진라리
삼인동
주교리
삼인동
주교리
가인리
복룡리
죽산리
송국리
부여 중산리
울주
오포동
오포동
마전리
이금동
부여 내지리
서변동
모틀
천상리

　이러한 일에 대한 접근은 어디까지나 현대적인 시선에서 직업을 바라보는 관점이기는 하지만 선사시대 사람에게도 일은 곧 생존 활동이었다. 홀로 사는 사람이 생존 활동을 하지 않으면 죽을 수 있다. 그런 이유로 훌륭한 석기제작자는 집단 내에서 사회적 지위와 존경을 누릴 수 있었다.

• 혁신적인 수렵 도구, 찌르개

슴베찌르개는 후기구석기시대의 대표적인 수렵 도구이자 한반도에서 출현한 독자적인 찌르개이다(그림 12). 양질의 돌날을 활용해 기부(석기를 자루에 꽂는 부분)와 선단부(석기의 끝부분)를 조정하여 만든 것이다. 측면에 톱니날 조정을 하기도 해 가공구의 역할도 했을 것으로 추정된다. 대략 4만 년 전을 전후해 돌날기법과 함께 출현하였다. 시기가 지나면서 좀돌날기법과도 함께 사용되었다.

돌날은 크기가 대부분 5~15cm이다. 출토유적으로는 밀양 고례리, 진안 진그늘 등 한반도 전역에서 출토되지만, 북한지역에서는 조사가 제대로 이루어지지 않아 관련 유적이 드물다.

슴베찌르개는 일본 규슈지역과의 교류 관계를 알 수 있는 중요한 자료이다. 일본에는 AT(아이라탄자와)화산재층의 위에서만 출토된다. 슴베찌르개가 변형된 일본의 박편첨두기는 25~23천 년 전에 가장 많이 사용했고, 좀돌날과는 관련이 없는 석기이다.

슴베찌르개는 측면에서 보면 형태가 직선에 가까우면서 두께는 10~5mm로 얇다. 슴베찌르개의 슴베가 만들어지는 부위는 소재 격지의 타점(타면)이 많다. 소재 격지(돌날이나 긴 모양의 격지) 크기가 15cm를 넘지 않는다. 슴베찌르개는 나무 자루에 부착해서 사용하였다. 이 석기는 후기구석기시대에 일본열도의 규슈지역 등에 퍼져 그 지역의 수렵방식에 큰 영향을 미쳤다.

조합식 찌르개는 좀돌날로 만들었다. 좀돌날은 뿔·나무·뼈 등의 가장자리에 파여진 홈에 끼워서 하나의 찌르개를 만든다. 부착할 때는 송진이나 자연산 접착제를 사용했을 것으로 추정된다. 주로 찌르개와 칼을 만들었으며, 날의 보수가 쉬우며, 대형동물을 잡는 데도 유용하였다. 좀돌날의 등장은 연모의 전문화·다양화를 입증해 준다.

찌르개가 구석기시대에 핵심적인 수렵 도구였던데 반해, 화살은 구석기시대가 끝날 무렵인 12,000년 전에 출현했다. 구석기시대에 활과 화살의 직접적인 증거를 찾기 어렵다.

세계에서 가장 오래된 활은 독일 라인강유역의 만하임-보겔스탕(Mannheim-Vogelstang)유적에서 발견된 나무 조각에서 찾는 연구자도 있지만 확실치는 않다. 스텔무어(Stellmoor Hill)유적에서 출토된 페더메서 찌르개는 지금의 화살촉과는 달리 직선형 돌날로 만든 것이다. 이것은 출토될 당시 화살대에 끼워져 있었기에 유럽에서 가장 오래된 화살촉으로 인정받고 있다.

스위스 북부의 후기신석기유적인 아르본 블레이쉬(Arbon Bleiche 3)와 니더윌 가흐낭(Niederwil Gachnang)에서는 규석 화살촉이 박혀있는 소와 돼지의 뼈가 발견되기도 했다(울프 하인 2021: 70-107).

• 후기구석기의 혁명, 돌날기법

수렵 채집민은 기본적으로 동물과 식물의 자연적인 재생산율에 의존하기 때문에 단위면적당 생산량을 늘리기 위해 그들이 할 수 있는 것은 아무것도 없었다(마빈 해리스 1996: 27). 로렌스 스트라우스는 후기구석기시대를 군비 경쟁이라고 표현하였다. 수렵채집민은 더 많은 사냥감을 얻기 위해 사냥기술을 발전시켜 나갔다. 많은 식량이 필요하게 된 데에는 생명을 이어나가기 위함이지만, 현생인류의 커진 뇌를 유지하는 데 더 많은 에너지가 필요했기 때문이다.

특히 유아기에 작은 뇌에서 큰 뇌로 발전시키는 데 필요한 에너지원을 보충하기 위함도 있다. 여성은 임신기와 양육하는 동안에 더 많은 에너지가 필요했다. 그중 육식을 이용한 단백질 섭취를 늘리기 위해 효율적인 사냥방식이 절실했다. 그 기술 혁신의 중심에 돌날기법이 있었다. 돌날기법은 하나의 원석에서 여러 개의 좋은 격지를 떼어냄으로써 석재를 효율적으로 사용할 수 있었다(그림 44).

후기구석기시대에 현생인류는 동물의 이동을 예측하게 된 의인화의 사고가 발달하였고, 자연에 대한 이해와 동물의 행동 양식을 잘 알고 있었다(스티븐 미슨 2000: 1 - 416). 이것은 주변 환경에 맞추어진 전문화된 도구제작에 필수적이었고, 특정 동물을 사냥하는 데 있어 유리하게 작용하였다.

마빈 해리스(1996)는 진화란 동일한 것에서 차이가 생기는 방식에 관한 기록으로 정의하였다. 수렵 채집민 사회의 주거단위는 작고, 성원 구성은 유동적이며, 생산은 하루 벌어 하루 먹는 식이다. 따라서 호혜적 교환은 노동비율을 줄여준다. 호혜성은 수렵 채집민의 지배적 교환형태이며, 수렵 채집민 사회는 정치적-경제적으로 평등한 사회로 규정하였다. 평등주의 기본조건을 자원의 개방성, 생산도구의 단순성, 부동산의 결여, 밴드구조의 유연성을 들었다(마빈 해리스 1996: 115 - 117).

우리나라에서는 슴베찌르개와 같은 사냥이 가능한 찌르개의 출토량이 전체 유물조합상에서 차지하는 비중이 매우 낮다. 다양한 원인이 있겠지만, 자기의 생산능력의 한계를 알고 필요 이상의 사냥을 자제하여 자연을 경외하면서 다른 사람에게 생존의 위협을 주지 않기 위해서는 아닐까라고 상상해본다.

• 작지만, 과학적인 도구

석기는 재질이 돌이다. 기계를 사용할 수 없었던 선사시대에 돌을 깰 도구는 모두 자연에서 얻은 것들이다. 예를 들면, 돌, 뿔, 뼈, 나무 정도이다. 이 도구를 이용해 힘을 가해야 하는데, 오직 쓸 수 있는 에너지는 사람의 힘뿐이다. 결국, 사람의 힘과 자연의 재료로 돌에서 돌을 떼어내기에는 한계가 분명하다.

이러한 돌로 만들 수 있는 한계를 극복한 석기가 좀돌날과 같은 세석기이다. 크기는 작다. 그것도 그냥 쓰기에는 너무 작다. 그래서 나무나 뼈, 뿔 같은 다른 재질을 석기에 붙여서 도구를 크게 만들었다. 좀돌날은 그 자체의 도구라기보다 창과 칼의 나무 자루의 부속구처럼 사용되었다(그림 45). 석기제작 기술 수준은 높아졌고, 흑요석과 같은 고급 석재의 사용량도 줄일 수 있어 경제적이었다. 1kg의 석재만 있다면, 그 돌을 이용해 100m에 이르는 예리한 날을 얻을 수 있다.

세계적인 고고학자 데스몬드 클라크는 복합도구의 사용을 '세석기(5cm 내외의 작은 석기) 혁명'이라 했다. "누지에는 뼈로 만든 일체형 작살에 세석기를 끼운 자루의 변화가 제조와 수리에 필요한 노동시간을 획기적으로 단축한 것을 의미한다고 했다. 트링햄은 미세한 날은 가벼운 창 제작에 유리하다고 보았다. 사용흔 분석 연구자인 세메뇨프는 세석기기술은 연약한 석기의 약점을 뼈로 된 자루에 칼날을 끼워 넣는 기술로서 하나의 구조물에 돌과 뼈를 결합해 내구성을 강화하는 새로운 개선법이라고 지적했다."(알랭 떼스타 2006: 199).

좀돌날기법의 북중국 기원설은 치욕 유적에서 좀돌날몸돌이 나오면서 제기되었다. 이 유적의 연대가 좀돌날몸돌이 나온 유적 가운데 가장 이른 시기이고 내몽고 살라우슈 유적(35,000 BP)에서도 좀돌날몸돌이 출토되었기 때문이다.

러시아 바이칼호 동쪽(trans-Baical)지역의 30,000~35,000 BP에 해당하는 유적에서도 좀돌날몸돌 제작 수법이 나타난다. 쵸르느이 아누이, 우스트-카라콜, 톨바가 Ⅳ층(절대연대 34860 B.P./27210 B.P.), 소스노브이보르 Ⅴ층의 유적들이 있다.

우리나라에서 좀돌날은 2.8~2.4만 년 전에 출현하여 7천 년 전까지 사용된 석기이다(그림 45). 가장 고난도의 석기 기술이다. 돌날은 그 자체로 도구기능을 했지만, 좀돌날은 크기가 작아 다른 도구의 부속구로 활용할 수밖에 없다. 기존에는 석기가 도구의 중심이었지만, 이 시기에는 석기가 도구의 일부분으로 편입된다.

좀돌날은 작은 돌날이란 의미로 특정한 기술을 활용해서 주로 만들어졌다. 좀돌날기법은 눌러떼기로 제작한다. 대표적인 조합식 도구(composite tool)이다. 동북아시아 지역을 중심으로 후기구석기시대에 유행한다. 석재로 유리질의 흑요석이 적합하지만, 우리나라에서는 흑요석이 귀해 다른 암질을 많이 이용하였다. 특히 흑요석은 한반도지역의 경우 백두산밖에 존재하지 않아 흑요석을 통해 후기

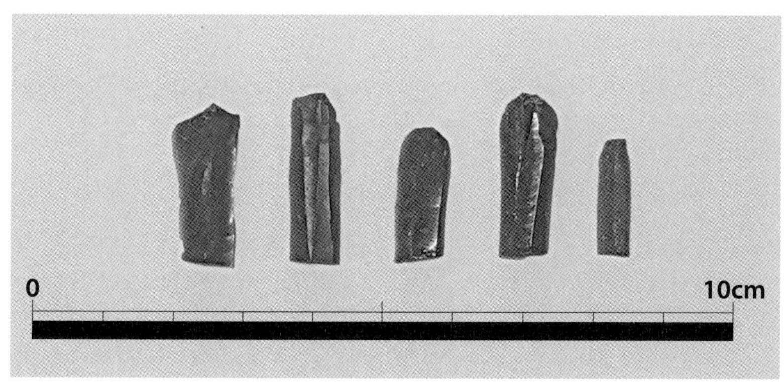

그림 45　인제 부평리유적의 흑요석으로 만든 좀돌날(후기구석기시대)

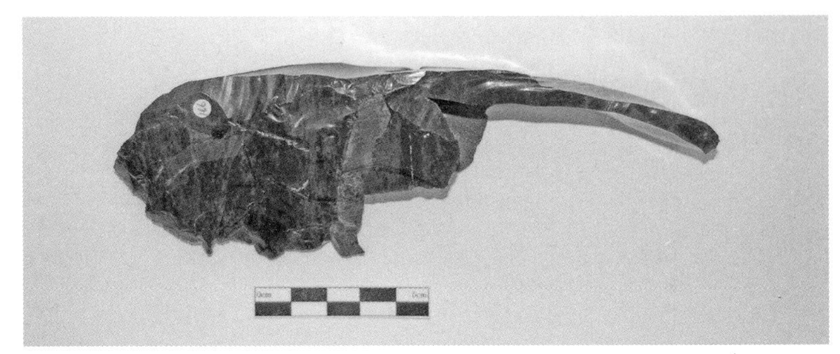

그림 46 　유베쓰기법으로 만든 좀돌날몸돌의 접합유물(일본 후기구석기시대, 홋카이도 시라타키유적출토)

그림 47 　남양주 호평동유적 좀돌날몸돌의 좀돌날을 떼어낸 자국(후기구석기시대)

구석기시대의 교류 네트워크를 이해하는 데도 중요하다.

좀돌날기법은 체계적인 떼기 방식이 중요하다. 예비소재(blank)를 제작하는 방법에 따라 좀돌날기법의 종류도 정해진다. 특히 수양개유적의 유베쓰(湧別)기법이 대표적이다(그림 46). 양면 조정 석기를 만들어 단면이 쐐기 형태가 되면 측면부터 박리한다(그림 47). 좀돌날몸돌은 예비조정에 따른 예비 소재의 형태와 타면 제작기술 등으로 나누어진다. 동북아시아의 가장 일반적인 형태는 옆면은 배모양[舟形]이고 단면은 쐐기형이다.

• 그 작은 석기, 좀돌날을 만들어 쓴 사람은 누구인가

1. 북위 80도까지 인류영역을 확대한 사람

2. 유라시아대륙과 알래스카 사이에 있는 베링해협을 지나 아메리카대륙으로 건너간 사람(후기구석기시대 중 약 2.5~2만 년 전 무렵에는 베링해협이 육지로 변해 도보로 건너갈 수 있었음)

3. 좀돌날을 만들었던 유베쓰기법처럼 공통의 석기 제작기법을 공유한 사람

4. 가장 작은 석기로 가장 효율적이고 멋진 도구를 만든 사람

5. 바늘로 옷을 만들어 입어 추위를 이겨냈고, 집을 짓고 그 안에 불을 피워서 생활했던 사람

6. 집단 수렵에 능한 사람으로 순록 등 사슴과를 주로 사냥해서

시베리아지역에서 출토된 식인기(植刃器: 뿔이나 뼈를 갈아서 만든 창이나 칼로 좀돌날을 끼워서 만든 도구)는 출현과 발달의 이유, 그리고 기능을 둘러싼 여러 의견이 있다. 매머드 사냥꾼과 관련된 것, 강을 중심으로 한 어로, 매머드를 포함한 동물의 사냥, 순록을 포함한 사슴류에 대한 수렵에 관한 내용이다. 그리고 식인기의 다양화는 순록을 대상으로 한 집약적인 수렵에서 삼림 지역으로의 사냥 확대에 따른 소형동물들을 대상으로 한 사냥 방식과 관련이 있다. 서식지 주변에 큰 나무들이 자라 숲을 이루면서 순록이 살기에 어려워지면서 순록 개체수가 줄어드는 원인이 되었을 수 있다.

구석기시대 종말기의 좀돌날문화는 점차 사라져갔다. 기후변화에 따른 동식물의 교체와 식량자원의 변화, 활과 화살과 같은 새로운 석기가 출현했기 때문이다(그림 48). 활은 동물을 사냥하고 전쟁을 치르는 데 혁신적인 도구였다. 구석기시대의 조합식 찌르개가 혁신 도구였다면, 신석기시대에는 바로 활과 화살이 핵심적인 사냥도구이자 무기였다.

• 좀돌날과 접착제: 언제부터 접착제를 사용하였을까

돌로 만든 석기는 한 번 깨지면 다시는 붙일 수 없다. 나무도 마찬가지이다. 우리가 자연에서 구하는 재료들은 가공을 시작하면, 원래 형태대로 되돌릴 수 있는 것이 거의 없다. 우리는 도구를 만들 때 구하기 힘든 귀한 재료라면 가공에 더욱 신중히 처리할 수밖에 없다. 사람도 마찬가지이다. 누구라도 다치거나 죽게 된다면 다시는 목숨을 되돌릴 수 없기에 아주 소중할 수밖에 없다. 우리 목숨을 접착제로 다시 붙여놓을 수는 없지 않겠는가.

선사시대 사람들은 복합도구를 만들 때 석기를 자루 등에 끼우

그림 48　　제주 고산리유적의 화살촉. 비행기 모양으로 만드는 것은 제주도에서만 발견됨(신석기시대, 국립대구박물관 사진제공)

는 것이 가장 좋은 방법이었다. 단단히 묶기 위한 끈을 개발한 뒤에는 더욱 다양한 도구형식들이 만들어졌다. 대표적인 예가 창이나 낚싯바늘이다. 자연에서 구할 수 있는 나무, 돌, 풀, 가죽, 껍질 등은 서로 붙지 않는다. 서로 다른 재질의 물건을 합쳐서 새로운 형식의 도구를 만들기 위해서는 접착제가 반드시 있어야만 했다.

　　그렇다면 인류는 접착제를 언제부터 사용했을까. 다시 말해, 사람들은 사용하던 물건이 깨졌거나, 여러 재질로 도구를 만들기 위해서 '물건을 서로 붙일 수 있다'라는 관념을 언제부터 생각했을까.

　　인류는 도구를 사용하기 시작하면서부터 수백 만 년 동안은 접

262

착제로 도구를 만들 수 있다고 인식하지는 못하였다. 선사시대 사람들은 깨지거나 부러진 것은 버려야만 하였다. 그것이 석기라면 다시 가공하여 사용할 수도 있지만, 대부분은 폐기하였다. 접착제란 서로 다른 두 물체를 접착력이 있는 물질을 이용하여, 두 물질의 외부를 서로 붙게 만들 수 있는 물체이다. 고고학자들은 타르, 송진과 같은 나무 진액 등을 6천 년 전부터 이용하기 시작하였다고 본다. 물고기의 뼈와 가죽, 부레 등에서도 점성이 있는 물체를 얻을 수 있다.

하지만 실제 접착제를 사용하기 시작한 것은 놀랍게도 구석기시대부터이다. 호모 사피엔스는 접착제를 만들어 사용한 인류이다. 아마도 20만 년 전 유럽에서 살았던 네안데르탈인이었을 가능성이 크다. 특히 소형석기를 자루에 고정시키는 과정에서 접착제를 사용할 수 밖에 없었다.

조합식 찌르개에 좀돌날을 부착할 때 천연 접착제를 이용하였다. 뼈로 만든 창이나 나무로 만든 창에는 접착제가 있어야만 좀돌날을 고정할 수 있었다. 구석기인은 찌르개가 자루에서 분리되지 않도록 접착제를 만들어 사용했다. 네안데르탈인은 자작나무 껍질을 불에 태우고 남은 검은 아스팔트를 접착제로 사용하였다.

• 인류, 던지다!

우리는 일상적으로 하는 행동에 큰 의미를 부여하지 않는다. 하지만, 이런 일상적인 행동을 몸으로 할 수 없을 때 오는 좌절감은 말로 표현할 수 없다. 예를 들면, 손으로 밥 먹기, 산책하기, 글쓰기, 운동하기, 손톱깎이, 세수하기 등이 있다. 우리는 지금 하는 움직임의 소중함을 잘 모른 채 살아가고 있다.

이러한 행동 중 던지는 행위는 다른 동물들은 잘 못한다. 하지만 유인원은 무언가를 던지는 행동을 할 수 있다. 구석기시대에 던지는 행위를 특화한 것이 창던지기이다. 이를 개량하여 물체를 멀리 날아가게 한 것이 투척구와 창이다.

인류가 물건을 던질 수 있는 행위를 시작하게 된 것은 230만 년 전이다. 그러나 던질 수 있는 형태의 석기를 제작한 것은 훨씬 시간이 지난 뒤의 얘기이다.

오스트레일리아 애버리지니 원주민은 아직도 투척구를 사용하며, '우메라'라고 부른다. 이것은 작은 동물을 잡기에 좋다. 투척구의 중심을 잡기 위해서는 자루에 돌을 붙이기도 한다. 미늘이 있는 투척구는 사람을 찌르기 위한 것으로 죄를 벌할 때 사용하기도 한다. 던지기 도구는 식량을 획득하고 다른 사람을 집단 내에서 통제할 때의 수단으로 활용한다. 집단 전체의 협력과 평등한 분배를 위한 질서 유지 수단으로도 창이 사용되었다. 던지기 도구는 집단규모의 변화를 초래했다(NHK 특별취재반 2014).

"우메라는 나의 가장 좋은 친구입니다. 우리는 이걸로 캥거루, 왈라비, 에뮤 같은 사냥감을 잡았습니다. 사냥만이 아닙니다. 삽처럼 이용해 흙을 파거나 이 평평한 부분을 이용해 불을 피우기도 하고 창끝을 연마했습니다. 우리는 이것만 있으면 아무 데서나 살 수 있습니다."(NHK 특별취재반 2014: 171).

• 역사의 시위를 떠난 화살촉

우리나라에서 화살촉은 구석기시대 말부터 출토된다. 그러나 화살촉이 본격적으로 출토되는 것은 신석기시대부터이다. 청동기시대에는 화살촉은 사냥이나 전쟁 때 사용했을 뿐만 아니라, 무덤 속에 죽은 사람과 함께 묻히기도 하였다(그림 50).

선사시대의 활(弓)은 어떤 모습이었을까.

우리나라는 산성토양으로 나무나 뼈로 만든 도구들이 땅속에 묻히면 썩어 없어져서 잘 남지 않는다. 이로 인해 선사시대 활의 사용

은 석촉으로 추정이 가능
할 뿐 어떠한 형태의 활을
사용하여 석촉을 발사했
는지는 실물자료가 없어
추정만 할 뿐이다(그림 49).

지금까지 확인된 가
장 오래된 활과 관련된 유
물은 초기철기시대의 광
주 신창동유적에서 출토
된 나무로 만든 2점의 활
이다. 그중 상태가 양호한
목제직궁(木製直弓)은 길
이 116cm에 지름 1.5cm
정도로 두께의 가늘고 긴
형태의 'C'자형 활이다.
활의 현을 고정하는 두 부
분의 경우 한 부분은 가
지가 난 부분을 이용하였
고, 나머지 한쪽은 예리한
공구로 여러 번 깎아 홈을
만들었다. 낙랑지역에서
출토되는 쇠뇌(弩: 쇠로 된
발사장치가 달린 활)로 미루
어 보아 석궁으로도 화살
을 쏘기도 하였다.

고구려 고분벽화는
실물로 잘 남지 않은 고대

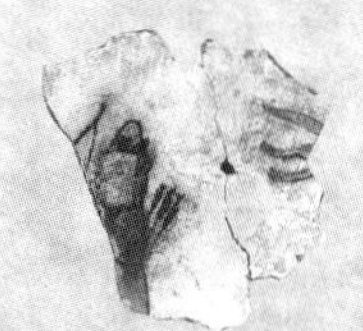

역사의 시위를 떠난 화살촉

활은 사냥도구에서 무기로 변한 것으로 인류의 도구발전과 밀접한 관련이 있다. 활은 화살을 메워서 쏘는 기구이며, 화살은 일반적으로 나무로 된 대에 돌이나 쇠로 만든 촉을 만들고 꽁무니에 깃털을 달아서 만든다.

활에 대한 기록에는 한민족은 예로부터 활을 잘 쏘는 민족으로 〈설문해자 說文解子〉 이(夷)자조를 보면 '夷'란 대인(大人)이 활을 쏘는 형상으로 우리나라를 동이(東夷)라고 부름은 여기서 기인한 것이다.

고구려본기 동명성왕편에는 '나이가 겨우 7살 때에 남달리 뛰어나 스스로 활과 화살을 만들어 쏘면 백발백중이었다. 부여의 속어에 활 잘 쏘는 것을 주몽(朱蒙)이라고 하였다. 이것으로 이름을 삼았다'는 기록도 남아있다. '활'이라는 말은 〈계림유사〉에 '궁은 활이다'(弓曰活), '쏘는 것은 활 쏘아'(射曰活素)라 한 것에서 '활'이 우리나라 고유어이며 '화살'은 '활소'에서 유래했음을 추측할 수 있다.

우리나라에서 활을 사용한 증거는 구석기시대 말에 출토된 화살촉이 가장 오래된 것이다. 그러나 화살촉이 본격적으로 출토되는 것은 신석기시대부터이다. 화살촉은 구석기시대에 돌로 만들어지다가 신석기시대가 되면 뼈로도 만들어진다. 특히 흑요석으로 만들어진 타제석촉은 북한지역은 백두산흑요석을 이용하였고, 남부지역은 일본산 흑요석을 이용해 만들었다.

청동기시대는 돌로 만들어진 화살촉이 주로 제작되었지만, 중국과의 교류로 수입된 청동촉이 확인되기도 한다. 석촉은 돌을 떼어서 만든 타제석촉과 갈아서 만든 마제석촉이 있다. 초기철기시대가 되면 화살촉을 철과 뼈로 만들어지고, 그 기능도 다양해진다.

화살촉은 사냥이나 전쟁 때 뿐만 아니라, 무덤 속에 죽은 사람과 함께 묻히기도 하였다. 가야시대에 출토되는 철촉은 갑옷을 뚫을 수 있을 정도로 그 위력이 매우 강하였다. 삼국시대의 고분에서는 화살을 휴대하기 위한 화살통(성시구)이 출토되는데 시복(矢箙)이라 불리는 것은 지역의 최고지배자급 분묘에서만 확인된다.

구석기시대 석촉(강원 화대리유적)

북한지역출토 백두산흑요석으로 만든 화살촉
(신석기시대)

신석기시대 석촉(제주 고산리유적)

그림 49　우리나라 활의 역사

그림 50　석촉(청동기시대)

그림 51　고구려 고분벽화 속의 활쏘기 모습(중앙: 무용총)

활은 물론, 화살집의 형태를 추정하는 좋은 자료이다. 말을 타고 활을 쏘아 동물을 사냥하는 모습은 고구려인의 역동적인 기상을 보여줌과 동시에 전쟁 때 활의 중요성을 사실적으로 보여준다.

벽화 중 화살집이 그려진 것은 안악 3호분의 행렬도 인물 중 궁수의 그림, 덕흥리 고분 앞방 동벽과 천장의 수렵도, 쌍영총 널길(연도) 서쪽벽의 기마상, 무용총 널방(주실) 서쪽벽의 수렵도 등이다(그림 51). 남부지방에서 가장 이른 시기에 출토된 화살집은 동래 복천동

266

21·22호분 출토품이다. 특히 남부지방의 산(山)자 모양의 금구를
가진 화살집은 고구려의 영향을 받은 것으로 알려져 있다.

활과 화살은 실용적인 기능 이외에도 의례적인 의미를 담고 있
기도 했다(그림 52).

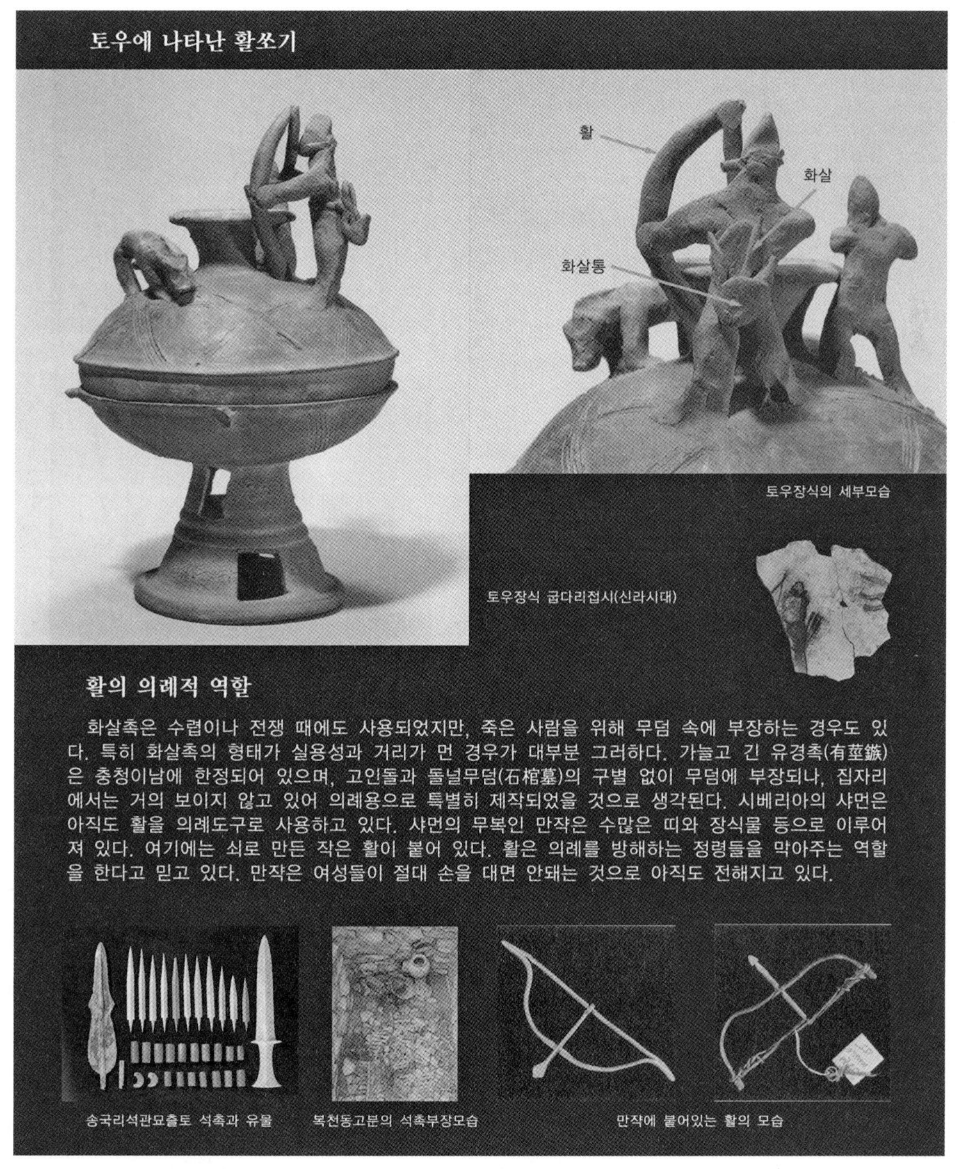

활의 의례적 역할

화살촉은 수렵이나 전쟁 때에도 사용되었지만, 죽은 사람을 위해 무덤 속에 부장하는 경우도 있
다. 특히 화살촉의 형태가 실용성과 거리가 먼 경우가 대부분 그러하다. 가늘고 긴 유경촉(有莖鏃)
은 충청이남에 한정되어 있으며, 고인돌과 돌널무덤(石棺墓)의 구별 없이 무덤에 부장되나, 집자리
에서는 거의 보이지 않고 있어 의례용으로 특별히 제작되었을 것으로 생각된다. 시베리아의 샤먼은
아직도 활을 의례도구로 사용하고 있다. 샤먼의 무복인 만작은 수많은 띠와 장식물 등으로 이루어
져 있다. 여기에는 쇠로 만든 작은 활이 붙어 있다. 활은 의례를 방해하는 정령들을 막아주는 역할
을 한다고 믿고 있다. 만작은 여성들이 절대 손을 대면 안돼는 것으로 아직도 전해지고 있다.

그림 52   화살의 의례 이야기

대칭성의 미학이란 말이 있다. 대칭은 중심축을 기준으로 좌우 또는 상하가 같은 것이다. 같은 요소를 동일하게 반복시켜 대칭의 효과를 주기도 한다. 반복과 패턴은 우리 눈의 시각적인 율동감을 자극한다. 빗살무늬토기의 빗살문은 일정한 차례나 간격으로 배치하는 배열이 잘 되어 있다. 토기에 새겨진 문양이 구획대 내에서 어느 한쪽으로의 치우침이 없다 보니 전체적으로 균형이 잡혀있다. 구석기시대에는 특정 무늬가 반복되어 만들어지는 어레이, 즉 구성 요소(단위)의 규칙적이면서 반복적인 배치양상을 보이는 유물은 없다.

석기시대에도 형태가 대칭이면서 기능적으로 우수한 도구를 선호했다. 석기 대칭성은 힘을 이용해 작업할 때 도구의 균형성 및 내구성을 뒷받침해준다. 비대칭적인 석기는 던지거나 활을 쏠 경우에 목표물로 향하면서 방향이 틀어진다. 사냥감을 놓치게 되는 원인이 되기도 한다(그림 53).

구석기시대의 전기에서 후기로 갈수록 도구형태가 대칭적으로 발달한다. 주로 좌우대칭이 많다. 주먹도끼, 돌날, 슴베찌르개, 양면조정찌르개, 좀돌날(그림 54) 등이 대표적인 대칭적인 석기이다. 주먹도끼는 대칭과 형태의 미학을 가장 잘 보여주는 초기 인류, 즉 호모 에렉투스 단계의 가장 대표적인 도구이다. 단순히 형태를 다듬는 수준을 넘어 대칭성을 지닌 석기를 제작하게 된 것이다. 이러한 도구를 만들기 위해서는 상당한 시간이 소요되고, 일정한 절차를 거쳐야만 한다. 돌날과 좀돌날은 무게가 가벼우면서도

그림 53　좌우대칭을 하고 있는 화살촉(인제 월학리, 지경리, 지경리, 단국대 고골, 중금리, 화전: 청동기시대)

그림 54　남양주 호평동유적 좀돌날(후기구석기시대). 이것의 쓰임새는 〈그림 88〉을 참조.

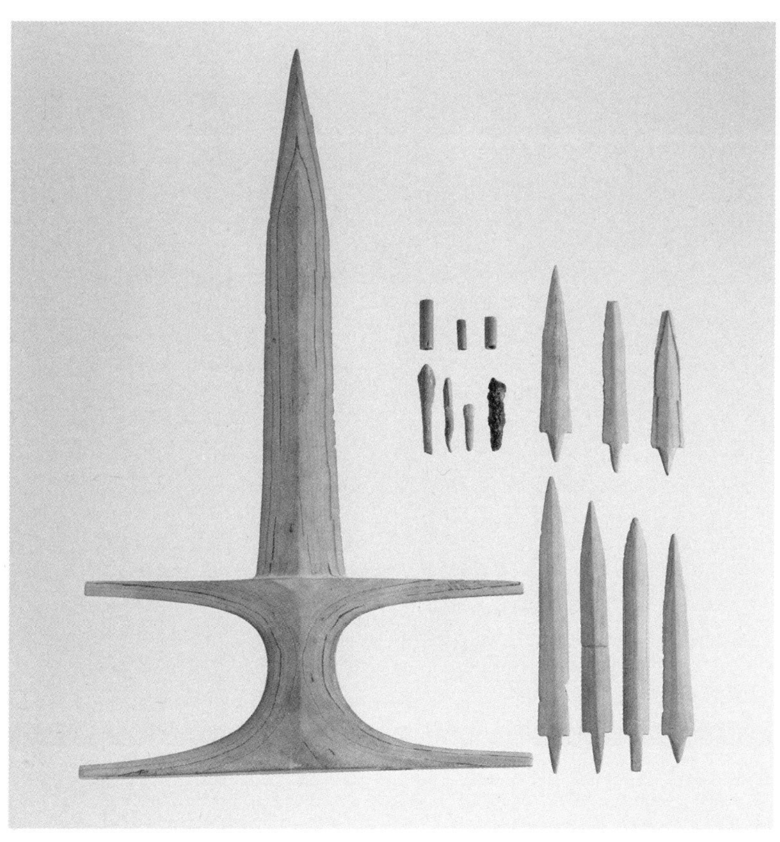

그림 55　김해 무계리출토 간돌검과 화살촉(청동기시대), 국립경주박물관

그림 56   우리나라 간돌검(청동기시대, 국립대구박물관 사진제공). 간돌검의 색깔은 원래 청색계열의 돌이었으나 풍화가 진행되면서 다양한
색을 갖게 되었다.

기능이 뛰어난 규격화된 석기로 대량 생산이 가능한 장점이 있었다(그림 54). 무엇보다 슴베찌르개와 같은 대칭되는 찌르개를 제작할 때 좋은 소재가 된다.

신석기시대에는 가상의 축을 기준으로 대칭적인 모양으로 만들어지는 도구로는 화살촉을 비롯하여 곰배괭이, 석부, 작살, 양면조정찌르개 등이 있다. 청동기시대에는 간돌검, 삼각형 돌칼, 화살촉, 조갯날도끼, 돌창, 장신구, 별모양도끼, 달모양도끼 등 다양한 석기가 있다(국립대구박물관 2005). 특히 간돌검과 화살촉은 단순히 형태뿐만 아니라 돌의 결을 따라서 석검 또는 화살촉의 모양을 형상화시켰다(그림 56). 재료가 돌인 점을 고려한다면 이러한 대칭성을 유지해가면서 돌의 결을 살려 대칭적인 문양을 표현한다는 것은 매우 힘든 일이다.

간돌검에 나타난 문양은 풍화과정에서 우연히 생긴 것이지만, 간돌검을 예술품으로 느낄만큼 충분히 아름답다(그림 55·56). 별모양도끼와 달모양도끼는 석기의 대칭성이 가장 잘 활용된 석기이다. 석기에서는 다양한 선모양과 대칭성이 매우 중요시됨을 알 수 있다. 이를 통해 선사인의 관념을 알 수 있고, 기능성만을 생각하지 않고

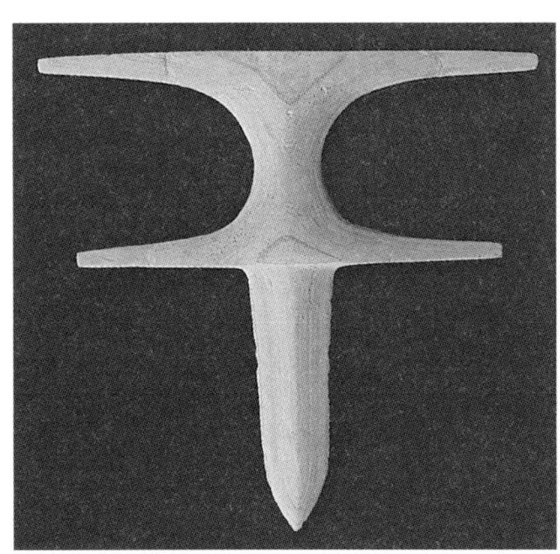

그림 57 간돌검을 거꾸로 본 모습으로 중앙의 가상의 세로축을 중심으로 좌우 대칭의 아름다움을 잘 관찰할 수 있다(부산 괴정동유적, 청동기시대).

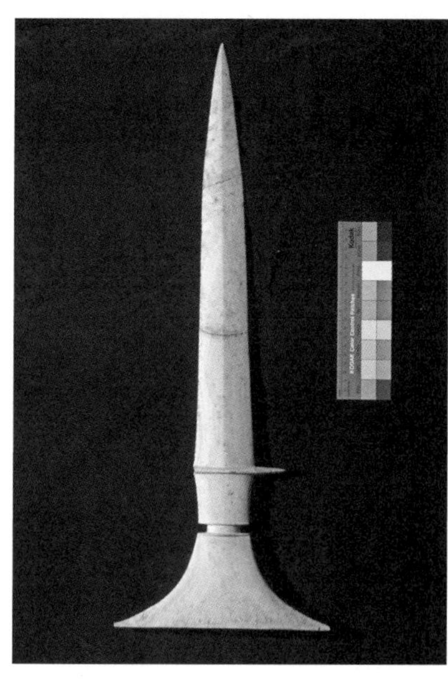

그림 58 자루가 이단병식인 간돌검(청도 진라리유적, 청동기시대)
우리나라에서 가장 긴 간돌검으로 길이 67cm이다. 손잡이는 홈을 내서 단을 만든 이단병식의 석검이다. 고인돌에서 출토될 당시에 석검이 부러진 채 출토되었다. 이는 죽은이를 위해 석검을 온전히 바친다는 생각으로 행해진 일종의 의례로 추정된다.

도구의 형태에도 유념하여 제작했음을 알 수 있게 해주는 매우 중요한 특성이다. 특히 수렵 도구와 무기는 끝이 뾰족한 형태이면서 좌우 대칭이 특징이다.

석기는 직선에 따른 2차원적인 대칭성의 등장과 발달로 이해할 수 있다. 이는 움직이는 생물, 동물과 식물이 가진 대칭성과 유사하다. 위에서 내려다보면 중심축을 기준으로 왼쪽과 오른쪽이 서로 마주 보는 거울형상이다. 한쪽으로 성장하거나 움직일 때 유용한 등배성이다. 즉 도구가 나아가는 방향으로의 앞과 뒤가 분명히 있는 석기들이다. 창과 화살촉처럼 멀리 날아가거나 도끼처럼 특정 방향으로 움직일 때, 괭이로 땅을 팔 때, 물고기를 찔러 죽이는 작살, 살아 있는 생명체를 찔러 죽이는 행위를 할 때에 유용하다. 특정한 행위를 하는 도구가 등배성의 대칭성을 지닌다. 이와 대조적으로 장신구는 등배성을 강조해서 만들지는 않았다. 석기는 인류가 만든 최초의 등배성을 지닌 도구이다.

석기 소재는 가열 처리했을 때 혈암이나 이암, 응회암과 같은 돌 표면이 다듬어지고 그 성분이 균질하면서 경질의 석재에 대한 이차가공과 박리, 특히 눌러떼기에 의한 잔손질과 좀돌날 떼기를 쉽게 만들어준다(Inizan, Roche and Tixier 1992: 63). 가열처리의 실제 사례는 1969년 보르드가 프랑스 로제리 오트(Laugerie-Haute)유적에서 출토된 월계수잎모양 찌르개를 제작할 때 사용된 것으로 보았다.

1973년 솔베르거(Sollberger)과 헤스터(Hester)는 미국 텍사스주 중부의 벨지방의 선사유적을 석기소재암석의 가열처리장으로 보고했다. 1985년 이니잔(Inizan)과 레슈발리에(Lechevallier)는 파키스탄 메르가르(Mehrgarh)유적에서 출토된 좀돌날과 좀돌날몸돌에 가열처리된 흔적을 찾아내었다. 이곳은 7~3천 년 전에 형성된 신석기시대부터 청동기시대에 걸친 유적이다. 가열처리 흔적은 화살촉에 가장 빈번히 보이고 긁개류에서 자주 관찰되었다. 민족지 사례에 따르면 화살촉의 가열시간은 1일에서 5일 정도 걸렸다.

가열처리하여 석기를 제작한 실험연구는 크랩트리(Crabtree)와 버틀러(Butler)가 진행했다. 크랩트리는 흑요석, 오팔, 벽옥 등은 쉽게 눌러떼기로 석기를 만들었으나 쳐트, 프린트와 같은 규질 암석은 눌러떼기가 아주 어렵다고 말했다. 그 후 204도, 482도, 593도로 24시간, 36시간, 72시간에 걸쳐 가열하고 가열된 소재를 눌러떼기로 석기를 가공했다. 그 결과 암석마다 가열처리시간을 달리 해야 되고 급격한 가열과 냉각은 금물이며 두터운 소재보다 얇은 것이 효과적으로 가열된다는 점 등을 밝혀냈다.

이니잔 등은 석재를 각기 다른 온도로 가열하고 색차트인 먼셀 차트(Munsell chart)로 색변화를 비교하고, 광택의 증가와 눌러떼기의 용이성의 변화에 대한 5단계 평가를 실시했다. 변색은 석영시료에 있어서는 280도에서 나타나고 프린트시료에서는 500도에서 확인되었다. 광택의 증가는 석영시료에서는 보이지 않고 프린트 시료에서는 350도에서 인정되었다. 눌러떼기의 용이함에 대해서는 석영시료에서는 500도에서 600도에서 보이고 프린트 시료에서는 280도에서 350도에 나타난다고 보고하고 있다. 가열 후 변색의 요인으로서는 소재 암석을 구성하는 물질의 산화작용을 들고 이 변색과 광택 증가의 상호관계를 시사해주었다.

결국, 석기제작에 있어 석재를 가열하는 행위는 좀돌날을 떼기 위한 눌러떼기를 쉽게 해주고, 석기 중 표면에 얇은 박리를 통한 조정이 필요할 때 활용되었다. 우리나라의 경우 석재가 오랜 기간의 부식으로 흑요석을 제외하고는 석기 원래의 면을 지닌 것이 없고 모두 파티나를 형성하고 있는 경우가 많다.[19] 쳐트나 흑요석과 같은 특정 석재에 대한 가열처리에 관한 연구도 진행되어야 할 것으로 생각된다.

[19] 파티나는 돌의 표면이 시간이 지나면서 변색하고 풍화가 진행된 것을 뜻한다.

9 석기, 먹거리를 바꾸다

• 수확구와 제분구

돌낫(石鎌)

낫의 출현은 신석기인이 농사를 짓기 시작했음을 뜻한다. 구석기시대에는 발견되지 않는 도구 형태이다. 신석기시대 후기에 해당하는 지탑리유적에서 확인되었지만, 본격적인 등장은 청동기시대부터이다.

돌낫은 30cm에 가까운 대형부터 15cm 전후의 소형이 있다. 낫의 특징은 날을 한 곳에만 세워 집중적으로 사용하고 등 쪽에는 날을 세운 경우와 그렇지 않은 경우가 있다. 따라서 낫의 형태는 전체적인 형태상 대칭을 이루지 못한다. 때로는 낫은 마연하지 않고 조정을 통한 자연날을 그대로 사용하는 예도 있지만 먼저 마연한 뒤에 사용하는 것이 효과적이다. 자루에 삽입되는 부위가 상대적으로 두꺼운데 이는 사용할 때 생기는 석기 파손을 막기 위한 고안책이다.

낫은 곡식이나 잡초를 벤다든지 이삭을 자르는 데 사용되었던 수확용 도구이다(그림 59). 한국에서 발견되는 선사시대의 낫에는 돌로 만든 것, 멧돼지 이빨이나 짐승의 뼈로 만든 것, 조개껍질로 만든 것 등이 있다. 흑요석으로 만든 작은 날을 끼워서 사용하는 복합식도 있었을 것 같다. 돌낫은 새 부리 모양 또는 초승달 모양으로 둥글게 휘었으며 안쪽이 날 부위로 갈려 있으며 양날이 대부분이다. 지탑리유적에서 낫은 탄화된 조와 함께 출토되어 수확용 도구로 보고 있다. 궁산리 패총에서 출토된 뼈로 만든 낫은 멧돼지의 어금니를 세로로 쪼개어 만들었다. 휘어진 안쪽 면에 예리한 날을 세웠고 가운데에는 자루에 맞추기 위한 구멍이 뚫려 있다. 지금도 우리가 사용하는 쇠낫의 원형이다.

그림 59　돌낫 사용법(청동기시대, 국립대구박물관 제공)

갈돌과 갈판(碾石): 가루혁명

믹서기나 도깨비방망이를 연상시킨다. 돌과 돌이 마주치면서 맷돌
과 같은 기능을 한 도구이다. 갈돌과 갈판은 중국에서는 사용했으나
일본 규슈에서는 흔히 발견되지 않는다. 구석기시대에는 농사에 대
한 관념이 없었기에 이에 따른 갈돌, 갈판은 출토되지 않는다. 신석
기시대부터 개인 방앗간이 생긴 것이다. '가루혁명'이 시작되었다.

나무 열매나 곡식의 껍질을 벗기고 빻거나 갈아서 가루로 만드
는 데 사용한 제분구이다(그림 60). 그 외에도 식물을 가공할 때에도
사용한다. 갈돌은 주먹만 한 크기의 둥근 자갈돌을 이용하는 방식과
방형·몽둥이형의 대형 갈돌을 밀고 당기는 방식으로 작업한다. 후
자는 한쪽 또는 두 쪽(청원 쌍청리)에 손잡이를 만들어 사용하는 것과
갈돌의 중앙 윗부분을 잡고서 작업하는 것이 있다. 갈판은 넓은 방
형부터 좁은 것까지 매우 다양하며 큰 것은 땅 위에 두고 사용하였
지만, 비교적 소형이면서 밑이 편평하지 못한 것은 땅을 파서 묻어
고정한 뒤 사용했다.

밑에 놓인 갈판은 가운데가 장기간의 사용으로 인해 오목하게

그림 60 갈돌과 갈판. 떡과 국수 같
은 음식을 만들기 위해 곡식을 가루
로 빻는 작업을 제분(製粉)이라고 한
다. 제분하는데 사용되는 연장은 갈돌
과 갈판·돌확·맷돌·연자방아·절
구·디딜방아·물(통)방아·물레방아
등이 있다. 이러한 연장은 곡식을 빻
는 방법에 따라 회전하는 것과 상하
운동하는 것이 있다.
회전하는 것은 갈돌과 갈판 → 돌확
→ 맷돌 → 연자방아 순서로 발전하였
고, 상하 운동하는 것은 갈돌과 갈판
→ 절구 → 디딜방아 → 물(통)방아 →
물레방아 순서로 발전하였다.

들어가며, 연석(碾石)으로 불리기도 한다. 분쇄 대상물은 적색 안료와 조개류, 토기를 만드는 점토에 혼합시키는 돌 등으로 생각되지만, 주로 도토리와 나무 열매 등의 견과류와 참마 등의 근경류(根莖類)의 제분 가공이 목적이다.

갈판은 30~70cm 크기의 사암과 편마암류의 넓고 편평한 방형의 돌을 주로 활용하며, 갈돌은 10~40cm의 자갈돌 중 장방형 또는 원형을 사용한다. 세장방형의 갈판은 주로 소형의 둥근 갈돌과 함께 사용한다.

갈돌은 크게 10cm 내외의 원형 또는 타원형의 소형 자갈돌을 이용하는 것과 크기 20~40cm의 장방형의 몽둥이 모양이 있다. 갈돌은 갈판보다 폭이 좁아 아랫면이 직선적인 것(강릉 지경동 등), 갈판보다 폭이 넓어 밑면의 양쪽이 오목하게 들어간 것(청원 쌍청리유적), 한쪽 끝을 손잡이로 쓸 수 있는 것(진주 상촌리유적A) 등이 있다.

그러나 세장방형의 갈돌은 숫돌과 구분하기 어려운 단점이 있다. 갈판은 시기가 내려오면서 크기가 점차 작아지는 경향을 보인다. 내륙의 강가 유적보다는 해안가 출토품이 소형이다. 갈판과 갈돌은 갈고자 하는 목적물과 양에 따라 달라졌다.

"가루혁명"이다. 구석기시대와 신석기시대의 음식조리법의 차이는 바로 식재료를 가루로 만들어 조리한다는 사실이다(도면 2). 구석기시대에는 식재료를 가루로 만들어 조리해 먹어야 한다는 생각이 단편적이었다. 열매와 곡식을 갈아서 가루를 만든다는 생각은 조리법이 생겼음을 의미한다. 신석기인은 가루를 반죽해 불에 구워 먹거나 죽을 끓여먹는 등 새로운 방식으로 음식을 섭취했다. 그리고 가루형태의 건조된 식량은 오랫동안 보관할 수 있는 장점이 있었다. 식재료를 가루로 만든다는 생각은 식문화에 있어 혁신적인 발상이었다. 가루혁명은 화덕이 있었기에 가능했다.

도면 2   신석기시대 사람이 화덕을 이용해 각종 음식을 조리하는 모습. 조, 피, 수수, 도토리 등을 가루로 만들어 먹었다(추정복원도, 국립대구박물관 제공).

• 물고기는 손으로 잡기 어렵네: 낚시 도구

이음 낚싯바늘(組合式 釣針)

낚시를 이용한 어로 활동은 신석기시대 전기부터 동해안과 남해안을 중심으로 이루어지다가, 중기가 되면 서해안의 일부 지역까지 확산하고 후기가 되면 점차 감소한다. 신석기시대에는 이음 낚시와 뼈로 만든[골각제] 단식낚시가 존재하며, 돌로 만든 단식 낚싯바늘은 아직 확인된 바 없다.

이음 낚시는 결합식 낚시, 묶음식 낚시, 조합식 조침(組合式 釣針), 결합식 조침(結合式 釣針), 결합 낚시 등으로 불리는데, 바늘의 몸 구실을 하는 허리와 고기가 무는 바늘 부분으로 나뉜다(그림 61·62). 허리는 점판암·편암을 주로 사용하고 동삼동, 연대도, 노래섬 등처

이음 낚싯바늘 제작(그림 61)

고성 문암리, 양양 오산리, 부산 범방, 동삼동 등의 유적에서 출토

석재: 푸른색 슬레이트

제작방법

1. 원석에서 장방형의 모양으로 각지게 떼어낸다(찰절기법은 사용되지 않았다).

2. 낚싯바늘의 머리 부분을 만들기 위해 한쪽을 다소 뾰족하도록 잔손질한다.

3. 전체적으로 마연하면서 머리 부분과 낚싯바늘의 결합 부위의 꺽이는 부분을 세밀하게 조정한다.

4. 뼈로 만든 낚싯바늘을 붙이는 부분을 편평하게 갈아서 만든다.

5. 뾰족한 아래쪽을 절단하여 편평하게 만든다.

6. 낚싯바늘의 결합을 쉽게 하려고 홈을 제작한다(고성 문암리와 오산리에서는 관찰되지 않고, 남해안에서 많이 관찰된다, 이는 낚싯바늘의 형태가 'J'자형이 아닌 'I'자형에서 많이 관찰된다. 부산 범방 출토품은 'J'자형인데도 홈이 있다)

폐기되는 과정

1. 낚싯바늘의 굽어지는 부분을 조정할 때

2. 낚싯줄을 묶는 부위에 홈을 내는 조정하면서 끝이 떨어져 나가거나, 홈과 같이 위쪽이 부러졌을 때

3. 부주의로 낚시의 허리가 부러졌을 때

대형 낚싯바늘 특징

1. 몸체의 두께에 비해 위로 갈수록 홀쭉해지며 최대두께는 몸통 부위에 있다.

2. 길이와 결합 면의 비율은 5~6.5:1 사이로 적절한 비율을 유지하면서 제작했음을 알 수 있다. 이는 낚싯바늘의 기능에서 무언가 중요한 역할을 했을 것으로 추정된다.

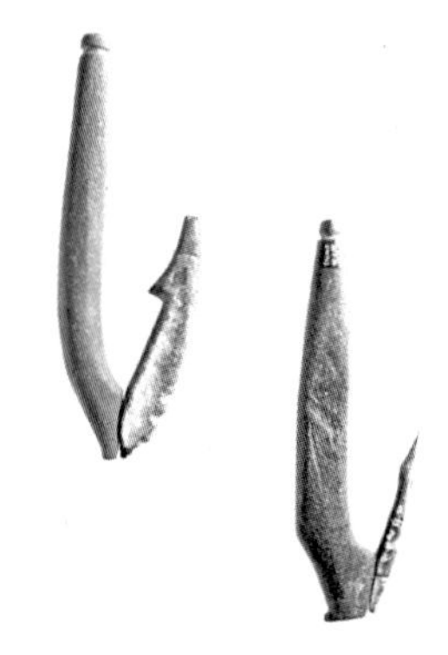

그림 62 이음 낚싯바늘(울산 세죽리유적, 신석기시대)

럼 동물의 뼈·고라니·멧돼지 등의 송곳니, 조가비 등으로 만든 것도 있다. 전체 형태는 'J'자형·'I'자형·'C'자형이 있다. 'I'자형은 동삼동·범방, 연대도, 대경도 등 남해안 지역에 많이 분포한다.

이음 낚싯바늘의 머리 부위는 5~10cm 정도 크기의 사암으로 만든 직사각형의 낚싯바늘 조정구를 활용하여 홈을 제작한다.

이음 낚싯바늘은 바늘과 바늘허리를 면을 맞추어 묶는 방식(그림 62)과 바늘허리 일부를 바늘과 겹쳐서 결합하는 방식이 있다. 전자가 먼저 등장하였고, 시간이 지나 후자도 등장하였다. 낚싯바늘은 바다짐승의 이빨이나, 조류 발톱, 짐승 어금니, 사슴뿔 등으로 'C'자 모양으로 갈아서 제작했다. 바늘이 크기 때문에 크기가 작은 물고기보다는 큰 물고기를 잡는 데 사용했던 것으로 생각한다. 이러한 낚싯바늘은 동해안과 남해안에서 주로 발견되었다. 한반도, 러시아, 일본과의 교류를 이해하는 데도 요긴한 낚싯바늘이다. 신석기시대에 동북아시아 사람이 이음 낚싯바늘로 낚시를 한 점이 흥미롭다. 특히 20cm가 넘는 낚싯바늘은 대형 어류를 잡기 위한 것이다. 이러한 낚싯바늘 중 돌로 만든 것은 봉돌이 필요 없었다. 바늘허리가 무거워서 자연스럽게 바닷속으로 가라앉았기 때문이다.

작살(石銛, harpoon)

미늘은 작살의 중요한 도구 특징이다. 작살로 물고기를 찔렀을 때 빠지지 않게 해주는 기능이 있다. 낚싯바늘의 끝에도 조그만 미늘이 있다. 이 미늘로 인해 물고기가 바늘에 걸렸을 때 빠져나가지 못한 채 잡히고 만다.

작살은 물고기와 바다짐승(海獸), 민물짐승을 찔러서 잡는 자돌구(刺突具)의 일종으로, 유럽에서는 후기구석기시대부터 사용되며 한국에서는 신석기시대부터 출현한다. 우리나라의 동북부와 남해안 일대, 일본의 서북 규슈에서 확인된다.

　작살(그림 64)은 사용 때 자루와 작살이 분리되는 이두섬(籬頭銛)과 분리되지 않는 고정식섬(固定式銛)이 있다. 회전식은 섬이 포획물에 명중하였을 때 섬두가 병에서 떨어져 나가고 섬두에 연결된 밧줄로 포획물을 손에 넣는다. 한편 고정식은 섬이 포획물에 명중되어도 섬이 병에 붙어있고 병에 연결된 밧줄로 포획물을 손에 넣게 된다. 한국에서는 아직 작살자루가 출토된 바 없다. 작살은 포획물에 명중되었을 때 미늘이 있으므로 포획물에서 작살이 빠지지 않아 밧줄을 가지고 대결할 수 있다.

그림 63　작살과 어망추(신석기시대, 울산 세죽리유적)

　　그러므로 이는 깊은 바다에서 대형 어류나 해수류를 대상으로 하는 어구이다(도면 3). 회전식 이두섬은 동북지방의 서포항·농포동 조개더미와 남해안 지방의 동삼동 조개더미에서 출토된다. 이것들은 모두 신석기시대에 속한다. 동북지역에 집중되는 이유는 작살의 주된 대상이었던 해수류(바다의 포유류. 고래, 물개, 바다표범 등)의 생태와 깊은 관련이 있다. 남해안의 돌작살은 욕지도와 연대도에서 출토되었다.

　　물고기는 구석기인부터 먹기 시작했다. 해수면상승과 따뜻해진 기후 덕택에 신석기인이 해안가와 강가에 살기 시작하면서 본격적으로 어로를 했다. 신석기인은 물고기를 비롯한 해양과 민물에서 자라는 생물을 본격적으로 섭취했는데 그들의 삶에서 새로운 먹거리를 안

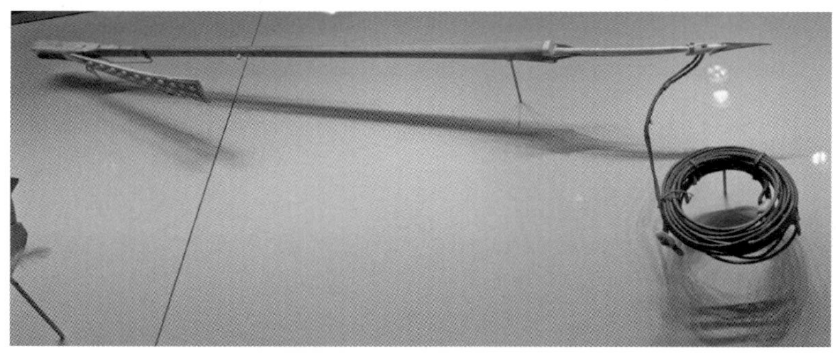

그림 64　아메리카 원주민의 작살
(근대, 작살과 자루가 분리되는 이두섬형태의 작살)

283

도면 3　신석기시대 사람이 통나무 배를 타고 상어를 작살로 잡는 모습(추정복원도, 국립대구박물관 제공)

정적으로 확보할 수 있었다는 점에서 큰 의미가 있다. 해양생물의 섭취는 새로운 형태의 어로도구 등장, 먹거리 종류의 확대, 새로운 형태의 영양소 섭취, 토기를 이용한 새로운 조리법의 등장, 건조와 훈제 등과 같은 수중생물 맞춤형 식량저장법과 깊은 관련이 있다.

어망추(漁網錘)

어망추는 어망의 아래쪽에 여러 개를 매달아 물속에 가라앉게 만드는 석기로 신석기시대 석기 중 가장 많은 양을 차지한다. 구석기시대에 실제 그물이 출토된 사례는 아직 없다. 신석기시대의 어망 중 1914년 핀란드 안트레아(Antrea)지역에서 발견된 그물이 유럽에서는 가장 오래되었다(도면 4·5). 이것의 연대는 8,540 BCE(9140±135 BP)로 보고되었다. 그물은 버드나무로 만들어졌고, 그물망은 6cm로 연어와 도미를 잡기에 좋은 크기였다. 그물을 만들 때 사용한 매듭은 Ryssänsolmu로 에스토니아와 발트해 연안 핀란드 지역에서 꽤 늦게까지 사용된 것으로 알려져 있다(Miettinen *et al.* 2008).

어망은 낚시와 달리 한 번에 많은 양의 물고기를 잡을 수 있는 도구이다. 바다뿐만이 아니라 하천에서도 사용되었다. 어망은 그물[網]·부자(浮子)·어망추(漁網錘)로 구성되지만 어망추 외에는 유기질로 제작되어 현존하는 것이 거의 없다. 조선시대에도 칡넝쿨과 무명실 등으로 그물을 만들었다. 1950년대에도 칡넝쿨로 만든 갈망, 대마 껍질로 만든 마망, 면사로 만든 그물망을 이용해 물고기를 잡았다고 한다. 어망을 제작하거나 수리하는 데에는 망침(網針)이 쓰였다.

신석기시대에 어망추로 만든 그물 형태는 가벼운 추를 많이 사용하면서 집단성원 사이의 협동 또는 개인이 설치하고 관리도 가능한 자망(刺網)과 한 사람이 그물을 던져 이용할 수 있는 투망(投網)이 있다. 망의 재료는 칡덩쿨 껍질이나 닥나무 껍질, 마사(麻絲)로 만들었을 것으로 추정된다.

도면 4   안트레아 그물 매듭의 확대사진(Miettinen *et al.* 2008)

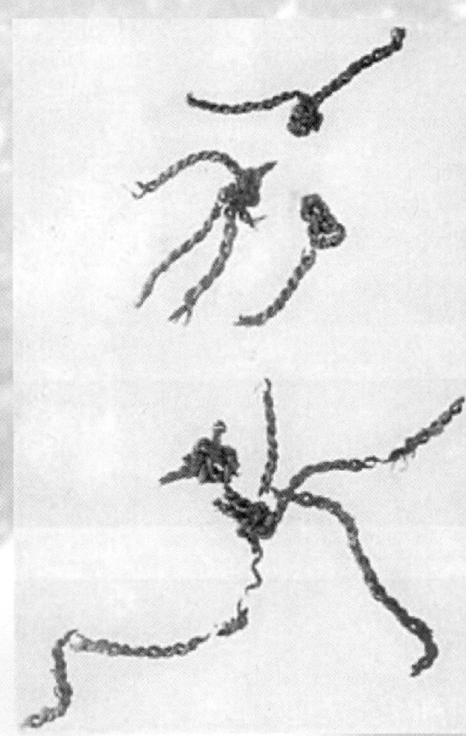

도면 5   안트레아 그물(신석기시대, 위키피디아 참조)

신석기시대의 어망추는 편평한 자갈돌의 장축방향의 양 끝을 타격하여 홈을 낸 것이 가장 기본적인 형식이며, 양끝을 마연하여 홈을 형성한 것도 있지만 북부지역에 부분적으로 확인된다(그림 65). 대개 한 번의 타격을 통해 홈을 내지만, 필요에 따라 양방향으로 조정하기도 한다. 크기는 2~8cm가 가장 많으며 10~19cm의 대형 어망추도 있다. 동해안 출토품보다 조수간만의 차이가 큰 서해안 출토품이 상대적으로 대형이면서 무겁다.

대동강유역의 금탄리유적 800여 점, 남경유적 3,000개, 양양 지경리유적 331점 등 어망추가 대량으로 확인되지만, 유적 내에서 출토량은 전반적으로 많지 않으며, 전기에서 후기로 갈수록 어망추가 출토하는 수량이 줄어든다. 특이하게 바다와 접해있는 부산 영도의 동삼동패총에서는 어망추를 발견하기 어렵다.

신석기시대에 어망에 사용된 끈의 두께는 평양 남경유적 31호 주거지에서 출토된 어망추를 근거로 직경 3cm 미만의 그물추는

0.1~0.2cm, 직경 3~4cm의 그물추는 0.3~0.4cm, 직경 17cm의 어망추에는 1.5cm 두께의 흔적이 남아있는 것으로 알려져 있다.

신석기시대의 동삼동유적에서는 그물문양이 찍힌 토기편이 출토되었다(그림 66). 아직 선사시대의 그물이 실물 자료로 출토된 적은 없다. 선사인은 그물을 하천이나 해안가에서 사용했고, 배를 타고 나가서 그물을 치는 자망은 그물을 띄워줄 찌가 없어 사용하지 못했을 것으로 추정한다.

그물은 한 번에 많은 양의 물고기를 잡을 수 있는 획기적인 포획도구였다.

선사시대의 돌도끼는 뗀도끼와 간돌도끼로 나눈다. 뗀도끼(打製石斧)는 떼서 만든 것이고, 간돌도끼(磨製石斧)는 먼저 떼서 모양을 잡은 뒤에 숫돌에 갈아서 만든 도끼이다. 선사인은 간돌도끼를 만들기 전에 망치돌로 직접떼기로 모양을 갖춘 뒤에 갈아서 완성했다.

도끼는 날과 자루의 방향이 어떠한가에 따라 2종류로 구분한다. 하나는 도끼날이 자루의 축과 거의 평행한 도끼로서 axe에 해당하고, 다른 한 종류는 날이 자루의 축과 거의 직교하는 자귀로 adz(e)에 해당한다(그림 67). 도끼는 나무를 베거나 목재를 가공할 때 사용한다. 무기로 사용하고, 길고 독특한 형태의 도끼는 의장용으로 쓰이기도 한다. 신석기시대의 뗀도끼는 격지를 이용하거나 원석을 그대로 다듬은 뒤 날 부

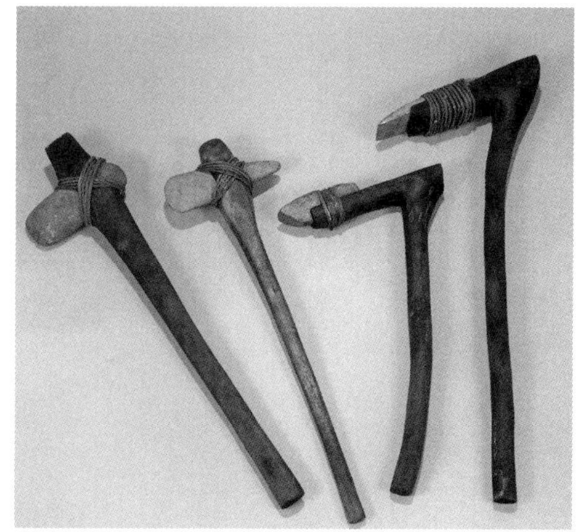

그림 67　조갯날도끼(왼쪽 2점)와 외날자귀, 대팻날도끼─국립광주박물관 사진 제공

그림 68　뉴기니 원주민이 돌도끼로 유칼립투스 나무의 껍질을 벗겨내는 모습(Axel 1980)

분과 몸체의 일부분만 갈아서 사용하는 형태가 일반적이다.

　　조갯날도끼는 양쪽에서 똑같이 갈아 좌우 대칭인 날을 갖고 있다(그림 70). 날 모양을 측면에서 보면 조개가 입을 닫고 있는 모양과 비슷하다고 해서 지어진 이름이다. 외날도끼는 한 면만 갈고 다른 한 면은 편평하게 만든 날을 갖고 있다.

● 조갯날도끼(합인석부)

도끼는 신석기시대부터 출현하여 청동기시대에 이르면 크기도 대형화되면서 더욱 많이 제작된다. 조갯날도끼는 벌채용으로 사용된 것으로 본격적인 목공구의 출현과 사용을 의미한다. 이것은 사용 때 가해지는 강한 힘으로 날이 이지러지거나 빠지는 경우가 많으며, 특히 자루가 뒤로 밀려 나갈 때 이를 바로잡기 위해 뒤를 찍은 흔적이 반대쪽에 남아있다.

　　한편 논산 마전리유적과 대구 서변동유적(그림 36)에서 출토된 나무로 만든 도낏자루는 조갯날도끼를 끼워서 사용했다. 자루 부분에 2개의 돌대를 만든 것이 흥미롭다. 서변동유적에서 출토된 도끼는 장착하는 부위가 40도 내외로 기울어져 있는데, 도끼질할 때 작업효율을 높이기 위한 고안이었다.

그림 69　도끼와 숫돌(진주 상촌리, 신석기시대, 국립대구박물관 사진 제공)

- 외날자귀(주상편인석부)

몽둥이 모양(柱狀)의 형태에 외날[片刃]을 가지고 있는 도끼이다. 단면이 장방형 또는 사다리꼴로 두께가 두꺼운 외날도끼이다. 넓은 의미로는 턱자귀·외날자귀·홈자귀가 있다.

턱자귀[有段石斧]는 한반도 서북지방에서 팽이형토기와 함께 대동강 유역에서 많이 출토되는 도끼이다. 홈자귀보다 대형이 많은 것으로 보아 벌채에 사용한 것으로 생각한다. 크기는 15~30cm로 다양한데, 도끼가 너무 크면 무거워서 사람이 오랫동안 도끼질을 할 수 없기 때문이다. 도끼에는 적당한 크기가 필요하다.

청동기시대 후기로 갈수록 전체 크기가 작아지고 횡단면이 사다리꼴로 변해간다. 금탄리 1호 주거지와 심촌리 1호·주거지 출토품이 가장 이른 시기의 것이다. 그 외 석탄리·석교리·대평리 2호 주거지 등에서도 출토되었다.

다른 돌도끼에서는 볼 수 없는 턱자귀의 특징은 인부의 아래쪽에 돌기(턱)가 만들어져 있다는 점이다. 이것은 장착방법과 밀접한 관련이 있는 것으로, 사용 때 돌도끼가 뒤로 밀려들어 가는 것을 막아주는 역할을 하였다. 강진 파산리 채집품이 대표적이다. 아울러 영암 장천리 6호 주거지, 순천 서평리 6호 지석묘에서 출토된 돌도끼처럼 장착 부위에 단이 있거나 구멍을 뚫어놓은 것은 중국 턱자귀

그림 70 가로로 눕혀서 본 도끼날 모습(왼쪽: 자귀, 중간: 조갯날도끼, 오른쪽: 자귀). 국립대구박물관 사진제공

와의 관련성을 살펴볼 필요가 있다.

턱자귀를 제외한 외날자귀는 홈자귀보다 이른 시기에 주로 출토되며 청동기시대 중기까지도 발견된다. 시간이 지나면서 위쪽 등 부위가 직선에서 곡선 또는 단이 지는 현상을 확인할 수 있으며, 차츰 작은 모양으로 바뀐다.

• 홈자귀(유구석부)

홈자귀의 기원에는 다양한 이야기가 있다. 중국 화남지역의 턱자귀나 외날자귀의 모방, 한반도 서북지방의 턱자귀 모방, 북방지역에서 유래한 가설 등이다. 우리나라 청동기시대의 외날자귀로부터 유래했을 가능성도 이야기된다.

한반도의 청동기시대 유적에서 홈자귀는 고루 출토된다(그림 71). 혹시라도 유적에서 홈자귀가 출토된다면 그 유적은 청동기시대에 해당하는 것임이 분명할 정도로 시대를 특정할 수 있는 석기이다. 한반도 남부지역에서 만들어진 주거지에서 주로 출토된다. 청동기시대 중기 이전에 여러 석기 중 목공구로 그 기능이 특화되어 가는 시기에 홈자귀가 발생했을 가능성이 있다.

홈자귀는 조갯날도끼와는 사용방법이 달랐다. 자귀는 위에서 아래로 내려치는 방식으로 주로 사용한다. 나무를 베고 껍질을 벗기거나 구멍을 팔 때에 아주 유용한 도끼이다. 홈자귀에는 도끼 등에 홈이 있기 때문에 붙여진 이름으로 도끼질을 할 때 나무와 부딪히면서 생길 수 있는 충격에도 도끼가 자루에 단단히 고정되어 있다. 즉, 자루와 도끼를 견고하게 고정하기 위해 홈[溝]을 냈다고 볼 수 있다. 일본 선사시대에 벼농사[도작] 수용기동안에 반달돌칼, 돌낫, 대팻날도끼, 돌검, 화살촉, 홈자귀가 일본의 북부 규슈지방으로 전해졌다. 이른바 대한

그림 71　홈자귀(청동기시대, 부여 송국리유적)

해협을 건너서 일본열도로 전해진 도끼이다.

• 대팻날도끼(편평편인석부)

직사각형의 모양에 납작한 외날[偏刃]을 지닌 도끼이다(그림 72). 지금의 대패와 비슷한 기능을 했을 것으로 추정되며, 대패의 원조 격인 석기이다. 대팻날도끼는 지금으로 따지면 대패에 들어가는 대팻날과 유사하다.

하지만 대패와는 사용방법이 완전히 달랐다. 대팻날도끼는 자루에 묶어 위에서 아내로 내려쳐서 목재를 다듬는다. 반면에 대패는 목재에 고정시켜 대패를 밀거나 당기면서 표면을 다듬는 방식이다. 현재 사용되는 대패는 고려말이나 조선 초에 개발되었을 것으로 추정한다. 조선시대 김홍도의 〈기와이기〉에 나오는 대패질 모습을 보면 대패 양쪽에 달린 손잡이를 잡은 뒤에 몸 바깥 방향으로 미는 방식으로 사용했다. 하지만 현재 우리가 사용하는 대패는 우리 것이 아닌 일본식 대패이다.

조갯날도끼나 자귀로 미리 다듬어 놓은 목재를 매끈하게 다듬을 때 사용했다. 대팻날도끼의 장착방식은 홈자귀와 같은 방식으로

그림 72　　대팻날도끼(청동기시대, 하단 좌측 길이 5.3cm). 국립대구박물관 사진제공

293

고정했다. 크기는 큰 것도 있지만 5cm 이하의 작은 크기도 있다. 대팻날도끼는 날 두께가 얇은 것이 특징이다. 집을 짓기 위해 필요한 목재를 다듬을 때 각종 도구의 손잡이의 표면을 다듬을 때, 등 목공작업 중 목재를 마무리할 때 주로 사용했다. 대팻날도끼는 신석기시대에 출토되지 않는다. 청동기시대에는 신석기시대와 비교해서 목공작업이 일상적으로 이루어졌고, 정교하게 작업했음을 유추할 수 있다.

● 달도끼(환상석부)

청동기시대 전기에 흔히 출토되는 석기이다(그림 73). 환상돌도끼, 바퀴날도끼로도 불리며, 별도끼[星形石斧]와 함께 청동기시대에만 출토되는 석기이다. 북한의 대동강 유역을 중심으로 한 한반도 서북지방에서 많이 출토된다. 편평한 돌덩이를 구해 미리 다듬은 뒤에 둥근 모양으로 갈아서 소재를 만들었다. 그 뒤, 둥글고 납작해진 소재의 중앙에 구멍을 뚫어서 나무 막대 등을 끼울 수 있도록 만들었다.

　　달도끼는 가운데가 비교적 두껍고, 날 쪽으로 갈수록 얇아지게

만들었다. 달도끼는 두께가 2cm를 넘는 것이 없다. 용도는 정확하게 추정하기 어렵다. 아직도 그 용도에 대해서는 여러 설이 있다. 무기로 쓸 수 있지만, 일부는 구멍을 뚫는 도구인 무추의 회전을 일으키는 부속품으로 생각된다. 회전력을 일으키고 물건에 효과적으로 힘을 줄 수 있다. 둥근 날 전체가 골고루 날이 부서진 예와 조금씩 부서진 예가 있다. 달도끼의 크기는 지름 5~15cm 정도로 아주 다양하다. 주로 북한지역에서 많이 출토되며, 남부지역보다는 중부지역에서 좀 더 많이 출토되고 있다.

- **별모양도끼**(성형석부)

중심에 구멍이 있는 예도 있지만 없는 예도 있으며, 별 모양과 같이 돌기를 만들어 놓은 석기이다. 제작방법은 편평하고 납작한 둥근 형태를 제작한 뒤 구멍을 뚫은 후 돌기를 제작한다. 자루를 끼울 수 있는 구멍의 크기가 대체로 2cm 이상이며, 구멍 내부의 표면에 연속적인 회전선이 남아있는 것으로 볼 때 사람의 손이 아닌 구멍을 뚫는 특별한 도구가 사용되었다. 구멍의 단면이 안으로 들어갈수록 폭이 좁아지고 바깥쪽이 넓은 것은 양쪽에서 구멍을 냈기 때문이다. 울산 신정동출토품의 구멍은 회전할 때 구멍을 뚫는 투공작업과 함께 돌로 석기 모양을 다듬는 고타로 투공작업을 마무리했다.

서변동 출토품(그림 74)은 구멍주위가 다른 부분보다 두꺼운데 이는 구멍을 뚫을 때 생기는 석기의 파손을 막고 양쪽에서 구멍을 뚫을 때 어긋나지 않도록 하기 위한 고안으로 생각된다. 돌기는 박리 또는 쪼임 방법을 통해 예비조정과정에서 모양을 잡은 후 소형 지석을 이용하여 조금씩 위아래로 홈을 파서 제작하였다. 돌기 수는 6개부터 12개까지 있다.

그림 74　별모양도끼(대구 서변동유적, 청동기시대)

그림 75　별모양도끼(춘천 신매리유적, 청동기시대), 국
립대구박물관 사진제공

그림 76　별모양도끼의 돌기 부분(갈아서 만든 자국이
잘 남아있음)

돌기 모양에 따라 삼각형, 정사각형, 가늘고 긴 직사각형으로 나눌 수 있다. 삼각형은 대개 별모양(불가사리 모양, 함북 문암리)이며(그림 75·76), 부채꼴은 풍차형(석탄리), 가늘고 얇은 직사각형은 성게형(평양시 중리 독재굴, 황해북도 석탄리), 톱니바퀴형(대구 서변동, 공귀리)이 있다. 구멍을 중심으로 돌대가 남아있는 이중식 별도끼가 대구 서변동과 강원도 통천군 미평리에서 출토되었다. 단면은 위가 볼록하고 아래가 편평한 것과 위아래가 모두 볼록한 것이 있으며, 기능적인 차이는 알 수 없다.

기능에 대해서는 정확하지 않지만, 돌기 부분에 사용흔이 많이 남아있으며, 폐기되는 사례에서도 돌기가 부서진 것이 많아 돌기가 이 도구의 중요한 목적임에는 분명하다. 전투용이나 특수한 지형에 활용되는 굴지구·의례품·활비비(투공구)의 부속구 등 여러 가능성을 생각해 볼 수 있다.

• 장대형(長大形) 도끼

도끼 중에서 가장 크기가 크고 다양한 상징적 의미를 내포하고 있다.

울진 후포리, 고성 문암리, 춘천 교동, 춘천 시도, 통영 연대도, 통영 욕지도, 동삼동, 김해군 미음리, 함경북도 무산 등 한반도의 중부·동해안과 남해안 지역에서 주로 발견된다. 후포리유적은 간돌도끼 130여 점과 석제 관옥 등이 출토되었고 주로 20~30cm가 많다(그림 26·27). 집단 묘지였을 가능성이 있다. 신석기시대 후기에 만들어진 것으로 추정하며, 토기는 함께 출토되지 않은 것이 특징적이다.

함경북도 회령군 연대봉의 묘지에서는 길이 29cm의 대형 도

그림 77　장대형 도끼와 곰배괭이
(상단). 국립대구박물관 사진제공

끼가 출토되었고, 종성군 상삼봉유적의 예도 있다. 춘천 교동유적도 무덤이었을 가능성이 크며, 출토된 토기로 보아 함경도 쪽의 영향을 받았을 가능성이 있다. 남해안에는 연대도패총에서 대형의 타제 도끼가 몇 개 겹쳐져 출토되었다. 대형 도끼에서는 사용흔이 거의 없으나 20cm 내외의 것은 사용흔이 있어 크기에 따른 용도의 차이가 있었던 것으로 추정된다. 한편 땅을 팔 때는 괭이를 사용했으며, 그 중 곰배괭이가 독특한 모양이다(그림 77).

　도끼의 기능은 목공구, 무기, 땅파는 굴지구, 의례, 장식품이다. 선사시대 석기 중 구석기시대에 등장하지 않은 도구가 바로 도끼이다. 신석기시대부터 나무를 활용하기 위한 도끼가 본격적으로 등장하는 데 기후가 온난해져 주변에 나무가 많았음을 뜻한다. 신석기인이 나무를 베어서 그 나무를 다듬어 집과 배, 도구를 만들었다. 도끼는 나무의 쓰임새가 많아질수록 더 많이 만들어야만 하는 도구이다. 신석기시대와 청동기시대의 유적에서 도끼는 항상 출토되고 있다. 이러한 사실은 목공기술이 작업종류에 따라 세분화되었고 기술전수가 이루어지고 있었음을 시사한다. 직업적인 장인은 아닐지라도 목공작업에 숙련된 사람이 많았음을 말해준다.

　여러 형태의 도끼는 사람이 사는 집을 짓고 도구를 만드는 데

울진 후포리유적 장대형 도끼

(신석기시대)

사진: 국립경주박물관

장대형 석부라고도 불린다. 돌도끼 중 이러한 모양은 독특하다. 동해안을 따라 해안선에 가까운 지역에 주로 출토되는데 연해주, 일본 등에서도 비슷한 돌도끼가 발견되고 있다. 돌도끼 중에서는 가장 크다. 이것들은 표면이 완전히 갈려있고, 소재로 단단한 돌을 사용했는데 미적으로도 아름다운 느낌이 든다. 후포리유적에서는 인골과 함께 돌도끼가 다량 발견되었다. 당시 살았던 사람들의 매장의례와 도구를 이해하는 데 중요하다. 돌도끼의 날을 보면 사용한 흔적도 있어 의례용뿐만 아니라 실생활에서도 사용했다.

있어 가장 중요한 물건이었다. 화덕의 불을 지피기 위한 땔감을 만
들 때도 도끼는 유용했다. 이른바 도끼는 "만능 석기"였다.

간돌검은 청동기시대를 대표하는 석기로 생활용구로 사용되었으나, 부장용으로 많이 알려져 있다(그림 56). 우리나라에서는 고인돌이나 돌널무덤[석관묘] 등에서 자주 출토된다. 간돌검은 검신(劍身)과 자루[柄]로 구성되며, 자루대신에 슴베[莖]를 만들기도 한다. 응회암·점판암·이암 등 다양한 석재를 사용한다.

청도 진라리출토품은 우리나라에서 가장 긴 것으로 67cm에 이른다(그림 58). 김해 무계리(茂溪里) 출토품(그림 55)인 46cm길이도 있지만 대부분의 칼 길이는 30cm 내외가 보통이다. 손잡이 부분에 홈을 내어 단을 만든 이단병식(二段柄式), 홈 대신에 돌기를 만든 유절병식(有節柄式), 손잡이의 구획이 없는 일단병식(一段柄式), 짧은 슴베가 있는 형식이 있다. 형식변화상으로 단은 있는 것에서 없는 것으로 변화한다(도면 6).

이단병식은 몸체 양쪽에 피홈[血溝]이 있는 경우가 많으며 이것은 얇고 납작한 돌도구로 소재인 돌을 자르는 찰절기술로 홈을 만들었다. 피홈 형태는 점차 시간이 지나면서 간략화되어 형식적으로 선을 긋는 정도에서 그치게 된다. 돌검 크기는 20~30cm 내외로 일단병식 검과 비교하면 소형이다. 칼날에는 실제 사용한 흔적이 남아있다. 피홈을 지닌 돌검 중에는 검 손잡이가 없는 무경식도 있다.

유절병식은 이단병식의 변형으로, 칼 몸체의 끝부분[봉부 鋒部]이 매우 뾰족해지고 끝부분과 칼날의 구분을 위해 각지게 만든다. 몸체는 세장하고 능선이 명료하다. 검자루 장식이 점차 의기화되어 대형 돌검이 제작되고 이때부터 돌검의 의기성이 더욱 분명해진다. 돌의 결을 살려 돌검에 문양이 자연스럽게 드러나도록 만들기도 한다.

남한에서만 발견되는 유절병식 간돌검(有節柄式 磨製石劍)은 전북 완주 상림리(上林里)에서 출토된 중국 춘추시대(春秋時代) 말 전국

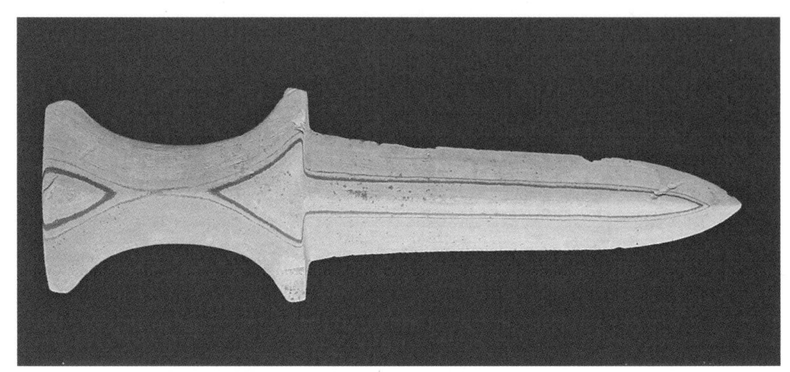

(戰國) 초의 도씨검(桃氏劍)과 자루형식이 비슷하여 그 관련성이 주목된다. 자루대신 슴베가 달린 한반도 남부지방 간돌검의 경우에는 비파형 혹은 세형동검과 같은 청동 단검을 모방했을 가능성을 전혀 배제할 수 없다.

간돌검 중 몸체에 무늬가 남아있는 사례를 어렵지 않게 볼 수 있다(그림 78). 필자 역시 석기를 잘 모를 때는 간돌검을 만들었던 사람이 의도적으로 만들었던 무늬로 생각했다. 하지만 그게 아니었다. 간돌검에 남아있는 무늬는 돌이 풍화하면서 자연스럽게 생긴 무늬로 의도해서 만들지는 않았다. 다만 간돌검을 만들 때 대칭성을 고려하다 보니 훗날 이런 문양이 자연스럽게 남게 되었다.

필자가 국립대구박물관에서 학예연구사로 특별전 '사람과 돌'을 준비하던 때이다. 어느 날 전시품을 고르는 과정에서 간돌검 중 똑같은 모양을 발견하였다. 청도에서 출토된 간돌검과 밀양 가인리유적에서 출토된 것으로, 두 유적은 지도에서 측정해 보았을 때 약 50~60km 떨어져 있었다. 그런데 왜 같은 간돌검이 출토되었을까라는 의문을 갖게 되었다. 이를 계기로 그 후 간돌검의 상호작용망과 관련한 논문을 작성하였다(도면 6~10). 여기서는 그때의 성과 중 일부를 설명하고 싶다.

청동기시대의 간돌검은 구석기시대와 신석기시대의 칼과 비교하면 제작기술이 뛰어나고 규격성이 있다. 간돌검의 세부 특징을 보면 간돌검의 본보기나 디자인이 없으면 똑같이 만들 수 없을 터라는 의문이 들었다(도면 10). 같은 제작자가 여기저기 옮겨 다니면서 만들었기 때문일 수도 있다. 하지만 그리 간단한 문제는 아니다. 여기에는 제작자가 암질 선택, 석재 다듬은 후의 고타, 갈기, 찰절(자르기)의 순으로 작업단계를 거쳐야만 만들 수 있기 때문이다. 특히 앞서 언급한 기술상실처럼 디자인이 없으면 만들고 싶어도 똑같이 만들 수 없을 뿐만 아니라 제작공정도 상당히 복잡하다.

간돌검을 만드는 일은 돌의 물성을 이해하고, 모양을 사전에 계획해야 한다는 점을 고려할 때, 전업 제작자 또는 비 전업적 전문가에 의해 만들어졌을 가능성이 크다. 간돌검은 실용적 목적 이외에도 사회 조직의 한 축을 담당했던 의례 행위를 위해 만들어졌다.

그 한 예로 청동기시대의 간돌검 중에는 유절병식이 있다. 칼의 자루 부분에 두 개의 띠를 만든 것이 특징이다. 유절병식으로 만들어진 간돌검은 길이, 몸신, 자루 등이 아주 유사하다. 유절병식 석검은 길이와 검신형태의 유사성이 아주 높다. 유절병식 간돌검은 영남지역에서 많이 출토되었는데, 영남 이외의 지역에서 출토된 것도 아주 비슷하다. 그런 차원에서 청동기시대의 간돌검과 관련한 유통망과 정보전달망의 존재를 확인할 수 있었다(張龍俊·平郡達哉 2009).

유절병식 간돌검은 주로 고인돌에서 출토된다. 무덤 주인의 허리 부근이나 무덤 주위에서 출토된다. 남한지역에서 이와 같은 부장관습이 널리 퍼져있었다는 점에서 청동기시대 사람들은 매장 의례를 공유하고 있었다. 유절병식 간돌검에서 유추할 수 있는 의례 행위의 공유는 사회통합의 수단으로 작용했다. 간돌검은 집단의 이동과 이주, 후대에 물려주는 전세, 교역과 재교역, 분배 등으로 여러 지역으로 전파되었다.

특이한 것은 간돌검의 제작장이 드물다는 사실이다. 그 이유는 간돌검의 제작을 주거지와 멀리 떨어진 곳에서 진행했거나, 간돌검을 만들 때 갈기 위해서는 물이 필요했기 때문에 하천과 같은 특정 장소에서 제작되었을 가능성이 있다. 그리고 완제품을 다른 사람으로부터 구해왔을 수 있다. 분명한 사실은 간돌검을 아무나, 그리고 아무렇게나 만들 수는 없었다.

사람의 손으로 자연의 돌을 다듬어서 만드는 과정에는 선사시대 사람의 정신세계가 투영되었다. 간돌검은 제작 과정에서 돌이 아닌 특별한 의미를 지닌 물건으로 바뀌었다. 즉 사회적으로 새로운 의미가 부여된 유물로 탈바꿈하게 된 것이다. 간돌검을 무덤 내에 부장하는 문화 현상은 집단 내에서 죽은 자를 위한 고인돌 축조라는 부장풍습을 공유한 뒤에 이루어진 문화적 하위 현상이었다. 청동기사회에는 고인돌을 만들고, 간돌검을 죽은 이를 위해 넣어주는 매장풍습이 널리 공유되고 있었다. 한편 고인돌이 축조되지 않는 곳에서는 간돌검의 부장사례도 드물었다.

그리고 간돌검의 제작과 그것을 부장했던 고인돌의 축조는 단

순한 계층화의 진행으로 해석하기보다 동일한 사회 통념을 지닌 문
화권의 사람들이 자발적으로 참가 및 협력으로 만들어졌을 가능성
이 컸다. 유절병식 간돌검의 분포로 볼 때 각 집단은 상호작용망을
통해 유기적인 관계를 유지하고 있었다.

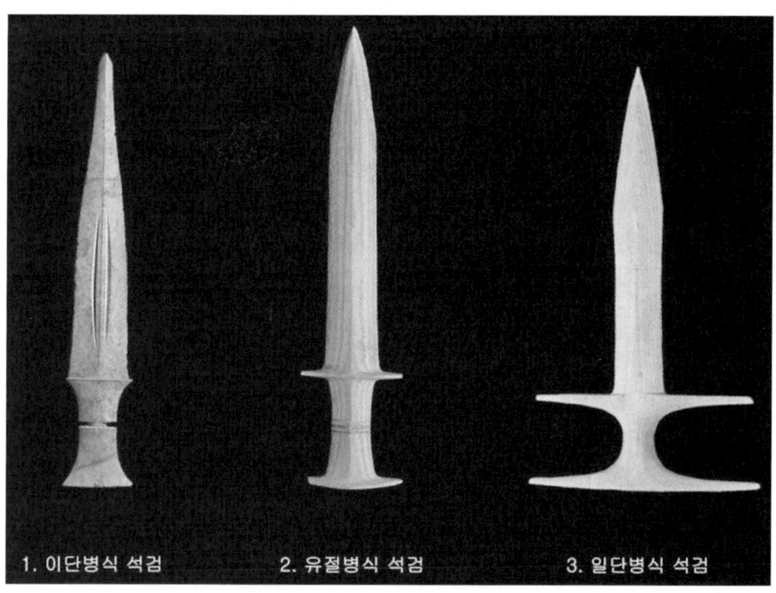

도면 6   간돌검의 형식과 종류(손잡이 모양 기준)

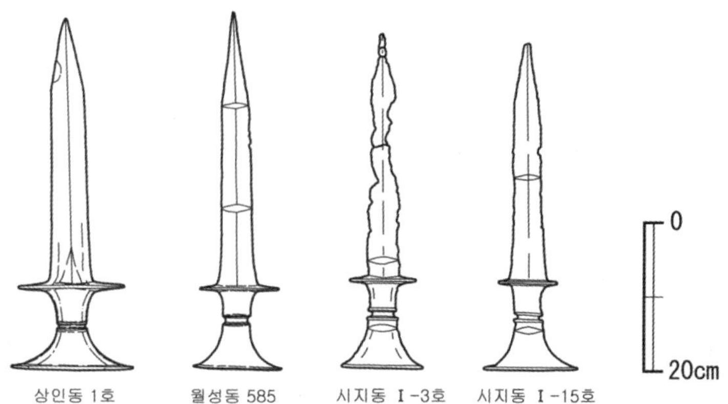

도면 7   대구지역 유사 석검(張龍俊·平郡達哉 2009)

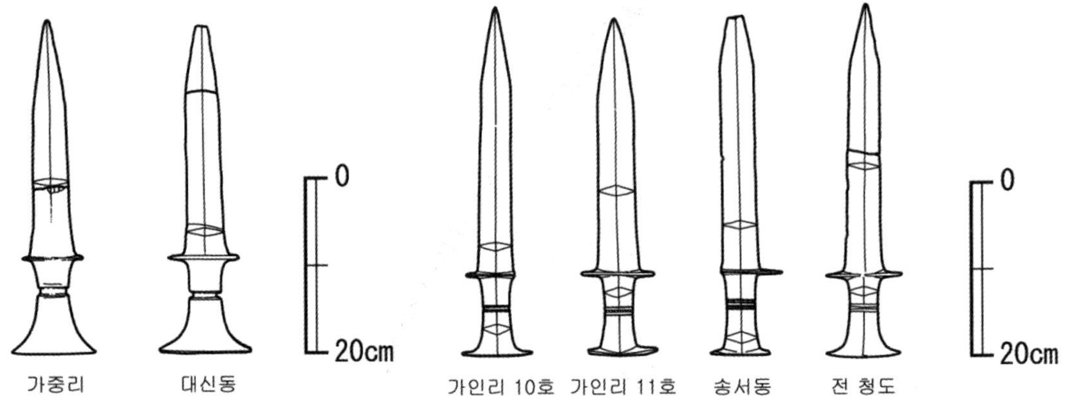

도면 8　부여·부산지역 유사 석검(張龍俊·平郡達哉 2009)

도면 9　밀양·청도지역 유사 석검(張龍俊·平郡達哉 2009)

밀양 가인리와 청도 출토품은 쌍둥이라 할 수 있을 정도로 모양이 같다. 아마도 청도에서 제작되어 가인리유적으로 유통된 것으로 추정된다.

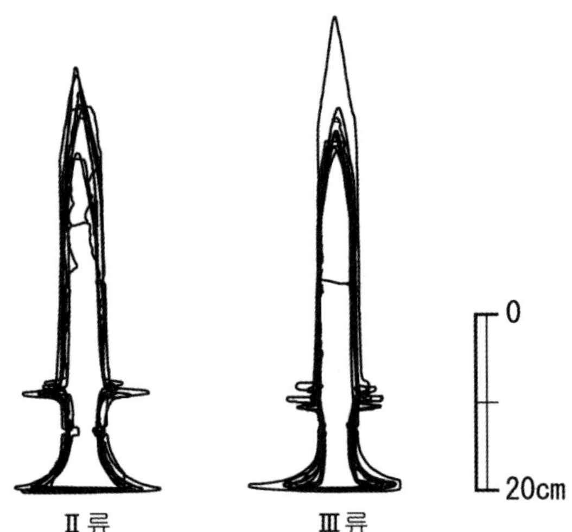

도면 10　Ⅱ·Ⅲ류 석검들의 겹쳐서 본 외형의 유사성(張龍俊·平郡達哉 2009)

(Ⅲ류에서 길이가 확연히 차이나는 한 점은 김천 삼거동에서 출토된 것)

간돌검은 자루의 길이와 몸신의 폭을 일정하게 유지하고 있었다. 간돌검은 이런 모양으로 만들어야 한다는 내부적인 규칙이 작동하고 있었던 것으로 추정된다.

신석기인들은 어로와 수렵 중심의 생활을 영위하면서 일상 활동을 통해 쉽게 구할 수 있는 조개·동물 뼈·돌·흙 등의 재료를 가공하거나 다른 지역으로부터 교역을 통해 입수된 옥과 같은 재료를 이용하여 장신구를 제작하였다. 장신구의 종류는 후대의 장신구에 비해 출토수량이 적고, 형태도 단순하다. 현재까지 머리 장식용인 뒤꽂이, 목이나 가슴을 장식한 목걸이, 귀걸이, 팔찌, 발찌 등이 있다.

선사시대 장신구는 그것을 소유하는 자의 사회적 지위와 역할을 나타내기도 하고, 원시 신앙의 의례적인 도구 혹은 자연의 위협으로부터 신체를 보호하려는 벽사적인 기능도 가졌다. 벽사적 기능은 생계 활동 중에서 오는 위험요소에 대한 심리적인 안정감을 가져다주기도 했다. 남해안에서 출토된 맹금류의 발톱이나 멧돼지, 수달, 돌고래 등의 이빨, 각종 동물 뼈, 조개류 등으로 만들어진 장신구는 신석기인들의 주요 생업기반인 수렵과 어로 활동의 산물로 얻어진 재료로 만들어졌다.

그림 79　옥장신구와 옥을 만들 때 사용한 숫돌(청동기시대, 진주 옥방유적 등). 국립대구박물관 사진제공

신석기시대 귀걸이는 주로 옥석(玉石)이나 흙을 소재로 제작되
었다. 옥으로 만든 결상이식은 신석기시대에 우리나라를 비롯한 일
본·중국 등 동아시아에 널리 유행하던 귀걸이이다(그림 25). 결상이
식은 청도 사촌리, 동삼동패총, 고성 문암리, 울산 처용리와 신암리,
사천 선진리, 여수 안도, 제주 고산리, 제주 삼양동, 제주 도두동에
서 출토되었다. 형태는 동삼동과 사촌리 출토품이 말각방형, 문암리
출토품은 원형이다. 문암리와 사촌리 출토품은 연옥으로 만들었고,
동삼동 출토품은 석영으로 만든 것으로 추정된다. 우리나라에서 결
상이식은 신석기시대 전기에 해당하는 융기문토기가 나오던 시기
에 사용되었다.

- ● 장식하기 위해 사용한 옥

옥은 권위·의례·신앙·치장 등을 위해 다양한 형태로 사용되었다.
인간의 미에 대한 관념과 의례와 같은 사회성을 표출하는 데 사용
된 청동기시대의 장식재료이다. 경옥(硬玉)은 경도 6~7로 비취라 불
리며, 연옥(軟玉)은 경도 5.5~6이다. 벽옥(碧玉 Jasper)·천하석(天河
石 Amazonite) 등이 주로 사용되었다. 천하석은 쪼개지기 쉬워 가공
하기 쉬웠지만, 파손도 잘된다. 장식용 옥은
곱은옥(활꼴, 반환형, 'C'자형), 매단 옥, 대롱옥
[一字形], 구슬옥[環玉]으로 크게 나눌 수 있
다. 공통점은 구멍이 있어 여러 개를 연결해
하나의 장신구를 만들거나 단독으로 줄을
이용해 치장할 수 있다. 구슬옥은 작은 것을
소옥(小玉), 큰 것을 환옥(丸玉)으로 구분하기
도 한다.

　　주로 대롱옥은 목걸이에 많이 사용했다

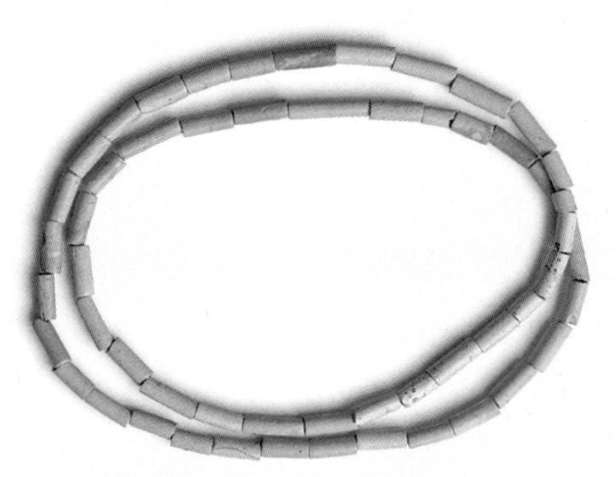

그림 80 　대롱옥으로 만든 목걸이(청동기시대, 관창리유적)

(그림 80). 곱은옥은 귀걸이나 목걸이의 부속

구로 많이 사용되며 얇은 것에서 두터운 것까지 다양한 크기가 있다. 부여 동서리·부산 귀곡동·부여 송국리·부여 백암리·진주 대평·논산 마전리·사천 이금동·제천 도화리·양평리·충주 하천리·여수 평여동 다2호 지석묘 등 전국 각지에서 확인할 수 있다.

구석기시대에는 옥을 사용하지 않았다. 신석기시대에는 옥 관련 유물이 소량만 발견되었다. 청동기시대에 급속히 늘어나는 장식용 옥은 농경을 시작하면서 개인의 치레걸이가 주목받으면서 더욱 많이 제작되었다. 옥은 초기에는 특정 개인의 것이 아닌 공동체 성원의 공유물이었지만, 농경이 본격화되고, 사회변화에 발맞추어 특정인의 소유물로 바뀐 것으로 추정된다. 만약 농경과 장식용 옥이 밀접한 관련이 있다면 다양한 형태의 옥 장신구가 풍요로운 농사를 기원하기 위한 개개의 곡물들을 형상화한 것일 수도 있을 것이며 농사를 관장하는 샤먼의 치장품일 수도 있다.

• 옥의 제작

청동기시대의 진주 옥방 5지구 집터 10기 중 6기가 옥 제작 공방으로 확인되어 옥 제작을 위한 전문장인의 존재가 주목받았다.

옥 제작공정은 기본적으로 마제석기의 제작기술과 거의 유사하다. 원석 입수는 조약돌 상태의 돌을 채취하거나 원석을 채굴하기도 한다(톺아보기 15). 다음으로 원석을 옥 제작에 좋은 크기와 형태로 떼어내고 찰절기법으로 옥의 크기에 가까운 형태로 쪼갠다. 돌로 두드려서 다듬는 고타기법으로 대략적인 석기 모양을 다듬고 숫돌로 마연을 하는데 특히 옥제작용 숫돌을 옥마석이라 부른다(그림 79).

작은 크기의 장신구들을 줄로 엮어서 장신구로 사용하기 위해 구멍을 뚫고 마무리하는 공정을 거친다. 옥을 구멍낼 때는 먼저 뚫기 시작하는 개구부와 마지막으로 뚫고 나오는 출구부의 구멍 크기가 같아야 하므로 보통 구멍 뚫기를 할 때 가는 추를 장착한 활비비

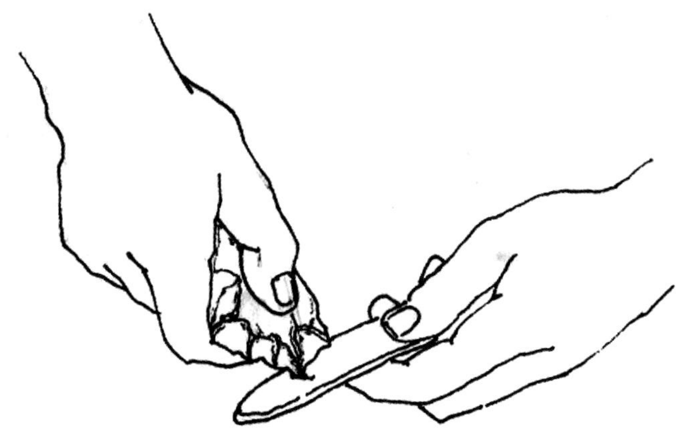

그림 81   뚜르개로 구멍 뚫는 모습

를 이용하고 고정구를 사용해 부서지거나 깨지는 실패를 줄였다.

구멍을 뚫는 천공기술은 신석기부터 확인되지만, 청동기시대가 되면 옥 제작과 관련한 천공기술이 더욱 발전한다(그림 82, 83).

진주 대평유적의 옥을 만든 공방지로 추정되는 유구에서는 다양한 형태의 석환(石環), 석추 등이 출토되어 활비비를 이용한 천공기술이 일반화되었음을 말해준다. 석추의 재질은 석영과 같은 단단한 재질이 사용되었고 연마제로 가는 석영 모래를 넣었을 것으로 추정된다. 석추를 자루에 바로 끼우지 않고 자루와 석추사이에 매개물을 끼워서 이용했을 가능성도 있다.

관옥의 경우 일정한 길이만큼 자른 후 구멍을 뚫는데 길이가

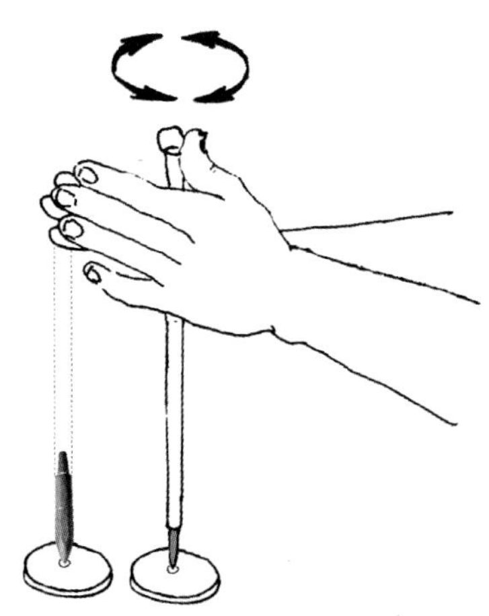

그림 82   투공구가 부착된 도구를 손으로 비벼서 방추차에 구멍을 뚫는 모습, 국립대구박물관 사진제공

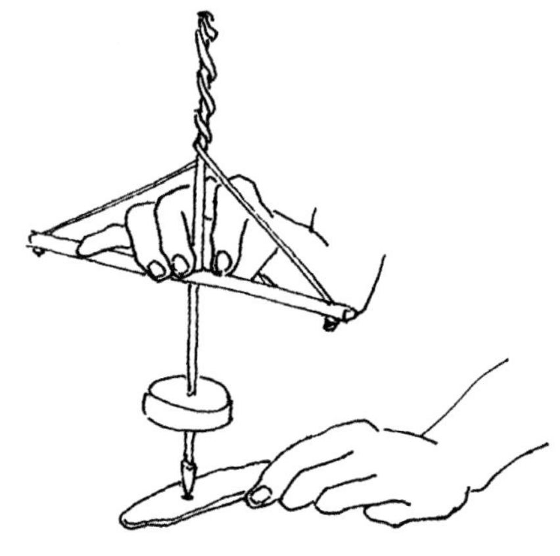

그림 83   활비비로 구멍을 뚫는 모습

310

짧은 것은 한쪽에서 긴 것은 양쪽에서 뚫었으며 구멍의 안쪽 면에 횡방향의 찰흔이 남아있다. 사용된 투공구의 끝은 바늘처럼 매우 가늘고 얇으며 찰절기술을 이용하여 소재를 제작하였다. 사천 이금동의 대롱옥 중 깨어진 것은 구멍을 뚫는 과정에서 부서진 폐기품으로 생각된다. 발화석으로 불리는 홈을 가진 석기 중에는 환옥을 제작하고 남은 흔적일 가능성도 있다.

청동기시대 옥 관련 유물

옥 원석과 반가공품(청동기시대, 국립김해박물관 사진 제공)

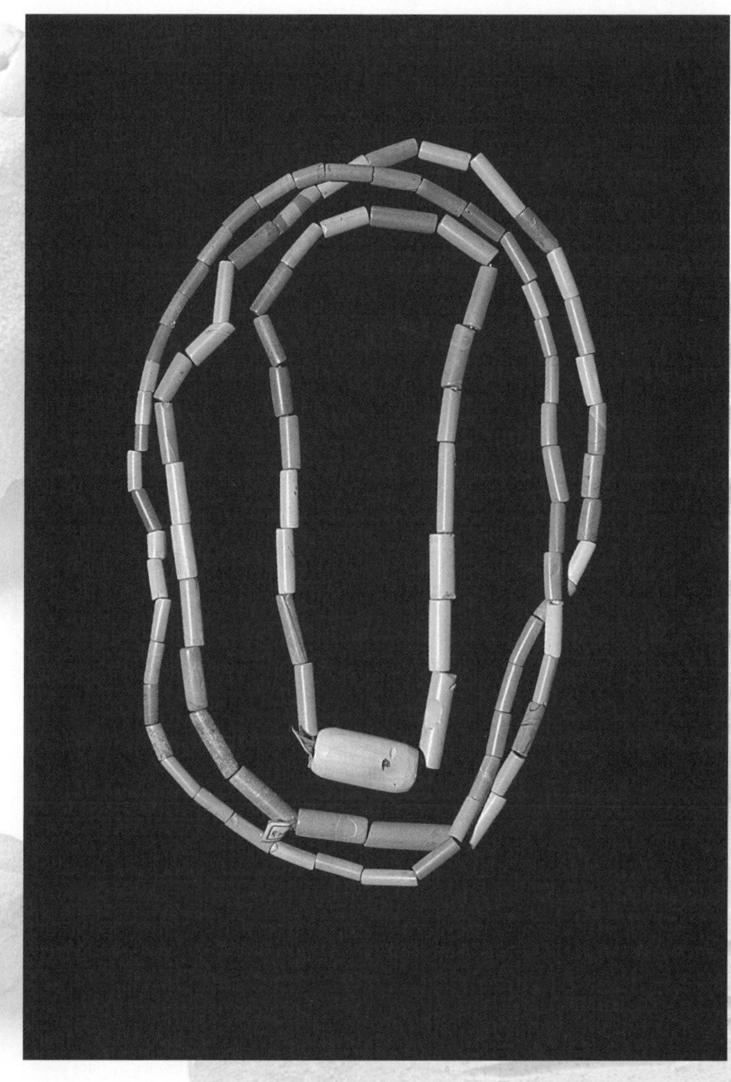

청동기시대 각종 옥 관련 도구와 목걸이
(국립대구박물관 사진 제공)

청동기시대에는 옥을 이용해 장신구를 만드는 비중이 증가한다. 아직 학자들도 정확한 이유는 알지 못한다. 신석기시대에는 옥 관련 유물이 적다. 아마도 청동기시대에 본격화된 농경, 특히 벼농사와 관련한 의례와의 관련성과 개인 치장의 풍습이 사회 내에서 자리 잡았을 가능성이 있다. 이러한 옥을 무덤 속에 묻는 풍습은 벼농사와 함께 일본열도로 전해지기도 했다. 이러한 옥 장식품을 만들기 위해 전용 숫돌, 투공구, 찰절구 등이 등장했다. 그림 79의 사진 속 유물 중 홈 자국은 옥을 갈아서 만드는 과정에 생긴 것들이다.

- **교환, 인류의 새로운 혁명**

사람은 지구에 사는 동물 중 교역을 하는 유일한 존재이다.

> "사피엔스 외에는 교역하는 동물이 없고, 우리가 상세한 증거를
> 가지고 있는 사피엔스의 교역망은 모두 허구에 근거를 둔다(유발
> 하라리 2015)."

사람은 물건, 정보, 협력과 분업, 신뢰에 기반을 두고 유무형(有無形)의 오고 감이 있다.

대구 월성동에서는 좀돌날 4,888점과 좀돌날몸돌 99점이 출토되었다. 그중 흑요석으로 만들어진 좀돌날 143점과 새기개 격지(burin spall)가 132점이나 된다. 여기에 사용된 흑요석은 백두산이 산지로, 교환을 통해 획득했다.

결국, 고고학적 자료로 밝히기는 쉽지 않지만, 정보의 교환이 전제되지 않는다면 인류의 문화 확산과정을 설명할 수 없다.

교환은 인류가 선택한 가장 합리적인 환경극복 프로젝트였다. 교환의 대상이 되지 않는 물건이나 식량은 없다. 때론 사람도 교환의 대상이었다.

- **후기구석기시대 한반도와 일본열도의 교류**

우리나라에서 후기구석기시대는 새로운 석재로 석기를 만들었지만, 기존에 쓰던 재료도 완전히 사라지지 않았다. 제작자의 목적과 그들이 처한 환경에 맞춰 대응능력이 향상된 것이다. 교환이란 사람이 현재 처한 환경을 극복하기 위한 새로운 수단이었다. 주어진 환경에 안주해 그 속에서 푸념하는 것이 아니라 적극적으로 다른 사람에게

도움을 요청하고 서로의 이익을 얻는 생존 패러다임이었다. 곤궁에 처한 사람이 원하는 물건을 얻으면 그의 생존 확률도 그만큼 높아진다. 그게 사회구성원을 살릴 식량이라면 더욱 그렇다.

이러한 물물교환이 처음부터 있었던 것은 아니다. 이러한 교환의 이면에는 현생인류의 인지능력 중 언어사용능력과 관련이 있다. 교환을 위해서는 특정 시기, 어떤 물품, 어디에서 만날지를 미리 정해야 한다. 수렵 채집민들은 교통이 불편하여 만나기란 쉽지 않다. 서로가 원하는 물건을 얻었을 때 이 교환을 지속할 가능성이 크다. 또한 그 교환의 규모와 대상은 더 확대될 수 있다.

후기구석기시대 이전에는 주로 사람이 특정 영역을 벗어나면서 생기는 물건의 이동현상이 나타난다. 그러나 후기구석기시대가 되면은 앞선 현상과 더불어 그 영역 내에서 활발한 물건의 교환이 이루어진다. 이때는 물건만이 아니라 정보의 교환도 함께 이루어진다.

• **검은 돌, 흑요석 네트워크–백두산 흑요석의 여정–**

인류는 수백만 년이라는 긴 여정의 드라마 속에서 살았다. 그 삶에서 다양한 흔적을 남겼다. 우리나라는 산성토양이 우세해 야외 유적에서 나무, 가죽, 뼈 등 유기질로 만든 유물이 잘 남지 않는다. 박물관 전시품 중 석기가 많고 구석기시대의 석기만 주로 출토되는 것도 그런 이유이다.

흑요석(obsidian)은 화산에서 분출된 용암이 굳으면서 생긴 천연 화산 유리질로, 검거나 갈색을 띤다. 이것은 화산지대에서만 나는 돌이지만, 화산지대라고 무조건 흑요석이 산출되는 것도 아니다. 필요했지만 발견하기 힘든 돌이었다.

흑요석은 떼어내면 아주 날카로운 날을 가진다. 수술용 칼인 메스에 버금간다. 선사시대에 찌르개(창), 좀돌날, 화살촉, 칼 등에 사용된 이유이다.

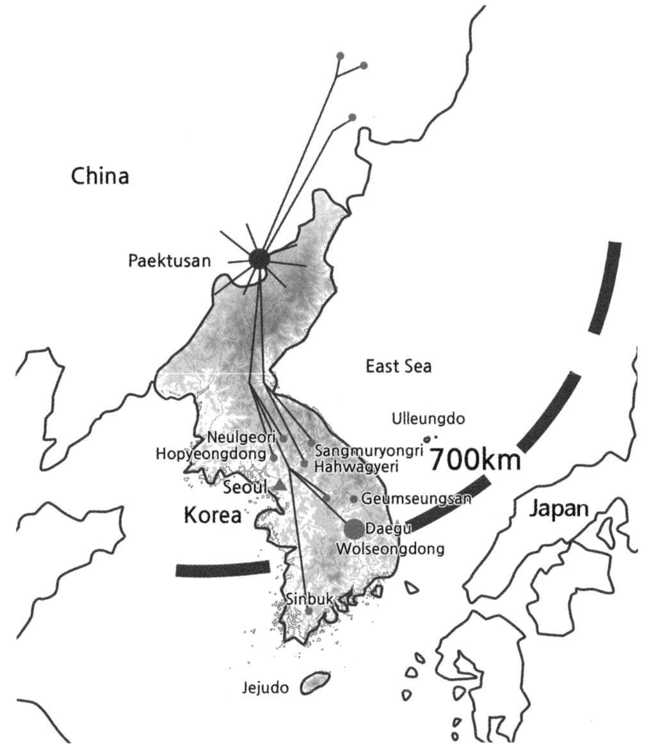

그림 84　백두산 흑요석이 한반도 남부지역으로 확산한 모습. 특히 대구 월성동 유적에서 출토된 흑요석 중 원산지를 분석한 시료는 모두 백두산에서 온 것으로 확인되었음.

아프리카 에티오피아에 있는 심비로(Simbiro) III 레벨 C에서는 120만 년 전에 만들어진 것으로 추정되는 흑요석제 주먹도끼가 발견되었다. 이 유적은 대량의 흑요석으로 주먹도끼 600여 점을 만들었던 작업장으로, 흑요석으로 석기를 만든 아주 오래된 사례 중 하나이다. 특히 주먹도끼는 기존 70만 년 전보다 50만 년 정도 더 일찍 대량 생산했음을 알 수 있었다(Margherita Mussi *et al.* 2023). 우리나라와는 달리 아프리카에서는 전기구석기시대부터 흑요석을 석재로 활용하였다.

모방은 물건에만 해당하지 않는다. 당시 살았던 사람들이 공유했던 모든 행위의 산물에 적용된다. 의식주와 관련된 분야에서 특히 공유된 흔적을 손쉽게 찾을 수 있다. 한 예로 청동기시대에 대표적인 집자리 형태로 송국리형 집자리가 있다. 이것은 바닥이 둥근 형태가 전형적이지만, 네모난 형태도 있다. 무엇보다 집자리 내부 중앙에 돼지 콧구멍처럼 타원형의 구멍이 배치된 형태이다. 이 구멍은 옥 제작 공간, 화덕, 제습용 구덩이, 집수시설, 저장공 등의 기능을 했을 것으로 추정한다.

고고학자는 아직 송국리형 집자리 위에 어떤 모양의 집을 지었는지를 명확하게 밝혀내지 못하고 있는데, 집모양을 추정할 만한 자료를 찾을 수 없기 때문이다. 송국리형 집자리는 충청, 전라, 동남내륙(영남 남부)지역까지 널리 퍼져있었다. 청동기시대 사람들 중

316

'집모양은 이래야 돼'라는 인식, 기술의 전파와 계승, 모방 행위가 있었기에 특정한 집짓기 전통이 남한지역에 널리 퍼질 수 있었다.

일본 조몬시대 때는 토기 안에 도끼와 흑요석을 넣어 신에게 바치기도 했다. 나가노현에서는 흑요석 채굴지가 발견되었다. 세계적으로 흑요석은 도구의 기능을 넘어 상징적, 의례적 기능을 가진 신성한 돌로 취급되었다.

흑요석과 관련된 의례 행위도 있었다. "콜럼버스가 당도하기 이전의 메소아메리카에는 인신 공양 외에도 스스로 피를 뽑는 풍습이 있었다. 그들은 직접 피를 흘림으로써 신들을 풍요롭게 하고 초자연적인 세계와 대화를 나눌 수 있다고 믿었다. 고전기 마야의 아슈칠란(Yaxhilan)에서 발견된 한 부조 작품은 709년에 왕비인 쇼크 부인(Lady Xoc)이 죽은 왕의 환영을 불러내고자 혓바닥에 흑요석 날이 박힌 밧줄을 통과시킨 사건을 그리고 있다."(에릭 살린 2013).

멕시코시티 국립인류학박물관에는 흑요석 가면이 전시되고 있다. 지금은 다이아몬드, 사파이어, 루비 같은 보석이 더 귀한 취급을 받는다. 보석의 기준은 시간이 지나면서 늘 변화됐다. 물건의 가치는 사람의 생각과 자기가 사는 지역의 문화에 따라 달라진다. 선사시대에 흑요석은 보석만큼의 교환가치를 지닌 최초의 돌이었다.

한반도에서 흑요석은 후기구석기시대, 구체적으로는 3만 년 전 이후부터 사용했다. 중기구석기시대에는 사용하지 않았다. 한반도 남부에선 구할 수 없는 희귀한 돌이며, 산지가 아직 확인된 바 없다.

동북아시아 지역에서 흑요석이 나오는 곳은 일본과 연해주, 그리고 백두산이다. 한반도로 좁히면 명확한 흑요석 산지가 밝혀진 곳은 백두산뿐이다. 중국 랴오닝성 지린 지역의 백두산 주변 구석기 유적에서는 40cm가 넘는 크기의 원석들도 발견된다. 하지만, 무거운 석기제작용 석재는 원산지로부터 멀어질수록 크기가 줄어든다. 특히 200km를 넘어서면 석기 크기가 급격히 작아진다. 그런 측면에

서 백두산에서 육로로 700km 떨어진 대구 월성동에 흑요석이 확인
되었다는 것 자체가 놀라울 따름이다(그림 85).

일본열도에는 60곳이 넘는 흑요석 원산지가 보고되었다. 동북
아시아에서는 가장 많은 원산지를 보유하고 있다. 이곳들에서 채집
된 후기구석기시대의 흑요석은 400km넘게는 이동되지 않았다. 홋카
이도의 흑요석 중 극히 일부가 러시아 사할린, 도호쿠지역으로 건너
간 사례가 있다. 이에 반해 백두산 흑요석은 700km넘게 운반되었다.

대구 월성동 구석기유적의 흑요석은 364점이다. 다른 곳에서
한 번 이상 다듬어진 채 유적 안으로 반입되었다. 후기구석기의 특
징은 가볍고 작다. 이동 생활을 위해 줄일 수 있는 건 크기를 최대한
줄여야만 했다. 이를 해결하는 제일 나은 방법 중 하나가 예리한 흑
요석을 이용한 도구였다.

백두산 흑요석을 구할 수 있었던 핵심 장소는 동북지역의 백두
산주변과 압록강유역이다. 선사시대 사람들은 흑요석을 중요한 물건
으로 인식했고, 물물교환의 중요한 자원으로 생각했다. 후기구석기시
대에 한반도 남부지역에서는 백두산 흑요석 이외에도 일본산 흑요석
이 발견되기도 했다. 울주 신화리유적에서 출토된 흑요석은 일본 규
슈의 H/K(고시타케/하리오지마)산지의 것이었다. 한반도에서 출토된

318

가장 오래된 일본산 흑요석제 석기로 한일교류의 역사에서도 과학적
으로 입증된 가장 오래된 자료라는 측면에서 뜻깊다.

• **선사시대 석기의 교류와 교환**

한반도지역에서 출현한 석기문화의 교류 시점은 구석기시대까지 거
슬러 올라간다. 주먹도끼는 석영을 중심으로 많이 만들어지며, 우리
나라를 포함한 중국, 러시아지역 등 동북아시아 지역에 공통적으로
출현한다. 이러한 교류가 본격적으로 나타나기 시작하는 시기는 4
만 년 전에 시작된 후기구석기시대의 돌날기법 출현부터이다.

슴베찌르개는 기본적으로 돌날을 활용해 만든다. 일본 규슈지
역에는 한반도의 슴베찌르개가 건너가서 박편첨두기가 되었다. 중
국 저우커우뎬유적과 러시아 우스티노프카유적에서도 슴베찌르개
가 발견되었다.

2만 년 전을 지나면서 동북아시아의 모든 지역에 걸쳐 좀돌날
이 쓰이게 된다. 북위 60도가 넘는 지역에까지 인류가 활동하기 시
작함으로써 이동을 통한 다양한 정보들을 교환하였다.

신석기시대에 한반도에 살았던 사람은 어로민을 중심으로 일
본지역에 살았던 사람과 교류를 하였다. 결합식 낚싯바늘, 작살, 석
거를 중심으로 한 어로구와 화살촉과 같은 수렵구에서 공통성이 엿
보인다. 특히 후기구석기부터 사용되기 시작한 흑요석은 신석기시
대가 되면 더욱 활발하게 사용되었는데, 규슈지역의 고시다케[腰岳]
원산지 등의 흑요석을 이용해 석기를 제작하였다. 동남해안을 중심
으로 일본산 흑요석이 출토되고 있다(그림 86). 흑요석으로 만들어진
화살촉의 완제품 또는 반제품이 유적 내에 반입되었을 수도 있다.
조몬[繩文]토기가 출토된 동삼동, 연대도, 욕지도, 상노대도 유적에
서도 관련 유물이 출토된다. 흑요석제 화살촉의 형식은 일본 조몬시
대에서 출토되는 것과 같은 것으로 한반도 중북부지역에서는 확인

되지 않고 남해안 일부 지역에서 출토된다. 통영의 연대도유적과 상
노대도유적에서는 일본 조몬시대의 석시(石匙)[20]가 출토되었다. 파
주 주월리에서 출토된 용 모양 옥제 장신구는 중국 동북지방 홍산
(紅山) 문화의 중심인 옥기 문화와의 유사성이 주목된다.

　일본에서는 쓰가루해협권[津輕海峽圈]의 북해도와 동북 북부에
서는 신석기시대의 장대형 도끼가 출토되었다. 아키타현[秋田縣] 우
와하바[上掵]유적에서 장대형 도끼 40점이 출토되었으며, 녹색 응회
암을 이용한 것이다. 최대길이 60.2cm로 일본에서 가장 큰 돌도끼
이다. 이 유적 역시 후포리와 마찬가지로 토기가 공반되지 않았지
만, 주위에 조몬 전기유적이 있어 대략 이 시기로 추정하고 있다. 북
부 규슈에서는 나가사키현[長崎縣] 미야시타[宮下]패총에서 패총에
구멍을 파서 사문암제 간돌도끼 1점을 포함한 10점을 매납해 뚜껑
돌을 덮어둔 것이 발견되었다. 이는 제사적인 의미도 포함된 것으로
보기도 한다.

　쓰시마[對馬島] 지역에서도 현지에서 구할 수 있는 혈암으로 만
든 것이 조몬 후기의 패총에서도 출토된다. 찰절기법으로 만든 도끼
는 한반도 남부지역에서만 보이며, 조몬시대의 북부 규슈와 빈번한

20　일본 조몬시대에 출토되는 석기
로 역T자 모양의 가공구이다. 손에 쥐
고 사용할 수 있는 크기로 만든다. 우
리나라 동남해안에 분포하는 신석기
유적에서 종종 발견되고 있어, 한일
두 나라의 선사시대 문화교류를 보여
주는 도구이다.

320

교류의 실태를 보여주는 것으로 규슈지역의 조몬 후기에 보이는 찰절기법의 기술적 계보는 한반도 남부에서 찾을 수 있다.

그러나 한반도 남부와 북부 규슈출토의 장대형 도끼를 보면 전자는 부장품으로서 후자는 매납 또는 저장소로서 취급되는 중요한 차이점이 있다. 이러한 사실은 정신문화의 뿌리에는 지역마다의 전통적인 매납과 제사의 풍습이 있었음을 암시해 준다. 대한해협을 사이에 두고 신석기인과 조몬인은 사람의 왕래는 물론 물건도 서로 교환하면서 살아갔다.

한반도의 청동기시대 사람은 중기 무렵에 일본으로 건너가 농경과 함께 반달돌칼, 간돌검, 장식용 옥 등을 전해주었다. 옥기는 제기 혹은 권위의 상징으로 사용되었다. 농경을 경제기반으로 둔 사회였던 우리나라 남부지역의 장식용 옥은 일본 조몬시대의 늦은 시기에 곱은옥, 대롱옥, 작은옥 등의 제작에 많은 영향을 미쳤고 옥을 무덤에 매장하는 풍습도 함께 전해주었다.

우리나라의 청동기시대 주거지에서 가장 보편적으로 출토되는 석기(도끼, 반달돌칼 등)는 생산활동에 필요한 매우 중요한 석기였다. 일본 야요이시대 초기에 삼각형과 짧은 배모양[短舟形]의 돌칼이 발견되는데, 이것들 모두는 한반도에서는 가장 늦은 시기의 것이고 남부지방에서 성행한 것으로 일본으로 농경이 전파될 때 함께 전해졌다. 반달돌칼이 농경과 밀접한 관련이 있는 것은 사실이지만, 도작농경의 시작과 그 궤를 같이했는지는 분명하지 않다(그림 87).

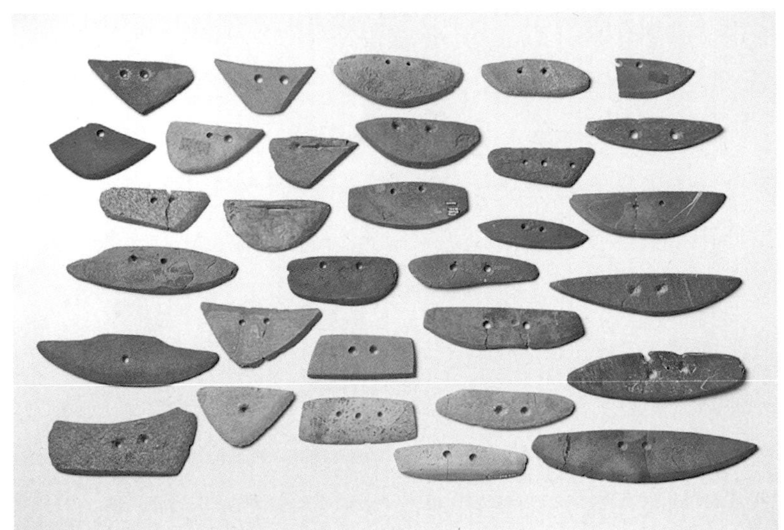

그림 87　다양한 모양의 반달돌칼
(청동기시대, 국립대구박물관 사진제
공)

일본 조몬계 흑요석으로 만든 돌화살촉

(울산 세죽리, 통영 연대도 출토: 신석기시대)

"

신석기시대에 동남해안에서 출토되는 흑요석은 모두 일본 규슈에서 온 것들이다. 그들이 흑요석을 구하는 방법은 직접 일본을 찾아가서 구해 왔다기보다는 대한해협의 어딘가에서 수상(水上)물물교환을 했거나 해류에 의해 떠밀려 온 조몬인이 가지고 있었던 것일 가능성이 크다. 신석기시대에 일본산 흑요석이 한반도 내륙지역에서 확인된 사례는 창녕 비봉리유적이 있다. 일본산 흑요석은 한반도와 일본열도에 살았던 사람이 교류했음을 보여주는 확실한 자료 중 하나이다.

"

사람의 성장 속도는 다른 동물에 비해 더디다. 사람은 쌍둥이, 다섯 쌍둥이 등을 낳기도 하지만, 보통은 한 명을 출산한다. 한 명이 엄마의 뱃속에서 크다가 출산 전까지 9개월. 홀로 살아가기 위해 양육되는 기간이 통상적으로 10년. 인류의 역사는 자식을 교육하는 데서 시작해서 자식을 잔소리하는 데서 끝이 난다고 말해야 할지 모르겠다.

조선의 으뜸 학자였던 다산 정약용은 어린이가 글을 읽는 12세부터 14세까지의 3년이 책을 읽기에 가장 좋다고 말하였다. 기간은 대개 9년이며 8세부터 16세까지로 생각하였다. 이중 16세가 넘어서면 사춘기에 접어들어 여러 가지 물욕으로 마음이 어지러워지기 때문이라고 한다(강명관 2015: 232 - 233). 지금이야 다른 시대지만, 청소년기가 무언가를 배우고 연습하기에 가장 적당한 시기임은 분명하다. 뇌가 가장 활발하게 작동하기 때문이다.

사실 사람은 무언가를 늘 배우고 익히지만, 제대로 하기란 쉽지 않다. 특정한 행동, 예를 들어 사냥이나 고기잡이를 한다손 치면 무작정 산으로 바다로 갈 수는 없다. 누군가에게 배우지 못한다면 더 많은 시행착오를 거쳐야만 습득할 수 있다. 인류는 학습과 훈련으로 이러한 시행착오를 줄일 수 있었는데, 여기서 가장 큰 습득 속도의 차이는 스승이 있느냐와 없느냐이다.

지그문트 프로이트는 "입증할 수 있기 전에 새로운 것을 생각할 용기를 지닌 사람들이 없다면, 우리는 새로운 일을 할 수 없다"라고 말하였다. 우리는 늘 새로움에 도전하고, 상식을 깨기 위해 노력하였다. 그런 힘은 인간 문명을 발달시켰고, 우리 문화는 끊임없이 변화시킨 원동력이었다. 그 원동력은 바로 사람과 사람으로 전해지는 배움의 전수이다.

사회생물학의 창시자인 하버드대학교 교수, 에드워드 윌슨(Edward Wilson)은 인류가 오로지 진화하는 동안 일련의 사건들이 누적됨으로써 생겨났다고 주장했다(에드워드 윌슨 2016: 231). 인류 역사는 축적의 역사이며, 도구도 축척된 기술을 바탕으로 발전해왔다. 이 세상에 없던 새로운 물건이나 기술은 늘 출현한다. 그리고 도구나 기술은 지속해서 개선이 이루어지며, 더 이상의 개선이 어렵다고 판단되면 자연스럽게 사용하지 않게 되면서 기술은 사라지고 사람들 머릿속에서 잊힌다. 축적의 기술은 사람만이 누리는 혜택이다. 이는 가르쳐주는 사람과 배우는 사람의 마음이 맞아야 가능하다.

석기를 만드는 행위는 지속해서 개선되었지만, 철을 사용하면서부터 새로운 형태의 도구들도 만들어지기 시작하였다. 자연스럽게 석기는 도구나 무기로서의 기능이 사라지게 되었다. 철의 생산과 철로 만들어지는 다양한 용품은 끊임없이 시행착오를 거치면서 제작되고 있다. 철기로 대체할 수 없는 것은 새로운 재질인 플라스틱을 이용한다. 사람의 행위는 정도 차이는 있어도 두뇌에 축적되고 언젠가는 끄집어낼 수 있는 능력이 있기 때문이다.

교육철학에서 훈련과 교육은 서로 다른 말이다. 훈련은 특정 업무를 더욱 효과적으로 성실하게 수행하는 법을 가르친다. 반면 교육은 그 사람의 마음을 열어주고 풍요롭게 해 준다고 한다. 사람을 훈련할 때는 그 사람에 대해 굳이 알 필요가 없다. 하지만 교육은 사람을 이해하고 포용하는 것이 중요하다. 기술의 습득 차원에서는 훈련이 무엇보다 중요하다.”(존 암스트롱 2013: 24).

인류 역사에서 교육과 훈련은 빠지지 않는 과정이었다. 특정한 일만 잘하는 사람을 키우는 일도 필요했고, 사람을 사람답게 만들어주는 교육도 필요하였다. 냉정하게 말해 어느 한쪽으로만 치우쳤다면 지금처럼 보편타당한 세상은 출현하지 않았을지 모르겠다. 인류 사회가 훈련만 가득한 사회였다면 감정이 메마른 아주 차가운 세상이 되었을 수 있다. 선사시대가 어쩌면 사람을 죽이고 동물을 죽이

신석기시대의 하루

> 선사시대에 살았던 사람들도 느긋하지만은 않았다. 고기도 잡고, 어망도 치고, 배를 타고 나가고, 토기를 빚어 건조한 뒤 불로 구웠다. 누군가는 가족을 위해 조리를 했고, 또 누군가는 집을 짓고 보수했다. 그 와중에 가족이나 동네 사람이 죽으면 무덤을 만들어 함께 슬퍼했다. 이러한 행동들이 모두 생존 활동이라 할 수 있다. 특히 이러한 활동을 하기 위한 도구를 만드는 일은 일상생활에서 아주 중요했다.

배움터에서 학교 모습을 발견하다

신석기시대에 토기를 만들고, 굽기 위해서 사람들이 모인 모습을 그린 상상도이다. 우리는 이런 그림을 볼 때마다 토기라는 도구를 만드는 장면으로만 인식한다. 하지만 집단 내에서 이러한 공동 작업은 연장자와 숙련자가 아이들에게 사회를 살아가는 방법을 전수하는 시간이다. 구성원들 사이에 자연스럽게 말을 나누면서 삶의 방식과 규율을 공유한다. 필자는 이러한 모습이 바로 '학교의 원형'이라 주장하고 싶다. 아울러 왜 사람이 모여서 집단지성을 나누어야만 하는지를 그림으로 묘사했다고 생각한다.

는 메마른 일들이 일상이었을지 모른다. 교육만 해서는 강한 사람을 만들기 어렵다. 신체를 발달시킬 수 있는 지속적이고 반복적인 훈련이 필요하다. 사람을 강인하게 만드는 데는 시간과 더불어 강한 훈련도 병행하고, 자연과 함께 살아가려는 인식, 동물과 식물에 감사하는 마음도 중요하였다.

• 모방 능력이 뛰어난 사람(모방과 개성, 확산의 원천, 학습의 본성)
진화학자이자 과학철학자인 장대익 교수는 그의 저서『인간에 대하여 과학이 말해준 것들』에서 "호모 리플리쿠스(*Homo replicus*), 즉 우리는 따라하는 인간이다"라고 얘기했다. 문화의 축적과 전파는 인간의 모방 능력이 있었기에 가능하였다. 그는 모방은 "한 행위가 행해진 것을 보는 것으로부터 그 행위를 행하는 법을 새롭게 배우는 것이다. 이 정의에 따르면 모방 속에는 관찰과 학습이라는 요소가 반드시 포함되는데 둘 다가 있어야 진짜 모방이다."라고 피력했다(장대익 2013: 57). 이 두 요소 중 하나라도 빠진 것은 본능적 성향이 결여된 복제 행위로 간주하였다. 모방행위는 생존에 유리한 행동이라는 것이다.

리처드 도킨스는 '밈(meme)'을 새로운 복제자의 이름으로 사용하였다. 문화전달의 단위, 혹은 모방의 단위라는 개념을 사용하였다. 밈이란 유전적 방법이 아닌 모방으로 개체 기억에 저장되고 또 다른 개체의 기억으로 복제가 가능한 문화요소이다(장대익 2013: 57 -66).

모방은 "다른 개인이나 동물의 행동을 관찰하고 이에 자극되어 그와 닮은 행동을 하는 과정(H.C.워랜의 견해), 또는 타인의 존재에서 지각된 행동 양식을 적극적으로 재현하는 일(H.피에롱의 견해)"로 정의할 수 있다.

'사회는 모방이다'라고 한 G.타르드는 모방의 법칙으로서 ① 사회의 상층(上層)에서 하층으로 하강한다(모방의 흐름). ② 널리 공간적으로 전파한다. ③ 먼저 그 사회의 내부에서 시작되어 외부로 향한다는 것을 들고 있으며, 주로 ①에 의해 유행을, ②에 의해 유언(流言)을, ③에 의해 문화의 존속을 설명하려고 하였다. 그는 모방의 과

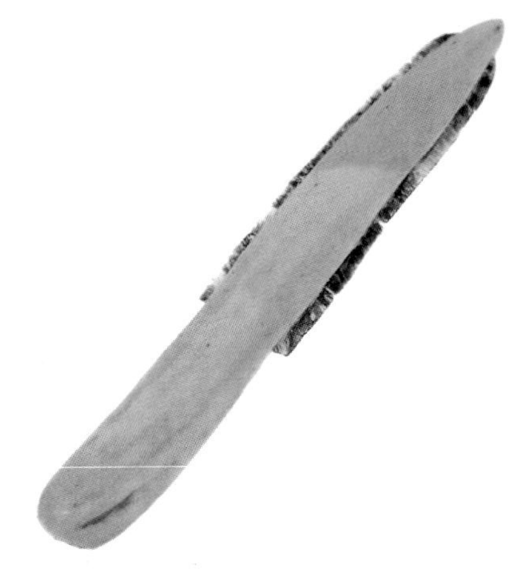

그림 88 　흑요석으로 만든 좀돌날을 뼈로 만든 창에 끼워서 창을 만든 모습(일본 시라티키유적 전시관 촬영)

정 그 자체를 어떤 모델을 만났을 때 사람들 마음속에 형성되는, 일종의 심상(心像)의 지배하에 일어나는 최면상태에 가까운 것으로 생각하였다.[21]

　인류문화에서 모방행위는 빼놓을 수 없다. 특히 사람이 필요해서 만드는 도구는 형태 유사성을 넘어서 같은 것이 존재한다. 고고학에서 형식으로 정의되는 이러한 요소는 그 집단의 문화영역으로 정의되기도 한다. 한반도와 중국 동북지방에 분포하는 비파형 동검의 분포가 고조선의 영역과 일치한다는 주장, 현생인류의 돌날문화의 분포 범위, 좀돌날을 떼어내어 끼움식 찌르개를 제작하는 제작방식(그림 88), 신석기시대에 빗살무늬토기를 공유하는 등 많은 사례들이 있다.

　무엇보다 사람들이 물건이나 기술을 모방하는 이유는 집단 내의 사회적인 압박에 의한 행위일 수 있고, 개인이 그렇게 함으로써 사회적인 동질감을 가지게 된다는 심리적 이유일 수 있다. 석기를 사용한 시대에 있어 후기구석기시대를 지나면서부터는 석기를 만들고 사용하는 방법은 사람을 통해 전해진다고 해도 과언이 아니다. 우리가 석기를 살펴보면 독특한 디자인과 사용법이 상당히 표준화되었음을 이해할 수 있다(그림 89).

　인류 역사에서 세대를 넘어 모방품은 일정 시기까지 사용되었지만, 특정 사람에 의해 만들어지거나 모방하기 어려운 물건은 짧은 시기에 사용된 뒤에 계승되지 못한 채 사라졌다. 모방과 개성은 상충하는 말이다. 하지만 최초로 태어난 문화 행위는 한 개인을 다른 개인과 구별 짓는 개성에서 출발한다. 개인은 필요하다고 모든 것을 다 받아들여 모방하지 않는다. 이것이 차별화된 문화를 만드는 원천이었다. 개성과 모방의 조화 속에 인류문화는 계속 발전하였다.

　인간의 뇌는 동시에 알게 된 사실을 무조건 연결하려 한다. 다

21 [네이버 지식백과] 모방 [imitation, 模倣] (두산백과).

그림 89 　우리나라 선사시대의 다양한 석기(국립대구박물관 사진제공)

시 말해 동시에 들어온 정보 중 하나를 보면 다른 하나가 떠오르는 방식이다.[22]

• 고고학에서 흉내와 모방

모방은 배움으로 가는 가장 빠른 길이다. 멀린 도널드(Merlin Don-ald)는 『현대 정신의 기원』에서 모방문화(mimetic culture)를 문화와 인지능력 진화의 핵심 단계로 간주한다. 그는 흉내, 모방, 미메시스(mimesis)를 명확히 구분한다. 흉내는 대상을 그대로 재현하는 행위이다. 가능한 한 정확한 사본을 만들기 위한 시도다. 따라서 누군가의 표정을 정확히 재현하거나 앵무새가 다른 새의 소리를 정확히 모사하는 것은 흉내이다. 둘째, 모방도 대상을 재현하지만, 똑같이 따

22 "프레임 이론은 일단 주도권을 획득한 프레임은 각종 미디어와 소문 등을 통해 확대 재생산되며, 그러한 프레임을 반박하려는 모든 노력은 오히려 기존의 프레임을 강화하는 데 이바지하게 된다."라고 이야기했다(김재환 2010: 48).

라 하지는 않는다. 예컨대 부모 행동을 따라 하는 자녀들은 모방이지 흉내를 내는 것은 아니다. 셋째, 미메시스는 모방에 표상이라는 차원을 첨가한다. 그리하여 흉내와 모방을 통합하여 새로운 차원으로 승화시키며, 하나의 사건이나 관계를 재현하는 동시에 표상한다.

도널드에 따르면 흉내는 많은 동물에서 볼 수 있고, 모방은 원숭이와 유인원에서 볼 수 있으며, 미메시스는 오직 인간에게서만 볼 수 있다. 그러나 이 세 가지는 인간의 활동 속에 공존할 수 있다.

사람은 무언가를 혹은 누군가를 모방하면서 배우고, 흉내내면서도 배운다. 이러한 배움은 축적되고 일정 시간이 지난 뒤에는 변형이 일어난다. 이런 변형에는 기교적인 쇠퇴가 동반될 수 있지만, 전혀 다른 이질적인 창조도 일어난다.

고고학자는 여전히 그 용도와 기능을 알지 못하는 유물이 있다. 특히 실제 사용할 수 없는 크기의 그릇이나 항아리가 대표적이다. 그 의미를 알기 어렵기에 의례와 제의, 특정 신앙과 관련된 내용으로 암묵적 결론을 낸다. 이런 과정에 누구도 크게 이의제기를 하지 않는다. 정확한 답을 모두 모르기 때문이다. 사용처를 알 수 없는 유물 중에는 어린이의 놀이 산물일 수 있다. 현실을 축소하고, 성인의 행동을 배우는 과정에서 어른들이 사용하는 물건을 축소하거나 이와 유사한 것들을 만들어 노는 것이다. 어린아이의 처지에서는 세상을 배우는 과정이며, 사람의 행동을 이해하기 위한 수단 중 하나이다.

올리버 색스는 사람은 위대한 창의력이 발달하기 전에 모방을 통해 형식이나 기술을 통달하는 것이 필수라고 말하였다. 우리나라에서 출토되는 유물뿐만 아니라 유사한 유물이 특정 영역에서 출토되는 사례가 확인된다. 사용자와 제작자의 두 가지 측면에서 볼 수 있다.

사용자 측면에서 기존에 사용하던 물건을 바꾸려 하지 않는다. 여기에는 사용법을 새롭게 익혀야 할 수 있기 때문이기도 하다. 그런 예로 우리나라의 조선시대 밥그릇은 주로 사기로 만들어져 무겁다. 밥과 국을 먹기 위해 그릇은 그대로 둔 채 숟가락과 젓가락을 사용할 수 밖에 없다. 반면에 일본과 중국은 숟가락을 적게 쓰는 대신에 나무로 만든 가벼운 그릇을 손에 쥔 채 젓가락으로 쉽게 먹었다.

　　제작자 측면에서는 선조나 선생으로부터 배운 기술을 유지하고 명맥을 이어가는 것이 중요한 과업으로 여긴다. 기존 틀을 깨고 새로운 시도를 통해 전혀 다른 접근방식이나 새로운 형태의 물건을 만드는 것에 도전하기 쉽지 않다. 일본에서 옻칠 기술을 활용해 물건을 팔려고 할 때 전통을 유지하지 않는다는 이유로 동업자에게 무시를 당하는 것은 흔한 일이었다.

　　여러 유물, 즉 일상생활에 사용하는 물건 중 반드시 모방해서 만들어야만 하는 것이 있었다. 그런 예로 의례와 제사를 목적으로 한 물건들이 많다. 하지만 대부분 유물은 기존의 것과 유사하게 만들기 위한 제작자의 실습과 반복의 산물이다. 최대한 이전 것과 유사한 형태로 만드는 것이 일차적인 목적이었다. 최대한 비슷한 방법으로 만들어내는 일이 생애의 과업이 되기도 한다. 우리나라 무형문화재의 대부분이 그러하다. 전통방식을 그대로 계승하기 위해 부단히 노력한다. 일정 시간 동안 비슷한 유물을 만들어 사용하는 하나의 '동일물건 사용문화권'이 형성된다.

　　올리버 색스는 모든 예술은 본뜨기로부터 시작하고, 존경하고 흠모하는 모델의 작품을 직접 베끼거나 약간 다르게 변형하지는 않더라도 그들에게서 큰 영향을 받는다고 말하였다. 일정 기간 선생의 가르침을 '제대로' 흉내를 내는 것이 첫 훈련의 목표이다. 새로운 방식이나 산물을 생산하는 것은 그다음 과정의 문제이다. 대부분 제작자는 기존 양식으로 만든 물건들을 바꾸려 하지 않는다. 이런 과정에서 특정 형식이 일정 범위 내에서 공유된다. 소수의 사람만이 기존 형식을 버리고 새로움을 도전한다. 여기에는 본인의 의지 또는 외부의 영향이 자극제가 된다.

제작자는 세상의 모든 물건을 흉내와 모방을 통한 기술 체득, 그 후 기술 유지, 변형 또는 혁신, 폐기와 같은 과정을 거친다.

새로운 간돌검을 만들기 위해서는 기존의 간돌검을 관찰하고 모방해서 만들 줄 알아야만 한다. 최소한 이같은 형식의 물건을 만들기 위해서는 '이미지 복제'가 머릿속에 입력되어 있어야만 한다.

우리가 서로 다른 지역에서 태어났고, 다르게 배웠는데 과연 같은 물건을 만들 확률은 얼마나 될까. 서양인은 포크를, 동양인은 젓가락을, 아랍사람들은 손으로 음식을 먹는다. 이렇게 해야만 한다는 관습은 인간 내면에 깊이 박혀있다. 우리나라의 간돌검이 중국지역에 나오지 않는 것도 같은 이유이다. 특정 문화가 퍼지더라도 그 범위는 반드시 제한적이다. 신석기시대 때 토기가 발명되었지만, 출현시기는 물론, 그 제작방식과 문양, 기형도 모두 다르다. 여기에는 지역마다 토기를 만들 수 있는 흙과 같은 재료의 차이, 기술 수준이 각기 다르기 때문이다. 그 지역에 맞는 물건이 일단 출현하면 일정 시간 유지되고, 새로운 혁신이 일어나기까지는 상당한 시간이 걸린다.

윌리엄 제임스는 1890년의 『심리학의 원리』에서 '과거의 일이든 미래의 일이든, 시간상으로 가까운 일이든 무슨 일이든, 의식의 흐름을 구성하는 다른 부분에 대한 지식은 늘 현재의 사물에 대한 지식과 혼합되어 있다'라고 하였다(올리버 색스, 『의식의 강』 178쪽에서 재인용).

의식에서 투영되는 사물은 기존 것과 유기적인 연결고리를 가지고 있다.

이런 측면에서 특정 지역의 문화는 그 지역 사람들의 생각과 문화를 반영한다고 할 수 있다. 결국, 유물과 유구의 동일성과 유사성은 "이래야 한다는 개인의식의 발로이자, 그것이 투영된 산물"이다. 올리버 색스는 "진정한 독창성은 의식적인 준비와 훈련뿐만이 아니라 무의식적인 준비도 요구하는데, 무의식적인 준비가 진행되는 과정을 잠복기라고 한다(155쪽)."라고 언급했다.

- 기술모방: 모방의 거울, 거울 뉴런

우리는 언제부터 학습할 수 있는 단계가 되었을까. 왜 우리가 쓰는 물건들은 비슷한 기능과 형태의 것들이 많은 걸까. 언제부터 내가 쓰고 있는 도구가 사용되기 시작했을까라는 생각을 하곤 한다. 아마도 스치듯 지나가더라도 이런 생각을 한 번이라도 하지 않은 사람은 없으리라 생각한다.

모방은 유전적으로 전해지는 것이 아니라 누군가의 행동을 보고 따라하는 중요한 사회학습이자, 사회 집단의 구성원들 사이에서 일어나는 반복적인 행위의 공유현상이다. 학습 등과 같이 좋은 모방도 있지만, 범죄나 자살과 같은 행위를 모방하기도 한다.

동물이 어떤 움직임을 수행하거나 관찰했을 때 활동하는 신경세포가 바로 거울 뉴런이다. 반드시 영장류나 인간만이 가지고 있는 세포는 아니다. 거울 뉴런(Mirror neuron, 거울 신경세포)은 다른 사람의 움직임을 모방할 수 있게 해 준다. 라마찬드란(2016)은 "거울 뉴런은 다른 사람의 입술과 혀의 움직임을 이해하고 따라 할 수 있게 해주고, 결국 언어가 진화하는 기회를 제공할 수 있었을 것이다. 그래서 아기에게 혀를 내밀면 아기가 따라 하는 것이다. 이 사소한 몸짓에 50만 년에 걸친 영장류 뇌의 진화가 요약되어 있다니 참으로 얄궂고 통렬하지 않은가"라고 말하였다.

거울 뉴런은 우리(호모 사피엔스)가 남의 의도와 마음을 읽는 능력, 남의 소리를 흉내를 내는 능력이 발전하여 언어를 습득하는 데 작동하는 중요한 신경세포이다. 즉, 거울 뉴런(체계)은 다른 사람의 행동을 이해하고 기술을 모방하는 데 있어 결정적인 역할을 한다. 모방 학습과 마음을 읽는 인간의 능력은 도구의 사용, 예술, 언어와 같은 비물질적인 행위들이 급속도로 다른 사람들에게 확산하는 결정적인 계기가 되었다. 여기에 다른 사람을 가르치는 능력이 더해졌을 때 인류 사회는 중층적인 문화를 지속시킬 수 있었다.

인류라면 누구라도 가지고 있는 모방(학습능력), 공감(타자 이해), 가르치는 능력은 오랜 시간 동안 문화를 유지하고 발전시키는 데 결정적인 역할을 하였다. 어디서 문명이 먼저 발생하였느냐는 중요하지 않다. 결국, 사람들에 의해서 여러 지역으로 퍼지기 때문이다. 단지 시간의 선후 문제일 뿐이다.

초보자가 숙련자의 기술이나 전문가의 기법을 모방하면 전문가의 수준보다는 낮다. 우리나라의 국가무형문화재는 142건이 있다. 지역의 무형문화재까지 하면 이보다 훨씬 더 많다. 이렇게 국가에서 무형문화재를 법으로 지정까지 하면서 전통기술을 보존 유지하려는 것은 모방으로 이런 기술이 전해질 수 없기 때문이다. 장인의 기술을 영상으로 녹화하여 교육한다고 하더라도 그 기술이 제대로 교육생에게 전달되기는 어렵다. 그 이유는 장인 스스로가 체득한 기술을 하나부터 열까지 몸으로 얘기할 수 없다는 사실이다.

즉, 기술적용에는 다양한 변수가 있으므로 '말로 표현할 수 없는 부분들'이 많기 때문이다. 말보다 행동으로 보여주는 것이 교육적 효과가 훨씬 더 높은 것도 사실이다. 무엇보다 기술전수에 가장 중요한 요소는 그러한 기술을 배우려는 사람이 있어야만 한다. 일본이 임진왜란 때 조선의 도자기 장인들을 잡아갔다. 일본 규슈의 도자기전통은 우리나라 장인 덕택에 빛을 보았다. 일본은 그 전통이 오랫동안 유지되었던 반면, 우리나라는 도자기장인이 사라짐으로 인하여 기술의 상당 부분을 잃게 되었다.

세상에 없던 물건이 등장한다. 내가 보지 않은 도구를 머리를 써서 새롭게 만든다는 것은 몹시 어렵다. 효용성도 입증되어야 하기 때문이다. 그런데 떨어진 두 지역에서 도구나 묘제가 비슷하게 출현할 확률은 낮다.

50년 이상 지속시킬 수 있는 기술과 매장행위, 도구사용의 공유는 집단 내 '학습 본보기'를 보여주는 연장자와 기술자가 있었음을 의미한다. 지금은 한세대를 30년으로 보지만, 평균수명이 짧았던 선사시대에는 어쩌면 10~15세 정도가 한세대로 추정할 수 있을지 모르겠다. 학습 본보기에 의한 기술공유가 이루어지지 않았다면 기술 수준의 차이는 집단규모에 따라 시간이 갈수록 더 심해졌을 것이다.

반대로 효용성이 입증된 도구는 선사시대부터 만들어져서 지금까지도 사용되고 있다. 구석기시대는 돌과 나무, 뼈로 도구를 만들어 생존하였다. 도끼는 현재에도 쓰이기도 하지만, 전기톱으로 바뀌었다. 낚싯바늘은 여전히 물고기를 잡는 데 사용하고 있지만, 릴을 이용해 효용성을 높였다. 활과 화살은 사용은 하지만, 총이 그 자리를 대체했다.

• 기술상실

기술상실은 어떤 이유에서인가 '노하우'가 후속 세대, 다른 집단, 타인에게 전수되지 못하고 단절되면서 특정 집단에서 기술이 끊기는 것을 의미한다.

오스트레일리아 동남쪽에 있는 섬이 태즈메이니아주이다. 후빙기로 인한 해수면 상승이 있기 전까지 오스트레일리아와 태즈메이니아주는 연결되어 있었다. 1만 년 전에 해수면이 상승하자 태즈메이니아는 섬으로 바뀌었다. 그렇게 되자 태즈메이니아 사람들은 오스트레일리아 구석기인이나 신석기인과는 다른 도구를 사용하게 되었다. 일부 복잡한 도구와 골각기는 차츰 사라져서 더 이상 사용하지 않게 되었다. 그로 인해 오스트레일리아 대륙의 넓은 사회연결망과 단절되어 태즈메이니아 사람들의 집단지성을 축소시켰다(조지프 헨릭 2019).

막심 데렉스의 연구 실험의 결과는 주목할 만하다(조지프 헨릭 2019: 337).

대규모 집단은 소규모 집단보다 기술적으로 여러 장점이 있다. 무엇보다 사람이 많으므로 다양한 도구와 기술을 보유하고 있다. 큰 틀에서 보면 같은 기술범주라 할지라도 사람마다 기술 수준이나 숙련도에서 차이가 있기 때문이다. 모방, 개선, 혁신으로 연결되어 기술의 적응과 변화속도가 빠르다. 집단 간의 접촉이 많거나 사회연결망이 제대로 작동하고 있다면 외부로부터 기술 수용성이 높을 수밖에 없다. 집단 내 학습 본보기를 할 사람이 많아질수록 구성원 사이에 긍정적인 상호작용이 일어난다. 소규모 집단은 외부로부터의 자극이 적어 도구와 기술이 오랫동안 지속할 가능성이 크다.

비슷한 사례가 바누아투 군도의 사람 중 일류 카누제조자들이 모두 죽어버리자 주민들은 바다로 나가지 못하고 격리가 되었다. 조잡한 대나무배를 만들기는 하였으나 항해도 고기잡이에도 쓸 수가 없었다.

- 기술계승

도구의 복잡성은 개인이 개발할 수 있다. 복합도구가 다른 누군가로 계승되는 것은 개인의 사회적 능력 덕택이다. 누군가에게 기술을 전수해주는 대상도 제한이 없다. 마음만 먹으면 적에게도 나의 모든 비밀과 비법을 모두 넘겨줄 수 있는 것이 바로 사람이다. 경험 축적은 시간과 비례하고, 사람의 수와도 비례한다. 구석기시대가 왜 그렇게 오랫동안 도구 변화가 없었느냐는 의문은 여러 소규모 집단이 합쳐 더 큰 집단으로 나아가지 못하였기 때문이다. 그들이 보유한 기술을 누적시켜 더 큰 도구 문화로 발전시키지 못하였다. 사람과의 접촉빈도도 낮았고, 상호연결망이 제대로 갖추어지지 못하였기 때문이다.

　석기 기술 중에는 제대로 학습하거나 교육을 받지 못하면 제대로 흉내를 내기가 어렵다. 모든 기술은 연습이 필요하다. 인류사에 있어 도움을 준 기술은 스승과 학생의 관계 설정에 따른 기술 발달 덕택이다. 최초의 스승은 생존기술을 가르쳤던 선구자이다.

　개인들은 사회연결망으로 연결되는데, 이때 의례 행위를 위한 협력이나 혈연관계가 중요한 요소로 작용한다. 단순히 지배계층의 지시만으로 대규모의 인력이 동원될 수는 없다. 그렇게 해야만 하는 사회 내부의 뿌리 깊은 동질감과 당위성이 더 중요하게 작용한다.

　고고 유물의 지속성은 설명이 어렵다. 문자기록으로 남아있는 자료가 없기 때문이다. 구전으로 전해져 내려오는 이야기도 없다. 철저하게 땅속에서 얻은 정보를 해석하고 출토유물을 분석하는 것 말고는 대안이 없다.

　기술계승은 사람의 이타적 행위에 토대를 두고 이루어진다. 기술상실은 누적되어오던 문화가 기술을 물려받을 사람이 없거나 전수해줄 기술 가치가 사라졌을 때 발생한다. 사람이 자신의 것을 이타적으로 내어주고 가르치는 행위가 바로 기술 전승의 근간이고, 다른 포유류와는 다른 사람만이 가진 생존능력이다. 모방하고 습득하려는 사람의 노력은 학습을 중요시하는 사회 배경으로 바뀌게 되었다.

　기술은 집단이 보유한 '문화 속성'에서 배제되거나 본보기사람이 없다면 더욱 그 기술은 후대로 전수되지 못한다. 여기에 인구가 줄고 집단이 해체되면 한 집단의 '학습 본보기'시스템은 급격하게 무너진다. 외부의 자극은 성능개량으로 이어질 수 있다. 접촉에 의한 자극은 시대가 올라갈수록 더 큰 파괴력을 지닌다. 모방은 같은 문화 현상의 출현을 자극한다. 집단 내 기술변수는 교육과 사회적 연결망의 영향을 가장 크게 받는다.

　선사시대 집단 중 우리가 자주 보는 묘제와 주거지의 형식들은 특정 집단의 규모가 일정 영역 이상을 차지하고 있었기 때문이다. 유전자가 도구 발명을 담보해주지는 못한다. 집을 짓는 방식의 공유가 집터의 형식을 유지시켜 주었다.

선사시대는 평균수명이 짧고 이동 생활을 자주 하였다. 집단규모가 확장되는 데는 임계점이 있었다. 개체군이 더 커지지 않는 것은 구석기시대의 제작기술이 퀀텀 점프를 하지 못한 채 일정 수준을 유지하는 단계에만 머물렀기 때문이다.

기술전통은 필요에 의한 계승이 중요하다. 수용자가 받아들이지 않는 전통은 그 기간에 상관없이 사라질 수밖에 없는 운명에 처한다.

본보기로 한 명만을 접촉하였던 사람은 5명의 본보기 모델과 접촉했던 사람에 비해 기량이 훨씬 떨어졌다. 여러 연구에서 학생보다 스승이 많을 때, 즉 피교육생이 본보기로 선택할 수 있는 사람이 많거나 여러 조언을 구할 사람이 많은 곳에서 기술개량의 속도가 빨라지고, 숙련도도 훨씬 높아졌다. 즉 기량이 뛰어난 본보기 한 명도 중요하지만 본보기를 할만한 사람들이 집단에 많으면 많을수록 피교육생도 청출어람할 가능성이 커졌다(라마찬드란 2016: 36 - 49; 조지프 헨릭 2019).

집단에서 도구형식이 유지된다는 것은 단순히 남아있는 물건만으로는 부족하다. 모방과 더불어, 입으로 전수되는 교육이 필요하다. 선사시대 수렵 채집민은 돌을 배우고 익혔던 인류이다. 수렵 채집민 중 석기는 남자가 제작한다. 민족지 자료를 보더라도 여자가 석기를 제작하는 사례를 찾기가 몹시 어렵다. 다만, 수렵은 남자와 여자가 구분없이 했을 것으로 생각한다.

사람만이 할 수 있는 유일한 능력 중 하나는 '질문하기'이다. 동물은 질문하지 않는다. 그저 '의심'할 뿐이다. 의심은 사람을 발전시키지 않는다. 그저 걱정할 뿐이다. 질문은 생산적이다. 앞으로 나아갈 목적과 방향을 제시해 준다. 이것이 인류가 앞으로 발전해 갈 수 있었던 원동력이다. 질문은 모든 교육과 훈련의 원천이다. 인류가 멈추지 않고 기술을 발전적으로 계승시키고, 계속 움직이게 한 근원적인 힘이었다. 기술 계승에는 서로 대화하면서 문제를 해결하면 더욱 잘할 수 있다는 공감 능력과 예측능력도 중요하다.

오늘 우리는 그림을 그린다. 그려야 할 대상은 알이다. 이것이 달걀일 수도 있고 진짜 새의 알일 수도 있다. 당신은 어떤 그림을 그릴 수 있을까. 우선 있는 그대로의 달걀을 그릴 수 있다. 흰색인지 황색의 달걀인지, 표면에 점은 있는지 등 사실적으로 그리는 그림이다. 이것도 다른 동물이 할 수 없는 사람만의 능력임은 분명하다.

더 큰 능력은 바로 그 알을 보고 새를 그려낼 수 있는 추론 능력이다. 알의 종류에 대한 해박한 지식을 알고 있다면 알 종류에 맞춰 새를 다르게 그려낼 수 있다. 사람은 눈에 보이지 않는 것도 생각해내는 것에 그치지 않고, 그 이상의 것을 고민해 창안할 수 있다. 이러한 사람의 능력은 수백만 년 동안 축적된 지식이 유전자로 전해져 왔다. 이런 두뇌에 새로운 지식을 넣는 학습은 무한한 지적확장을 가능케 하였다.

그림은 단순한 행위가 아니다. 세상에 존재하는 것은 물론 존재하지 않는 것도 표현할 수 있는 사람만의 중요한 행위이자 마음의 표현능력이다. 영장류도 언어능력이 존재함을 알려져 있다. 그렇지만 사람이 사용하는 것과는 여러 면에서 차이가 있다. 사람은 글을 배우고 그 글을 새롭게 표현한다. 글을 표현하는 방식에는 답이 없고, 무한 확장이 가능하다. 경험은 과거의 인류와 현재의 인류를 이어주는 지식의 징검다리이다. 인류는 이러한 경험을 말로서, 글로서, 그림으로, 기호로 전하고자 하였다. 이러한 경험의 최종 종착지는 바로 언어이고, 책과 같은 기록이다.

상징이란 그 의미를 알지 못하면 단순한 기호나 그림에 불과하다. 예를 들어 '十'나 '卍'자는 단순한 기호이지만, 그 의미를 알면 성스러울 뿐만 아니라 예배와 참배의 대상이 된다. 마음의 확장이란 사물에 우리가 어떤 의미를 부여했는가에 따라 인식 차이가 생겨난다.

사회심리학자인 댄 길버트는 시뮬레이션에 관해 다음과 같이 말하였다.

- 인류 진화상에서 변화의 가장 특징 중 하나이다. ex. 시뮬레이션(simulation, 모의실험) 능력
- 뇌가 3배나 커지면서 새로운 기관과 구조가 바뀐다. 그 중 전두엽, 특히 전전두엽 발달: 경험을 시뮬레이션하는 것이 주요한 역할을 한다.
  예) 전투기 모의조종
  - 실제 상황이 발생하기 전에 머릿속에서 미리 경험하게 해주는 장치 발명
  - 위험이 도사린 수렵 생활의 일등공신
  - 인류는 경험 축적으로 해야만 하는 것과 하지 말아야 할 것을 알게 됨

라마찬드란은 사람을 포함한 영장류는 고도로 사회적인 동물이며, 누군가가 무엇을 하려는지 아는 것, 즉 타인의 마음에 대한 내면 시뮬레이션을 생성하는 것이 생존에 대단히 중요하다고 말했다(라마찬드란 2012: 266). 특히 거울 뉴런(보는 대로 행동하는 원숭이 뉴런)이 있어 다른 원숭이가 무엇을 하려는지를 이해하기 위해 그 원숭이의 행동에 대해 일종의 내부 가상현실 시뮬레이션을 수행하고 있었다는 것을 확인했다.

앨리슨 고프닉은 인류 진화의 관점에서 보면, 우리의 위대한 능력은 단지 세계에 대해 학습하는 것에만 국한되지 않는다. 우리를 진정으로 독특하게 만드는 것은 세계가 다른 방식으로도 존재할 수 있다고 상상할 수 있다는 사실이다. 우리의 엄청난 진화적 능력은 바로 거기에서 비롯된다. 우리는 세계를 이해하지만, 세계가 있을

수 있는 다른 방식들도 상상할 수 있고, 실제로 다른 세계를 실현할 수 있다고 언급하였다(앨리슨 고프닉 2012: 225).

사람은 세상을 상상하고 학습할 수 있다.

알파고는 인간이 바둑을 두고 남긴 16만 개의 기보를 저장하고 있었다. 그리고 그 기보를 기반으로 스스로 시뮬레이션해서 자신을 발전시켰다. 그렇다고 계속 발전만 하지는 않는다. 바둑 하나만을 배워 사람을 이겨내는 데는 엄청난 시간과 노력이 필요하다. 사람이 바둑을 잘 둘 수 있는 것도 머릿속에 상대의 수를 읽어내는 시뮬레이션 능력이 있기 때문이다. 나의 수에 대응해 두지 않아도 수가 보이는 것이다.

2009년 1월 미국 뉴욕 라과디아 공항을 출발한 US항공 1549편 여객기의 기장 설리는 허드슨강에 비상 착수하여 승객 150명과 승무원 5명을 모두 구하였다. 그런데도 국가운수안전위원회가 기장의 선택이 위험하였다는 이유로 청문회에 제소하였다. 청문회에서 기계적인 시뮬레이션 결과로 자신을 몰아세우는 공격에 대해 "인간의 잘못을 묻고 싶다면 시뮬레이션에도 인간적 요소를 넣어야 한다."라고 답하였다.

사람의 시뮬레이션은 기계가 대신해 줄 수 없다. 순간순간 일어나는 반응에 본능적으로 대응하는 예도 많기 때문이다.

- **아랫돌을 받쳐 윗돌을 올리네. 고인돌**

우리나라에는 청동기시대부터 죽은 사람을 위해 고인돌을 만들었다. 우리나라에는 3만 여기의 고인돌이 있고 세계 고인돌 중 약 60%가 존재한다. 1997년 유네스코 세계유산에 지정된 고인돌은 전북 고창, 전남 화순군, 인천 강화군의 것들이 지정되었다. 하지만 영남지역의 대구, 청도, 창원, 김해 등에도 많은 고인돌이 만들어졌다. 그 외 지역에서도 많이 제작되었다. 하지만 도시개발로 인해 상당수가 없어져 전라지역만큼 그 존재가 알려지지 못하였다. 우리나라에서 가장 크고 무거운 덮개돌이 사용된 고인돌이 김해 구산동 고인돌이다(그림 90). 무게가 무거워서 그 아래에 무엇이 있는지 발굴조사를 제대로 할 수 없어 보존했을 정도인데, 2023년에 추가적인 조사가 이루어졌다.

그럼 왜 이런 형태의 무덤을 만들었을까. 아직 고고학자는 여

그림 90 김해 구산동 고인돌의 덮개돌(청동기시대)

기에 관한 답을 찾지 못하였다. 고인돌은 눈에 띄는 대지와 낮은 구릉, 특히 하천을 따라서 만들어졌고, 낮은 구릉에 많이 만들었으나, 창녕 유리고인돌처럼 구릉 높은 곳에 단독으로 있는 사례도 있다. 고인돌은 윗돌과 받침돌로 만들며, 받침돌이 없는 예도 있다. 우리가 고인돌이라 부르는 무덤은 반드시 덮개돌이 매장시설을 덮는 식의 모양이다. 죽은 사람을 묻게 되는 매장시설의 형태는 석실형(石室形), 석관형(石棺形), 석곽형(石槨形), 토광형(土壙形: 별도 시설 없이 땅만 파서 시신을 묻은 형태)으로 나눈다. 고인돌의 기원은 한반도 자생설, 중국 요령지방 영향설, 석관묘의 덮개돌이 지상으로 올라가면서 제단 기능과 결부되면서 거대한 암석으로 만들었다는 설이 있다.

고인돌을 만든 사람은 매장시설을 나무로도 만들 수 있었지만, 그리하지 않았다. 모두 돌로 관 등을 만들어 죽은 사람을 묻었다. 고인돌은 시간이 흘러도 변하지 않는 돌의 물성을 아주 잘 활용한 구조물이다. 이것을 만든 사람은 고인돌이 바뀌지 않는 것, 죽은 사람이 자신들의 곁에 영원히 머물러주길 바랐을 것이다.

또한, 고인돌의 상징성에 관한 연구는 제대로 이루어진 바는 없지만, 당시 사람들이 고인돌을 바라보면서 어떤 생각을 했을까 고민해봤다. 고인돌은 지하, 지상, 천상으로 구성된 세 단계를 구현한 형태가 아니었을까(그림 91). 지하에 묻힌 사람이 하늘나라로 올라

그림 91　강화 부근리 탁자식 지석묘(청동기시대)
우리나라 탁자식 고인돌을 대표하는 고인돌이다. 괴임돌의 사이에 돌로 무덤을 만들어 죽은 이를 묻었다. 누구나 쉽게 무덤에 접근하기 쉬워서 도굴되는 경우가 많다. 한반도 남부지역에서는 거의 발견되지 않는 형태이다.

갈 수 있는 연결고리이자 안테나와 같은 역할을 고인돌이 했을 것 같다. 고인돌은 제작하는 데 있어 많은 사람을 동원해야만 한다. 때론 마을 구성원 전체가 나서서 해야 하는 공동작업이기도 했다. 청동기시대 사람들이 고된 일을 하면서까지 고인돌을 만든 데에는 사후세계의 관념과 매장 의례를 공유하고 있었기 때문이다. 사람에게 '이렇게 해야 한다.'라는 문화적 세뇌는 생각보다 깊고 무섭다. 특히 사회 구성원 모두가 공유하는 규율이라면 구성원들은 더욱 위압적으로 받아들일 수밖에 없다.

고고학자들이 얘기하는 지배계층이 생기고 수장(지배자)이 등장하였기 때문에 만들었다고 하기에는 그 이유가 석연치 않다. 사람이 겪는 가장 슬픈 일인 죽음을 통해 신과 같은 영적대상을 끌어들였을 수 있다. 우리는 영혼이 있다고 믿는 순간, 또 다른 세계를 인정하고 싶은 충동을 느낀다.

사람은 반드시 죽는다고 자각하는 순간, 죽음을 쉽게 받아들이기는 어렵다. 죽은 뒤에 새로운 세계가 있지 않을까 고민한다. 그 세계는 상상할 수밖에 없다. 죽기 전에는 가볼 수도 없고, 죽은 사람에게 물어볼 수도 없기 때문이다. 그 때문에 본인이 죽기 전에 자신의 흔적을 남기길 원한다. 그 흔적을 남기는 방식은 아주 다양하다. 글자가 없었던 시기에는 기념물을 만들거나, 자신이 죽으면 무덤 속에 물건을 같이 묻어주기를 바랄 뿐이다. 죽음을 이겨내기 위한 다양한 방법들이 구석기시대부터 있었고, 청동기시대에도 계속 이어졌다.

• 왜 돌로 큰 무덤을 만들었을까

여러분은 '청동기시대' 하면 무엇이 떠오르는가요? 라고 물으면, 대다수 사람은 고인돌과 청동기를 이야기한다. 그렇다면 고인돌을 왜 만들었고, 왜 돌을 사용하였을지 생각해본 적이 있는가.

고인돌은 단순히 지배자가 등장했다고 한반도에 그 많은 고인돌이 만들어졌다고 단정하기 어렵다. 고인돌은 공동체의 결속을 다지는 중요한 상징물이었다. 고인돌은 죽음을 계기로 만들어진다. 신라시대 금관과 함께 그 많은 유물이 출토된 무덤은 죽은 사람이 들어가는 '관'과 이를 둘러싼 '곽'으로 만든다. 하지만 그 위를 덮은 것은 크고 작은 무수히 많은 돌이었다. 그리고 흙을 덮었다. 한 사람의 무덤을 만드는 데 많은 사람이 동원되었다. 여기에도 약 1,500년의 시간이 흐른 뒤에도 썩지 않고 온전한 것은 돌이었다.

우리나라에서 본격적으로 돌로 무덤을 만들기 시작한 것은 청동기시대부터이다. 신석기시대 후포리유적에서는 인골과 큰 돌도끼들이 출토되었다. 하지만 고인돌과 같은 특정한 무덤을 만들지는 않았다. 부산 가덕도 장항유적에서도 땅을 파서 그 속에 사람을 묻었다(그림 16). 사람을 특정한 돌이나 나무로 짠 관에 넣지는 않았다. 청동기시대에 유독 돌로 만든 무덤이 많다. 석관묘가 대표적이다. 이 시대는 진정한 돌의 시대였다. 돌로 도구를 만들고, 돌로 불을 피우고, 돌로 무덤을 만들었다.

상상해보자.

하천에 가서 적당한 두 개의 돌을 고른다. 하나의 돌로 다른 돌을 때려서 모양을 다듬는다. 그리고 돌을 갈 수 있는 숫돌을 가져온다. 물을 뿌려가며 갈아서 돌도끼를 만든다. 이 돌도끼를 자루에 끼워 나무를 잘라 집을 짓는다. 큰 나무를 도끼로 베고 그 속을 파서 통나무 배를 만든다. 그 배를 타고 돌로 만든 작살이나 화살로 물고기를 잡는다. 돌화살을 든 사람이 산속에 사냥을 나갔다가 곰을 만나 죽임을 당했다. 가족이나 마을 사람들은 죽은 사람을 위해 큰 돌을 마을 주변까지 옮겨온다. 돌팽이로 땅을 파고, 그 자리에 돌판을 짜 맞춰 관을 만든다. 바닥에도 돌을 깐다. 그 위를 덮개돌을 덮는다. 큰 돌을 세우기 위해 두 개의 괴임

돌을 세워 고인돌을 만든다. 한 사람의 삶이 돌을 써서 살아가
고, 죽어서도 돌 속에 묻힌다.

후기구석기시대 이래로 내 주변의 누군가가 죽는다는 사실은
큰 슬픔이었다. 사람의 죽음은 말할 수 없는 마음의 고통이었다. 선
사시대 사람들은 '죽음'을 통해 공동체 구성원의 조직 내 헌신을 강
화하였다. 수렵과 어로, 농경과 같은 생계 행위를 할 때도 집단노동
을 할 수 있고, 품앗이의 기원이라 할 수 있다.

하지만 노동과 죽음을 매개로 하여 이루어지는 공동작업은 전
혀 다른 맥락이다. 무덤을 만드는 공동작업 속에는 다양한 이야기를
담고 있다. 나이가 들어서 죽었는지, 아파서 죽었는지, 아이를 낳다
가 죽었는지, 전쟁에 참여하다가 죽었는지, 누군가와의 다툼 속에서
죽었는지, 누군가를 위해 목숨을 던졌는지 등 다양할 수밖에 없다.

죽음과 무덤에 관한 고고학의 끝은 공동체의 결속이다. 특히
죽은 뒤에 사후세계가 있다고 믿거나, 매장을 위한 의례 행위나 의
식과 결합하면 공동체의 결속은 더욱 강한 힘을 발휘한다. 이러한
장례 행위는 공동체 구성원을 더욱 견고하게 만들어주고 결속을 강
화해 조직 내 헌신을 유도한다. 인구가 늘어날수록 매장행위는 더욱
늘어날 수밖에 없었다. 특히 청동기시대에는 집단무덤이 본격화된
다. 이른바 신석기시대에 이어 공동묘지가 조성되는 시기이다. 인구
가 늘어나자 마음과 무덤의 영역은 자연스럽게 그 구분이 발생하였
다. 삶과 죽음의 영역을 '돌'이 갈랐다.

사실 우리는 돌을 많이 쓰지 않는다고 생각하며 살아간다. 현
대 사회는 단단한 돌을 대체한 사회에 살고 있다. 그 대표적인 예가
콘크리트이다. 콘크리트는 기원전 5000~3000년 전부터 이집트에
서 사용하였고, 피라미드를 만들 때도 사용되었다고 전해진다. 석회
질의 시멘트와 물 등을 섞으면 돌처럼 단단해진다. 이런 콘크리트가

널리 보편적으로 사용되기 전까지 인류에게 가장 단단한 물질은 돌이었다. 지금도 대리석은 훌륭한 건축자재로 건물을 빛내주고 있다. 인류가 만든 가공의 돌이 바로 콘크리트이다. 우리는 여전히 돌과 함께 살아가고 있다.

필자가 대가야를 주제로 전시를 준비하면서 1,500년 전에 무덤을 만들 때 사용한 돌을 전시품으로 활용한 적이 있다. 이때 아래와 같이 적었다.

"여기 가야 사람이 무덤을 만들 때 사용한 1,500년 전의 돌이 있습니다. 가야 사람들은 죽음과 죽은 뒤의 삶이 두려워, 큰 무덤을 만들었습니다. 하지만, 그들은 언젠가 깨달았을 것입니다. 삶이란, 앞으로 나아가는 것이지 뒤돌아보는 것이 아니란 것을……"

● 죽은 사람을 위해 무덤을 만드는 사람은 얼마나 슬펐을까

사람에게 있어 때론 사실이 중요하지 않을 수도 있다. 이야기가 진실이냐 허구이냐가 중요하지 않다는 얘기이다. 그리 믿게 만들면 된다. 사람은 그리 믿는 순간, 행동으로 표현하고 실행한다. 진실보다 자신의 믿음과 신념이 더 중요하다고 느끼는 사람도 있다. 그 이야기에 몰입이 되었다면 그 파급력은 더욱 크다.

고인돌의 건립이 지배자의 정치적 목적달성을 위해 이루어졌다고 볼 수만 없는 이유이다. 이런 식의 접근은 무모해 보이기도 하고 쓸모없어 보이기도 한다. 그 많은 고인돌을 이해하는 올바른 접근법이 아니다. 조직 구성원의 자발적 의지가 고인돌 사회를 이루어 낸 것으로 이해해야 한다.

청동기시대 사회에서 지배자는 마치 독재자의 이미지를 연상시킨다. 사실 그들은 부족 내 일어나는 다양한 문제와 곤경에 대해 올바른 판단을 이끌고, 제사장의 임무를 수행하였을 가능성이 크다.

아직도 많은 소수민족이나 원주민들의 사례를 보아도 마을의 어른은 지배자가 아니다. 마을 원로는 행사를 이끌고, 마을의 통합을 도모한다. 우리 민족은 여전히 제사를 지내고 있다. 선대로부터의 믿음이 아래로 이어지고 있기 때문이다. 제삿날 특히 이런 믿음과 의무가 주로 전해진다. 우리나라에는 설날, 추석, 한식, 제사 등 최소 네 번 또는 다섯 번 이상은 제사 모임이 이루어진다. 슬픔을 나누고 추억을 공유하는 자리이다. 구전되는 이야기를 어릴 때부터 듣는다면 자연스레 의무감이 몸속에 자리잡힌다. 그리해야 한다는 믿음은 생각보다 문화를 유지하고 풍습을 이어가는 강력한 수단이 된다. 여기에는 자발성과 규율이 뒤따라야 한다.

사회 내 자체 기준을 받아들이는데, 이야기는 큰 역할을 한다. 이야기는 사람의 마음을 움직이고, 가끔은 진실을 왜곡한다. 이야기는 집단의 힘을 발휘하는 데 있어 긍정과 부정의 역할을 동시에 할 수 있다. 세상 모든 무덤을 만들 때 우리는 얼마나 슬펐을까? 그 이야기가 궁금하다.

• 고인돌과 던바의 수

오늘도 공항, 기차역, 지하철역 등 교통요지와 유명관광지에는 많은 사람이 찾는다. 이곳을 찾는 모임은 동창회, 산악회 등을 비롯한 여러 성격의 모임이 있다.

그중 우리나라의 전통적 모임인 계모임이 있다. 우리나라 보편적인 협동단체로, 농촌에서 필요에 의해 자율적으로 조직한 집단이다. 사전에는 부조, 친목, 통합, 공동이익 등을 목적으로 하는 공동체로 정의한다. 공동의 이해와 이익을 달성하기 위해 주로 만들어지는 계는 1938년 조사에서 명칭이 다른 것만 해도 480개가 된다고 한다.[23] 이 계의 구성원은 10~20명이 가장 많다.

이종철은 고인돌 덮개돌 운반과 관련한 실험을 하였다. 덮개돌

[23] 한국민족문화대백과사전, 계, 참조

의 무게와 인원수의 관계를 적용한 결과는 다음과 같다(이종철 2003).

표 5 　덮개골의 무게와 인원수의 상관관계

무게(톤)	1	2	3	4	5.5	10	25	50	100
인원수 (약 명)	3	5	8	10	14	26	64	129	257

　대부분의 고인돌이 50t 미만인 점을 고려하면 청동기시대에도 '던바의 수'를 적용할 수 있다. 대다수 고인돌은 소규모 부족 내에서 만들어지거나 몇몇 부족이 힘을 합쳐 만들었다. 100명 이상의 부족 단위를 형성한 경우는 큰 집단이다. 대부분의 마을 규모는 50~100명 사이였을 것이다.

　모든 고인돌은 마을 주민이 자발적으로 마들었을 가능성이 크다. 집단은 경쟁보다는 협력을 선택했을 때 더욱 커진다. "생존을 위한 투쟁에서 지배를 위한 투쟁으로 바뀌었다."(데즈먼드 모리스 2003).

　혼자 힘으로 하기보다 같이 일함으로써 더 큰 일을 할 수 있다는 생각을 자각했다.

　데즈먼드 모리스는 지배자가 지켜야할 황금율을 열 가지로 정리했다.

1. 권위를 나타내는 장식과 자세와 몸짓을 분명하게 과시해야 한다.

2. 적극적으로 경쟁을 할 때는 공격적으로 부하들을 위협해야 한다.

3. 신체적인 도전을 받을 경우에는 힘으로 제압할 수 있어야 한다.

4. 부하들이 완력보다 두뇌를 이용하여 도전할 경우, 지도자는 부하들보다 지적으로 우월해야 한다.

5. 부하들 사이에서 일어나는 쓸데없는 다툼을 통제해야 한다.

6. 직속 부하가 높은 지위의 혜택을 누릴 수 있도록 함으로써 그들의 충성을 보상해야 한다.

7. 약한 구성원을 부당한 박해로부터 보호해야 한다.

8. 집단의 사회적 활동에 관해 결정을 내려야 한다.

9. 이따금 말단 부하들을 안심시켜야 한다.

10. 외부로부터의 위협이나 공격을 물리칠 때는 주도권을 잡아야 한다. 청동기시대에는 계층이 출현하는 시기였고, 지배자를 중심으로 사회가 움직이기 시작했던 시대였다. 때로는 강압과 권위에 억눌려 고인돌을 만들었을 가능성도 있다.[24]

- **소통과 협력**

"우리가 역사를 알아야 하는 가장 큰 이유는 이처럼 미래를 예측하기 위해서가 아니라, 과거에 해방된 다른 운명을 상상하기 위해서이다. 우리는 과거의 영향을 피할 수 없으므로 이것이 완전한 자유는 아니지만, 약간의 자유라도 있는 편이 아예 없는 것보다는 낫다."(유발 하라리 2018: 98 - 99).

언어가 없던 구석기, 신석기, 청동기시대 때 기술과 전통의 계승은 우연의 결과물일까.

구석기시대 때부터 죽은 사람의 영혼을 생각하기 시작하였다. 영혼을 본 적도 없음에도 그러하다. 사람에게 영혼은 실체의 문제가 아니다. 영혼은 믿음이 있다면 실체가 없어도 마음을 일으켜 만날 수 있을지 모르겠다. 뇌의 전기자극으로 생겨나는 의식이 영혼을 일으키는 과학적인 근거인지는 알 길이 없다.

인간은 의사소통이 활발해지면서 도구나 무덤에서 공통의 형태들이 만들어진다. 예를 들면, 청동기시대의 간돌검은 지역마다 차이가 있지만, 특정 지역 안에서는 공통의 제작방식을 공유하였다. 고인돌의 형식도 일정 지역 내에서는 같은 방식으로 만들어졌다. 집, 도구, 무덤, 토기 등 일정한 양식을 공유한 것은 사람들이 단순히 모방하였기 때문이 아니다. 멘토와 멘티, 장인과 교육생, 부모와

24 생존에 압박받은 인간은 가난과 굶주림과 같은 생존의 어려움이 가해진다면 폭력성은 늘어날 수밖에 없다. 개인적으로 알지 못한다는 사실은 모리스(2003)가 말한 것처럼 "개인적인 사회가 비개인적인 사회로 바뀐 것이 인간에게 가장 큰 고통을 알려주었다."

자식 등 기술을 전수하는 데는 상당한 수준의 의사소통이 가능했기 때문이다.

무덤의 전통과 왜 그리 해야 하는지의 이유도 의사소통이 있어야 오랜 시간 동안 유지될 수 있다. 문자가 없을 뿐 구전으로 전해진 말을 쓰면서 의사소통을 할 수 있다. 표정, 눈빛, 손으로 단순히 지식을 전달할 수도 있다.

그러나 기술과 전통이 몇백 년 혹은 몇천 년 동안 이어지는 것은 후세가 그것을 의식적으로 받아들이겠다는 의지가 없으면 불가능하다. 청동거울은 이러한 협력의 산물이다. 일정 기간 기술이 이어지고 기술발전이 이루어진 것은 전문 장인집단의 노력이 있었기 때문이다. 청동기는 숙련된 장인집단의 조직적인 협력사례이다. 그러나 그 전통은 널리, 누구에게나 확산되지는 못했다. 단순한 의사소통만으로 기술을 유지하기에는 한계가 있었기 때문이다.

소통과 협력이 없다면 인류가 만든 문화 성취는 불가능하다. 기술전승, 집단사냥, 공동작업, 정보수집 등 이 모든 생존 전략이 사람 사이의 연결에서 출발하였다. 시대가 흐를수록 조직력이 집단의 힘으로 확장·발전되었다. 동물들이 만든 기념물은 없다. 엄청난 수로 무리를 지어 다니는 물소떼, 모계사회의 코끼리무리, 늑대와 하이에나의 무리생활은 모두 다른 동물을 사냥하거나 스스로의 힘만으로 살아남기 힘들기에 무리 형태로 적에 대항하기 위함이다.

여러 목적의 대규모 협력은 사람만이 할 수 있다. 사회적 논리에 따라 혈연관계가 아니더라도 협력은 이루어진다. 사람은 이런 협력이 본인의 생존을 위해 무엇보다 절실한 것임을 본능적으로 안다. 같은 곳을 바라보고 같은 이야기를 공유하기 때문에 집단의 결속력은 더욱 강해진다.

이러한 협력작업을 이끄는 데는 생각과 의식의 공유도 한몫하였다. 사람의 협력을 모으는 데는 지배자의 명령만으로는 불가능하

다. 집단 내에서 일어나는 협력의 당위성, 그것을 굳이 또는 마지못
해 해야만 하는 심리적 요인이 더 크게 작용했을 수 있다.

• 스톤헨지와 이스터섬 모아이

우리가 거석문화를 얘기할 때 빠지지 않는 것이 스톤헨지와 모아이
섬의 이스터 돌조각상이다.

영국 솔즈베리에는 세계적으로 유명한 스톤헨지가 있다. 필자
는 두 번째 영국 방문에서 스톤헨지를 방문할 수 있었다. 스톤헨지
를 가는 런던 코치 스테이션의 버스에는 영국인은 거의 없었다. 대
부분 외국인이었다. 인도, 한국, 파리, 중국, 일본 다양한 나라의 사
람들이 관람을 위해 버스를 탔다. 아마 이런 기념물을 접한 대부분
사람의 반응은 기대했던 것보다 못하다는 실망이 클 수 있다. 고고
학자로서 스톤헨지를 바라보는 필자와 달리, 동행했던 사람은 굳이
이 멀리까지 이걸 보러오는 이유를 모르겠다는 표정이다. 유적 보호

그림 92　영국 스톤헨지와 관람객

를 위해서이기도 하지만, 스톤헨지는 군사 보호구역 내에 위치한다. 버스를 내리면 약 1km를 넘게 셔틀버스를 타고 가든지, 걸어가든지 하여야 한다. 그렇게 셔틀버스에서 내려서 보는 스톤헨지의 주변에는 넓은 들판에 자라는 풀로 가득하다. 제작 당시에도 이러한 풀들이 있었는지, 황량했는지는 알 방법이 없다. 낮은 언덕 위(물론 그곳에서는 가장 높다)에 셰일과 블루 스톤으로 만든 스톤헨지와 관람객의 접근을 막기 위한 울타리 외에는 없다. 그 외 무대장치가 있다면 하늘의 빛과 구름이었다. 바람에 의해 바뀌는 구름의 위치에 따라 스톤헨지의 모습은 바뀌었다. 위에서 내려다볼 수는 없지만 다양한 모습을 느낄 수 있었다(그림 93).

그러나 왜 돌로 만든 선사시대 기념물이 세계적으로 유명해졌을까를 고민해보았다. 선사시대를 연구하는 고고학자로서가 아니라 그걸 보러 오는 사람들은 무엇을 느끼기 원하는 걸가 생각해보았다.

돌아오는 길, 셔틀버스 안에서 떠오른 단어는 'simple'이었다. 화려한 장식이나 그림도 없다. 주변에 기념물을 화려하게 만들어주는 보조물도 없다. 스톤헨지의 상징적 의미에는 많은 학설이 있다. 다양한 학설이 있을지라도 만든 사람들은 돌이라는 재질의 상징적 의미를 믿고 그 본질에 충실하였음은 분명하다. 오직 스톤헨지만이

그림 93　영국 스톤헨지(신석기시대)를 하늘에서 본 모습. 하나씩 뜯어보면 우리나라 고인돌과 모양이 비슷하다.

수천 년 동안 남아있다. 오랜 시간을 거치면서 그것을 부수거나 무너뜨리는 것은 전혀 어렵지 않았을 텐데, 그러지 않았다. 그 덕분에 우리는 잘 보존된 이 기념물을 볼 수 있다.

스톤헨지는 현재 그 지역에서는 가장 높은 곳에 만들어져 있다. 주변에서 가장 높은 구조물이었다. 한국의 '유리 고인돌(고인돌의 이름이 유리)'도 가장 잘 보이는 곳에 있다. 삼국시대 때 고령의 지산동 고분군, 부산의 복천동고분군도 산 능선에 위치하면서 경치가 좋고 높은 곳에 있다. 김해 대성동고분군도 구릉은 높지 않지만, 인근에서는 가장 높은 곳에 무덤을 만들었다. 복잡한 구조가 아니어도 충분히 지리적인 지표가 될 수 있다.

영국 내 런던, 옥스퍼드, 케임브리지는 화려한 고딕 양식의 성당이나 대학 건물들이 많다. 팬 볼트(Fan vault)구조의 내부 천장 장식은 감탄하지 않을 수 없다. 스톤헨지는 둥근 서클이 전부일 수 있다. 바쁜 일상의 도시민들은 복잡하고 빠른 변화에 지쳐있다. 일부러 셔틀버스를 타지 않고 초원을 걸어가는 사람들은 바로 이러한 머릿속 복잡다단한 생각이 스톤헨지를 찾아가는 동안 단순해질 것이다. 스톤헨지를 바라보고 있노라면 자연 속에 세워진 돌에 몰입할 수밖에 없다. 마치 돋보기의 빛이 모여 불을 태우듯 한 곳, 한 생각으로 모인다. 어느새 누가 왜 이런 것을 만들었을까는 중요하지 않다.

• 우리나라에는 없는 동굴벽화

우리나라의 유적에서 선사시대 동굴벽화가 발견된 예는 없다. 서유럽과 동남아시아에서 주로 발견되는 희귀한 동굴벽화들은 우리나라는 물론, 동북아시아 지역에서는 발견되지 않았다. 우리나라에서는 구석기시대에 안료로 쓰일 수 있는 흑연이 호평동유적에서 출토된 바 있고, 붉은 오커가 나온 예가 있다. 하지만 이런 사례는 아주 드물고, 실제 이것을 활용해 그림을 그렸던 유물이나 유적이 발견된 적이 없다.

강원도와 충청북도 지역에는 석회암 동굴이 많다. 이런 동굴 속에서는 구석기시대와 신석기시대의 동물 뼈나 골각기가 발견되었지만, 그림이 확인된 바는 없다. 특히 그림을 그릴 수 있는 안료가 출토되지 않았다. 구석기시대의 암각화나 암벽화 등 돌이나 석기에 형상을 새긴 증거가 없다. 희망적인건 우리나라 선사시대에는 암각화가 상당히 많이 발견되었는데, 대부분 신석기시대와 청동기시대에 해당하는 것들이다.

왜 동굴벽화가 없는지는 한반도에 거주했던 현생인류가 그림을 그릴 수 있는 지적능력이 낮았다고 보기보다는 그림과 연관된 자료가 사라져서 지금은 전해져 내려오는 것이 없다고 보는 편이 맞다. 현생인류는 생존과 직접 연관이 있는 석기제작에 공을 들였고, 출토되는 유물 역시 대부분 실용적인 도구들이다. 도구류를 제외하곤 인류의 상징 행위와 관련된 직접적인 증거사례는 없다. 그런 차원에서 단양 하진리유적의 선 새김이 있는 도구는 아주 주목할 만한 유물이다.

우리나라 후기구석기시대 사람은 과연 그림을 그릴 수 있었겠느냐는 의문을 가질 수 있다. 아프리카와 서유럽의 사례를 보면 관

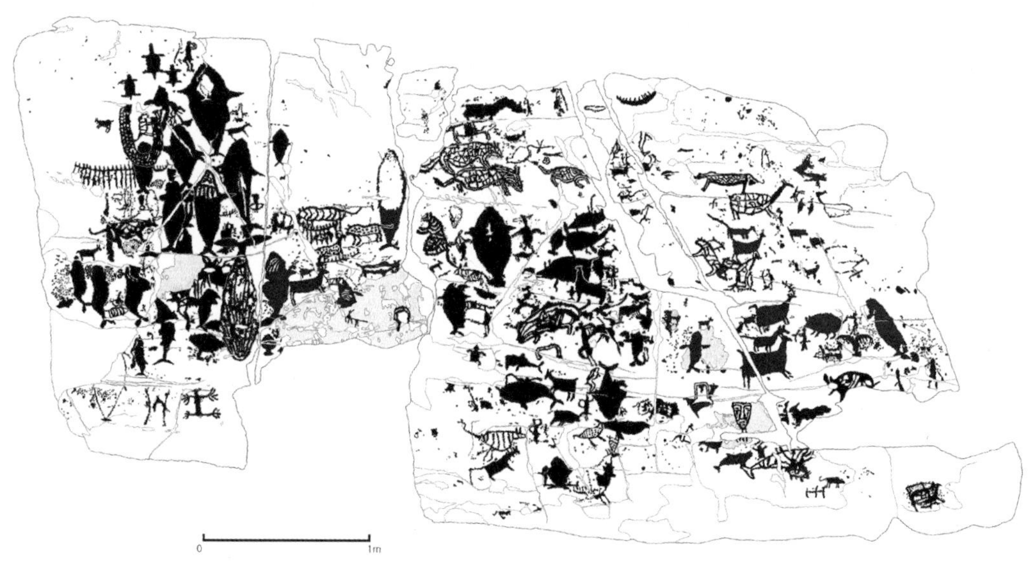

그림 94　　울산 반구대 암각화(바위 부분에 그림이 새겨져 있음, 울산암각화박물관 제공, 신석기시대)

그림 95　　반구대 암각화에 새겨진 사람과 동물(울산암각화박물관 제공, 신석기시대)

런 자료가 발견되지 않는 것이 오히려 이상하다. 하지만, 동북아시아 지역에서 그림이 발견된 예는 없으며, 안료가 사용된 사례도 희귀하다.

신석기시대에도 그림과 관련된 자료는 아주 드물다. 무엇보다 그림을 그릴 수 있는 재료가 발견된 사례를 발견하기 어렵다. 사람을 본떠 만든 토우 등은 발견되었지만, 실제 단색이든 채색이든 안료를 사용한 그림은 극히 드물다. 그러나 신석기시대에는 붉은 칠을 한 토기가 있어서 그들이 색에 관한 관념은 있었음을 짐작할 수 있다. 인류가 최초로 사용한 색이 오커를 이용한 붉은 색이었다. 이렇게 회화 관련 자료가 희귀한 상황에서 반구대 암각화는 선사인의 삶을 보여주는 기록자료로서 무한한 가치를 가지고 있다.

왜 우리나라 선사시대 사람들은 채색화를 그리지 않았을까 하는 의문을 항상 가진다. 왜 신석기시대 사람은 그림을 돌에만 새기고, 물감을 이용해 색을 채우지 않았을까를 생각해보아야 한다. 먼저 여러 가지 색깔의 안료 사용법을 몰랐을 가능성이 있다. 돌에 새기는 방식의 영원불변성과 특별한 의미를 부여하는 전통을 가졌고 별다른 채색은 불필요했을 수 있다.

• 반구대 암각화의 사회적 기능

여기서는 반구대의 문양 의미와 지리적 특징에 관해 얘기하고 싶다.

집단 예술과 상징물

선사시대에는 집단의 화합과 질서 유지, 축연 등에서 예술을 사용한다. 우리나라에서 집단제의는 다양한 고고학적 증거를 통해 밝혀지고 있다. 고인돌 축조, 암각화 제작, 고분 조성 등이 대표적이다.

암각화는 공동예술의 흔적이다. 여기에 새겨진 동물은 사실주의에 기반을 둔 그림이다. 동물들의 특징이 정확하게 묘사되어 있다.

예를 들어 고래는 그것이 지닌 상징적 의미를 생각해야 한다. 고래는 바다에서 가장 큰 동물이다. 선사시대 사람이 고래를 잡는다는 사실은 식량을 확보하고, 생활용품의 재료를 얻는다는 의미 외에도 하늘이 내려준 귀하고 신성한 동물로 인식했을 수 있다. 이러한 동물을 벽면에 채우는 것은 제작자에게 다양한 의미를 담고 있었다고 보아야만 한다.

반구대 암각화의 그림 배치를 살펴보면 왼쪽 위는 해양생물, 오른쪽 아래는 육상 생물이 집중적으로 그려져 있다(그림 95). 즉 그림을 그릴 공간을 할당하고, 그 영역을 관리하였다는 의미이다. 한 번 새겨진 암각화는 다시 지울 수 없다. 이것은 돌이 가지는 변치 않는 영속성이나 단단함과도 일맥상통한다. 선사인에게 돌은 무한함과 변치 않음을 상징하는 재료이다. 청동기시대에 고인돌의 상석에 별자리와 같은 그림이 새겨지는 것도 같은 의미이다. 돌로 만든 다양한 장신구도 같은 맥락으로 볼 수 있다. 우리가 수천 년이 지난 지금도 그들의 흔적을 알 수 있는 이유는 오랫동안 시간을 버텨낸 돌이라는 단단한 재질 덕분이다.

집단 기록과 교육 공간

세계적으로 고래사냥의 증거는 신석기시대부터 등장한다. 세계에서 어로 관련 도구는 후기구석기시대가 되어 비로소 출현한다. 아시아 지역에서도 후기구석기시대 말에 작살 등의 증거가 발견되었다. 우리나라에서는 2018년에 조사한 강원도 정선 매둔동굴유적에서 후기구석기시대의 그물추가 발견되었다고 보고되기도 했다. 하지만 이 시대에 작살이나 낚싯바늘과 같은 어로구는 출토된 바가 없다.

고래사냥은 어로행위의 관점에서 볼 때 목숨을 걸고 진행해야 하고, 배와 어로 도구를 보더라도 그 당시의 기술 집약체를 이용해야지만 가능했다. 실제 신석기시대의 동삼동패총 등에서 발견되는

그림 96   황성동유적출토 작살이 박
힌 고래 뼈(신석기시대)

고래 척추뼈가 어로의 결과물일 수도 있지만, 육지로 밀려온 고래
시체의 흔적일 수도 있다. 울산 황성동유적에서 출토된 '작살이 박
힌 고래 척추뼈'는 신석기인이 고래를 잡았음을 말해주는 명확한 증
거이다(그림 96). 또한, 고래는 특성상 배를 타고 나가야 볼 수 있는 동
물임에도 불구하고 반구대 암각화에 고래를 그렸다는 사실은 그들
이 상당히 멀리 떨어진 바다에까지 나가서 물고기를 잡았음을 말해
준다.

대한해협을 두고 한반도 신석기인과 일본 조몬인은 흑요석과
토기 등을 교류했던 사실을 보더라도 그들은 원거리 항해가 가능한
수준의 항해술을 가지고 있었다. 그들은 해류를 이용할 수 있는 지
식도 가지고 있었다. 북미 태평양 연안 산타바바라 지역의 고고유적
에서는 최소 8,000년 전의 고래 뼈와 고래 뼈로 만든 유물이 확인된
다. 6,000년 전에는 돌고래 사냥에 대한 증거가 분명히 존재한다(존
R. 존슨 2017: 42 - 43).

현생인류가 다른 고인류와 비교할 때 가장 큰 차이점은 바로 상징 행위와 이를 기반으로 한 예술 활동을 했다는 사실이다. 반구대 암각화는 그 당시 살았던 이들이 축적된 지식과 정보를 남기고자 했다. 단순히 고래를 추상적으로 표현한 것이 아니다. 그들은 고래와 다른 동물을 사실감 있게 표현했다. 특히 현실적으로 가능한 작살법, 몰이 어로 등의 어로 방법을 기록했다.

사냥과 어로는 전통적으로 학습과 교육이 필요하다. 인간이 가진 능력 중 하나가 바로 시뮬레이션을 해보는 능력이다. 실제 해보지 않아도 교육으로 가르칠 수 있고, 실전을 빨리 습득시키게 할 수 있다. 반구대 암각화는 사냥과 어로를 할 때 선배가 후배에게, 부모가 자식에게 '비법 전수를 위한 기록 공간'일 가능성이 있다.

고래에 대한 다양한 기록은 반구대 암각화와 관련한 사람들이 전문 어업인이었음을 알 수 있게 해 준다. 다음과 같은 이유 때문이다.

먼저 배를 만드는 문제이다. 반구대 암각화에는 배의 형태와 크기를 가늠할 수 있는 그림이 있다. 혼자서 작은 배는 만들어도, 고래 사냥을 할 수 있을 정도의 큰 배는 만들 수 없다. 이 정도의 배는 여러 사람과 공동으로 만들어야만 한다. 고래사냥에 이용할 수 있는 배는 선조들에게 그 기술을 이수 받는 것이 기술 습득의 가장 빠른 길이었다.

다음은 반구대 암각화를 그린 사람은 고래사냥을 위한 전문 어로구를 제작할 줄 알았다. 작살 중 가장 기술적으로 복잡한 회전식 작살에 물에 가라앉지 못하도록 가죽 주머니 등으로 만든 부구를 부착했다. 이런 수준의 어로구는 지금도 이것을 이용해 고래를 잡을 수 있을 정도이다.

또한, 그들은 오랜 관찰과 경험으로 고래의 동물적인 습성을 제대로 간파하고 있었다. 포경 시점을 포착하는 기술, 어떤 종류의 고래가 언제 울산 인근에 출현하는지의 시기, 고래 종류 고래마다 생활 습성 등이 그것이다. 반구대 암각화에는 이러한 고래 관련 중요

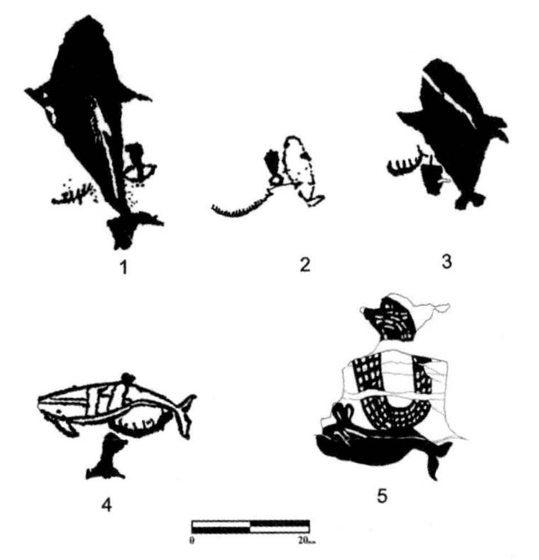

그림 97　반구대 암각화의 고래잡이 장면(신석기시대). 울산암
각화박물관 제공

한 정보를 담고 있다.

　무엇보다 고래사냥은 집단어로의 가장 중
요한 사례이다(그림 97). 따라서 반구대 암각화에
는 포경방법과 해체기술과 관련한 정보를 담고
있는 집단어로의 기록화이다. 고래를 잡기 위해
서는 다수의 사람이 필요하고, 선장과 같은 지
도자의 지시에 따라 일사불란하게 임무를 수행
해야만 한다. 고래의 어느 부위에 작살을 던져
야만 잡을 수 있는지는 아주 중요한 문제였다.
작살은 고래의 약한 부위에 정확히 맞춰야만 한
다. 고래가 달아날 수 있기 때문이다.

　고래를 잡아 운반하기 위해서는 많은 인력
이 필요하다. 배도 여러 척이어야만 한다. 작살 꾼은 육지에서 작살
던지는 연습을 수없이 하고, 흔들리는 배 위에서도 연습했을 것이
다. 작살 투척은 고래사냥의 가장 중요한 행위이자, 목숨을 걸고 하
는 작업으로 숙련자가 반드시 해야만 한다.

　그리고 잡은 고래를 해안가로 운반하려면 수많은 사람이 힘을
합해 고래를 육지로 끌어올려야만 한다. 그다음에는 고래 해체기술
이 필요하며, 지금도 고래 해체를 할 수 있는 사람은 소수에 지나지
않는다. 어떤 방식으로 하면 좋을지도 암각화에는 남아 있다(그림 97-
4).

작살과 투창법

- 작살

암각화에는 낚시하는 사람이 없다(그림 98). 작살이 중요한 사냥방식
이다. 낚시하는 방법은 집단 차원에서 공유되어야만 하는 기술은
아니다. 개인과 개인이 충분히 알려줄 수 있는 간단한 어로법이다.

364

그림 98　　이음낚시로 상어를 잡는 모습(상상도, 신석기시대). 국립대구박물관 자료

특히 목숨을 걸만한 일은 아니다. 하지만 작살을 사용해 고래나 상어를 잡는 일은 차원이 다른 문제이다. 작살을 이용한 고래 사냥법은 작살을 만드는 법, 고래가 있는 위치, 배를 운행하는 법, 작살을 어디에 던져야하는 지 등 배워야 할 요소가 많다. 작살은 작살촉, 긴 자루, 부표, 끈으로 구성된다.[25] 끈은 나뭇가지나 줄기 등으로 만들었을 것이다. 아주 긴 줄이 필요하다. 여기에는 끈을 만드는 사람의 노력이 수반되어야만 한다. 수렵 채집민 자료를 참조하면 이런 일은 여자가 주로 한다.

　　하지만 그물을 만들고 수리하는 일은 남녀구분없이 했을 것이다. 작살촉은 석기제작자의 역할이다. 부표는 짐승 가죽을 엮어서 만들거나 동물 내장을 활용했다. 고래잡이용 작살의 나무자루는 두껍고 길다. 육상 동물의 수렵용 창은 빠르고 멀리 날아가 정확하게 박히는 게 중요했다. 암각화에서 육상 생물이 있는 쪽은 활과 화살을 그렸다. 사냥방식의 이분법적 접근방식을 취했다.

　　하지만 포경용 작살은 무거운 작살이 고래에 깊이 박히는 효과를 노린 것이다. 작살 전체 길이는 4~5미터에 이르기도 한다. 암각

25　· 부자(浮子): 낚시 또는 어구에 매다는 나무, 코르크, 고무 따위로 만든 찌. 배의 안전 항행을 위해 설치하는 항로 표지의 하나
· 부표(浮標): 물 위에 띄워 어떤 표적으로 삼는 물건
· 부구(浮具): 헤엄칠 때에 인체의 부력을 돕는 기구
· 부이(buoy): 배가 항만에 정박할 때에 닻을 내리는 대신에 닻의 사슬을 매어 두어 배를 붙들어 맬 수 있게 설치한 부표. 실제로는 부표와 비슷한 개념을 어촌에서 사용
＊ 네이버 국어사전 참고

화 그림에서 제일 앞쪽에 있는 사람이 작살을 던지는 사람이다. 그는 서 있고 작살은 길게 그려져 있다. 고래잡이에서 작살 꾼과 작살의 중요성을 그대로 묘사한 것이다.

작살을 던지는 사람은 고래 종류와 상관없이 우선 고래 지느러미 아래, 심장과 폐가 있는 부분인 몸의 상부를 공략해야 하고, 그다음으로는 고래 머리에 있는 숨구멍에서 2cm 아래에 있는 곳을 노려야한다. 고래 머리는 단단해서 작살로 머리 쪽을 던지는 것은 효과가 없다고 알려져 있다. 고래사냥에는 두 번의 타격을 가한다(릴리아나 자니크 2017).

반구대 암각화 중 작살이 박힌 고래가 있다. 작살이 박힌 부위는 고래의 심장과 폐가 있는 부위로 보인다. 그렇다면 고래를 죽일 수 있는 위치를 경험적으로 정확히 알고 있었다고 할 수 있다. 놀라운 일이다. 반구대 암각화는 그들이 고래사냥을 한 실제 경험을 토대로 그린 것이다.

- 창을 던져서 사냥하는 법: 투창법

고래사냥에는 다수의 사람이 필요하다. 선사시대 사람이 작살로 고래사냥을 실제로 했을까에 의문을 가질 수 있다. 구석기시대에는 조합식 찌르개로 매머드를 잡은 증거가 발견되었다. 창 하나만 가지고 고래를 잡는 것이 아니다. 여러 개의 작살을 던지고, 그리고 고래가 지칠 때까지 기다리고, 추적해서 고래를 잡는다. 작살 하나 맞췄다고 고래가 바로 죽지 않기 때문이다.

고래를 잡기 위해 투창을 하는 방법은 세 가지로 정리할 수 있다.

첫째는 맨손으로 작살을 던지는 것이다. 고래에게 최대한 가까이 접근해 찌르는 이 방식은 가장 안전한 방법이다.

둘째는 사람이 작살을 쥔 채 배에서 뛰어올라 고래를 찌르는 것이다. 이 방식은 물이 차가운 겨울이나 북극지방 등에서는 생각할 수 없다. 그런 측면에서 고래잡이는 물결이 잔잔하고 날이 좋은 여름에 집중적으로 이루어졌을 가능성이 크다.

작살이 고래 몸에 박히면 부구를 띄워 고래의 위치를 알림과 동시에 지쳐서 죽을 때까지 기다린다. 부구는 고래가 물속 깊이 들어가는 것을 막아준다. 고래의 약한 부위는 머리 아래쪽과 숨구멍이다. 그러나 이것만으로는 고래를 잡기 어렵기에 작살을 여러 차례 더 꽂는다.

셋째는 투창기(Atlatl)를 이용해 작살을 던지는 방식이다. 초기 베링해 시대에는 두 종류의 작살이 사용되었다. 철로 만든 촉이 달린 바다표범용 작살과 돌로 만든 촉이 달린 고래용 작살이다. 모두 흰고래 사냥에 사용되었다고 알려져 있다. 한 번 찔린 이후에 지친 고래는 다시 작살의 공격을 받는다. 러시아의 척치족은 돌로 된 작살이 있는 작살만을 고래사냥에 사용했고, 톱니날이 있는 석제 작살은 고래에 더 깊은 상처를 주었다. 뼈로 만든 작살은 이용하지 않았다(에두아르 그레쉬니코프 2017). 우리나라에서 출토되는 분리형 작살은 고래뿐만 아니라 다른 해양 동물사냥에도 이용했다.

투창기는 연습만 하면, 손으로 던지는 것보다 더 정확하게 목표에 맞출 수 있어 명중률을 높일 수 있다. 또한, 포획물에 박히는 강도와 타격 정도가 손으로 던지는 것보다 훨씬 더 강하다. 투창기는 이런 조건에서는 가장 좋은 작살 던지기 법이다. 작살이 구석기시대 찌르개와 크게 다르지 않다는 점도 투창기의 사용 가능성을 높여준다. 실제, 고래 이빨을 조각하여 만든 투창기의 촉이 북미 신석기유적에서 발견되기도 했다(존슨 2017).

여러 척의 배를 타고 나가 집단사냥을 할지라도 잡을 수 있는 고래 크기는 운반과정을 고려하면 제한적일 수밖에 없었을 것이다. 배의 크기에 따라 큰 고래와 더불어 소형고래, 새끼 고래 등이 중요한 어로 대상이었을 것 같다.

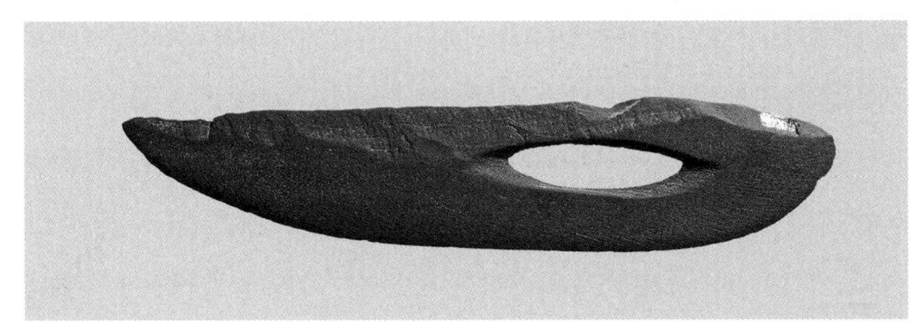

　　우리나라 신석기유적에서 출토되는 작살은 모두 크기가 작다. 연대도유적에서는 작살을 이용해 진돌고래·반도우돌고래·고래류·강치를 잡았으며, 특히 반도우돌고래의 이빨과 수달의 송곳니에 여러 개의 구멍을 낸 것을 엮어 매장한 사람 뼈의 발목에 장착하였다. 돌고래류를 이용한 장식문화이다. 소형 작살은 대형 고래를 잡기에는 역부족이다. 암각화에 그려진 고래가 모두 포획대상은 아니었음을 말해 준다.

　　현재 러시아 척치족은 고래 크기에 따라 다르지만, 평균적으로 10개의 작살을 사용한다고 한다. 부구도 그만큼 필요하다. 수백 미터에 이르는 끈이 필요하다. 신석기시대 고성 문암리유적에 나온 특이한 모양의 큰 칼(그림 99)은 고래나 대형 포유류, 큰 물고기를 해체하는 데에도 충분히 쓸 수 있다.

－포경선

일단 고래잡이는 사람의 생명을 걸고 이루어지는 가장 위험한 어로행위이다. 이 점을 간과해서는 안 된다. 어쩌면 암각화의 주인공은 고래잡이에 나가 돌아오지 못하는 사람일지도 모른다. 고래를 잡는 과정에서 배는 언제든지 침몰할 수도 있다. 만약을 대비하여 구해줄 사람들과 공동으로 포경작업을 하는 것이 좋기에 두 척 이상이 함께 포경에 나섰을 가능성이 크다.

　　암각화 그림으로 볼 때 고래잡이용 배는 통나무배보다 큰 5~10

명 정도 탈 수 있고 작살 등 어로 도구를 싣고 갈 수 있는 크기였다. 배를 한 대만 타고 나간다면 큰 고래는 잡을 수 없다. 한 번에 죽일 수도 없고, 운반해 오기도 힘들기 때문이다. 깊은 바다로 나아가기 위해서는 동해의 파도와도 맞설 수 있는 크기의 배여야만 했다. 실제 반구대 암각화에 그려진 배와 그 안의 사람이 이를 증명한다(그림 97). 작살에 맞은 고래가 배를 공격할 수도 있다. 작살을 맞은 고래가 꼬리로 배를 치거나 머리로 배를 들이받는다면 배는 산산조각이 날 수밖에 없다. 전 세계 고래잡이 암각화 그림 중 배에 한 사람이 타고 있는 예는 없다. 모두 5명에서 10명 이내의 사람들이 배를 타고 있었다.

반구대 암각화는 '최초의 그림책'

작살은 영어로 Harpoon으로 적는다. Harpoon은 '재빨리 잡는다' 라는 뜻의 토착 바스크 사람의 말에서 비롯되었다.[26] 스페인 북부의 바스크 사람들은 고래의 천적이라고 불리기도 했다. 이들이 고래를 잡을 때는 한 명의 선장, 노 젓는 사람 6명, 작살 꾼 1명으로 구성하여 배를 타고 나간다. 이 고래잡이배를 '찰루파스'라고 부른다. 긴 수염고래는 right whale이라고도 부르는데 사냥하기에 알맞은 고래라는 뜻이다(찰스 시버트 2011).

　울산 반구대 암각화에는 두 마리의 향유고래가 새겨져 있다. 향유고래의 기름은 불순물이 적어 깨끗하게 잘 타서 다른 고래의 기름보다 인기가 있었다(찰스 시버트 2011). 향유고래의 뇌에서는 뇌유(spermaceti)라는 기름도 얻을 수 있었다. 이 밀랍과 같은 물질은 공기와 접촉하면 굳게 되는데 양초보다 그을음이 적어 환한 빛을 내는 데 효과적이었다. 그 기름이 '경랍'이다. 지금은 한반도 주변에서 찾아보기 힘든 고래가 되었지만, 암각화에 그려질 정도로 우리 바다에 널리 서식하고 있었을 것으로 생각된다. 향유고래는 이빨고래류 중

26　바스크는 스페인령과 프랑스령으로 나누어져 있다. 이베리아반도에서 가장 오래된 민족이다.

가장 큰 종이다.

신석기시대 사람은 수렵채집민, 수렵농경민, 어로채집민, 어로농경민과 같이 직업분화가 있었다. 그들은 생존 전략에 대한 전문지식이 있었고, 그러한 문화를 상호 존중했음을 반구대 암각화에서는 보여준다. 물론, 사람이 만든 무리 속에서는 협동과 조화만 있었던 것은 아니지만, 반구대 암각화로 본 이 시기의 사람들은 분명 상호 협력하고 조화롭게 살고자 노력했음을 보여주고 있다.

이러한 암각화의 사실적 정보의 기록은 집단 또는 가족에게 자신이 알고 있는 정보를 전달하고, 다른 집단과의 정보 공유를 가능하게 해 주었다. 암각화 제작집단은 자신이 알고 있는 정보를 독점하려 하지 않았다는 점에서 이들은 개방적인 사고를 하고 있었다. 문자가 없던 시절에 인류 경험 축적을 기록한 '최초의 그림책'이라 부를 수 있다.

인지신경과학을 개척한 세계적인 뇌과학자이자 심리학자인 가자니가 교수는 다음처럼 말한다.

> "모두가 이렇게 살을 뺀 정보에 사족을 못 쓰는 사람이 되어 문자와 휴대전화가 주는 즉각적인 만족감에 굴복한 것처럼 정보에 의존한다. 그런데 예술이나 학문을 취미로 하는 사람과 전문적으로 다루는 사람을 구분하는 기준은, '간단한 것은 없다'라는 사실을 이해하느냐 못하느냐이다. 어떤 이야기든 그 기저에 깔린 복잡함을 충분히 인식하면서 내용을 명확하게 전달할 수 있는 것이 그 비결일 것 같다."(마이클S. 가자니가 2016: 461).

반구대 암각화에 그려진 내용은 말로 간단히 설명할 수 있는 내용이 아니다. 고래잡이나 사냥이 간단하지 않다는 사실을 보여주고 복잡한 과정을 설명하기 위한 중요한 기록자료이다.

반구대 암각화에는 고래를 울타리로 막아 잡는 듯한 그림이 새겨져 있다. 고래사냥에 관한 기록에 따르면 18세기 크라셴인니코프 (Krasheninnikoff)사람들은 그물로도 고래를 사냥했다. 벨루가를 잡기 위해 어망을 사용했다. 반구대 암각화에 새겨진 사람들은 우리가 생각하는 것 이상으로 다양하면서도 수준이 높은 기술을 보유하고 있었고, 고래와 같은 대형 어종의 사냥법을 잘 알고 있었다.

집단예술의 사회적 의미

암각화가 있는 위치는 그 당시에 꼭꼭 숨겨둔 장소라고 보기 어렵다. 오히려 누구든지 볼 수 있는 장소였을 가능성이 크다. 그곳은 하천과 연결되어 있고, 개방적이어서 누구나 그림을 볼 수 있다는 점도 이를 뒷받침한다. 암각화에는 다양한 동물들이 새겨져 있다. 이러한 동물은 모두 한반도 동부지역에 생존했었던 동물이며 가상의 동물은 없다는 점에서 기록화라 부를 수 있다.

명확한 증거는 아직 없지만 그림 공간을 구획하여 그린 이유가 부족의 차이를 반영한 것일런지도 모르겠다. 자신의 사냥법을 후세에 남기기 위해 기록했을 수도 있고, 자신의 영웅담을 기록했을 수 있다. 자신의 이야기가 그 벽에 기록된다는 사실만으로 자랑스러워했을 수 있다.

자신의 머릿속 정보를 끄집어내어 시각적으로 표현한다는 것은 놀라운 일이다. 신석기시대부터 상징 행위는 더 구체화하고 형상화되었다.

암각화는 전문적으로 그리고 새기는 사람에 의해 만들어졌을까. 그림을 그리는 사람과 새기는 사람이 달랐을까. 밑그림을 그린 사람 또는 관련된 이야기를 건넨 사람은 육상과 해상동물에 해박했음은 부인할 수 없다. 그림을 그리는 집단이나 장인이 있었을 수 있다. 반구대에는 수렵과 어로를 병행했던 집단일 수도, 별도의 집단으로부터 들은 얘기를 기록했을 가능성이 있다. 반구대 암각화는 내륙과 해양문화를 공유하고, 식량도 교환하는 중요한 거점이었다.

- 반구대, 제의와 축연의 공간

반구대 주변에 살았던 선사시대 사람은 특정 시기에 일시적으로 모였을 수 있다. 꽤 먼 거리에 사는 사람도 왔던 것 같다. 왜냐하면, 주변에 신석기시대 유적이 별로 없고, 청동기시대 유적도 그다지 많이 분포하지 않기 때문이다. 암각화 주변에는 집터와 같은 거주공간의 흔적이 발견되지도 출토유물도 확인된 바 없다. 여기서는 정주 생활보다는 캠프처럼 특정 행위를 위해 계절적으로 모였을 가능성을 시사한다. 암각화는 여름과 같은 특정 시기마다 사람들이 모여서 조성했을 가능성이 있다. 새김 방법으로 미루어 보면 새기는 작업은 전문 제작자가 있었던 것으로 생각된다. 정확한 정보를 알고 있는 사람의 얘기나 그림을 보고 제작했을 가능성이 있다.

암각화를 둘러싼 공간은 광장의 역할을 충분히 할 수 있다. 암각화는 사람들이 약속을 잡고 무언가를 볼 수 있는 명소로서 다양한 사회적 의미를 담고 있다. 왜 바다에 사는 고래를 잡는데 내륙에 있는 바위에 그림을 그렸을까. 암각화를 그린 사람들은 수렵과 어로를 동시에 했을 수도 있지만, 그 분야는 엄연히 다르다. 수렵과 어로는 전문분야가 다르다. 둘 다 잘했을 가능성도 있다. 하지만 신석기시대에는 생존방식에 있어 수렵 채집과 더불어 어로와 농사가 추가되었고, 생존기술의 전문성이 강화되어가던 시기였다.

반구대 암각화는 매장 관련 자료가 전혀 확인되지 않았기에 죽은 이를 위한 무덤 공간은 아니다. 죽은 짐승의 혼을 달래는 공간으로 특정 시기에 모여 축연을 펼쳤던 장소일 수 있다. 북극 이누이트족은 고래사냥을 한다. 그들은 고래를 잡았을 때 신에게 감사하고 그들의 무사함을 또 신에게 감사한다. 고래가 단순한 물고기가 아님을 잘 말해준다.

고래사냥은 마을 전체의 인원과 도구가 총동원되는 집단어로
의 상징과 같은 생존기술이다. 마을 내 남자와 여자, 고기를 운반할
아이들, 여러 척의 배, 많은 작살, 큰 칼 등 모든 재원이 동원되어야
한다. 그리고 사람이 많으면 고래를 육지로 훨씬 수월하게 끌어올릴
수 있다. 이런 차원에서 보면 고래사냥은 신석기시대 정주 집단이
일정한 규모 이상을 이루고 있었음을 방증한다. 민족지 자료를 보면
모든 참가자는 동등하게 식량을 나눈다. 이러한 고래잡이는 청동기
시대 농경의 식량 생산으로 멈추게 된다. 반구대 암각화가 신석기시
대에 제작되었음을 알 수 있는 증거가 될 수 있다.

고래가 잡힌 날은 마을의 즐거운 축제날이었을 것이다. 고래를
나누고 함께 요리해 먹었을 것이다. 모든 사람이 모이는 기분 좋은
날이다. 고래가 잡힌 것을 안다면 식량을 얻기 위해서라도 작업에
참여해야만 했고, 그렇게 사람들은 모일 수밖에 없다. 반구대가 고
래를 해체한 장소는 아닐지라도 많은 사람이 모여서 축제를 벌일 수
있을 만큼의 멋진 장소이다.

한편 반구대 사람들은 사냥과 어로가 이루어지는 특정 시기에
모여 축제와 같은 제의를 했을 수 있다. 반구대 암각화는 수렵과 어
로에 나가는 사람의 안전을 기원하고 많이 포획해 올 것을 기원할
목적으로 만들어졌을 수 있다. 아울러 내륙과 해양을 대표하는 죽은
동물의 영혼을 하늘에 달래고자 하는 목적도 있었으리라.

암각화 속에서 동물들의 머리가 향하는 방향이 어디일까. 고래
의 머리는 모두 하늘로 향하고 있다. 그 외 바다 생물들도 위를 향하
고 있다. 고래가 살아있다면 강이 흘러 바다를 만나는 방향으로 그
려져야 한다. 하지만 이 동물들은 모두 위를 향한다. 죽은 동물의 영
혼이 하늘로 올라가길 기원했을 수 있다. 그런 차원에서 여기에 사
람들은 사냥이나 어로를 하다가 죽은 사람들로 그들의 넋을 위로하

기 위해 새겼다고도 이해할 수 있다. 그들의 영혼도 죽은 동물과 함께 하늘로 올라가길 기원했던 것이다. 작살이 박힌 고래와 고래 분배 관련 그림이 바로 이 고래들이 죽은 것임을 증명한다.

암각화의 제일 위쪽에는 사람이 있다. 배를 탄 사람도 우측 중앙 최상단에 그려져 있다. 그리고 왼쪽 아래의 가장 아래쪽도 사람이 있다. 사람이 죽은 동물들의 영혼을 몰아 하늘로 가는 형상으로 이해할 수 있는 여지가 있다. 고래 중 일부 하늘로 향하지 않은 것은 제작된 시기나 그린 집단이 달랐을 가능성이 있다. 여러 이미지가 겹쳐진 것이 그 증거일 수 있다.

반구대 암각화의 해양동물은 대체로 면각이 되어 있다. 육상 동물은 뢴트겐식으로 속이 보이는 예도 있지만 선각이 우세하다. 이러한 차이가 해양과 육상 동물을 구분하기 위함은 분명하다. 다만 시기를 달리해서 이렇게 제작되었는지 새긴 사람이 다른지는 구분하기 어렵다. 처음에는 구분해서 새기다 여러 집단에 의해 새겨지면서 동물과 사람이 혼재되었을 가능성도 있다.

작살을 던지는 고래잡이배의 사람, 그리고 고래가 좌측에 새겨져 있다. 우측에는 주로 육지에 사는 사냥대상이 되는 동물과 활을 들고 사냥하는 사람의 모습이 새겨져 있다. 호주의 다양한 바위 그림에는 고래, 돌고래, 듀공을 새겼다. 지금 사는 호주 원주민은 고래 또는 돌고래를 꿈의 시대의 조상적 존재, 토템, 설화 및 의례의 대상으로 여긴다(폴 타송 2017). 반구대 암각화를 그린 사람들은 자기들만의 집단 정체성을 명료하게 표현하였다. 또한, 이렇게 사냥과 어로를 하다 죽은 사람들을 기리기 위한 목적으로도 반구대 암각화를 제작하였다.

● 교환과 교역의 장소

반구대 암각화는 입지가 좋고, 이동 생활의 중요한 거점으로도 손색이 없는 장소에 있다. 하천을 끼고 있어 여러 곳에서 오가기가 쉬우며, 내륙에 있는 점이 특징적이다. 해안가 사람만이 아닌 내륙 사람과 식량을 서로 나누어 가질 수 있다. 통신수단이 발달하지 않은 시대에 일정한 시점에 물물교환할 수 있는 상징적 장소가 필요하다. 많은 사람이 충분히 모일 수 있을 정도면 더 좋다. 특히 잡은 물고기나 해산물, 고기는 상하기 전에 교환해야만 한다. 그림에 고래 분할 방법이 기록되어 있는 이유가 획득한 수렵물들을 서로 나누어 가지기 위함일 수 있다. 말린 고래고기는 장기 보관이 가능하며, 겨울처럼 식량을 구하기 힘들 때 중요한 식량원이 된다. 고래기름처럼 바다에서 구하는 것이 더 좋은 물건이 있다. 육지에서는 구하기 힘든 해양자원은 생활에 요긴하게 필요하다. 서로 필요한 무기나 제작재료의 교환, 수렵과 어로와 관련된 전문지식을 교환했을 것이다. 우리나라에서 가장 큰 반구대 암각화와 그 주변 공간은 신석기시대 원시적인 시장과 같은 역할을 했을 수 있다.

신석기시대는 항상 평화롭지만은 않았다. 우리나라에서 구석기시대와 신석기시대에 살았던 사람들의 폭령성을 직접적으로 입증해 줄 증거는 명확하지 않다. 다만, 무기로 쓸 수 있는 석기로는 돌도끼, 화살촉, 칼, 나무창, 곤봉, 굴지구(땅파는 도구) 등이다.

유럽에서 8,000~4,000년 전에 해당하는 덴마크, 프랑스, 영국, 독일, 스페인, 스웨덴에서 조사된 180여 곳의 신석기유적에서 출토된 인골 2,300여 점을 조사했다. 그 결과 돌도끼와 둔기에 맞아서 생긴 부상 흔적이 두개골에 남아있었다. 심지어 화살에 맞아 두개골이 관통된 사례도 발견되었다. 인류의 폭력성이 농사짓고, 가축을 키우면서 생긴 경제적인 불평등으로 키워졌고, 그에 따른 소외된 집단에 의한 다툼이 자주 발생했던 것으로 추정했다(Linda Fibiger *et al.*, 2023).

신석기시대 초기의 폭력성을 보여줄 학살 현장이 중부 유럽지역에서 발견되었다. 그러한 예로 독일의 탈하임(Talheim)과 오스트리아의 아스파란/슐레츠(Asparn/Schletz)의 학살 현장이 있다. 또한 독일 쇤넥-키리란스타텐(Schöneck-Kilianstädten)의 초기 신석기시대(LBK)의 집단 매장지에서는 연구자들이 폭력 패턴에 대한 새로운 데이터를 추가하여 또 다른 학살에 대한 결정적인 증거를 찾아냈다. 최소 26명은 무덤 속에서 뒤섞인 채로 집단적으로 묻히기 전에 이미 그들은 둔탁한 힘과 화살을 맞은 부상으로 인해 폭력적으로 사망했었다.

예전에는 다른 유적에서 젊은 여성의 부재와 납치 가능성을 언급하기도 했지만, 이 유적에서 새로운 폭력패턴이 발견되었다. 특히 일부 사람에게서는 의도적이면서 체계적으로 진행된 하지 절단도 확인되었다. 그 외에도 시신들에서 발견되는 상당수의 골절현상

은 피해자가 다른 사람에 의해 고문과 절단을 당했음을 시사한다
(Christian Meyer *et al.* 2015).

수렵채집의 경제사회에서 수렵채집과 농경으로의 생존방식 변화는 언제든지 예상치 못한 새로운 사회문제를 야기시킬 수 있음을 보여준다. 즉, 사람 사이의 갈등과 전쟁의 출현이다. 우리나라 신석기 사회에도 살인과 전쟁, 싸움과 같은 폭력적인 문제가 경쟁과 갈등으로 인해 만연해 있었을 수 있다. 이는 개인 사이의 문제만이 아니라 집단 사이의 대립과 경쟁으로 확장되었음을 의미한다. 그리고 때때로 벌어진 사람 사이의 폭력행위는 우리의 예상을 훨씬 뛰어넘는 잔인한 수단과 방법으로 벌어졌다.

위와 같은 자료들은 과연 인류사에서 평화롭기만 했던 사회가 있었을까라는 질문을 던지게 한다. 구석기시대에 다툼이 발생하고, 신석기시대에 접어들면서 폭발적인 인구증가와 경제적 불평등으로 인해 '항상 평화롭던 시대'는 종말을 고했을 것으로 생각된다(도면 11·12).

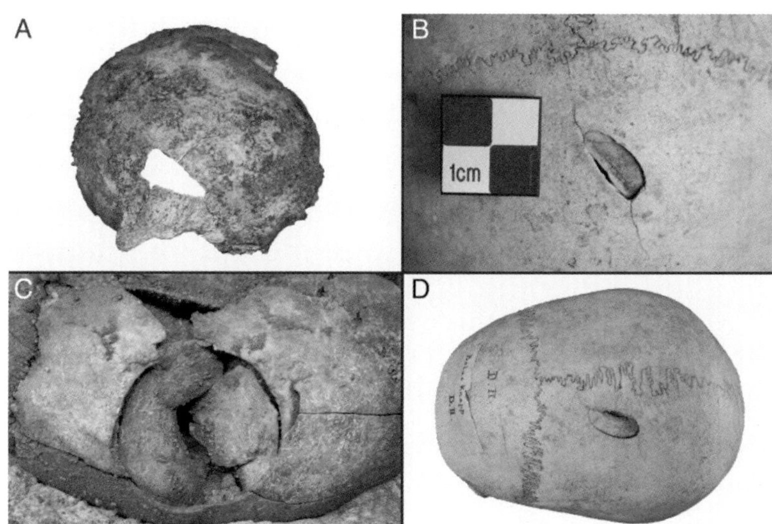

도면 11　유럽 신석기시대에 돌도끼 또는 몽둥이와 같은 도구에 맞아 생긴 두개골의 함몰 흔적(Linda Fibiger *et al.*, 2023).
(A) Bredelem, Germany; (B) Raevehoj, Denmark; (C) Salzmünde, Germany; (D) Belas Knap, England

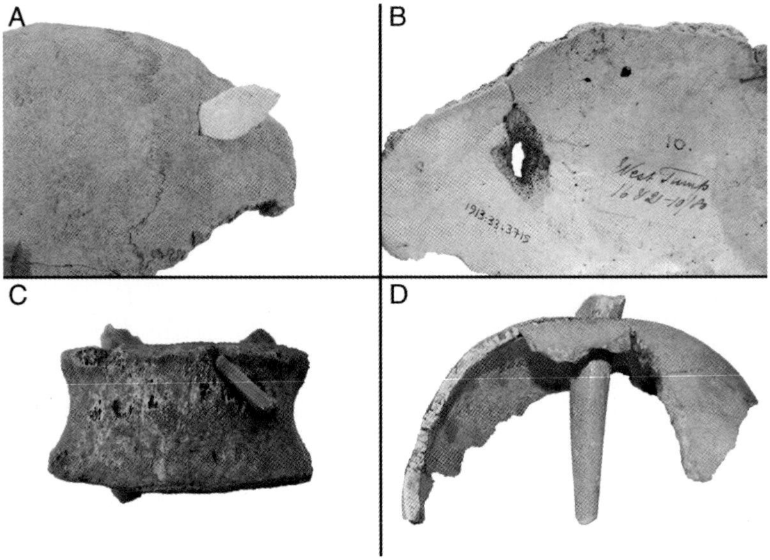

도면 12　유럽 신석기시대의 사람뼈에 찌르개가 관통되어 있는 모습
　A) 영국 웨스트 텀프(West Tump)에서 출토된 두개골에 나뭇잎형 찌르개가 관통되어 있는 모습, B) 두개골 내의에 생긴 파손흔, C) 독일 Eulau에서 출토된 척추뼈에 박힌 화살촉, D) 스웨덴 Tygelsjö에서 출토된 두개골에 박힌 사슴뿔로 만든 찌르개

Ⅲ 불

그들이 불에 대해 깨달았을 때

인류 역사는 새로운 세상을 맞이했다.

불은 열과 빛을 발생시킨다.

인류 역사는 불을 알았던 시기, 불을 피우는 방법을 습득한 시기,

습득한 불을 이용한 시기로 나눌 수 있다.

불은 그 형태를 만지거나 변형할 수는 없다.

하지만 불과 연관된 도구와 기술, 식량의 조리법과 조리도구 등은

우리 생활에 막대한 영향을 끼쳤다.

불은 주거공간을 바꾸어 놓았고, 온돌을 만들기에 이르렀다.

인류는 밤과 낮을 함께 지배한 최초의 동물이었다.

동물은 특정 환경에 생체리듬이나 시야능력이 맞춰져 있다.

인류도 낮 생활에 맞춰져 있었으나, 불빛을 사용함으로써

하루의 절반인 밤을 얻었다.

밤을 이겨냈다.

불이 지닌 열은 살아있는 생물을 죽이고

그 형태를 사라지게 만들었다.

불을 피우기 시작한 인류는 결코 멈출 수 없었다.

돌로 만든 화덕은 이제 전기를 쓰는 인덕션으로 바뀌었다.

신석기시대 야외노지

진주 상촌리유적 B. 동아대학교 박물관 사진

> 구석기시대와는 다른 모양의 노지가 신석기시대에는 등장했다. 불을 피우는 화덕이 아니었을 것으로 추정한다. 그중의 하나가 바로 구덩이를 판 뒤 많은 돌이 들어있는 유구이다. 이 노지는 달구어진 돌을 이용해 음식을 조리하면서 생긴 것으로 추정된다. 오스트레일리아 원주민은 노지 안에 달구어진 돌을 놓고 그 위에 잎을 깔아서 음식을 올린 뒤에 다시 잎으로 덮은 뒤에 물을 주변에 뿌려주면 뜨거운 연기가 피어올라 음식을 익히는 이른바 훈증 또는 찜 방식의 조리를 한 사례가 있다. 불을 피워서 음식을 조리하는 것이 아니라 달구어진 돌을 이용해 조리하는 방식을 오래전부터 사용해왔다는 사실이 놀랍다.

인류는 스스로 불을 피웠을 가능성과 번개와 같은 자연현상으로 우연히 피어난 불을 지키는 법을 알고 있었다.

늑대소년으로 유명한 『정글북』의 유일한 사람, 모글리는 불, 즉 '붉은 꽃(red flower)'을 다룰 줄 아는 동물로 나온다. 동물들은 불을 꽃이라 불렀다. 모글리는 돌을 깨서 석기를 만든다. 불로 인해 한쪽 눈을 잃은 호랑이 시어칸은 불을 곧 사람으로 규정한다. 모글리가 정글의 가족이 될 수 없는 이유는 불을 쓸 줄 아는 사람이었기 때문이다. 원숭이들의 왕인 기간토피테쿠스 루이킹은 모글리에게 불을 가져오면 모든 것을 해주겠다고 한다. 이른바 동물들의 왕은 그들이 제일 무서워하면서도 힘이 되는 것이 불이고, 그것이 곧 사람이라는 공식을 알고 있었다.

인류가 불을 사용한 가장 오래된 증거는 160만 년 전 토양에 그을린 흔적이 있는 케냐의 쿠비 포라(Koobi Pora)유적과 142~70만 년 전의 불에 탄 점토가 발견된 체소완자(Chesowanja)유적이 있다. 체소완자에서는 올도완 석기, 불에 탄 점토, 짐승뼈가 함께 출토되었다. 특히 50여 개의 불탄 점토가 배열을 이루고 있어 학자들은 화덕이 아니었을까 추정하기도 한다.

남아프리카공화국의 본더버크 동굴에서는 100만 년 전의 불탄 재흔적이 발견되었다. 남아프리카의 스왈트크란스 동굴(Swartkrans cave)에서는 모닥불을 피워서 발생하는 온도범위와 일치하는 흔적이 발견되었다. 여기서는 1.5~1백 만 년 전으로 추정되는 불에 탄 뼈가 함께 출토되었다. 이를 근거로 1988년에 호미니드가 불을 사용했다는 최초의 증거로 발표되었다(C. K. Brain & A. Sillent 1988). 뼈가 불타게 된 이유를 연구자 중 일부는 요리를 위해 불 속에 일부러 던져넣은 것으로 보기도 한다. 여기서 발견된 뼈도구를 실험한 연구자들은 흰개미와 같은 곤충을 잡아먹는 데 사용했을 것으로 추정했다. 110만 년 전에 해당하는 흑해 북쪽 보가트리(Bogatyri)유적에서는 불에 탄 뼈가 발견되었다.

이스라엘의 게셔 베노트 야아콥(Gesher Benot Ya'aqov)유적에서는 특이한 형태의 돌이 발견되었다. 이 돌은 프린트라는 재질로 불자리(노지, Hearth)에서 출토되었고 불에 타 있었다. 이러한 증거로 보아 인류는 80만 년 전 무렵에는 불을 조절하거나 다룰 수 있었던 것으로 추정할 수 있다. 호모 에렉투스 등 초기 인류는 생각보다 훨씬 영리했던 것으로 보인다.

우리는 오랜 진화의 과정을 거치면서 주어진 환경을 스스로 극복하고, 고뇌하고, 훈련하는 유일한 동물이다. '환경 한계'라는 제한을 머릿속에서 지우려 노력한다. 환경에 따라 누군가는 하지 못할 일을 다른 누군가는 시도하고 있다. 설사 그 일이 실패로 끝나더라도 그 실패가 훗날 새로운 도약의 산물임을 알고 있다. 인류가 놀라운 것은 서식 환경을 인위적으로 바꾸기도 한다는 점이다.

우리는 수백만 년의 진화를 거치면서 복잡하고, 변화무쌍한 환경 속에서 살아갈 수 있고, 그런 환경을 꽃 피울 수 있는 창조적이면서 적응된 뇌를 가질 수 있게 되었다. 인류는 환경과의 복잡한 상호작용 속에서 생존하였다. 그 생존 비결은 몸속 어딘가에 내재되어 있다.

인류는 자신과 공동체의 발전을 위해 노력하는 동물이다. 인류는 주어진 환경 속에서 살아남기 위해 노력하고 협동하는 과정에서 좋은 방향으로 환경을 변모시켰다. 그러한 노력 덕택에 깊이 있는 사고와 동물과는 다른 신체 운동능력도 갖추게 되었다. 제인 구달이 밝힌 침팬지의 사례처럼 사회성 중 조직적인 공격성도 인류가 진화하는 데 필요한 요소였다.

무엇보다 인류는 환경변화에 잘 적응하였다. 오스트랄로피테쿠스 아파렌시스 종의 루시는 320만 년 전에 출현한 인류로 90만 년 이상 아프리카에서 생존하였다. 적어도 40만 년 동안 에티오피아 하다르(Hadar)에서 살았다.

수백 만년 동안 모든 인류는 아프리카에서 살아남기 위해 그들 자신이 먹을 수 있는 음식을 발견하려고 노력해왔다. 그들은 매일 식물을 채집하고, 수렵이나 버려진 동물의 사체를 모으는 데 시간을 보냈다. 초기 인류는 고기를 얻기 위해 위험한 동물들과 경쟁하였다.

인류의 진화과정은 한자리에서, 한순간에 이루어진 것이 아니다. 여러 환경 속에서 적응한 인류의 노력 산물이다. 추우면 옷을 만들고 집을 짓고, 불을 피웠다. 고기가 없으면 식물의 열매를 먹고, 땅에 먹을 것이 없으면 바다나 강의 물고기를 잡아먹는 잡식성의 식성도 적응의 결과이다. 인간처럼 가리지 않고 다 먹을 수 있는 동물이 과연 몇이나 될까? 편식하였다면 우리는 이 자리에 없었을지 모른다.

인간과 달리 식물과 동물은 성장할 수 있는 곳이 정해져 있다. 특정 지역에 잘 적응된 식물은 다른 지역에서는 같은 조건이라 할지라도 반드시 살아남는다는 보장이 없다. 식물은 생존지역 내 조건에 의해 결정되는 생명체이다.

한스외르크 퀴스터는 『곡물의 역사』에서 "어떤 개체도 자신의 성장지역 조건에 의해 좌우되지 않은 채 최상으로 적응할 수 없다. 모든 성장지역에서 똑같이 잘 적응하는 개체는 존재하지 않는다."라고 얘기하였다(한스외르크 퀴스터 2016: 30). 동물도 마찬가지이다. 사람을 제외한 모든 동물은 사는 곳이 정해져 있거나 환경에 제약을 받는다. 동물은 지역이나 기후가 바뀐다면 생존을 담보할 수 없고, 오히려 죽을 가능성이 크다.

하지만 사람은 다르다. 세계 어느 지역을 가더라도 살아남는 건 사람이 유일하다. 결국, 세계 곳곳에 사람이 살아남은 것은 우리에게 특별하고 놀라우면서, 설명할 수 없는 신비로운 생존능력과 환경 적응 DNA 덕분이다. 지구 어디에 떨어져 있어도 살아남을 수 있는 유일한 동물이 바로 사람이다. 기후와 생존 환경을 극복하고 놀라운 적응력을 가진 두발로 걷는 사람이다. 어디서나 살아남을 수 있는 신체와 적응력을 지니게 된 사람은 불을 사용함으로써 생존능력을 극대화시켰다.

중국 베이징[北京]원인은 1935년 베이징 저우커우뎬 동굴 제1지점에서 발견되었다. 70~30만 년 전에 살았을 것으로 추정하는 고인류이다. 현재 이 인류의 두개골 자료의 진품은 사라졌고, 복제본만 남아있다. 두개골 용량은 1,043cc이고 불을 사용했다. 2009년과 2015년의 조사에서 불에 탄 나무조각과 뼛조각, 잿더미가 발견되어 베이징원인이 700도 이상의 불을 사용하고, 비교적 지능이 높은 인류라고 판단하고 있다.

50만 년 전 이후부터는 인류가 유라시아대륙에서 불을 사용한 흔적이 자주 발견되었다. 40만 년 전의 이스라엘의 타분(Tabun), 케셈(Qesem), 움 카타파(Umm Qatafa), 영국의 비치스 피트(Beeches Pit), 독일의 쇠닝겐(Schöningen), 프랑스 라자레(Grotte du Lazaret)에서 화덕이 발견되었다. 로빈 던바는 인류가 불을 능숙하게 사용한 시기를 40만 년 전부터로 보았다. 화덕에 불을 피우기 위한 땔감 30kg을 모으기 위해서는 협동심이 필요하였다(로빈 던바 2015: 175 - 177).

우크라이나 코쉬카리1유적에서는 땔깜으로 매머드뼈를 사용하기도 했다(Laetitia Demay 2015: 1 - 19). '일상적이고 습관적인 불피우기'는 인류에게 간단한 일이 아니었다. 후기구석기시대에도 집자리의 공간구성이 상당히 조직화되어 있었음을 알 수 있다.

불피우기는 인류의 두뇌 진화와도 밀접한 관련이 있다. 왜냐하면, 불을 피우고 유지하기 위해서는 다양한 사회적 협동능력, 인지와 언어능력까지 필요하기 때문이다.

인류가 일상적으로 불을 사용한 시기는 약 30만 년 전으로 추정할 뿐 정확하게는 아직 모른다. 자연적인 현상에서 불을 얻지 못한다면, 사람이 도구를 사용해서 피워야만 한다. 불을 피우는 데 사용되는 가장 기본적인 방법은 나무의 마찰력을 이용한 방법이다. 두 개의 다른 성질의 물질을 부딪쳐서 부싯깃에 불씨를 피우기도 한다. 바닥에 놓인 나무 위에 다른 나무를 손으로 힘차게 비비거나 문지르는 법, 활비비를 이용해 불을 피우는 법 등이 있다. 구석기시대에 불을 이용한 흔적은 있어도 어떤 방법으로 불을 피웠는지에 대한 고고학적 증거자료는 아직 밝혀진 바 없다.

인류가 불을 사용했다는 사실은 장기적인 계획과 집단의 협력, 참고 기다리는 자제력이 필요한 일이다. 예를 들어, 불이 꺼지지 않도록 며칠 전부터 땔감을 모아 두는 계획적인 행위, 비나 폭풍이 닥치면 불이 꺼질 것을 예상하고 대비책을 세우고, 꺼지기 쉬운 불씨를 지키는 행위 등이 그러하다.

선사시대뿐만 아니라 자연에서 구할 수 있는 재료 중 불을 가둘 수 있는 것은 거의 없다. 그중 가장 흔히 쓸 수 있는 재료가 주변에 널린 돌이다. 우리나라에서는 신석기시대부터 본격적으로 주거지에서 화덕이 발견되고 있고, 청동기시대에는 더욱 그 형태가 발전하였다(그림 100·101). 돌에는 불을 붙일 수 없지만, 자연에서 구할 수 있는 소재 중 거의 유일하게 불을 피울 수 있는 '불꽃돌'이었다. 감히 상상이나 했겠는가. 불이 붙지 않는 돌로 불을 피운다는 사실을.

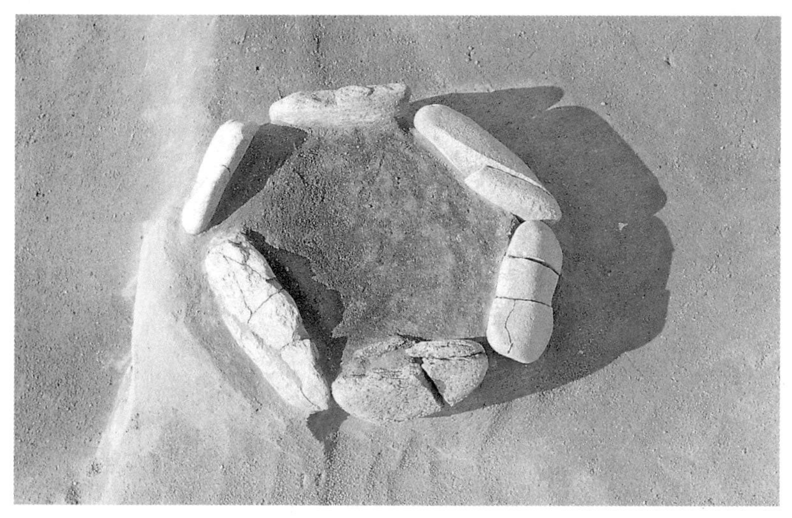

그림 100   둥근 화덕(김천 송죽리유
적, 청동기시대), 계명대 박물관

그림 101   네모난 화덕(김천 송죽리
유적, 청동기시대), 계명대 박물관

4 돌로 피운 세상에 없는 불

인류는 실체가 없는 불을 발견했지만, 불을 피울 수는 있었다. 바로 부시와 부싯돌과 같은 발화기구가 있었기 때문이다(그림 102). 이것은 어떤 동물도 할 수 없는 기술이었으며, 지금도 불을 피울 수 있는 동물은 세상에 존재하지 않는다. 오직 사람만이 가능하다.

불을 피우기 위해 석기를 사용한 흔적은 분명하지 않다. 부싯돌로 사용하기 좋은 돌은 석영, 흑요석, 혼펠스 등이다. 실제 불을 피우는 실험연구에서는 부싯돌을 제외한 나머지 방법은 나무를 이용하는 것이다. 돌에 구멍을 내면서 불을 피우는 예는 없다. 주로 나무 받침대에 구멍을 내서 불을 낸다. 이는 발화석으로 알려진 석기의 홈에서 불이 난 흔적이 전혀 없다는 점도 주목할 만하다. 사용된 석재가 강도가 무른 사암계통이라는 사실은 다른 석기를 만들다 우연히 생긴 흔적일 가능성도 있다.

발화구는 곧고 쭉 벋은 나뭇가지가 필요하다. 가지의 굵기는 1.5cm 내외면 충분하다. 대신 손으로 비벼서 회전력이 발화판에 잘 전달되어야 하기에 곧은 것이 적합하다. 나뭇가지의 껍질은 벗기고 40~50cm 내외의 길이로 자른다. 발화구는 나뭇가지의 끝을 뭉툭하게 다듬어 사용하는 법과 대나무의 속을 판 뒤에 다른 나무로 만든 심을 끼우는 법이 있다.

발화판은 장축의 가장자리에 5mm 정도 안쪽으로 '∧'모양으로 판 뒤, 뾰족한 부분에 걸쳐 2~3mm 정도 얇고 둥근 모양으로 지름 1cm 정도의 홈을 판다. 이러한 홈은 발화판의 두께에 따라 선택적으로 정하면 된다. 발화판에는 머리가 둥글고 몸이 '∧'인 모양이 만들어진다. 이 부분에 발화구를 대고 회전시키면 불씨가 만들어진

그림 102 부시와 부싯돌(조선시대). 부싯돌로 사용한 석영암이 구석기시대에는 주먹도끼, 찍개 등을 만들 때 사용한 돌이다.

다. 혼자서 회전을 시킬 때는 발화판을 발로 밟으면 안정적으로 불을 피울 수 있다.

일본의 고대에는 삼나무로 만든 발화판으로 불을 피웠다. 주변에서 구하기 쉽고 발화가 잘 되기 때문이다. 우리나라 발화판의 나무 종류는 무엇인지 살펴볼 필요가 있다.

이제 우리는 불 없이는 살아갈 수 없다. 동물 중에는 야행성이 따로 있다. 밤에 강한 생명체들이지만, 낮에는 활동을 거의 하지 않는다. 사람의 눈은 밤에 약하다. 눈이 어둠에 적응하면 희미하게 볼 수는 있지만, 칠흑 같은 어둠이라면 사람은 물체를 식별할 수 없다. 그렇게 두렵고 무서운 밤을 극복하는 데 바로 불이 한 줄기 빛이 되었다. 사람이 비로소 어둠을 지배할 수 있게 되었다.

지금은 전기와 전구 덕택에 밤에도 환한 불빛 속에서 생활하지만, 우리가 불을 마음껏 쓸 수 있었던 것은 그리 오래되지 않았다. 아는 이 중에 경남 합천에서 살았던 사람이 있었다. 1980년 초에 중학교를 다녔는데, 그때도 저녁에는 전기가 들어오지 않아 양초를 켜고 살았다고 하였다. 전기가 들어가지 않는 시골이나 오지에서는 여전히 촛불로 빛을 밝히고 배터리와 발전기로 전기를 만들어 전자기기를 이용하고 있다.

5 불을 피우는 신비의 돌. 부싯돌

불은 성냥과 라이터가 없던 시절에 어떻게 피웠을까. 불을 피우는
것은 선사시대부터 가장 중요한 생존행위였다. 불은 물과 상극이라
물로부터 불을 항상 지켜야만 하였다. 불을 피우는 방식으로는 부싯
돌을 이용한 방식, 부싯돌과 부시를 이용한 방식, 나무와 끈 등을 이
용한 활비비 방식 등이 있다.

부시는 10~15cm 정도 길이의 쇠로 만든 물건이다. 모양은 네
모난 것부터 장식한 것까지 다양하다. 이것은 부싯돌에 부딪혀서 부
싯깃에 불을 일으키는 도구이다. 우리나라에서는 쇠로 만든 부시를
통일신라시대부터 사용하였으며, 그 이전에 이미 사용했을 가능성
도 있다. 이러한 부시는 모양이 조금씩 바뀌기는 하였다.

국보 제88호 경주 금관총 허리띠는 신라 금공예품의 정수를 보
여준다. 허리띠에는 띠 꾸미개 40매와 17개의 허리 장식이 달려있

그림 103　금관총 금 허리띠(동그라미로 표시된 부분이 부시로 추정되는 물건)

다. 그중 반 육각형에 아래는 직선으로 된 투조장식이 달려있다. 이
것은 부시 형태의 장식으로 생각된다(그림 103). 왕이 착용하는 허리
띠에 달린 물건들은 그 당시 여러 메시지를 담고 있는 물건이다. 그
가운데 부시가 달려있음은 불이 사람이 살아가는 데 필요하다는 중
요한 상징적인 의미를 내포하고 있다.

후지키 사토시는 우리나라의 통일신라부터 조선시대의 부시에
관한 연구를 진행하였다(후지키 사토시 2019: 93 - 108; 임지영·장용준 역,
2019). 그는 한반도에서 부시·부싯돌을 이용한 발화법이 언제부터
시작되었고, 언제까지 지속하였을까? 라는 의문을 가졌다. 문헌에
따르면, 1882년 당시 유황을 적신 나무 편에 부싯돌로 불을 붙인 것,
1894년 당시, 조선 말기에 일본에서 수입된 성냥이 널리 보급된 사
실이 보고되어 있다고 한다(小島 1997). 『朝鮮雜記(조선잡기)』에는 각
지의 시장에 있던 많은 「지나인(支那人)」이 한결같이 취급하는 물건
이 「燧石, 성냥」이었다고 한다(足立 1894).

1904년 12월부터 수개월에 걸쳐 각지의 암시장에서 취급하던
상품을 조사한 기록을 보면, 1894년에 부싯돌·부시를 이용한 발화
구 세트와 함께 성냥이 보급되어 1905년 3·4월에 암시장에서 취급
되었음을 알 수 있다.

또 『朝鮮農村襍記(조선농촌잡기)』에 따르면 "공장제 저가의 안전
성냥이 원시적인 부싯돌과 황린을 일소(一掃)", "이러한 자급품을 축
출한 것은 확실히 1921년 무렵부터로 보인다. 안전 성냥과 석유가
유입된 것도 거의 같은 시기였다고 기억한다."라고 기록되어 있다
(印 1943). 1921년의 일제강점기 시절에는 부싯돌과 부시를 대체한
성냥 사용이 보편화되기 시작하였음을 알 수 있다. 발화구인 부시·
부싯돌은 새로이 전래한 성냥과 공존하면서 마침내 발화구의 주역
을 성냥에 넘겨주게 된다. 참고로 1823년은 독일 화학자 요한 볼프
강 되베라이너(Johann Wolfgang Döbereiner)가 라이터를 발명하였는

데, 성냥 발명보다 10년이나 앞선 것이었다.

1945년 광복이 된 이후에도 우리나라 농촌에서는 1950년대 초까지 부시와 부싯돌, 부싯깃을 이용한 불 피우는 방식을 계속 이용했다. 쇠로 만든 부시를 이용해 불을 피우는 방식은 우리나라에서 거의 1500년 동안 사용되었다(그림 104). 한반도 남부지역에 쇠가 등장하는 시기는 기원전 3세기이다. 쇠를 만드는 기술이 발달하고, 쇠와 돌을 부딪쳐 불씨를 얻는 아이디어는 삼국시대부터 출현하였을 가능성이 크다. 손바닥보다 작은 부시는 보잘것 없는 유물이 아니라, 우리 일상의 먹거리와 난방을 책임져 주었던 중요한 물품이었다.

지금도 부시는 사라지지 않았다. '정글의 법칙'이라는 예능 프로그램에서 연예인들이 불을 피우기 위해 파이어 스틸을 사용했다. 이것이 바로 부시이다. 성냥, 라이터, 가스레인지 등이 없는 세상. 음…. 우리 삶이 어떻게 바뀔까.

사람이 불의 힘을 깨닫고 품고 다니는 순간, 문명은 폭발적으로 발전했다. 인류가 불을 제어하고 활용하면서 인류의 삶은 몰라보게 바뀌었다. 부시와 부싯돌, 발화구가 없을 때는 불은 가지고 다닐 수 있는 물건이 아니었다. 만지면 뜨겁고, 무언가를 계속 넣어주지 않으면 꺼져버리기 때문이다.

인류가 불이 꺼지더라도 어디서든 불을 피울 수 있다고 확신한 순간, 생존능력은 급속히 상승하였다. 부시와 부싯돌, 발화구가 발전하여 손쉽게 들고 다닐 수 있는 성냥과 라이터로 변모한 모습을 선사시대 사람들이 본다면 과연 어떤 느낌일까. 불을 켜는 순간, 아마도 나자빠질 것이다. 신비하고 마법 같은 물건에.

우리는 불과 함께 일상생활을 한다. 불은 아주 쓰임새가 많다. 알코올 중 식용 에탄올은 곡물이나 과일의 탄수화물을 발효시켜서 만든다. 에탄올의 끓는점은 78도이고 80도 이상의 불로 에탄올을 끓이면 증발한다. 우리나라 전통주인 안동소주, 문배주 등은 모두 불의 힘으로 끓여서 만든 증류주이다. 탁주, 포도주와 같은 발효주도 있지만, 불이 없었다면 한 종류의 술은 접하지 못하였을 수 있다. 우리가 즐겨 마시는 소주는 이 세상에 등장하지 않았을 것이다.

캐나다 원주민의 민족지 자료를 보면, 통나무배를 만들 때 불로 먼저 나무를 태운 뒤에 도끼와 자귀로 속을 파낸다.

신석기시대 때 창녕 비봉리유적에서는 동북아시아에서 가장 오래된 통나무 배가 출토되었다(톺아보기 9). 지금은 육지가 된 창녕이지만, 신석기시대에는 해수면이 상승하자 바닷물이 창녕까지 올라왔었다. 그때 사용했던 배였다. 이런 통나무 배는 중국, 일본 등지에서도 사용했다. 통나무 배를 만들 때 도끼나 자귀로 나무 속을 파내야 한다. 슬기로운 신석기시대 사람들은 그냥 딱딱한 통나무에 도끼질한 것이 아니라 먼저 나무를 불에 태웠다. 그러면 나무의 탄 부분이 약해진다. 그렇게 잘 파이게 만든 뒤에 자귀로 파내었다. 불로 나무를 태우는 작업은 파내는 시간을 훨씬 줄여주었고, 나무에 서식하고 있던 벌레나 해충을 죽여줌으로써 배를 오랫동안 유지하거나 사용할 수 있게 해 주었다.

신석기시대와 청동기시대에 만들어진 다양한 토기도 불로 구운 물건들이다. 자연에서 구할 수 있는 흙을 불에 구우면 단단해지고 모양이 유지된다는 원리를 깨닫게 되면서 생활방식이 바뀌게 되었다. 특히 화덕 위에 이런 토기를 올려 그 속에 밥이나 국, 요리를 해먹을 수 있다는 사실은 식생활의 풍습과 조리 방식을 바꾼 '희대의 사건'이었다. 그 이전에는 음식물을 용기에 넣어 데워먹는다는 발상은 할 수 없었다. 자연에서 구할 수 있는 불보다 더 강한 재료는 거의 없었기 때문이다. 비로소 불을 견뎌낼 수 있는 용기를 갖게 되었다.

우리 생활에 밀접한 청동과 철과 같은 다양한 금속제품(톺아보기 19), 투명하고 알록달록한 유리, 흙으로 구워 만든 도자기, 화약을 이용한 총이나 대포, 하늘을 나는 열기구 등 이루 헤아릴 수 없는 물건들이 불이나 그 이차적으로 생긴 힘을 이용한다. 불은 이제는 우리 일상에서 떼어낼 수 없는 존재감을 가지고 있다.

금호강 유역에서 출토된 청동으로 만든 동물 모양 허리띠고리(원삼국시대)

우리나라에서 최초로 만들어진 금속기는 청동제품이다. 청동기와 철기, 유리 등을 만들기 위해서는 도가니 속 불의 온도를 높게 끌어올려야만 했다. 만약 불이 없었다면 지금 우리는 어떤 세상을 살고 있을까. 선사시대의 석기를 사용하던 사람과 비슷하게 살고 있을 수 있다. 전쟁할 때 돌로 싸우고, 탱크와 미사일도 없는 그런 세상 말이다. 적어도 대량파괴 무기는 만들 수 없었을 것이다. 이 모든 것이 불을 발견하고 피울 수 있게 되면서부터 비롯된 일들이다.

우리나라는 OECD 회원국 중 노동시간이 길기로 유명하다. 많은 직장인을 비롯한 다양한 분야의 일꾼들이 야근한다. 서울 남산타워에서 바라본 밤 광경은 전기로 만든 빛으로 형형색색의 아름다움을 꽃 피우고 있다. 선사시대에 이런 모습은 상상할 수 없었다. 밤을 밝히는 빛은 오직 달빛과 작은 화덕의 불빛뿐이었기 때문이다. 구석기시대부터 조선시대까지 빛을 내게할 수 있는 재질은 달라도 주변을 밝게 만드는 그 원초는 불빛이었다. 지금은 그 빛을 전기로 만들어 세상을 환하게 밝히고 있다. 칠흑 같은 밤바다의 등대 빛, 우리의 안전을 지켜주는 가로수 불빛, 자동차의 전조등과 같은 인공 빛을 쓰면서 그로 인한 인간의 생활에 있어 미친 변화는 무궁하다.

우리는 구석기시대의 동굴벽화를 볼 때 그림에만 집중한다. 만약 그들이 불을 사용하는 방법을 알지 못했다면 그 어두운 동굴에서 그림을 그릴 수 있었을까. 동굴에 사는 벌레, 박쥐 등은 어떻게 물리칠 수 있었을까. 동굴은 그 자체로 집의 역할을 한다. 그렇지만 동굴은 불을 피운 화덕을 사용할 때 사람에게 온전한 안식처가 될 수 있었다(그림 105).

불은 인류에게 세상에 없던 밝음을 주었다. 구석기시대에 사람이 만든 빛을 처음으로 손에 얻었다. 태양이나 달빛이 아닌 사람의 손으로 제3의 빛을 가지게 된 것이다. 우선 일몰 뒤에 어둠을 통제할 수 있었다. 즉, 밤이 두려운 인류에게 암흑에 빠진 밤으로부터 자신을 지키고, 낮만이 아닌 밤까지 활동할 수 있었다. 언제든지 어두운 동굴과 같은 장소를 이용할 수 있었다.

필자는 아이들과 캠핑을 자주 하곤 했다. 집을 벗어나 자연에서 잠을 잔다는 즐거움이 좋다. 모닥불을 피우고 그 불빛을 바라는 보고 있노라면 온갖 시름을 그 순간만큼은 잊을 수 있다. 붉음과 뒤섞여서 내는 파란 불빛은 사람의 마음을 빨아들이는 매력이 있다.

인류가 언제부터 언어를 사용하였는지는 학자마다 견해가 다르다. 대략 인류의 말하는 능력은 50만 년 전에 출현했을 가능성이 있다. 일부 연구자는 5만 년 전 이후에 언어가 진화했다고 보기도 한다. 현생인류가 다른 인류보다 발전한 요인은 자녀교육과 습득한 지식을 누군가에게 전승하였기 때문이다. 후대 사람에게 전승되고 축적되는 지식의 힘은 현생인류가 살아가는 데 있어 시행착오를 막아주고 더 빠른 속도로 그들의 문화를 발전시켜주었다.

인류의 가장 뛰어난 능력은 자신이 알고 있는 지식과 경험을 다른 사람에게 '가르치고 공유하는 힘'이다. 멋진 동굴벽화는 불을 쓸 수 없는 사람에게 그림의 떡이다. 이런 상황을 고려하면 어쩌면 불을 언제든지 피울 수 있는 현생인류 때부터 본격적으로 불을 제어할 수 있었고, '밤의 눈'을 갖게 되었다.

• 여러분은 불을 어디에 쓰십니까

우리가 쓰는 불은 우리가 불의 존재를 인식하기 전부터 존재했었다. 불은 물질이 타면서 에너지를 빛과 열의 형태로 내는 것이다. 탈 수 있는 물질이 산소와 열과 결합하였을 때 불이 발생한다.

인류는 100만 년 전에 불을 다루기 시작했다. 초기 인류에게 집이라는 개념이 없을 때 들이나 산, 강가에서 불을 밖에서 피울 수밖에 없었다. 구석기시대에 불은 사람이 사는 공간으로 최초로 들어왔던 것 같다. 어쩌면 동굴이 주는 어둠은 우리가 인공적으로 어둠을 깨친 최초의 순간이었을지도 모른다.

선사시대에 이르러 집이나 천막을 짓기 시작하면서 사람이 만든 공간에 불이 처음으로 들어왔다. 우리 삶에서 불은 없어서는 안되는 귀한 존재가 되었다. 인류가 불로 가열하는 행위는 요리는 물론, 2차, 3차, 그 이상의 제조업이나 산업생산을 가능케 해주었다. 한마디로 불은 인류의 문명 발전을 '점화'시켰다. 그 무엇과도 비교할 수 없는 근원적 원동력이었다.

사람이 불의 힘으로 만들어 낸 창조물은 헤아릴 수 없이 많다. 오직 구석기시대만 불이 있던 시기와 그렇지 않은 시기로 구분할 수 있다. 호모 에렉투스가 처음으로 불을 쓴 게 그 기점이다. 사람은 불을 단순한 자연현상으로 생각하지 않았다. 인류는 불이 가진 뜨거움(열), 어떤 것이든 태울 수 있는 강력한 힘, 주변을 밝혀주는 빛을 이용하기 시작하였다. 사람이 생존하는 데 필요한 것 중 의식주에 하나를 더하라면 난 불을 꼽고 싶다.

불에는 두 가지 힘이 있다. 어둠을 밝히는 빛과 열을 내는 힘이다. 인간이 불의 잠재력을 깨달은 순간, 문명은 폭발적으로 발전했다. 인류가 불을 제어하고 활용하면서 우리 삶은 몰라보게 바뀌었다. 불 그 자체는 손에 들고 다닐 수 없다.

선사시대의 화덕은 모습이 변해, 지금의 가스레인지가 되었다. 우리는 얼마 전까지만 하더라도 집을 지을 때 가장 중요한 것은 아궁이의 위치였다. 아궁이의 위치가 집의 구조를 결정한다고 해도 과언이 아니다. 집 안에 모든 것은 없애도 불 피울 공간은 마련되었다. 이는 따뜻한 아프리카 원주민이라 할지라도 예외가 아니다. 사람들은 매일 끼니를 걱정하면서 살아왔다. 지금도 얼마나 맛있는 음식을 먹을까 고민하지만, 근본적으로 먹는 행위는 그칠 수 없다. 집 건축에서 가장 중요한 부분이 불을 피우는 곳의 선정이었다. 요리와 난방을 해결해야 했기 때문이다. 우리의 고유한 난방설비인 온돌도 불이 없었다면 탄생하지 못했을 터이다.

산업혁명이 일어나기 전, 불의 힘을 이용한 증기 기술이 생겼다. 열은 물체 안의 분자가 빨리 움직일수록 뜨거워진다. 그러한 불로 생긴 증기를 움직이는 기관차를 만들었다. 일정한 공간에 불을 가두어서 증기의 힘으로 기차와 배를 움직여 산업혁명을 일으켰다.

증기기관은 보일러에서 나오는 증기 힘으로 실린더의 피스톤을 위아래로 움직여서 기계를 작동시킨다. 전기를 만드는 곳도 화력발전소이다. 화력발전소와 핵발전소의 증기터빈도 수증기의 힘을 빌리는 원리이다.

자동차 엔진도 불의 폭발력을 이용해 움직인다. 전쟁에 사용되는 총과 대포, 미사일 등도 불의 힘을 빌려 추진력을 얻는다. 비행기의 제트엔진이 없다면 먼 곳으로의 여행도 어렵다. 불을 이용해 봉화를 피워 전쟁이나 급한 일에 대비하기도 했다. 무엇보다 불을 다룰 줄 알게 되면서 돌이 아닌 새로운 광물을 이용해 철이나 청동, 금, 은 등 금속제품을 만들 수 있었다. 철이 없는 우리 삶은 상상도 하기 어렵다. 용광로에 불을 피울 수 없었을 것이다.

포스코에서 2000년에 '철이 없다면'이라는 광고를 내보냈다.

바큇살이 없는 자전거, 차체가 없는 자동차, 정말 광고의 말대로 세상이 멈춰버릴지도 모른다. 어쩌면 소리 없이 세상을 움직이는 것은 '철'이 아니라 '불'일지 모른다. 철이 바꾼 세상도 맞지만, 불이 바꾼 세상이 더 맞는 말일 수 있다. 철 이전에 불이 있었다.

불을 이용함으로써 인류의 삶은 비약적으로 풍족해지기 시작하였다. 불은 더욱 더 우리 일상생활에서 떼어낼 수 없는 존재감을 가지고 있다.

불, 인류의 빛이자 열이고, 곧 힘이다. 불에 맞서 두려움을 이겨낸 사람만이 가질 수 있는 유일한 능력이다.

• 화식(火食): 불로 음식을 익히다

인류가 불을 사용하기 이전에는 주로 생식, 즉 날음식을 섭취하였다. 불을 사용하기 시작하면서 비로소 불에 익힌 음식을 먹을 수 있었다. 선사시대 중에서 구석기시대보다 신석기시대와 청동기시대의 유적에서 화덕이 더 많이 발견되는 이유는 음식물 섭취에서 화식의 비율이 월등히 증가했기 때문이다.

한국의 불고기 요리, 숯불에 구운 고기는 세계적으로 유명하다. 그냥 누가 먹어도 맛있다. 좋아하는 이유가 단지 고기가 맛있기 때문일까. 음식 중 가장 후각을 자극하는 냄새가 바로 고기 굽는 향기와 빵 굽는 향기가 아닐까.

인류는 수십만 년 전부터 고기굽는 냄새가 뇌 속에 각인되었다. 사람이 실내에서 생활하게 되고, 가스레인지가 집집마다 보급되면서 고기는 직화가 아닌 프라이팬이나 철판 위에 굽게 되었다. 고기는 불맛이 약해졌다. 숯불에 굽는 고기는 불맛이 있다. 오죽했으면 불맛이 나는 조미료가 시판될까 싶다. 가정 내 부엌에서 만족하지 못하는 사람들은 캠핑하러 간다. 그리고 고기를 굽는다. 최근 사람들은 야외에서 고기를 굽기 위해 캠핑한다고 해도 과언이 아니다.

우리는 불을 보면서 무언가 구울 때 희열을 느낀다. 먹지 않고 있어도 벌써 마법과 같은 향기에서 헤어날 수 없다. 캠핑은 자연 속에 살았던 인류의 본능을 일깨우는 행위이다. 자연을 벗 삼아 자는 것과 음식을 구우면서 그 타는 향기를 맡는 것. 이 두 가지가 전부일지 모르겠다. 인류가 고기 굽는 향기를 좋아하는 건 본능이다.

인류는 요리에 도구를 접목하고, 먹거리의 가공을 늘리고, 불로 요리하면서 다음과 같은 장점을 얻었다.

인류는 가공되거나 조리된 음식물을 통해 소화 시간이 줄어들면서 식사시간을 단축하였다. 사람들은 구워 먹을 수 있게 되자 날것으로 먹지 못했던 고기나 물고기도 먹을 수 있었다. 굽거나 끓인 음식은 영양분의 흡수에도 도움되었다. 먹을 수 있는 식량 종류가 다양해지면서 사냥과 채집의 효율성이 좋아졌다. 같은 구석기시대라고 하더라도 전기구석기보다 후기구석기가 훨씬 더 사냥과 채집의 효율성이 높았고, 먹거리의 종류도 늘어났다. 구석기인 중에는 식량을 말려 오래 보관하는 법이나 추운 곳에 음식을 두면 상하지 않는다는 사실을 습득했다.

북위 70도 이상에 거주하고 겨울의 추위가 혹독한 시베리아지역 등에서 삶의 영역을 확장해갔던 현생인류라면 식량 보관기술을 반드시 습득해야만 했다. 내 손에 먹거리가 있다는 사실은 장거리 이동 중에 식량을 구할 수 없을 때의 생존확률을 높여주었다.

• **직립보행과 식사시간**

선사시대 사람들이 수렵과 채집 활동으로 얻은 식량을 섭취할 때, 불로 조리하면 많은 이점이 있었다.

『요리 본능』의 저자인 리처드 랭엄은 인류는 200만 년 전 직립원인이 출현했을 때 이후로 해부학적 특징은 변하지 않았다고 주장했다. 특히 인류는 단 한 차례도 일정한 식단을 가져본 적이 없다고 말했다. 캘리포니아대학 인류학자 헨리 맥헨리(Henry M. Mchenry)는 신체 크기에 대한 어금니의 비율을 지수로 나타내었다. 호모 하빌리스 1.9, 호모 에렉투스 1.0, 현생인류 0.9, 네안데르탈인 0.7이었다. 전반적으로 인류는 두개골이 커지면서 턱과 이는 작아졌다(김홍표 2016: 347).

리처드 랭엄의 연구에 따르면 직립보행과 식사시간은 서로 상관관계가 있었다. 영장류는 체중과 식사시간이 일반적으로 비례한다. 그 계산에 따르면 사람은 총 활동시간 중 48%가 식사시간이어야만 한다. 하지만 사람은 불과 4.7%의 시간만 식사에 할당한다. 네안데르탈인은 약 7%, 호모 에렉투스는 6.1%를 식사시간에 할당했다. 이렇게 사람의 식사시간이 짧아진 이유는 다른 이유보다 불을 사용하게 됨으로써 가능해진 것이라고 랭엄은 판단했다(김홍표 2016: 32).

사람의 식사시간을 먹는 시간으로만 한정할 것인지, 식량을 구하는 시간까지 포함할 것인지의 대한 문제는 남아있다. 그렇다고 할지라도 불을 이용함으로써 섭취시간과 소화시간이 짧아졌음은 분명한 사실이다. 사람은 이렇게 남은 시간을 다른 활동에 더 많이 투자하였다. 구석기시대에는 육류섭취 비율이 30~40%로 꽤 높았음에도 식물섭취 비율은 더 높았다. 신석기시대로 가면서 육류섭취량은 줄어들고, 식량 생산으로 인한 곡물 섭취의 비율이 차츰 높아졌다.

• 불로 요리해, 머리로 맛을 느끼다

인류가 불을 사용함에 따라 다양한 음식 습관을 지닐 수 있었다. 야생에서 구할 수 있는 식량 범주의 확대는 음식물을 구하기 힘든 환경 속에서 생존에 크나큰 도움이었다. 구석기시대는 식량을 생산하던 시기가 아니었다. 오롯이 자연에서 구하는 것이 식량 획득의 유일한 길이었다. 신석기시대도 농사를 짓기는 했지만, 그 생산량은 넉넉하지 못했다. 수렵과 채집 생활은 계속 이어지고 있었다.

재미난 사실은 맛을 인식하는 것은 혀가 아니다. 신경 문화 인류학자인 존 앨런이 쓴 『미각의 지배』에는 "맛을 보는 작용은 입안에서 일어나지만, 맛을 인식하는 작용은 두뇌에서 일어난다."라고 했다(존 앨런 2013: 9). 그는 사람은 음식을 먹고, 동물은 먹이를 먹는다는 차이를 지적하고, 음식이 다양한 인지 영역을 아우르는 활동으로 정의했다. 사람이 음식을 준비하고 요리하는 활동은 두뇌 운동과 밀접한 관련이 있다. 저자는 인류가 100만 년 전 불을 써서 요리했고, 도구와 지식으로 미각을 만족시킬 향미를 만들어 낸 것을 "최초로 타오른 문화의 불꽃"이라고 말했다.

진화과정에서 쓴맛은 몸으로 들어오는 안 좋은 요소를 입에서 막아내기 위한 선택이었다. 시간이 흘러 사람은 이러한 입맛조차 음식 섭취의 한 요소로 받아들였다. 사람이 맛을 느끼고 불을 이용하기 시작하면서 요리 영역과 본격적으로 합을 맞추기 시작하였다. 요리는 불을 이용하면서 사용하게 된 개념이다.

인류학자이자 노트르담대학교 인류학과 교수인 아구스틴 푸엔테스는 불은 우리에게 그냥 먹을거리가 아니라 요리법을 선사했다고 언급했다(아구스틴 푸엔테스 2018). 『미각의 비밀』을 쓴 존 메퀘이드는 맛은 수억 년에 걸친 진화과정의 단계마다 더 깊이 그리고 더 복잡하게 성장했으며, 맛은 진화를 위한 추진력을 주고 인간 문화와 사회를 새로운 방향으로 발전시키는 추진력을 제공했다고 말했다(존 메퀘이드 2017).

모든 동물은 쓴맛과 매운맛을 싫어한다. 사람은 어떤가?

우리나라의 매운맛을 즐겨 먹는 음식문화는 자극의 통증을 최대한 버티는 문화이다. 고추장을 이용해 만든 '신당동 떡볶이'는 그렇게 탄생했다. 매운맛의 라면인 '불닭 볶음면'은 30억 개 이상이나 팔렸다.

매운 떡볶이를 즐기고 쓴 약도 몸에 좋다면 먹을 수 있다. 오늘 맵다고 소리치면서 내일 다시 그 매운맛에 끌려 간다.

"미각이란, 혀, 구강, 인두의 화학수용체 작용 때문에 맛을 느끼는 것이다. 혀에는 미각유두가 있으며 여기에 맛봉오리가 위치하여 미각을 느끼게 된다. 미각의 기본이 되는 맛은 단맛, 쓴맛, 짠맛, 신맛의 4가지이며 모든 맛감각은 이 네 가지 맛의 다양한 조합이 이루어낸다. 1997년 실험용 생쥐에서 감칠맛의 MSG 구분기능을 가진 새로운 세포를 찾아내었다. 2000년에는 제5의 맛인 감칠맛도 새로운 맛으로 인정받았다. 그러나 매운맛은 실제로는 미각에 속하지 않으며 이것은 자극에 의한 일종의 통증이라 할 수 있다."[27]

• 요리하며 이야기하다

우리는 음식을 먹는 행동을 단순히 허기를 채우는 것으로 이해해서는 안 된다. 인류는 요리를 시작하면서 누구랑 먹을 것인가를 생각하는 시기를 맞이했다. 우리는 먹기만 하지 않는다. 가족과 함께 먹는다는 건 대화를 한다는 의미이다. 서로 말을 한다는 건 언어가 있었다는 얘기이다. 함께 먹으면서 사람의 언어도 같이 발전하였다. 아이의 교육도 이루어졌고 육아도 하였다. 이 모든 것이 불 앞에서 이루어졌다. 불은 인류 역사를 또 다른 방향으로 이끈 새로운 빛이었다. 이로 인해 생리현상으로서의 음식물 섭취가 음식문화로 자리 잡게 된 것이다. 존 앨런은 "인생 최고의 맛은 가장 아름다운 순간의 기억이다."라고 했는데, 결코 틀린 말이 아니다.

사람은 음식에 담긴 추억을 기억한다. 과거에 맡았던 특정한 냄새나 향기를 기억하고 자극받는 일, 즉 프루스트 현상이다. 마치 오래 전 음악을 들으면 아련한 추억을 떠올리는 것도 유사한 원리이다. 우리는 음식에 대해 그 맛을 즐길 줄도 알고, 다시 먹고 싶은 욕망을 가진다. 이러한 맛에 대한 기억은 혀에서 느끼는 다섯 가지 맛으로 정의

27 [네이버 지식백과] 미각 (차병원 건강칼럼, 차병원)

할 수 없다. 사람은 맛이 아닌 추억 때문에 그 음식을 찾고, 눈물을 뚝 뚝 흘리며 옛 기억을 떠올린다. 부모님, 친구, 연인, 스승, 동료 등 누구와 먹었느냐의 기억은 '제6의 맛이며 여섯 번째 미각이다'이다.

존 메퀘이드의 지적대로 사람은 서로 입맛이 달랐기 때문에 이렇게 번성하였는지도 모르겠다. 아마 특정 음식에만 길들여졌다면 사는 곳이 제한적일 수밖에 없다. 특정 음식을 죽을 때까지, 질리도록 먹는다는 것은 참으로 고통스러운 일이다. 인류는 지역과 기후에 상관없이 살아남기 위해 잡식을 선택하였다. 그만큼 자연에서 얻을 수 있는 한정된 자원을 효과적으로 이용할 수 있는 장점이 있었다. 현생인류가 다양한 먹거리를 개발하게 된 것은 사람마다 다른 미각 차이도 한몫했다. 환경에 적응된 미각은 생존에 큰 역할을 하였다. 결국, 인류는 어떤 주어진 환경에서도 스스로가 가진 입맛을 적응시켰기에 살아남을 수 있었다.

이와 더불어 인류는 나와 다른 누군가를 위해 새로운 맛을 만들어낸다. 그것이 바로 요리이다. 사람을 제외한 동물 중 어느 생명체도 요리하는 생명체는 없다. 남을 위해 요리하지도 할 수도 없다. 여러 사람에게 똑같은 재료를 주고 요리를 시켜보자. 같은 요리가 하나도 없다. 맛도 다르다. 사람마다 불을 쓰는 방식도 차이가 있다. 어떤 재료를 섞느냐에 대한 지식 축적은 인류문화의 아주 중요한 부분이다. 대장금의 조리법, 고든 램지의 레시피 등이 그러하다.

한식이 대중화되지 못하는 이유가 손맛 때문이라는 일부의 지적이 있다. 김치를 예를 들어보자. 집마다 다른 김치맛이다. 넣는 재료, 만드는 시간, 만드는 시기, 보관 환경과 저장시간 등 다양한 변수에 의해 맛이 바뀐다. 손맛은 정형화된 답이 없다. 김치 배우는 것은 가능하지만, 손맛은 배우기 어렵다. 어쩌면 레시피가 따로 정형화되지 않은 맛이 김치의 매력이라 할 수 있다. 집안마다 각기 다른 김치맛 재료는 보관방식도 제각각이다. 김치의 매력은 모든 음식과 궁합이 맞는 절대적인 맛의 중재자이다.

요리는 사람의 미각에 의존하지 않고 두뇌의 인지를 가동하는 놀라운 행위이다. 잡탕밥도 순서가 있다. 어떤 재료가 필요하고, 양을 결정하고, 양념을 추가하고 물의 양을 얼마로 할지, 구울 것인지 데칠 것인지 삶을 것인지. 모두 경험을 머릿속에 그리고 있어야지만 제대로 음식을 만들 수 있다. 세계 민족들은 자연 그대로의 음식물을 바로 섭취하기보다는 대부분 요리를 한다. 중국 사람만 하더라도 날음식을 선호하지 않는다. 내가 만난 중국 사람은 소고기를 80~90% 정도 익혔지만, 핏빛이 보이니깐 먹기를 꺼렸다. 바짝 익힌 것을 좋아했다. 인류가 요리하기 시작한 시점은 불을 발명한 때가 아닌 불을 가둔 화덕이 사용되면서부터이다(그림 105). 인류는 불을 요리에 적용하면서 요리사가 되었다.

한편, 인류는 먹을 수 있는 음식을 먹어서는 안 된다는 문화적 금기를 만든 생명체이기도 하다. 문화에 따라서는 개인의 자유의지와 상관없이 강제로 먹지 못하게 하는 일도 발생했다. 이를 지키기

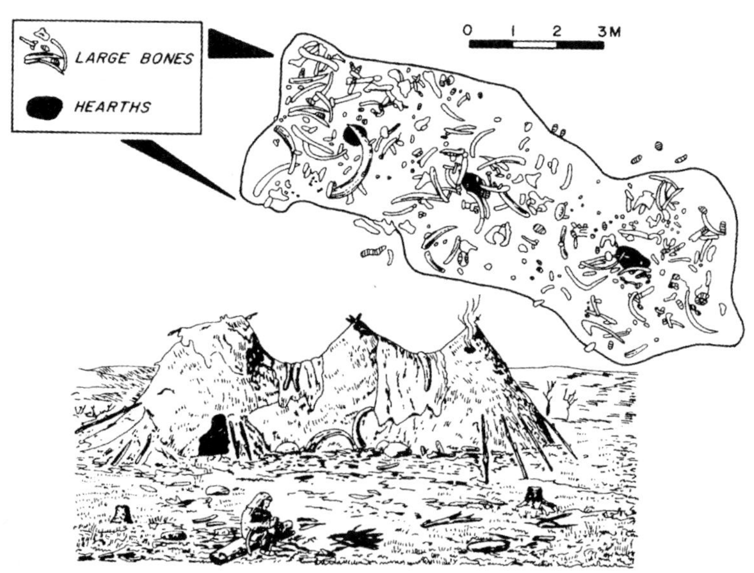

그림 105　후기구석기시대 우크라이나의 푸쉬카리1유적의 집자리(상단)와 이를 복원한 모습(하단). 집자리를 보면 세 개의 화덕(까만 점)이 있었음.

위해서는 사람은 맛을 참고, 먹는 행동을 제어할 수 있어야만 했다. 음식에 관한 사회적 규범을 따르지 않으면 처벌받을 수 있기 때문이다. 하지만, 이런 금기나 관습은 먹거리가 많을 때나 가능한 얘기이다. 사람은 굶고는 살아갈 수 없기 때문이다.

• 고기가 구워질 때까지 기다릴 줄 아는 인류

불은 다양한 기능이 있다. 우선 음식물을 굽거나 익혀 먹을 수 있다. 인류는 그 덕분에 먹거리의 종류가 아주 다양해졌다. 몸에서 소화도 빨리 시킬 수 있었다. 사람은 무엇보다 익혀 먹음으로써 음식에 있는 세균을 죽일 수 있었다. 이 행위가 건강을 유지하는 데 있어 큰 도움이 된다. 사람이 건강하게 성장하는 데 불이 큰 역할을 하였다.

사람이 익은 음식이나 불을 훔치지 못하도록 하기 위해서는 사회적 능력이 필요하다. 불을 사용해 음식을 조리하기 위해서는 음식이 익을 때까지 참고 기다려야만 하는 인내력이 필요하다. 불을 이용한 요리의 본격적인 시작은 40만 년 전부터로 생각된다.

최근 캠핑을 즐기는 사람들이 많이 늘었다. 많은 사람이 야외 생활을 즐기는 이유는 자연과 친해지고 가족과 함께 시간을 보내면서 행복의 의미를 찾기 때문이다. 아이들에게 물어보면 캠핑을 하는 가장 큰 목적은 바로 화롯대에 불을 피우고 싶고, 거기에 참을 수 없는 유혹의 냄새인 고기를 구워 먹고 싶어서이다. 저녁이라면 더 좋다. 불이 더 빨갛게 보이고 허기는 고기가 익혀지기를 기다릴 수 없는 상태로 만든다.

그러나 우리 아이들은 고기가 구워질 때까지 참아낸다. 어른은 말할 것도 없다. 사람은 음식이 조리되어 나올 때까지 참을 수 있는 능력을 갖추고 있다. 하지만 사람이 아닌 일반적인 동물들에서는 기대할 수 없는 행위이다. 실제 한 실험에서 불에 음식을 익힐 때 침팬지는 절대로 참고 기다리지 못하였다. 단순히 불로 음식을 익혀 먹는 게 중요한 것이 아님을 알 수 있다. 사회적으로 참아야 한다는 인지능력도 함께 인류가 진화하면서 발달했음을 알 수 있다.

그리고 음식을 익혀 먹으면 우리 신체에는 여러 가지 이로움을 준다. 침팬지는 날음식을 다섯 시간이 걸려 소화를 시키는 반면에 사람은 음식을 익혀서 먹으면 소화에는 한 시간이면 충분하다. 그만큼 음식을 먹는 데 걸리는 시간을 줄임으로써 다른 생산적인 행위 등에 쓸 수 있는 시간을 얻게 되는 것이다.

일반적으로 불을 이용해 식자재를 조리할 경우 음식을 통해 얻을 수 있는 열량이 높아진다. 미국 보스턴대학교와 영국 배스대학교의 공동연구에 따르면 네안데르탈인이 같은 양의 순록 고기를 먹는다고 가정했을 때 날것으로 먹기보다 불로 조리해서 섭취한다면 훨씬 에너지를 많이 얻는다고 보고했다. 특히 네안데르탈인의 멸종 원인 중 불을 제대로 못 다뤘기 때문이라는 주장도 제기되었다. 익힌 음식은 세균과 기생충을 죽여 주어서 사람을 건강하게 해주었고, 그 덕분에 대장 길이도 짧아졌다.

한편, 불을 피우는 화덕을 중심으로 긍정적인 사회 효과가 일어난다. 남성과 여성은 얼굴을 보면서 서로 대화할 수 있고, 그 과정에서 가정을 형성하기도 하는데, 혼인의 기원을 화덕에서 찾을 수 있을지도 모르겠다. 집단 내에 만들어진 화덕은 사회적으로는 집단 구성의 구심점 역할을 하고, 음식 분배의 중요한 의미를 담고 있다.

인류가 세상을 살아가는 데는 물질적인 '불'만 있는 것이 아니다. 우리에겐 어쩌면 마음의 불이 더 중요할지 모르겠다. 마음의 불은 살아가는 용기를 주고, 다른 사람에게 위로를 줄 수 있다. 이러한 마음은 불이 가진 물리적 속성인 따뜻하고 위로가 되는 긍정적인 힘으로부터 기인한다. 내 마음에 불을 지필 수 있는 일, 사랑, 희망, 동기 등 눈에 보이지 않는 많은 불빛도 존재한다. 인류는 이 불빛을 가지고 먼 여정의 길을 걸어왔다.

• 불의 효과

250만 년 동안에 50번의 빙기가 있었다. 250~100만 년 전 사이에는 4만 1,000년마다 빙기와 간빙기가 있었다. 100만 년 전부터는 매 10만 년마다 반복했었다.

날씨는 태양, 물, 공기가 있어야 생긴다. 태양의 열은 물을 증발시키고, 수증기는 구름이 되어 비와 눈 등이 된다. 이런 구름은 공기 덕택에 이동한다. 태양, 물, 공기는 우리가 항상 다른 기후에 살 수 있도록 해준다. 날씨의 원인이 되는 이 세 가지 요소는 사실 사람에게 필요한 요소이다. 날씨가 생기는 요인이 결국 사람처럼 생명체가 살 수 있는 절대 조건이 되는 것이다. 날씨와 사람의 생존조건은 어쩌면 같다. 우리는 자연과 함께 살아갔고, 구석기인은 그러한 지식을 몸으로 체득하였다.

불은 사람의 몸을 따뜻하게 해준다. 기후변화로 날씨가 추워졌을 때 불은 생존을 위한 필수품이었다. 현생인류가 북쪽으로 생존영역을 확장할 수 있었던 것도 불을 사용할 수 있었기 때문이다. 불은 어두운 밤이나 동굴을 밝힐 수 있었다. 야간에도 이동할 수 있게 해준 것이다. 밤에도 생존행위를 할 수 있는 시간적인 여유를 가져다주었다. 불은 사나운 동물로부터 사람을 지켜주었다. 도구를 만드는 데도 불을 사용했다. 불을 사용하면 목기를 좀 더 빨리 만들 수도 있고, 돌도 깨기 쉬워졌다.

• 추위를 극복한 인류

2015년 통계청의 자료에 따르면 재미난 현상을 찾을 수 있다. 세계지도가 있다면 한 번 펼쳐보자. 인터넷에서 지도를 열어보거나 사회과 부도를 이용하는 것도 좋다.

지구의 북반구에서는 위도 0도부터 65도까지에 사람들이 몰려 있다. 인구 10만 명 이상 사는 도시가 70도 이상에는 없다. 남반구는 40도까지만 10만 명 이상의 도시에 사람이 몰려 살고 있다. 아프리카 대륙의 남단에 있는 남아프리카 공화국의 케이프타운은 남위 33도이다. 아프리카에서 영하로 내려가는 지역은 해발고도 1,400m의 고원에 있는 블룸폰테인인데 겨울(7월)의 평균기온이 영하 2도에 불과하다. 그 외 지역은 지중해성 기후로 영하로 내려가지 않는다. 기후상으로는 아프리카가 살기에 좋은 곳이다. 구석기시대 때 남아프리카 공화국의 블롬버스 동굴에서 인류의 가장 오래된 장신구와 예술품, 어로 자료가 나온 것은 어쩌면 당연할지도 모른다.

육지가 많은 북반구에 사람들이 많이 살고 있다. 기후가 좋고, 평야도 넓어 농사를 짓기에 적합하기 때문이다. 대부분의 대도시는 큰 강 또는 바다, 강과 바다를 함께 끼고 있는 장소에 자리 잡고 있다. 북위 30도를 넘어 북쪽으로 갈수록 추위가 지배하는 겨울이 길어진다. 아시아대륙에서 북위 50도가 넘어가면 10만 명 이상 규모의 도시가 없다. 아메리카대륙에서 북위 63도 이상에서는 10만 명 이상 도시가 없다. 유럽 서부지역과 아메리카 동부지역은 위도가 높음에도 비교적 따뜻한 것은 해양성 기후 지역으로 난류의 영향으로 기온이 내륙지역보다는 따뜻하기 때문이다.

한대 기후 지역에서는 곡물 재배를 할 수 없다. 사막은 물을 구할 수 있는 오아시스를 제외하면 사람이 살 수 없다. 북위 그리고 남위 30도 내에서는 기후가 덥거나 따뜻하여 난방이 중요하지 않다. 하지만 추운 곳에 사람이 살기 위해서는 불을 이용한 난방을 하지 않으면 죽는다.

구석기시대에 북위 71도에 있는 야나 RHS유적(Yana RHS)이 있다(V. V. Pitulko *et al.* 2004: 52－56). 27,000 BP에 구석기시대 사람들이 살았던 흔적이 발견되어 흥미롭다. 이때는 제4기 빙하기 중 가장 기온이 낮았던 시기로, 북극에 가까운 이 지역에 사람이 이동해 와 살았다는 사실은 인류의 생존 의지가 얼마나 강한지를 알 수 있다.

인구가 늘어날수록 더 많은 식량이 있어야만 한다. 수렵 채집만으로는 기하급수적으로 늘어나는 인구에 대비할 수 없었다. 결국, 농경이 가능한 기후대에 사람이 몰려서 살 수밖에 없었다.

• 바다 위를 걷다!

25,000~20,000년 전에는 빙하시대 중 가장 추웠던 최대빙하극성기가 있었다. 탄소체계의 변화(중요한 온실기체인 이산화탄소 1/3 감소, 메탄 절반 감소)는 태양복사에너지로 인해 발생한 열을 대기 밖으로 더 많이 내보내게 하여 지구의 기온을 낮추는 데 일조한다.

최대빙하극성기 때 해수면은 120~140m 전후로 하강한다. 해수면이 낮은 섬들 사이를 건널 수 있게 되었다. 스리랑카, 일본, 시칠리아, 파푸아뉴기니, 포클랜드 내 섬들은 걸어서 건널 수 있었다.

특히 해협을 걸어서 갈 수 있는 곳도 생겨났다.

- 영국과 프랑스 사이의 영국해협
- 한반도와 일본열도 사이의 대한해협
- 유라시아대륙과 아메리카대륙의 베링해협
  * 우리나라와 중국 사이의 서해도 건널 수 있게 됨
  * 육교 형성으로 모든 종류의 동물 종이 새로운 지역으로 이
    동할 수 있게 됨

빙하가 사라지는 것이 생성되는 것보다 훨씬 빠르다. 빙하 후퇴(deglaciation)는 최대 4,000년밖에 걸리지 않는다. 지질학에서 얘기하는 하인리히 이벤트 사이에는 약 1,500년마다 발생하는 단스고르-오슈거주기로 알려진 이벤트가 있다. 이는 북대서양으로 쏟아지

는 융빙수로 인해 생긴 일이다.

기후변동은 1970년대 처음 심해 코어로 연대를 추정하였다. 중기와 후기 홍적세 동안 8회에 걸쳐 빙기와 간빙기의 변환이 있었다. 빙하작용의 시기는 짝수로, 온난한 시기는 홀수로 표현한다. 단계 5는 간빙기(12만 8천 년부터 1만 천 년)까지이다.

기후변화는 먼저 땅의 모습을 변화시킨다. 땅이 변한다는 것은 비, 눈, 건조 등에 의해 원래와는 다른 모습의 땅이 된다는 의미이다. 또 하나는 기후에 가장 민감한 식물의 변화이다. 온도와 습도 등이 맞지 않으면 살아남지 못하는 식물은 기후에 가장 예민하다. 다른 곳으로 옮겨서 살 수도 없다. 죽는 방법 말고는 없다. 그리고 사람을 포함한 동물의 이동이다. 먹거리가 없어지면 사람과 동물은 물과 식량을 찾아 이동 생활을 하게 되고, 생활영역이 바뀌게 된다. 사람은 자연에서 왔다. 자연의 음식이 몸에 맞는 이유이다. 자연을 거부하고 건강할 수도 진화도 할 수 없다. 사람이 자연을 본능적으로 찾는 이유도 여기에 있다.

135,000년 전의 기후는 오늘날과 크게 다르지 않았다. 북극 근처에 사람이 살아본 적도 없는 시기였고, 아메리카대륙에도 사람이 살지 않았다. 북쪽에 살던 생물들이 추운 기후로 남쪽으로 남하하면서 온대지역에서 살던 생물들과 생존경쟁을 벌이게 되었다.

빙하의 최고 극성은 25,000~20,000년 전에 일어났다. 유라시아와 아메리카대륙의 절반 이상이 얼음으로 뒤덮였다. 즉, 땅이 얼음과 극지 사막으로 바뀌고 툰드라 기후가 유럽 전체를 뒤덮었다. 생물들은 남으로 내려가고 높은 곳에 살던 것들은 아래로 내려와서 눈과 얼음으로 뒤덮인 땅에서 살아남기 위해 노력했을 것이다. 그러는 사이 일부 동물은 멸종되기도 하였다. 한반도까지는 빙하가 오지 않았다. 우리나라는 주빙하 기후 지역으로 빙하의 흔적은 없다.

빙하가 물러가면서 온대지역은 숲이나 초원으로 다시 바뀌게

되었고, 생물들은 다시 북쪽으로 이동을 하였다(마이클 켈러 등 2010: 160).[28]

• 옷과 추위

구석기시대 사람은 옷을 입지 않고 생활하였을까. 정답은 반은 맞고 반은 틀리다. 우리나라의 전문서적은 물론, 어린이 교양서의 구석기시대 사람의 천편일률적인 모습은 신체 중요 부위만 가린 모습이다. 이 그림이 그려진 사람들이 살았던 계절이 여름이라면 큰 문제가 없다. 겨울에 살았던 사람들의 모습을 그린 그림이 드물다는 점을 지적하고 싶다. 이들이 옷을 대부분 벗고 있다는 사실은 옷을 만들 수 없을 정도로 지적 수준이 낮았다는 인식이 깔려있다. 옷은 직조기술이 필요하고 바늘이 필요한데 그들이 어떻게 옷을 만들어 입었겠냐는 생각이다. 하지만 이는 틀렸다.

우선 우리가 사는 지금보다 구석기시대에는 빙하기 때로 더 추웠다. 물론 간빙기가 있어 따뜻할 때도 있었다. 빙하기 중 찾아온 추위를 이겨내는 일은 먹거리를 구하는 일만큼이나 생존에서 중요한 일이었다. 옷을 만들어 입지 않으면 살아남을 수 없다.

필자는 강원도 고성에서 군 생활을 하였다. 추위와 관련한 일화가 있다.

1995년 겨울 혹한기 훈련이었다. 강원도 추위는 겪어본 사람은 안다. 춥다. 자기 전 텐트에 붙여두었던 수은 온도계가 더 내려갈 곳이 없었다. 영하 27도였다. 산악지대여서 그럴 수도 있겠지만 너무 추웠다. 땅을 파고 골판지를 깔고 A형 텐트를 이어붙여 만든 잠자리는 방한이 되지 않았다. 오직 전우의 온기와 입김, 더 이상의 보온재는 없었다. 잘 수 없었다. 침낭 속에 머리를 넣으면 숨쉬기 힘들고 고개를 내밀면 얼어붙을 것 같은 날씨였다. 결국, 며칠 간의 풀리지 않는 혹한기 속의 훈련은 발가락 동상의 후유증을 남겼다.

28 서울대 지리학과 박정재 교수(2022)는 현재와 다른 고대 한반도의 생태적 특징이 참나무가 사라지고 소나무가 자리 잡은 사실에 주목했다. 농경이 시작되기 전에는 고대 한반도의 지표에 참나무가 60% 이상을 차지하고 있었으나, 3,000년 전부터 벼농사를 위해 청동기시대 사람들이 숲을 제거하면서 교란에 강한 소나무가 자라기 시작했다는 것이다. 한반도의 기후 환경에는 소나무보다 참나무가 더 적합한데 사람에 의해 식생이 바뀌었다. 하천 주변에도 오래전에는 오리나무가 많았으나 사람이 강가를 농지로 만들면서 개체 수가 급격히 줄어들었다.

그리고 1994년 이른 겨울, 육군으로 생활하게 된 그 해의 고성군 겨울은 심술궂었다. 오후 늦게 내리기 시작하던 눈은 다음날까지 멈추지 않았다. 부산에서 줄곧 살아온 나에게 눈은 로망이자 '와, 눈이다'라는 감탄사를 터지게 하는 대상이었다. 절대 교통을 마비시키고 삽으로 청소를 해야 하는 존재가 아니었다. 그런 눈이 밤새 내려 꽂아 놓은 1m 자를 훌쩍 넘어버렸다. 다음 날, 연병장은 사라졌고, 길은 보이지 않았다. 군대는 무조건 보급로를 확보하여야 하였고, 전투를 위한 길도 뚫어놓아야만 했다. 트럭에 눈을 담아 하천에 버리기를 며칠, 그러다가 더는 눈 치우는 일을 포기하였다. 한쪽에 쌓아둔 눈의 흔적은 봄이 되도록 녹지 않았다. 눈은 온 세상을 희게 만들지만, 살아야 하는 생물에게는 먹을 것도, 이동도 허락하지 않는 무서운 존재가 되기도 한다.

겨울은 눈과 기온 하강, 바람이 특징이다. 내려간 기온은 세상을 얼게 만든다. 강도, 땅도. 눈은 세상을 덮어버린다. 그리고 나아가야 할 방향도 잃게 만든다. 모든 동물을 세상에 가둬둔다. 인류는 눈과 낮은 기온에 맞서 살아남았다. 여러 차례의 기후변화를 겪으면서 멸종동물도 있었다. 한반도에 원숭이가 살았던 적이 있는 것을 알고 있는가.

간빙기인 현재에 사는 나에게도 강원도 추위는 너무 힘들었다. 빙하기 중 한랭기에는 한반도 남부지역도 강원도와 같은 추위가 왔을 것이다. 이들에게 옷은 생존필수품이었다. 맨몸은 곧 죽음을 의미하였다.

우리나라 구석기인들이 여름 같은 기후에만 살지 않았다. 겨울도, 가을도 있었다.

옷은 꼭 필요하였다. 최대빙하극성기 25,000~20,000년 전에는 지금보다 연평균기온이 8~6℃정도 낮았다. 그 후 온도가 올라가다가 영거드라이어스기(Younger Dryas)를 맞아 온도가 급격하게 하강하였다. 이 말은 유럽에서 처음으로 쓰인 용어이다. 마지막 빙기가 끝나가는 과정에서 약 10,500년 전을 전후하여 기후가 급격하게 나빠져 빙하의 후퇴가 지체되거나 혹은 오히려 다시 전진했던 시기를 말한다.[29]

영거드라이어스기를 지나면서 사냥감이 되는 대형동물이 절멸되었거나 북쪽으로 이동하였다. 기후 하강 이후에 겉흙층은 형성에 일정한 시간이 필요하였다. 생태계 파괴에 따른 사람의 이동도 잦았다. 몇몇 생존 집단의 근친교배에 의한 유전자 이상에 따른 사망도 추정할 수 있다. 수렵 생활을 영위할 수 없는 척박한 식생 조건이 영거드라이어스기에 일어났다.

영거드라이어스기는 1만 3천 년 전부터 1만 년 전까지 급격하게 온도가 내려갔다. 심각한 기후변화로 식생이 바뀌는 것은 물론, 사람과 동물은 새로운 먹거리와 살 곳을 찾아 이동을 시작했다. 그러다가 1만 년 전 이후부터 6천 년 전까지 기온이 올라가면서 해수면도 덩달아 상승했다. 이 시기 동안은 한반도 내 인류가 상당한 수준으로 급감한 것으로 추정된다. 기존 후기구석기시대의 석기 전통을 계승한 인류가 살아남아 한반도를 지키고 있었다. 한반도는 산악지대가 많은 곳이다. 1만 년 전 이후부터 기후가 서서히 상승하였지만 한반도에 인구밀도는 아주 낮았다.

내륙지역에 식물변화가 뚜렷하게 일어났다. 건조화가 급격하게 진행하여 겉흙의 토양변화를 일으키고 식물의 생육에 지장을 주었다. 기후가 건조해지고 추워지면 식물이 살기 어려워진다. 식물이 살지 못하면 토양에 문제가 생긴다. 나뭇잎과 떨어진 낙엽으로 이루어진 낙엽층은 토양이 건조해지고 바람에 날려가는 것을 막아준다. 또한, 이러한 낙엽, 열매 등은 강이나 하천으로 흘러 들어가 다양한 수생식물이나 동물의 먹이가 되어 주기도 한다. 식물은 토양에 여러 생물이 살아갈 수 있는 부식층과 겉흙층을 제공해 준다. 동물이나 식물이 살아가는 데 필요한 토양이 제대로 형성되지 않는다면 땅은

<hr>

29 [네이버 지식백과] 영거 드라이아스 [Younger Dryas] (해양과학용어사전, 2005. 10. 7., 한국해양학회)

척박해질 수밖에 없었다.

한반도는 빙하기가 오지 않았지만, 간접적인 영향은 받았다. 후기구석기시대 중 한랭기 때는 한반도가 가장 추웠던 시기이기도 하였다.

● **영화 알파(ALPHA), 구석기인의 삶을 보여주다**

알버트 휴즈감독의 2018년에 개봉한 『ALPHA』라는 영화가 있다. 다른 제목은 The Solutrean. 즉, 유럽의 후기구석기시대 문화로 BC 20,000년이 배경이다. 포스터에는 사람과 늑대가 있다. 이것만 보아서는 이 영화가 어떤 내용인지를 알 수가 없다. 정글북의 모글리와 늑대의 이야기일까라는 생각이 든다. 이 영화는 몇 가지 재미있는 역사적 사실을 담고 있다.

첫째, 영화의 배경이 된 시기가 BC 20,000년이다. 이 시기는 구석기시대의 인류가 살아온 빙하기 중 가장 추웠던 시기이다. 최대빙하극성기이다. 해수면이 내려가서 수심이 얕은 바다는 모두 육지가 되었다. 극한의 환경에서 살아남은 인류의 모습을 담은 것이다.

둘째, 구석기시대 인류의 수렵기술을 담고 있다. 주인공이 들고 있는 나뭇잎 모양 찌르개는 솔루트레안문화의 특징적인 석기이다. 이 창은 망칫돌로 두드려서 만들 수 있는 석기가 아니다. 주인공의 아버지가 집단 내 아이들이 석기를 잘 만드는지를 감독하였다. 대칭적인 모양의 석기이면서 눌러떼기로만 만들 수 있는 창이다. 구석기시대에서 가장 기술적으로 뛰어난 창이다. 이 창을 이용해 들소 떼를 사냥할 때 여러 사람이 협력하여 들소 떼를 절벽으로 떨어뜨리는 몰이 사냥이 나온다.

셋째, 불피우는 기술이 보편적으로 이용되었다. 불을 다룰 줄 모르는 사람은 혹독한 추위 속에서 살아남을 수 없다.

넷째, 후기구석기인은 다양한 상징행위를 했었다. 신성한 의미를 담은 각종 목걸이는 다양한 재료를 이용해 만들었다. 사람과 동물을 형상화한 조각품도 만들었다. 구석기시대의 벽화는 당시 수렵 채집민이 무엇을 생각하고 어떤 것을 보았는지를 말해주는 아주 중요한 자료이다. 그중에서 벽화의 손자국은 남자가 만들고 그들의 손을 찍었다는 가설이 유력했었다. 그런데『Journal of Archaeological Sciences』에 보고된 내용을 보면, 실제 서유럽지역에서 발견된 손자국 스텐실 750점을 분석한 결과, 구석기시대 벽화의 25% 정도는 2~12세의 아이들의 손이었음을 밝혀졌고, 예술은 개인뿐만 아니라 가족과 집단 사이에서 이루어지는 행위임이 밝혀졌다.

다섯째, 늑대가 어떻게 개로 순화되었는가의 과정을 보여준다. 물론 한순간에 야생 늑대가 개가 될 수는 없다. 그러나 일부는 늑대 중 사람과의 유대를 잘하였기 때문에 개는 우리 삶 속에 들어올 수 있었다. 현재 개가 2만 년 전 무렵에 가축화되었다는 증거는 없다. 1만 6천 년 전부터 1만 4천 년 전에 개가 늑대에서 분리되었을 것으로 추정한다. 아마도 개가 본격적으로 가축화되기 시작하였던 것은 신석기시대부터이다. 신석기시대부터 개는 사람과 함께 살기 시작하였다. 우리나라에서 구석기시대 때 개가 있었다는 증거는 아직 없다.

인류는 신석기시대 때부터 개를 키웠다. 2천 년 전 김해지역의 유적에서는 고양이 뼈가 발견되었다. 이 당시의 개와 고양이는 인간에게 반려동물의 의미가 아니었다. 수렵 때 동물사냥에 도움을 주는 사냥개이면서, 필요할 때는 식량이 되어 주었다. 인류와 개는 공진화의 결과물이다. 개는 사람에게 교감의 존재이기도 하였다.

• **기후가 변해 옷을 갈아입다**

구석기시대 수렵 채집민은 갑작스럽게 도래한 추위에 대비가 되어 있지 않았을 것이다. 영거드라이어스는 1만 년 전(12,800BP)에 시작하였다. 약 1,150~1,300년 동안 지속하였다. 약 천년 정도라고 생각하면 큰일이야 있었겠어라고 여길 수 있다. 이 기간은 고려시대와 조선시대를 합한 시기보다 더 길다. 이 기간 내내 갑작스러운 추위가 찾아오고, 생태계가 교란되었다. 기후는 건조해지고 식물도 급격하게 변해 삼림도 훼손되었다. 집을 제대로 짓지 못하고, 먹을 것을 구하지 못한 사람들은 뿔뿔이 흩어졌다.

지금도 겨울에 한파가 오면 영하 20도를 내려간다. 그러나 이 기간이 그리 길지 않다. 길어야 두 달 정도이다. 하지만 영거드라이어스 기간에 한파와 추위는 더 길었을 것이다.

한반도에 먹거리가 부족해졌다. 생존에 위협을 느낀 사람들은 동물을 따라 북상하였을 수도 있다. 우리나라는 구석기시대와 신석기시대의 이행기에 해당하는 유적이 아주 드물다. 연해주지역과 시베리아지역에서는 구석기시대의 전통을 이어받은 신석기시대의 석기들이 그대로 사용되었다. 하지만 우리나라는 그렇지 못하고 문화공백기가 있었다.

조지프 헨리는 인구가 감소하면 그들이 고안한 혁신기를 유지하기 점점 더 힘들어진다고 하였다.

영거드라이어스 이후 한반도에는 구석기시대 거주인구가 감소하였다. 집단의 규모는 축소되었고 집단 간의 접촉도 줄어들었다. 가족 중심의 사회로 재편되었다. 소규모 집단 내 개별 사냥이 증가하고, 기술공유도 줄어들어 석기 변이도 늘어났다. 석기와 도구는 다양하고 개성이 강해졌다. 우리나라에서 구석기유적과 신석기유적이 동시에 발견되는 사례가 아주 드물다. 이는 생존방식과 거주지의 선택기준이 달랐기 때문이다.

기후 변화는 사람이 입는 옷을 변화시켰다. 계절이 바뀌면서 옷을 바꿔입게 된 것이다. 구석기 사람들과 신석기 사람들의 생활 거주지는 차이가 있었다. 구석기 사람들과 달리 신석기 사람들은 바다와 강을 적극적으로 개척한 최초의 사람들이었다. 신석기 사람들은 배를 타고 나가서 고기를 잡고, 물물교환도 했다. 바다와 강에 서식하는 어패류를 먹었는데 신석기 사람들에게 새로운 식량을 제공해 주었고, 영양결핍을 막아 주었다. 동부 시베리아, 일본, 중국 남부에서는 토기도 1만 년 전 이전부터 만들어 사용했다. 한반도에서는 아직 이 시기에 만들어진 토기가 발견되지 않았다. 머지않은 미래에 우리나라에서도 1만 년 전 이전의 토기자료가 발굴될 것으로 기대하고 있다. 우리나라의 경우 1만 년 전부터 7천 년 전은 구석기문화와 신석기문화가 뒤섞였던 시기였다. 이 시기는 토기가 거의 발견되지 않고, 유적도 별로 없는 마치 '유적 공백기'처럼 여겨진다.

신석기시대에는 새로운 도구와 기술이 등장하였다. 새로운 어로구가 등장하고 흙을 구워 그릇을 제작하였다. 강과 바다를 기반으로 한 생활이 시작되어 패총이 만들어졌다. 수렵 비중이 줄었다. 농사도 짓게 되어 먹거리가 늘면서 정주 생활이 가능해졌다. 농사를 지어야 하니 멀리 떠날 수도 없었다. 패총을 보면, 일정 규모 이상의 집단이 한 자리에서 꽤 오랫동안 머물렀음을 알 수 있다.

정주 생활이 길어지면서 구석기시대의 캠프보다 더 단단하고 멋진 집을 지었다. 다행히도 영거드라이어스 이후 후빙기가 오면서 기온이 높아지고 해수면이 급히 상승하였다. 숲이 만들어져 주변에 구할 수 있는 나무도 늘었다. 다양한 나무를 이용하기 위해 도끼, 자귀와 같은 돌 도구들은 생활필수품이 되었다. 배도 만들어 더 멀리, 더 빨리 이동할 수 있는 수단이 생겼다. 해상 운송수단이 생겨 일본 열도의 조몬 사람과도 교류하였다.

• 불, 옷으로 온기를 지키고 불로 온기를 피우다

그림책에는 선사시대 사람들의 모습을 그려놓았다. 구석기시대 사람들은 가죽으로 만든 헐렁한 가죽옷을 입고 뛰어다닌다. 나머지 몸을 모두 내놓은 채. 마치 미개인이라는 인식으로 준다. 이들은 옷을 만들지도 못하는 그런 사람이다. 물론 아프리카 초기 인류는 옷을 만들 수 있는 능력은 없었다. 하지만 네안데르탈인이나 현생인류는 옷을 만들어 입었다. 인류가 살았던 시기 중 가장 기후변화가 심했던 시기이자 추웠던 시기가 구석기시대였다. 그중에서도 2.5~2만 년 전에는 최대빙하극성기까지 찾아왔었다. 현재보다 평균기온이 8~6도 이상 떨어졌다.

우리나라 연평균기온 중 서울지역은 12도 내외이다. 여기서 8도가 내려가면 4도가 된다. 서울 날씨가 한반도 북부의 추운 지역 날씨로 바뀔 수 있다. 이런 상황에서 우리나라 그림책의 구석기인들은 현생인류임에도 불구하고 모두 여름에만 머물러 있다. 가을, 겨울의 긴 옷을 입고 있는 사람들도 그려져야 한다.

사람과 침팬지는 몸의 털을 제외한 여러 부분이 닮았다. 두 손과 자유롭게 쓸 수 있는 열 손가락, 팔목과 팔꿈치, 넓은 가슴과 어깨, 안정적인 척추를 가지고 있다. 다만 침팬지는 사람처럼 두발걷기, 즉 직립보행은 할 수 없었다. 진화를 거치면서 털은 꼭 필요한 곳만 남았다. 털은 신체활동과정에서 생기는 마찰력을 줄여주고, 생식기를 보호하는 기능을 한다.

침팬지처럼 몸에 털이 많고 땀샘은 손발 정도에만 있었으나, 인류는 진화과정을 거치면서 털이 없어지면서 땀샘이 더 많아지는 쪽으로 변화했다. 땀으로 체온을 낮추게 되면 고온으로 일사병에 걸리기 쉬운 뇌를 보호하고, 신체 활동량을 그만큼 늘릴 수 있다(홍윤철 2014: 66).

사람은 200만 개의 땀샘을 가지고 있다. 다른 포유류가 털을 가지고 몸을 보호하는 것을 생각해보면 사람은 외부의 공격이나 자극에 약한 존재이다. 사람은 긴 털이 없지만, 땀샘이 있어 땀을 배출해 열을 식힌다. 피부 아래에 있는 감각수용체가 뇌에 덥고 추움을 알려 땀을 배출하는 식이다. 사람은 몸통보다 팔과 다리가 길다. 열을 외부로 발산하기 좋은 신체 조건이다. 사람의 몸은 추위를 극복하기보다 더위 극복에 맞춰 진화해 왔다. 다른 포유류와 달리 털이 없어진 이유도 그 때문이다.

　사람은 털이 없어 땀 배출에 효과적이다. 사람은 동물 중 오래달리기를 가장 잘 할 수 있다. 비록 순간적인 속도는 느리지만, 오랫동안 달릴 수 있는 것도 땀 배출이 원활히 이루어져 신체조절이 가능하기 때문이다. 사람은 90도까지 견딜 수 있다고 알려져 있다. 80도를 넘나드는 사우나의 뜨거운 열기를 견뎌내는 것을 보면 가능한 일임이 틀림없다. 사람은 습한 곳보다 건조한 곳을 선호하고 잘 견뎌낸다. 어쩌면 사람이 진화하면서 건조한 북쪽을 선택한 것도 이런 이유 중 하나일 것이다. 지금도 선진국은 저위도지방보다 위도가 높은 추운 곳에 위치하는 곳이 많다. 추운 곳에 적응해서 살기에 아무 문제가 없고, 옷과 불이 있어 가능한 생존지 선택이다.

　이렇게 맨몸을 선택한 인류가 아프리카를 벗어나 살아남을 수 있었던 것은 옷을 만들어 입었기 때문이다. 옷은 체온을 유지하고 피부를 보호해주는 역할을 한다. 옷은 제2의 피부인 셈이다. 지금의 우리처럼 털이 없는 인류는 단순히 신체 진화의 결과만이 아닌 옷과 불 등 생존에 필요한 여러 요소가 결합한 결과이다.

　옷은 체온 유지(운동 조절, 기후변화 대응), 피부 보호(벌레, 오염물질 등)의 효과과 있다. 색깔이나 재질, 형태 등으로 신분과 지위, 직업, 개성, 직업, 예의 등을 표현하는 수단이다. 사람과 의사소통이 이루어지기 전까지 사람을 판단하는 중요한 수단이 옷이기도 하다. 우리는 상대방의 옷을 보면서 멋지다, 기품있다, 방정맞다 등 무수히 많은 이미지를 떠올린다. 옷을 보면 그 사람의 직업도 유추해 낼 수 있다. 우리는 자신이 하는 일에 가장 적합한 옷을 선택한다. 이런 심리도 오랜 기간 우리가 하는 일에 맞는 옷을 선택한 심리적, 진화적 결과물이다.

직장이나 스포츠팀, 학교, 군대 등의 유니폼으로 불리는 제복은 집단을 대변하는 상징물이다. 그만큼 개인의 개성이 사라진 복장이다. 개인보다 집단을 우선시하는 관념이 작용한 복장이다. 옷은 맨몸으로 태어나 성장했던 인류에게 힘과 권력, 지위를 부과하는 의미로 재해석되었다.

옷을 입은 남자와 여자, 몸이 가려졌다. 신체에서 드러난 것은 얼굴과 키이다. 가려진 몸을 보려면 머릿속에서 상상할 수밖에 없다. 눈으로 볼 수 없기에 더욱더 성적 호기심이 커질 수밖에 없다. 사람들이 옷으로 몸을 가리면서 자기의 파트너를 고를 수 있는 기준이 얼굴과 키로 좁아졌다. 물론 수렵을 잘하는 등 능력이 뛰어난 것은 기본이다.

• 불을 쓰고, 옷을 만들어 추위를 이겨내다

여러분은 추위에 벌거벗은 몸을 상상해 본 적이 있는가. 저자가 군인이었던 시절, 강원도 산골에서 혹한기 훈련을 실시했다. 영하 20도가 넘는 추위에 윗옷을 벗고 알통 구보라는 것을 했다. 강원도 1월의 추위, 그 아침은 거의 살기 가득한 추위처럼 느껴졌다. 몸을 움직이지 않으면 죽을 것 같은 극기훈련이었고, 뜀박질은 살기 위한 몸놀림이었다. 전우들과 함께, 노래 부르며 뛰어다니면 그래도 십여분은 어떻게 견딜만 했다.

우리는 언제부터 옷을 만들었을까. 우리나라 신석기시대에 뼈바늘이 출토되고 있기에 이때부터 옷을 만들어 입었다고 생각한다. 이는 잘못되었다. 옷은 구석기시대부터 만들어 입었다. 구석기인들은 옷이 없었다면 아프리카를 벗어나서 살기 어려웠을 수 있고, 현생인류는 추위를 이겨내면서, 동쪽으로, 북쪽으로 이동할 수는 없었을 것이다.

남아프리카 시부두(Sibudu)동굴에서 발견된 뼈바늘로 추정되는 조각은 약 61,000년 전, 러시아 알타이지역의 데니소바유적에서 출토된 새뼈로 만든 바늘은 약 50,000년 전에 만들어졌다. 실의 재료로는 동물 힘줄과 가죽, 식물 재료, 털 등이 사용되었다.

바늘은 4만 년 전, 후기구석기시대부터 본격적으로 뼈나 뿔로 만들어졌다. 바늘귀가 있다. 지금의 바늘 모습과 똑같다. 재질이 뼈로, 스테인리스가 아니라는 점만 다르다. 실은 가죽을 얇게 잘라 만들거나 순록의 힘줄을 이용해 만들었다. 힘줄은 다른 조직보다 매우 강하고 유연하며 탄력성이 없는 섬유성 조직이다. 이 힘줄을 얇게 썰어 여러 가닥을 꼬아서 만들었다. 시베리아 북부지역의 구석기인들은 식물이 자라지 않았기 때문에 동물성 재료들을 이용해 실을 만들었다.

바늘은 우리에게 추위와 싸울 수 있는 옷과 신발, 집(천막잇기)을 제공해 주었다.

옷을 만들기 위한 석기도 출현하였다. 뚜르개는 뼈, 나무, 뿔 등에 구멍을 뚫는 데 사용하기도 하였으나 옷이나 텐트를 만들기 위한 가죽에 미리 구멍을 뚫는 역할도 하였을 것이다. 우리가 일상적으로 사용하는 물건 중에는 의외로 구멍이 필요한 것들이 많다. 가장 필요한 물품이 바로 의복이나 침낭, 텐트천 등이다. 즉, 뚜르개는 바늘과 함께 여러 장의 가죽 천을 꿰매거나 엮을 때 유용하다. 사실 이러한 구멍들만 있다면 바늘이 없어도 여러 물건을 끈으로 합칠 수 있다: 바늘이 없을 때는 뚜르개가 바늘 역할을 하였다.

신발은 크기는 작지만 정교한 꿰임이 필요하다. 신발은 내구성이 필요한 물건이다. 사람은 신발 없이 얼음판을 걸어 다닐 수 없다. 거친 돌길, 산길, 숲길 등 어디를 가더라도 신발은 필요하다. 겨울에 야외에서 작업한다면 장갑도 필수품이다. 물론 열대지방은 습하고 더운 기후로 신발이 필요하지 않았을 수 있다. 하지만 온대지역을 포함한 그 이북지역은 기후에 따라 상황이 다르다. 겨울이 있는 온대 기후 지역이나 한대 기후 지역에서 신발은 선택이 아닌 필수품이었다. 신발의 형태는 달라도 추운 겨울에 맨발로 지낼 수는 없는 일이다.

구석기시대부터 인류가 옷을 만들어 입었다는 자료는 상당히 많다. 이 시대에 출토된 조각상들이 그 증거이다. 후기구석기시대에 영하의 추위를 견뎌낸 인류도 옷이 있었기 때문에 가능했다. 옷을 만드는 재료는 무한하다. 생존을 위해 만들어 입었던 옷은 시간이 지나면서 자신의 신분을 말해주는 상징적 의미도 갖게 되었다. 선사시대나 국가 성립 이전에 옷은 사람 얼굴이 다르듯 같은 옷을 입은 사람은 없었다. 옷을 만드는 방식이 모두 다르고, 옷감을 쉽게 구할 수 없었기 때문이다.

겨울은 아프리카에서 처음 출현한 인류가 새롭게 이겨내야 하는 환경이었다. 추운 기후에 사람은 아무것도 걸치지 않고서는 살아남을 수 없다. 인류의 털은 살갗이 부딪히는 부위를 제외하곤 사라졌다. 털이 사라지면서 땀과 열을 발산시킬 수 있게 되어 오래달리기가 가능해졌다.

그런데 현생인류에게 추위는 다른 문제였다. 즉, 털 많은 다른 유인원과 별개의 동물이 되길 원하였던 인류는 털이 사라진 대신 옷을 입은 동물이 되어야만 하였다. 사람은 심한 추위에 털옷, 털장갑, 털모자, 털신, 털바지, 털 파커 등 자기 털과 가죽이 아닌 재료로 피복을 만들어 입어야만 하였다.

최초의 신발은 현생인류가 만들었다. 시베리아지역이라면 식물에서 구할 수 있는 재료가 없었으므로 털가죽과 가죽이 최선의 의복 재료였다. 사람이 고기를 얻기 위한 수렵도, 일단 밖에서 얼어 죽지 않아야만 가능하였다. 식량을 구하기 전에 추위로부터 자신을 보호하는 것이 급선무였다.

옷은 체온을 유지해준다. 숲속에서 다른 해충이나 독성이 있는 식물로부터 피부를 보호하여 준다. 위협적인 동물과의 싸움에서는 옷은 사람의 약한 피부를 지켜준다. 구석기인들은 이동 생활을 하는 동안에 추위를 이겨내기 위해 최초로 이동식 이불(침낭)을 만들었을 수 있다. 현생인류는 옷을 제대로 갖춰 입은 최초의 인류였다. 그 덕분에 인류의 생존영역은 더없이 넓어져 지구 전체에 걸쳐 사람이 살게 되었다.

• 인류, 불을 가두다

불이 휩쓸고 지나간 길엔 모든 사물이 파괴되고 동물들은 공포에 떤다. 사람은 이 공포를 극복하였다. 50만 년 전 호모 에렉투스가 불을 다룰 줄 알게 되면서부터 사람 생활은 완전히 변모했다.

자연에서 벼락을 맞을 확률은 얼마나 될까, 비 오는 날 번개로부터 불을 얻을 수 있는 확률은?

실제로 불이 저절로 일어날 수 있다는 인식은 널리 퍼져 있었다. 벼락이 떨어져서 건물 등이 불에 타다 남은 흔적들은 흔히 이곳저곳에 있었기 때문이다. 또 333년(백제 비류왕 30) 5월에는 별똥이 떨어져 왕궁에 불이 나서 민가까지 태웠다는 《삼국사기》의 기록도 있다. 이처럼 하늘에서 떨어져 일어난 불이라는 뜻에서 '천화(天火)'라고 기록하기도 하였다.[30]

음식을 데워먹지 않는 한식 풍습이 일 년 내내 같은 불을 쓰면 기운이 약해진다는 의미에서 새로운 불을 쓰는 날이라는 주장도 있다. 선조들이 불을 한 가정의 좋은 기운을 불러일으키는 존재로 인식했다.

철과 같은 금속처럼 불을 이겨낼 수 있는 재질은 흔하지 않다. 자연에서 그러한 재질을 찾기란 더욱 어렵다. 불에 맞설 수 있는 재질 중 주변에서 구하기 쉽고 오래 버틸 수 있는 것이 돌이다. 선사인은 불을 견딜 수 있고, 통제할 수 있는 돌을 이용해 불을 일정한 공간 내에 가두었다. 그것이 바로 화덕이다. 돌을 파서 불을 옮기는 것도 가능하지만, 청동제품이 나오면서 불을 담아 옮길 수 있는 화로가 등장했다. 청동으로 불을 옮길 수 있는 물건은 삼한시대에 출토되었다.

불을 가둔 화덕은 언제부터 등장했을까. 사전적 의미로 화덕은

---

30 [네이버 지식백과] 불 (한국민족문화대백과, 한국학중앙연구원)

숯불을 피워 놓고 쓰게 만든 큰 화로이다. 쇠붙이나 흙으로 아궁이
처럼 만들어 솥을 걸고 쓰게 만든 물건을 부른다. '화(火)+덕'을 합친
말로 '덕'에는 널이나 막대기를 나뭇가지나 기둥 사이에 얹어 만든
선반의 뜻이 있다.

　　불을 처음 사용한 인류는 구석기시대 사람으로 야외에서 불을
사용하다가 동굴이나 바위 그늘에서도 차츰 이용했다(그림 106). 불은
빛과 온기를 사람에게 선사하였다. 사람의 손으로 만든 집 안에 불
을 처음 사용한 것은 후기구석기시대 사람들이다. 시베리아지역에
는 다양한 형태의 집자리가 확인되었고 그 안에는 돌로 만든 화덕이
있었다. 인류는 추운 곳으로 영역을 확장하면서 가장 먼저 집을 짓게
되었고 불을 집안으로 끌어들였다. 그 이후, 신석기·청동기시대 집
자리에서 가장 중요한 고려대상이 화덕 위치였다. 신석기시대에는
둥글거나 네모난 집자리의 중앙에 화덕을 두었다. 그리고 불로 인한
연기나 냄새가 위로 빠져나갈 수 있는 구멍이나 창을 만들었다.

　　세계적인 전자제품의 TV 선전에 이런 문구가 나온다. 청소기에 '먼지를 가둬둡니다'. 인류는 화덕을 만들었고 그곳에 불이 번져 나가 집을 태우거나 사람의 옷에 불씨가 튀어 화상을 입지 않도록 불을 가둬두었다. 불을 가둔 인류는 처음엔 불씨를 꺼지지 않게 하였고, 그다음엔 눈에 보이지 않는 불을 만들어내기에 이르렀다. 이 불씨를 피우는 데도 부싯돌이라는 돌이 사용되었다. 결국, 불을 가둔 것도 돌이었고, 불을 피운 것도 돌이었다. 이렇게 불을 맞은 돌은 타서 벌겋게 변하였다. 구석기시대 때는 아직 토기가 발명되지 않았다. 두꺼운 나무 용기에 불씨를 담았을 수 있다. 나뭇가지나 자루에 불을 붙여 옮기는 방법도 있다. 뉴기니 원주민은 불씨를 옮길 때 나뭇가지를 돌려가면서 이동하여, 불을 옮겼다.

- 집과 화덕

  구석기시대의 아침이다. '이름 없는 이'는 일어나자마자 불을 피운다. 오늘도 바깥 날씨는 영하 10도. 불씨가 다 꺼지기 전에 서둘러 불을 살려두어야만 추위를 무사히 넘길 수 있다. 오늘은 이불에 무엇을 구워 먹어야 할까. 내일이면 먹을 것이 없다. 불만 지펴서는 살아갈 수 없다. 내일 하루 또 걱정이다.

우리나라에서는 구석기시대의 집자리와 관련된 자료가 거의 남아 있지 않다. 아마도 그들이 이동 생활을 해서 제대로 된 집을 짓지 않았을 가능성이 크다. 집이라기보다 간단히 텐트 같은 것을 쳐서 살았을 것으로 생각할 수 있다. 그러나 시베리아 구석기시대 집자리를 보면 꼭 그렇지만은 않다. 지역에 따라 집의 모양이 다 달랐다. 우리나라 선사 유적에서 구석기, 신석기, 청동기시대로 갈수록 집자리가 늘어난다. 단순히 그 수만 늘어나는 것이 아니라 집도 커지고 복잡해진다. 그러고 보니 선사시대 집에서 유추할 수 없는 것이 창문 갯수이다. 온전한 집이 발굴된 적이 없기 때문이다. 초기 철기시대가 되면 우리가 잘 아는 온돌도 등장한다. 구석기시대 때도 집자리와 함께 화덕이 제일 중요하다. 불을 관리하는 화덕이 어디에 놓이느냐가 집의 구조를 결정하는데 있어 가장 중요한 기준이었다. 화덕의 위치에 따라 지붕 모양도 바뀌기 때문이다.

이탈리아 로마에는 유명한 판테온이 있다. 기원전 27~25년에 아우구스투스 황제의 아들 마르쿠스 아그리파가 7개 행성의 신들을 위해 지은 건축물이다. 118~125년 하드리아누스 황제가 재건했다. 판테온의 천장은 완전히 막지 않았다. 하늘을 볼 수 있고 빛이 들어오는 구멍이 있다. 심지어 천장에 뚫린 구멍 사이로 빛이 시간마다 달리하여 내부를 밝혀준다.

재미난 사실은 비가 올 때가 아니겠는가. 우리가 천장을 다 막는 이유는 비나 눈과 같은 기상 현상에 대처하기 위함이다. 선사시대 집자리 중에도 천장을 막지 않는 경우가 있다. 그런데도 문제가 없다. 왜냐하면, 내부의 더운 공기가 바깥의 차운 공기를 밀어내면서 비가 안으로 들어오지 못하도록 막아주기 때문이다. 즉 대류 현상을 이용한 건축물이다. 놀라운 건 이런 현상을 대류 현상이라 이름 짓지는 않았다 할지라도 선사시대 사람들도 이러한 현상을 이해하고 있었다는 사실이다.

인류가 불을 사용하기 시작하면서 난방, 취사, 조명 등으로 이용 가능한 화덕은 구석기시대부터 확인된다. 이것들은 신석기시대가 되면 더욱 정형화되고 주거지 내부에서 매우 중요한 시설로 자리잡는다. 호모 에렉투스 자신도 자신들이 불을 지배함으로써 인류의 역사를 완전히 바꿔놓게 될 줄은 몰랐다.

신석기시대에는 땅을 판 뒤 주변에 돌을 돌려 만든 화덕(토광 위석식 화덕)이 전국적으로 등장한다. 화덕은 원형과 타원형이 많다. 신석기시대 화덕은 대체로 주거지의 중앙에 1개만을 설치하는 경우가 많다. 양양 오산리처럼 2개, 서포항 9호 집터에는 최대 5개까지 설

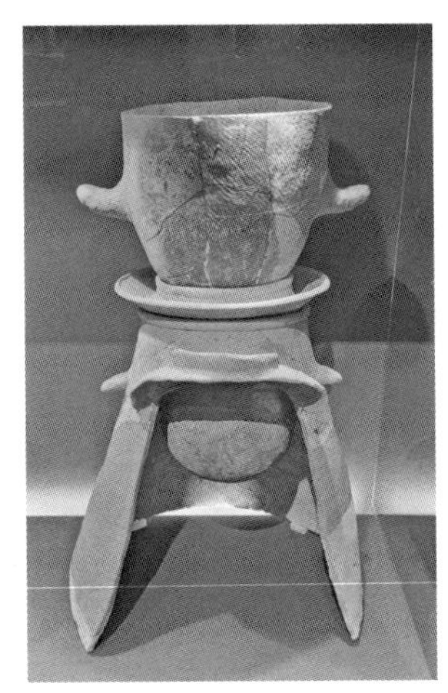

그림 107　아궁이와 시루(김해 봉황
동유적 출토, 삼국시대)

그림 108　곤로

치한 때도 있다. 집의 규모가 커져서 난방과 요리에 화덕이 더 필요하였기 때문이다.

특히 땅을 판 뒤 돌을 채워서 만든 1m 이상의 비교적 큰 크기의 야외노지가 송죽리·갈머리·오산리·문암리 등 여러 곳에서 확인된다. 토기를 구웠을 가능성도 있지만, 취사를 위해 사용되었을 수도 있다. 데워진 돌 속에 음식을 집어넣어 익혀 먹을 수도 있으며, 돌 위에 불을 피워 음식을 구워 먹었을 수도 있다.

청동기시대에는 땅을 파서 만든 토광식 화덕과 땅을 파고 그 주변에 돌을 둘러 만든 토광 위석식 화덕이 많으며 방형 또는 장방형의 형태가 대부분이다. 집자리의 위치는 주거지의 규모가 커 내부에 화덕이 더 많이 설치되었다.

선사시대의 화덕이 변모해, 아궁이가 되고, 곤로를 거쳐 지금의 가스레인지에 이르렀다(그림 107·108). 지금은 직접 불을 피우지 않고 전기로 열을 내는 인덕션으로 변모하였다. 집 안에 불을 피울 공간이 필요한 이유는 의식주 중 먹거리를 해결해야 하기 때문이다. 집 건축에서 가장 중요한 부분을 차지하는 부위가 불을 피우는 곳이었다. 요리와 난방을 해결해야 했기 때문이다. 우리의 고유한 난방설비인 온돌도 불이 없었다면 탄생하지 못했을 것이다.

• 화덕, 집의 중심이 되다

군대 생활을 한 남자라면 누구나 알 수 있는 A형 텐트가 있다. 지었을 때 A자 모양이라고 해서 불리는 텐트이다. A형 텐트는 고정핀, 지지대와 덮을 수 있는 지붕이 되는 천으로 구성되어 있다. 땅은 파도 되고 안 파도 된다. 두 명 정도가 누울 수 있는 거처를 손쉽게 만들 수 있다. 특히 비스듬하게 지지대를 맞물리고 가운데에 봉 하나를 받친다. 이렇게 집을 짓는 방식은 가장 손쉽게 안식처를 마련하는 방법이다. 재료도 간단하다. 설치도 간편하고 빠르다.

이러한 방식은 구석기시대에 가장 먼저 등장하였다.

우리는 구석기시대 사람이 동굴 속에서 살았다고 생각한다. 그림책이나 동화책 등에서 동굴에서 사는 모습의 삽화를 자주 접하였기 때문이다. 구석기시대 사람하면 동굴에서 생활하면서 동굴벽화를 그린 것으로 생각한다. 하지만 구석기시대 사람은 대부분 동굴이 아닌 야외에서 생활하였다. 유라시아대륙에는 동굴 없는 곳이 더 많다. 그들은 개활지나 숲속에서 잠을 자야만 하였다. 여름에는 동물의 습격이나 벌레를 조심해야 하였다. 겨울에는 추위를 막아줄 공간이 필요하였다.

동굴은 카르스트지형의 평양이나 강원도, 충청도 일부 지역에 주로 형성되어 있었다. 그 외의 지역에서 구석기시대의 동굴유적이 발견된 예는 아주 드물다. 구석기유적은 주로 야외에 있었으며, 아마 땅을 파지 않고 간단하게 임시거처를 마련하였을 것이다. 이때 나무의 줄기와 가지, 짐승 가죽, 큰 나뭇잎, 줄이 텐트를 만드는 데 사용되었다. 구석기시대의 집은 기둥을 대부분 ∧모양으로 엮었다. 여기에는 화덕이 들어갈 공간이 없다. 불을 피우기보다 잠을 자는 것이 더 중요한 의미가 있는 형태이다. 러시아 코스텐키유적에서는 둥글게 땅을 판 뒤 매머드 뼈를 쌓아서 중앙에서 만날 수 있도록 하였다. 코스텐키 I 유적에서 확인된 집자리 중에는 집안에 화덕 9개

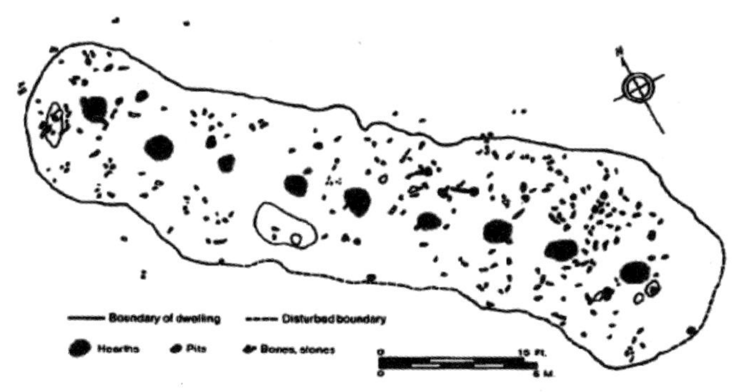

그림 109 코스텐키1유적의 집자리(후기구석기시대)

433

가 있는 것도 발견되었다(그림 109). 집자리는 무려 40m에 이르는 초대형 집이다. 이런 집을 유지하려면 땔감도 많이 필요했다. 아마도 나무나 풀 이외에 동물의 부산물도 태웠을 것이다.

신석기시대에는 원형 집자리가 많았다. 청동기시대에는 원형과 방형의 집자리가 함께 쓰였는데, 대형 집자리는 모두 방형이었다. 원형집자리는 구조상 10명 이상이 생활할 수 있는 큰 집을 짓기 힘들다.

집을 지을 때는 재료가 중요하다. 임시거처라면 대부분 재료는 주변에서 구해 집을 짓는다. 그러나 빙하기 중 추위가 닥쳤을 때는 나무 재료를 구하기 어려웠을 것이다. 그러니 시베리아에서는 나무 이외에도 튼튼하고 내구성이 있는 매머드 뼈를 구해 집을 지었다. 구석기시대에는 기후나 지형에 따라 집을 짓기 위한 재료를 구하기 쉽지 않았던 것 같다.

이동 생활에 튼튼하고 내구성 있는 집은 사치였을 수 있다(그림 110). 특히 집을 이루는 세로로 반듯하게 세워진 벽이 본격적으로 등장한 것은 청동기시대이다. 신석기시대를 시작으로 본격적으로 청동기시대 때 도끼류가 많이 등장한 것은 집과 도구, 물품제작에 나무가 그만큼 많이 사용되었음을 방증한다.

• 불과 화덕, 그리고 집

우리 선조들은 언제부터 사계절을 인식하였을까. 지금 우리 삶은 일년 단위로 이루어진다. 그 기준은 달력이다. 한 해를 보내는 것을 아쉬워하고, 새해를 설레한다. 구석기시대 사람들은 언제부터 계절의 변화를 인식하였을까. 아니면 계절 변화를 모르고 있었을까.

우리 일상생활에서 날씨는 아주 중요하다. 기후변화가 삶에 미치는 영향은 현대 사회를 살아가는 우리에게도 너무나 큰 영향을 미친다. 기상청이 아무리 슈퍼컴퓨터로 날씨를 예측을 해도 길어야 월

간예보이고 그것도 그날이 되어봐야 정확히 알 수 있다. 그래도 예보정확도가 70~80%에 이르면 정말 대단한 일 아닌가. 선사시대 사람은 물론, 중세 시대까지만 해도 날씨를 예측할 수 없었다.

17세기 천문학자 요한 케플러(Johann Kepler)는 지구는 태양을 원형이 아닌 타원형으로 공전한다는 사실을 알고 있었다. 지구가 공전하는 동안 자전축 기울기가 유지되어 지구에는 사계절이 생긴다. 지구는 자전축이 기울어진 채로 태양 주위를 돌기 때문에 햇빛 강도가 달라진다. 그로 인해 지역마다 기온이 변화하고 사계절이 생긴다. 지금은 사계절이라는 변화를 자연스럽게 받아들이고 옷도 난방도 적절히 하여 사는 데 전혀 지장이 없다.

날씨는 태양, 물, 공기가 있어야 생기는데, 날씨와 사람의 생존 조건은 같으면서 우리는 자연을 거스르면서 살아갈 수 없다.

삼국시대 이전부터 만들기 시작한 온돌은 세계 최고의 난방 기술이다. 하지만 선사시대는 그렇지 못했다. 아프리카에서는 여름의 찌는 듯한 열기의 더위는 식물을 말라 죽게 했고, 그것을 먹고 사는 초식동물은 초원을 돌아다니다 굶어 죽었다. 고위도지역에서는 겨울의 매서운 추위는 대부분 생명체에게 큰 위협이었다. 인류는 옷을 만들고, 먹을 것을 저장하고, 집을 지었다. 불을 피워 기나긴 추위의 공포를 이겨내고자 했다. 이러한 힘든 삶의 여정에서 불은 언제부터 우리에게 필수품이 되었을까.

불은 우리 사람에게 많은 변화를 가져왔다. 돌로 만든 도구가 인류의 산물이라면, 감히 사람이 거역할 수 없는 자연의 섭리에 대항하기 위한 매체가 바로 불이다. 로빈 던바(2015)는 모닥불 주변에서 나누는 이야기나 밤에 나누는 특별한 이야기, 어둠이라는 장막이 주는 환경 속의 이야기는 모두 공동체 성원들 사이의 애정을 북돋아 준다고 하였다.

기후변화에 적응하기 위해 불은 너무나 필요한 존재였다. 빛을 내는 불은 인류의 시간을 밤까지 연장해 더 많은 일을 할 수 있게 하였다. 불은 먹거리를 더욱 풍족하게 하고 질병으로부터 사람을 구해내었다. 초기 인류의 집 구성도 불을 쓰는 공간의 위치가 그 구조를 좌우하였다. 불을 담아 제어하는 화덕을 중심으로 인류의 집 모양은 바뀌었다. 불의 위치가 집의 구조를 결정한다. 그만큼 불은 우리 삶에서 중요한 역할을 하였다.

• 불과 집짓기

사람은 늘 고민한다. 어디서 살 것인가. 어디서 잘 것인가. 여행을 떠날 때, 예약의 핵심도 잠자리, 어디서 묵어야 하는가이다.

인류에게 잠자리는 영원한 숙제이다. 구석기시대 때 사람이 몇 개의 작대기와 나뭇잎, 가죽으로 집을 지으면서 '개인 공간'이 처음으로 만들어졌다(그림 110). 자연계의 구성원 중 한 명이 아닌 나만의 공간을 만들 수 있는 동물이 되었다. 어쩌면 안식처를 본능적으로 마련하는 다른 동물보다 늦었다고 할 수 있다.

집을 짓는다는 것은 다른 사람과 박자를 맞춰 협동해야만 한다. 혼자보다 둘 이상이 같이하였을 때 더 효과적인 것도 집짓기이다. 집은 결국 가족 단위의 생활이 이루어졌음을 보여준다. 나와 마음을 함께 나누지 않는 사람과 잠을 나누지 않는다. 적과의 동침은 위험하다. 마음 나눔의 정도는 차이가 있다. 임시거처에서 정주의 개념으로 바뀔 때 가족, 친족의 개념은 분명히 자리 잡았음을 집을 통해서 알 수 있다. 친족 중심의 구조가 집단을 이끈 기둥이었다. 이러한 집자리는 구석기, 신석기, 청동기시대를 거치면서 점점 커졌다. 농사, 어로, 수렵, 전쟁 등 다수의 사람이 참여하는 공동체 작업이 많아졌음을 의미한다. 집짓기는 사람도 바꾸어 놓았고, 사회도 변화시켰다.

집의 중요한 곳에는 화덕이 놓였다. 서로 음식을 나눠 먹으면서 생활하였다. 화덕이 놓인 곳의 위쪽에는 연기가 빠져나가고, 산소가 유입되는 구멍을 지붕에 만들었다. 구석기시대 때 처음 돌을 둘러 만든 화덕이 등장하였고, 이것이 집으로 들어간 것도 구석기시대 때이다. 집 속에 부엌이 들어간 최초의 순간이다. 이로써 추위와 외부로부터의 위험을 예방해 준다.

언제부터 집이라고 불렸는지는 알 수 없다. 나만의 공간, 또는 우리의 공간이라 부를 수 있었던 집 또는 거처는 잠자리, 음식, 온기 등을 '나눈다'라는 상징적 공간이었다. 야외공간이나 동굴 공간도 마찬가지이다. 유럽의 동굴벽화가 그들만의 공간이라는 상징성이 중요하였다. 우리나라 반구대 암각화처럼 누구나 볼 수 있는 공간은 아니다.

집과 집 사이에는 공공장소도 만들어졌다. 공동체의 의식이나 음식 나누기, 도구 제작 등을 하는 공용공간이 만들어졌다. 개인 생활과 분리되는 순간이다. 밤늦게 남의 집에 들어가지 않기, 남자와

그림 110   시베리아 순록유목민의 집 모형(Yaranga, 일본 국립자연사박물관 하루카나 타비 특별전)
집 크기는 지름 8m로 원형이다. 높이 1.5m 정도 아래에 침실이 있고, 중앙에는 화덕이 있다. 기둥은 나무를 사용했고, 이것을 싼 재료는 순록 가죽이다. 텐트가 바람에 날아가지 않도록 구덩이를 파서 만들었다. 침실 주변에는 등잔이 있는데, 바다표범에서 얻은 기름을 이용해 불을 피웠다. 재미난 사실은 추위를 이겨내기 위해 침실에 작은 텐트처럼 가죽으로 별도의 거주공간을 만들었다.

여자가 처음으로 관계를 맺을 때 들어가지 않기, 남의 집에 허락 없이 들어가지 않기 등 개인 공간을 유지하기 위한 규범이 생겨났다.

선사시대 사람들이 집을 짓기 시작하면서 거처의 공간이 확대되었다. 내가 걸어가는 곳이나 머무는 곳에 안전하고 따뜻한 거처를 마련할 수 있었다. 어쩌면 인류 최초로 부동산의 중요성을 알기 시작한 것은 신석기시대 사람일지 모르겠다. 구석기시대 유적의 대부분은 강이나 하천 근처에 있다. 신석기시대에는 강과 바다, 청동기시대에도 크게 다르지 않았다. 이 시기에 그들에게 가장 중요한 집의 입지는 대치동의 학원이나 학군이 우수한 곳이 아니다. 용수확보가 쉬운 장소이면서 수렵, 어로, 농사를 짓기에 좋은 곳이었다.

돌은 그 자체로는 차갑지만, 불과 만나면 따뜻하고 뜨거워졌다. 온기가 남아 있는 돌은 인류에게 따뜻함을 안겨 주었다.

● 적극적인 수렵 시작과 수렵방식의 다변화

적극적인 수렵의 의미

우리는 동물에 대한 수렵방법에 따라 수렵을 적극적 수렵과 소극적 수렵으로 분류할 수도 있다. 현재의 유물출토상황을 토대로 중기와 후기구석기의 석기 구성의 차이에서 두드러진 점은 역시 찌르개의 유무이다. 수렵에서 가장 중요한 살상행위가 가능한 찌르개가 중기에 출토되지 않는 점은 매우 특이한 점이다.[31] 결국, 후기구석기시대에 등장한 찌르개는 적극적인 식량 획득행위에 토대를 둔 인간의 정신세계의 발달 및 상징적 표현의 시작과 무관하지 않은 것 같다.[32] 왜냐하면 수렵은 기본적으로 어떠한 생명체든 죽음 또는 살해를 공반하는 것으로 이러한 행위에 익숙해지기까지는 상당한 수련과 경험이 필수적이다.

특히 인접 집단이나 타집단에 대한 배타적 행위 또는 자기 보호 차원에서의 인명 살상이 이루어진다면 정신적인 충격도 감안해야 할 것이다. 여기에 살인적인 추위와 같은 가혹한 자연환경으로 인해 식량획득이 어려워졌다면, 효율적인 도구의 비중은 더 클 것이다. 이를 극복하기 위해 인간이 선택했던 방법은 몸을 치장하는 장신구의 제작 및 착용, 붉은 안료의 사용과 같은 비정형적인 물건들, 새 같은 동물형상과 사람형상을 한 조각상들, 동굴벽화의 동물들 등이었다. 여기서 언급된 예들을 우리나라에서 찾아보기는 힘들지만, 전 세계적으로 예술로 언급되는 상징물들이 존재했음을 찾는 것은 그리 어렵지 않다.

이런 관점에서 후기구석기시대의 생계형 도구의 핵심은 찌르개이며, 이는 인간의 의지에 의해 식량이 되는 동물을 잡을 수 있는 가장 적극적인 형태의 도구라 평가할 수 있다. 한 연구에 따르면 찌

[31] 다만, 목제찌르개가 있었을지 모르지만, 이를 확인할 길은 전혀 없다.

[32] 우리나라의 경우에 한 해 살펴본다면, 당연히 후기 이전 시기인 전기와 중기구석기시대에도 사냥은 여러 방식으로 행해졌다고 생각하지만, 후기처럼 사냥에 대한 직접적인 증거를 석기로 확인되지는 않는다.

르개의 살상능력은 날의 두께가 얇아야 깊은 상처를 낼 수 있으며, 측면부 날끝의 얇은 정도, 정면부의 날끝 쪽의 휜 정도, 정면부 날끝의 각도가 중요하다. 특히 측면부 날 끝의 얇은 정도가 가장 중요한 것으로 보았다.

찌르개를 이용한 수렵은 집단 구성원을 위한 식량 확보가 1차적인 목표였을 것이다. 그 결과 사냥동물의 편중화, 개체 수의 나이별 사냥, 특정 종에 집중되는 현상이 유적 내에서 확인된다. 우리나라의 구석기유적에서 제일 많이 출토되는 사슴의 출토 부위는 팔다리뼈, 등뼈, 갈비뼈 등 모든 부위가 확인된다. 이것은 옛사람들이 사냥터에서 사슴을 잡은 다음 그 짐승을 통째로 주거지까지 옮겨와 소비했음을 뜻한다.

반대로 코뿔이나 소, 말 등 아주 커다란 짐승의 출토부위는 주로 팔다리뼈나 발가락뼈 등 일부분에 불과해 사냥 후 부위별로 나누어 일부분만 주거지에서 소비했음을 시사해준다. 대형 식육류(사자와 호랑이, 곰 등)의 출토부위는 송곳니로 대표되는 이빨과 머리뼈, 손뼈, 발가락뼈 등의 극히 일부 부분에 불과해 이것들은 사냥에 의해서라기보다 수집에 의해 획득된 것으로 파악되고, 치레거리와 장식품으로 이용하였을 것으로 추측하였다(조태섭 2002a: 75 - 84; 2002b: 99 - 120). 그리고 이 시기는 음식 자체보다도 음식 조리방법의 개선으로 인해 두개골의 변화가 일어나며, 후기 이후부터 치아와 아래턱의 크기가 감소하는 경향을 보인다. 이런 결과를 낳은 결정적 요인은 불을 이용하여 음식을 조리하는 빈도가 훨씬 높아졌기 때문이다(박선주·이은경 2003: 41 - 51).

한편 수렵 또는 우연히 발견된 동물을 잡아서 아이들이 동물 행동을 자연스럽게 알 수 있게끔 교육자료로 활용한다는 연구자도 있다(William S. Laughlin 1968: 304 - 320). 그리고 수렵 채집 사회는 밴드(band)를 중심으로 이루어지며, 소위 밴드는 정치조직이 없고 성

표 6   위도에 따른 주요한 생계원(Lee 1998)

적도로 부터의 위도	주요한 생계원			합계
	채집	수렵	어로	
60도 이상	·	6	2	8
50-59도	·	1	9	10
40-49도	4	3	5	12
30-39도	9	·	0	9
20-29도	7	·	1	8
10-19도	5	·	1	6
0-9도	4	1	·	5
세계	29	11	18	58

원 사이에 신분과 특권이 없으며 능력에 따라 일을 부담하기 때문이다.[33] 수렵 채집 사회의 경제적 기반은 유동성이 풍부하고, 고정성이 결핍되어 있으며 혈연관계였다. 현재의 민족지 자료를 참고하면 수렵은 채집보다 더 많은 시간이 소요된다. 고위도 지역일수록 수렵의 비중이 증가하는 사실로 볼 때 찌르개를 통한 수렵방식은 생활방식에 상당한 영향을 미쳤고 고위도 지역일수록 그 중요성은 커진다 (표 6)(Richard B. Lee 1998: 43 - 63). 이로 인해 생존전략이 최소 노력으로 최대 사냥감을 획득하는 것이 현실화될 수 있었고, 투입 인원을 최소화시켜 적은 인원으로 사냥을 하면서도 수렵시간은 오히려 단축되는 경제적인 활동이 가능해졌다. 그 결과 잉여인원과 잉여시간이 발생하게 되었고, 집단 내의 문화적 가용시간이 증가해 구성원의 교육을 포함한 기술혁신을 통한 도구개발은 물론, 업무의 분담은 더욱 세분화되었을 것으로 가정할 수 있다.[34] 이것이 분업의 초기 형태로 생각된다.

그렇다고 하더라도, 사냥감을 길러 식량을 획득하겠다는 가축 사육과 같은 사고전환은 구석기시대에는 일어나지 못하였다. 수렵 대상이 되는 동물을 키운다는 것은 단순히 인식을 바꾸는 것으로 불가능한 일이다. 즉, 동물은 식량이라는 고정관념을 깨야만 했고, 그

33 밴드는 호드(horde)라든가 지역 집단(local group)으로 불리고 수십 인에서 많게는 100인까지의 인구로 구성되는 집단이다.

34 자연환경이 혹독해져 사냥감이 줄어들면서 사냥과 채집에 걸리는 시간이 더 많이 걸렸을 가능성도 있다. 하지만, 빙하기라 해도 우리나라에는 그리 혹독한 기후환경이 아니었던 것으로 평가되므로 오히려 사냥기술의 발달로 시간이 단축된 것으로 보는 것이 좀 더 가능성이 있는 것으로 생각된다.

것을 죽이기보다 사육함으로써 더 많은 이익을 얻을 수 있다는 지식을 얻게 되기까지는 무려 200만 년 이상의 시간이 필요하였다. 아마도 구석기시대에 살았던 사람에게 죽이는 사냥에서 기르는 사육으로 생각을 전환하는 것은 하루하루 끼니를 걱정하면서 살아나가는 사람들에게는 분명 고역이었음에 틀림없다. 구석기시대에서 신석기시대로의 전환 중 가축 또는 동물사육의 출현은 식욕에 대한 생물학적 본능의 억제가 가능해졌기 때문이며, 이러한 사유야말로 문명으로 나아가는 초석이 되었다.

함정을 이용한 수렵방법

함정을 이용한 수렵방식은 집단구성원의 협동에 의한 사회적 산물이라는 측면에서 매우 중요하다(佐藤宏之 1999: 37 - 43). 일본의 경우 함정의 모양과 규모를 보면, AT(아이라탄자와 화산재층)층 아래에서 출토된 유구는 평면모양이 원형이면서 얕다. AT층 상위에서는 함정은 원형에서 타원형이며, 다소 얕아진다. 좀돌날문화 혹은 구석기시대 말기부터 초창기까지의 예는 타원에서 장타원형으로 된다. 함정은 시대가 지나면서 둥글고 깊어진다. 유적에 따라 함정 설치 수는 단독, 복수의 구멍이 산재하거나 다수가 군집을 이루는 경우가 있다. 설치되는 장소는 지형이 험난하고 산세가 깊을수록 효과적이며 평지에 설치된 경우가 적다.

포획대상은 유구의 크기로 볼 때 사슴이나 멧돼지 등의 중형동물일 가능성이 높다. 물론 함정 내부에는 빠졌을 때 짐승을 찌르는 자돌구가 설치되기도 한다. 후기구석기시대 전반기에서 일본 조몬시대까지의 함정구덩이의 길이는 최대 4미터에서 통상은 1.5~3m이고, 폭은 0.5~1m이다. 타원과 원형군에 많은 소형의 것은 깊이가 1~2m이고 대형의 예에서는 3m을 넘는 예도 적지 않다(佐藤宏之 2001).

함정을 이용한 수렵방법은 집단구성들이 힘을 모아 사냥감을 함정 쪽으로 몰아서 빠뜨려 잡는 방식과 함정을 만든 후 일정 시간을 기다린 후 함정에 걸린 사냥감을 포획하는 방식으로 나눌 수 있다. 대부분의 연구자가 몰이사냥을 하는 보조수단으로 함정을 파악한 데 반해, 민족지 예를 근거로 하여 집단수렵은 많은 구성원을 필요로 하는 단점으로 인해 생활체계와 활동체계를 흔들어 놓을 수 있다는 점과 다른 생업활동에 방해를 줄 수 있다는 점을 들어 비록 수동적이지만 몰이사냥을 위한 함정으로 보지 않았다. 결국 함정의 가장 큰 장점은 비록 소극적으로 사냥감을 기다려야 하는 수렵방법이지만, 다른 생계활동을 영위하면서도 사냥감을 잡아서 식량원으로 이용할 수 있다는 것이다.

현재 우리나라 구석기발굴의 문제점 중에는 유구를 확인하는 발굴방식을 채택하고 있지 않다. 석기를 찾는 데 주력하고 있고 돌로 만들어진 화덕과 같은 유구를 제외하고는 드물게 기둥구멍이 발견되기도 하지만 평면상태를 확인하는 작업이 이루어질 필요가 있다.

• 불피운 흔적이 남은 돌과 관련된 소석유구[燒石爐]로 본 식량조리

소석유구는 불에 탄 흔적을 남긴다. 화덕자리가 가장 대표적인 유구이다. 구석기시대와 신석기시대의 유적에서 많이 확인되는 유구 중에는 둥근 모양의 수혈이나 수혈 안에 역석(礫石)들이 채워진 경우가 많이 발견되고 있다. 특히 구석기시대의 석장리, 창내, 신북, 용호동 등에서 화덕자리로 보고된 집석유구(크기가 10~50cm인 돌들을 둥근 모양으로 한군데 모아서 만든 유구)가 있다. 이것들 중 일부는 불을 맞은 흔적이 있거나 불에 탄 흙인 소토 위에 놓여진 경우이다.

화덕은 구석기시대 사람들의 식량연구에 부족한 기초자료를 일부나마 보완해 줄 수 있는 매우 중요한 유구이다. 이것들 중에는 사람이 불을 사용함으로써 바닥에 소토가 형성되었거나 돌이 불에

타있는 경우가 있다. 이를 근거로 대부분의 연구자들은 이것을 야외노지로 파악하고 있다. 노지의 주요 용도는 신체의 체온을 유지하기 위한 보온, 외부의 동물들로부터 신변 보호, 음식물의 조리, 토기의 소성, 석기의 제작을 용이하게 할 수 있다는 측면에서 인류가 불을 발명한 이후로 매우 중요한 주거시설이었다. 특히 후기구석기시대의 이러한 행위는 전기나 중기구석기시대에서는 거의 확인되지 않는 것으로 식량원의 범위를 확대시킨 또 다른 혁명으로 판단할 수 있다.

이것들은 정도의 차이는 있지만, 구덩이를 파서 만든 유구로 돌 이외에는 특별한 시설물을 설치한 흔적이 없는 공통점이 있다. 출토 유형별로 정리하면, 바닥에 불에 탄 흔적이 있으면서 돌도 불에 탄 사례, 바닥은 불에 탄 흔적이 없으나 돌은 불에 탄 사례, 바닥과 돌이 불에 타지 않은 사례, 수혈만 있고 돌은 없는 사례로 정리해 볼 수 있다. 앞의 두 유형은 야외노지일 가능성이 있고 어떻게 조리했을까를 추정하는 것은 크게 어렵지 않지만, 후자의 두 유형은 불탄 흔적이 없어 이를 화덕으로 볼 것인가에 대한 논란이 많았다.

일반적으로 화덕은 불을 중앙에 피우고 주위에 돌을 돌려 만든 위석식 노지가 일반적인 예였고, 이것들은 대개 집자리 내부에 위치하는 특성이 있다. 하지만, 위석식 노지를 제외한 노지 중에서 네 가지 사례를 통해 야외노지의 유형을 정립하고 식량의 조리방식을 추정해 보고 싶다. 우리가 지금까지 노지(爐址)로 분류한 유구는 직접적으로 불과 연계시켜 생각해왔었다. 음식을 익히기 위한 수단으로 사용되는 수혈 안에서 불을 사용하지 않고서도 조리할 수 있는 방법들이 알려져 있다.

결국 소석유구는 불에 달구어진 자갈돌을 직접 음식물에 쐼으로써 굽거나 태워 섭취하는 가열방식, 자갈돌의 열기를 이용하여 물에 자갈돌을 담구어 물을 데워 음식물을 쪄서 익히는 찜방식, 뜨거운 돌에 물기를 뿌려 증기가 발생할 때 음식물을 익힘과 동시에 돌을 열기를 직접 쬐는 혼합방식으로 나눌 수 있다.

돌판 구이와 훈제 구이의 원조
- 불을 노지 안에서 직접 피운 경우

돌을 모아 만든 집석화덕[礫群]을 이용해 먹거리를 찌거나 태워서 식량으로 이용할 수 있는 기능을 한다(hot-rock cooking[35]). 화덕이 불을 이용해 음식을 조리한다면 집석화덕은 뜨거운 돌을 이용해 음식을 조리하는 차이점이 있다. 동일한 가열조리라 하더라도 돌불을 직접 이용하지 않고 돌의 온기를 이용해 음식을 조리한다는 차이점을 가진다. 이러한 화덕은 지상식과 지하식이 알려져 있다.

전자는 다량의 덮는 재료를 필요로 함과 동시에 외기에 접촉할 가능성이 높아 효율성이 다소 떨어지지만, 음식을 불에 직접적으로 구울 수 있는 장점이 있다. 후자는 밀폐가 용이하고 보온성이 좋아 효율적이면서 인공적으로 증기를 발생시켜 음식을 조리할 수 있는 장점이 있다. 즉 음식을 훈제해서 먹을 수 있는 좋은 조건을 갖추고 있는 것이다. 즉 지상식은 구운 요리, 지하식은 찜을 해서 먹는 것으로 알려져 있다. 이용가능한 자원(식물, 땔나무, 석재), 조리대상 식물의 특성과 먹거리의 양, 조리자의 음식맛에 등에 기인한 것이다(野嶋洋子 2005: 17 - 21).

우리나라의 후기구석기유적에서 확인된 화덕은 모두 지상식으로 되어 있어 사냥감이나 채집한 식물들을 불에 직접 구워 먹었을 가능성이 높다. 기술적으로 원시적인 화덕 형태이면서 집석화덕 중에서도 기술이 떨어지는 것으로 볼 수 있다.[36] 태운 돌을 이용한 조리방법에는 데워진 돌 위에 조리하는 방법, 돌 위에 물이나 기타의 것을 끓이는 방법, 뜨거운 돌을 바닥에 깐 뒤 그 위에 음식물을 올리고 다시 불에 탄 돌을 덮는 방법 등이 있다.

35 우리는 돌판을 이용해 삼겹살과 같은 고기나 각종 야채를 구워서 먹는다. 돌을 달군 뒤에 그 열을 이용해 조리를 한다는 측면에서 집석화덕은 돌판 구이의 원조라 말할 수 있다. 또한 집석화덕에 나뭇잎을 덮은 뒤 물을 뿌려서 뜨거운 증기를 만들어 조리하는 것은 훈제 구이의 원조일 수 있다. 두 가지 조리방식은 불을 직접적으로 재료에 닿게 하지 않는 다. 그 덕분에 식량을 태우는 빈도를 줄여주었다. 돌판과 훈제 방식은 음식을 안정적으로 조리할 수 있는 효과적인 방법의 시초였다.

36 신석기시대는 반지하식의 집석유구가 확인되고 있어 구석기시대와 요리방법의 차이를 시사해 주고 있다. 이는 주요 식량원의 변화와 밀접한 관련이 있을 것으로 생각된다.

- 불을 노지 안에서 피우지 않고 불에 탄 돌을 이용한 노지

이러한 방식은 다른 곳에서 돌을 데워 달군 뒤에 가져와 조리에 이용한다. 불에 탄 돌을 이용한 조리온도는 통상 조리개시 때에 100~200℃에서 서서히 차가워지며, 90~98℃ 근처에서 몇 시간 동안 온도를 유지한다. 만약 불에 탄 돌을 이용한 찜을 하고 싶다면 가열온도와 습도가 식물조리결과를 좌우하는 가장 중요한 요소이다. 열을 조절하는 방법은 가열시간과 땔나무의 양에 의해 불에 탄 돌의 열기를 조절하는 것, 공기구멍을 만들어 화덕의 아랫 부분에서 조절하는 방법, 덮는 재료의 소재와 양에 의한 밀폐도 조절, 음식물·완충재·덮는 재료 내의 수분에 의한 증기의 발생과 그것의 제어, 물 넣는 곳을 만들어 수증기의 촉진, 조리가열시간의 조절 등을 생각해 볼 수 있다(野嶋洋子 2005: 17 - 21).

여기에는 평탄한 지상면 위에 구축하는 지상식과 땅을 파고 사용하는 (반)지하식이 있다. 기술적으로 외기의 온도를 차단해주는 기능을 할 수 있는 (반)지하식이 많이 사용된 것으로 추정된다. 아직 우리나라의 후기구석기시대에서는 확인된 예가 드물며, 신석기시대에 집중적으로 확인되는 특징이 있다.

- 구덩이 안에 가죽을 깔고 불에 탄 돌을 이용한 노지

일정한 크기로 땅을 파서 구덩이를 만든다. 보통 유적에서는 수혈 안에 돌이 있는 수혈의 노지를 어떻게 정의하느냐는 문제가 있겠지만, 단순한 수혈에 물이 새어나가지 않도록 가죽을 깔고 뜨거운 돌에 물을 부어 음식물을 조리하는 것이다. 후대에 발굴조사를 진행하면 유기물질을 남지 않으므로 수혈만 있을 확률이 높아 유구의 해석에 상당한 어려움을 줄 수 있다. 음식물의 조리측면에서 이것을 노지로 설정할 수 있을 것이다.

널따란 크기의 가죽을 준비하여 파놓은 수혈에 걸친 후 가죽의

양쪽 가장자리를 수혈의 가장자리에 고정시킨다. 그 후 물을 채워놓고 야외노지에서 달구어진 돌들을 담근다. 이때 불에 탄 돌의 뜨거운 열이 물을 데우게 되고 뜨거워진 물이 음식을 익히게 된다. 이러한 방식을 사용했을 때는 조리 후에 불에 탄 돌이 남지 않을 가능성이 높다. 왜냐하면 가죽은 구하기 쉽지 않고 제작공정이 쉽지 않기 때문에 조리가 끝난 뒤에는 돌과 음식물을 꺼내어 버리고 다시 사용하기 위한 처리를 하게 된다. 즉, 조리 뒤에는 수혈 속에는 아무것도 남지 않으며, 바닥에 불을 사용한 흔적도 남지 않는다. 야외노지와 함께 발견되는 단순 수혈이 음식물 조리에 사용했을 가능성을 보여준다는 측면에서 의미가 있다. 수렵채집과정에서 얻게 된 귀중한 식량을 태우지 않고 물에 익혀 먹을 수 있다는 장점과 함께 도토리의 탄닌 제거와 같은 먹기 전의 예비 처리과정을 거쳤을 가능성도 함께 보여준다.

- 따뜻한 돌

돌은 그 자체로는 차갑다. 하지만 불에 달구어진 돌은 열을 머금을 수 있다. 갈산 치낙[37]이 쓴 소설에는 다음과 같은 내용이 나온다.

…중략…

그 때문에 손이 시렸지만 그런 건 아무렇지도 않았다. 오히려 사람들은 모든 물건에는 나름의 쓸모가 있으며 그 때문에 얼마나 편하게 살고 있는가를 굳게 믿고 있었다. 사람들은 불에 달군 돌을 휴대용 난로처럼 몸에 지니고 다녔다. 그것이 마치 작은 태양이라도 되는 듯 가슴에 품고 다니다가 아무 때나 꺼내서 얼어붙은 손을 녹였다. 달군 돌에 먼저 오른손을 대면 가슴까지 온기가 전해졌고, 그 온기는 왼손과 얼굴까지 퍼져 나갔다.

그 돌은 크기나 모양이 말똥과 비슷하게 보였다. 반질반질하고

37 갈산 치낙 - 1944년 투바족이 소련에 합병되어 자치주가 되던 그해 태어났으며, 라이프치히 대학에서 독일문학을 공부한 후에 독일어로 글을 쓰고 있음. 1996년 공산주의 계획경제의 일환으로 몽골 북부로 강제 이주되었던 투바족을 이끌고 63일 동안 2천 킬로미터를 이동하여 고향인 알타이 산맥으로 돌아옴.『헐벗은 아이들』, 『검은 땅』, 『흰 산』, 『청기즈칸의 아홉 개의 꿈』, 『회귀』 등의 작품이 있음.

검은빛이 도는 자주색 돌을 아침마다 잿불 속에 넣어 달구었다.
그렇게 달구어진 돌은 날이 저물어 집에 돌아와 품에서 꺼내놓
을 때에도 미지근할 정도로 온기가 오래갔다."

선사시대에는 열기를 보존할 방법이 없었다. 불에 달구어진 물
건은 뜨거워서 손으로 만질 수 없다. 달구어진 돌은 다르다. 따뜻한
돌은 사람의 온기를 지켜주는 소중한 물건이었다. 추운 겨울에 따뜻
한 돌은 선사시대 사람에게는 지금의 핫팩이었다.

조리방법의 사례

오세아니아의 주식은 쌀도 소맥도 아니다. 토란과 같은 구근작물이
주식이다. 특히 콜로카시아는 남태평양에서 재배되며, 감자처럼 먹
었다. 어린 나뭇잎은 비타민, 칼슘 등을 포함하고 있어 굽게되면 동
물질을 먹지 않고서도 필요한 영양분을 채울 수 있다.

야외노지를 이용해 많은 양을 조리하기도 하지만, 크기가 큰 식
량원을 조리했을 가능성이 무엇보다 높다. 결국 이러한 조리방법을
사용했다는 사실은 기존에 곡물이 주식이었을 가능성이 높다고 추
정한 것과는 달리 다른 쪽의 식물을 이용했을 가능성을 암시해준다.
후기구석기시대 후반에 시베리아 서부의 체르노오제리에 Ⅱ유적 제
1문화층에서 물고기뼈가 노지 안에서 출토되었으나 어종은 불명이
다. 앙가라강 하류의 우스티 코바 I 유적에서는 텐트형 주거지의 노
지 안에서 어종불명의 물고기 뼈가 검출되었다. 말타유적은 주거지
의 노지 안에서 대형 물고기뼈가 검출되었다. 극동지역의 캄차카반
도 우쉬키 I 유적 Ⅵ층 주거지내의 노지 안에서 대량의 옥새송어가
검출되었다. 대부분의 유적에서 확인되는 물고기뼈의 어종판별은
매우 어렵다. 특히 연어와 같은 특정 물고기를 대상으로 좀돌날석기
를 사용되지 않은 것으로 보인다. 시베리아지역의 중석기시대 문화

층에서는 불에 탄 소토흔이나 저장구멍 등에서 물고기 뼈가 많이 확인된다. 동시베리아에서는 적어도 1.2만 년 전에 어로 발달을 나타내는 자연유물의 증가와 낚싯바늘, 역자형 섬두, 작살 등의 어로구가 출현하는 현상이 관찰된다(小畑弘己 2001: 1 - 522).

시베리아 후기구석기유적을 5단계로 나눈 가토 히로후미(加藤博文)의 연구에 따르면 시베리아 I 기에는 수렵할 때 특정 동물의 집중현상이 나타나지 않는다. II 기(2.4~2.2만 년 전)는 순록에 집중되고 매머드가 감소한다. 특히 러시아의 말타와 부레치유적과 같은 항구적 주거를 사용한 주거집단은 순록과 다양한 소형동물을 잡았으나 노지와 유물집중구역으로만 구성된 유적의 경우는 사슴이 중심되면서 단순한 종구성으로 이루어져 있어 개체수가 소량으로 줄어드는 차이를 보였다. III 기(2.2~1.6만 년 전)는 순록이 주로 많이 확인되었다. IV기는 순록이 주체적인 위치를 점하는 경향이 확립된 시기이다. 코코레보IVa유적에서는 순록의 동물유존체가 90%를 넘고, 타슈티크II 유적 2층에서는 75%를 차지하였다고 한다.

그러나 우리나라에서 항구적 주거를 형성했다고 볼 수 있는 구석기유적은 거의 확인이 되지 않는다. 특히 한국과 일본의 후기구석기시대에 수혈주거가 확인된 명확한 집터 사례는 희소하다. 우리나라의 주거지 상황을 고려한다면 실제 정착생활을 하면서 동일 지역 내에서 집중적인 사냥과 수렵, 어로의 발달을 촉진시켰던 때는 신석기시대 때로 볼 수 있다.

음식물 가열처리의 사회적 의미

가열처리는 음식물을 소화가 잘되게 해주고 효율적인 영양섭취를 가능하게 하며, 음식물 내에 포함한 독소와 소화 저해 물질의 영향을 경감시켜 음식물을 잘 먹을 수 있게 해준다. 북미지역에서는 지하식 화덕(pit-hearth)의 경우는 동물질 식량에 대한 지방율이 높은

고기, 식물질 식량에 관해서는 탄수화물인 전분과 당류(糖類)를 주성
분으로 하는 근경류(根莖類), 특히 카마시아 등 이누린을 주요 구성
성분으로 하는 식물이용과 관련이 깊다고 알려져 있다.

　　민족지 사례를 참조하면 불에 탄 돌을 이용한 찜요리는 동물
질의 가열에도 이용되지만, 장시간의 가열조리를 가능케 하는 특성
을 평가하면 식물질 이용의 확대에 큰 공헌을 하였다. 서남아시아,
유럽, 북아프리카지역에서 식물가공의 흔적이 처음 출현하는 것은
45,000~18,000BP이다. 실제 이스라엘의 오하로(Ohalo) II 유적은 6
개의 오두막, 몇 개의 화로, 무덤, 패총으로 이루어진 유적이다. 맷
돌에서 분리된 전분 입자는 밀을 포함한 곡식을 처리해서 먹었다는
증거가 나타나 가장 오래된 식물 가공유적으로 밝혀졌다.

　　현대의 오븐과 유사한 화덕은 이러한 사실을 뒷받침한다. 외형
상 사냥을 했을 것으로 추정되는 집락이 서남아시아지역에 정착하
기 전인 12,000년 전에 야생 곡물들을 처리하여 섭취했다는 사실을
말해준다.

　　구석기인도 어떠한 형태로든 저장 용기는 만들어 활용했을 것
으로 짐작된다. 예를 들어 장거리이동을 하는 데 물은 필수품이며,
이를 저장하기 위해 가죽주머니(수통)를 만들 수가 있었을 것이다.
이외에도 단순히 물을 저장하고자 한다면 나무를 파거나, 나뭇잎을
이용하거나, 특정 바위에 구멍을 판다거나 과일에 구멍을 파서 땅속
에 저장하는 등 여러 방법이 있을 수 있다. 따라서 토기의 주목적은
단순한 저장보다도 익혀서 음식을 해 먹을 수 있다는 부분에서 더
큰 의미가 있다. 이는 농경을 통한 곡식을 제대로 섭취하기 위해서
는 필수적인 방법으로 인류의 식량이용면에서 획기적인 것이라 할
수 있다. 토기의 기원은 식량이용방법과 연관된 매우 과학적인 산물
이라 할 수 있다.

　　마가렛 에런버그(Margaret Ehrenberg)에 따르면 쿵족 여성은 그

날의 식량 채집에 많은 시간을 투자하지는 않는다. 또 잉여분을 축적할 수 없기 때문에 당일 또는 다음 날에 소비할 분량 정도만 모으고자 한다. 결국 한 시간에 240칼로리의 식물성 식량을 채집할 수 있는 것에 반해 수렵하면 실패할 확률이 높은 점을 고려하면 한 시간에 대략 100칼로리분의 식량 외에는 얻지 못한다는 계산이 나온다. 식물성 식량은 매일 먹을 수가 있고 여성들도 최소한의 식량은 언제라도 모으는 것이 보장되는 것이다.

이에 비해 대형동물의 수렵 성공 여부는 운에 맡겨진다. 그러나 수렵에 성공하면 흥분을 불러일으켜 집단 내의 다른 성원들과 고기를 분배하는 것이 보통이기 때문에—대조적으로 여성이 모은 식물성 식량은 가족 내에서 소비된다— 획득물은 수렵인에게 신망을 부여하게 된다. 그렇다고 해도 여성에 의한 확실한 식량 공급은 의미가 있다. 수렵 채집민 사회의 2/3는 식량의 60~70%를 채집된 식물성 식량에 의존하는 것으로 추정한다. 오스트레일리아 원주민 중에는 여성이 개를 이용해 소형동물을 잡는다든지 여성과 남성이 함께 수렵하거나 어로를 하는 경우도 있다. 추운 곳의 단점은 식물성 식량을 얻기 어렵다는 점이 있지만, 반대로 식량을 저장하기는 용이하다. 특히 고기를 훈제하거나 얼음 속에 동결시키거나 해서 장기간 식량의 저장이 가능하다.

중기구석기시대에서 후기구석기시대로 이행기에는 명료한 식성(食性)의 변화가 인정되지 않지만, 후기구석기 초에는 그러한 현상이 나타났을 것으로 추정된다. 중기구석기의 식성은 육지 짐승에 의존해 고기와 지방을 주로 섭취하였다. 후기구석기 초에는 지방에 대한 의존이 증가하였고, 후반으로 갈수록 식료기반의 확대, 탄수화물 식료품의 섭취, 특정 종의 동물에 특화된 수렵으로 발전해 나갔다.

수렵이 사회조직 또는 공동체 내에서 더 중요한 비중을 차지하는 이유는 수렵을 통한 공동 작업을 통하여 집단 구성원의 식량을 얻을 수 있다는 사실에 더 큰 의미가 있기 때문이다. 또한 잡기 힘든 것에 대한 경외감과 같은 심리적 요인도 있었던 것으로 추정된다. 반면 채집행위는 큰 어려움없이 공동의 작업이 아니더라도 언제 어디서나 가능하다는 점에서 주목을 받지 못했다. 특이한 유물과 행위는 위험이 도사리고 있는 수렵에 초점이 맞춰졌던 것으로 생각된다.

유인원은 채식을 주로 한다. 침팬지, 보노보, 고릴라, 오랑우탄은 살아가기 위한 영양소의 99%를 다양한 식물 열매 등에서 얻는다. 일부 유인원은 개미, 동물 사체에서 단백질을 보충한다. 선사시대 인류는 삼시 세끼를 챙겨 먹지 않았다. 사실 끼니라는 개념조차 없었다. 식량 구하는 정도에 따라 식사시간은 달라졌다. 인류는 배고플 때 먹고, 식량이 부족하면 열매를 따고, 동물을 사냥하였다. 물론 물고기도 먹었다. 그들에게 굶주림은 익숙한 일상이자 숙명이었다.

지금 우리는 세상에 사는 인류 모두가 잘 먹고 잘 살고 있다고 착각하고 있다. 지구상에는 아직도 9억 명 가까이가 기아에 시달린다. 인류에게 먹거리 획득 문제는 여전히 어려운 문제로 남아있다. 사람은 식량 획득 행위라는 생존문제에서 한 번도 벗어난 적이 없다. 이 책은 선사시대 사람의 치열한 보급투쟁기일 수 있다.

1980년대 TV 만화로 소개돼 인기를 끌었던 일본 만화 '은하철도 999'가 있다. 원작 만화가는 마쓰모토 레이지이다. 그는 도쿄에서 일하고 싶었지만, 기차표를 살 돈조차 없었다고 한다. 그런데 도쿄의 한 출판사가 기차표를 보내줬고, 그 기차를 타고 도쿄로 가는 기분을 말했다. 기차가 터널을 빠져나가는 순간, 마치 우주 세계에 온 것 같은 느낌을 받았고, 그때 우주로 날아가고 싶다는 생각이 은하철도 999를 구상한 계기가 되었다. 아마 그때 기차를 타지 않았으면 오늘날 이런 자리에 없었을 것이라고 말한 적이 있다. 그는 기계 인간처럼 영원한 생명을 갖고 싶을까라고 되물은 뒤 영원히 살 수 있다면 대충대충 살아가게 될 것이므로 그보다는 한정된 삶을 열심히 살고 싶으며 기계인간은 되고 싶지 않다고 말했다(《연합뉴스》

2017.3.26.).

　사람은 기계 인간처럼 영원히 살 수 없다. 사람이 영원히 살았다면 인구가 늘어나 심각한 문제가 생겼을 터이다. 문제는 죽은 사람에 관한 기억도 함께 잊혀진다는 슬픈 사실이다. 우리는 그들이 남긴 흔적과 기록으로 우리 선조가 누구였는지를 되살릴 의무가 있다. 그 흔적의 첫 출발이 인류가 출현하고 그 흔적을 담고 있는 구석기시대 연구이다.

　지금 우리는 옛 인류가 쌓아온 결과의 토대 위에 살고 있다. 치열한 생존 투쟁의 결과물 위에서 살아가고 있다. 이런 '지금'이 모여 '새로운 내일'을 맞이한다. 생존한 사람만이 내일이 있는 삶을 누릴 수 있다. 생존은 우리가 숨 쉬고 있음을 뜻한다. 생존은 살아있음이자 살아남음이다. 사람은 어려움 속에서도 아주 아주 느리지만, 계속 앞으로 나아갔다. 어려움도 두려움도 사람 앞에서는 장애물이 아니었다. 때론 두려움에 물러서고, 그 위험에 굴복하기도 했지만, 결국 사람은 살아남았다. 인류가 걸어온 발자취가 그렇다. 스스로를 믿고 앞을 걸어온 사람들의 발자취가 쌓여 오늘의 우리가 이 땅 위에 서 있게 된 것이다. 살아온 인생이고 그렇게 살아가야만 했다. 그런데 어쩌면 지금 내가 글을 쓰는 이 순간, 지금 살아가는 이 순간이 이미 인생의 역할, 삶의 의미를 조금씩 소진하고 있는 것은 아닌지 반문해본다.

　헤라클레이토스는 "판타 코레이($\pi\acute{\alpha}\nu\tau\alpha\ \acute{\rho}\epsilon\tilde{\iota}$, 만물은 유전(流轉)한다)"라고 말했다. 모든 것은 나아가고 아무것도 제자리에 머무르지 않는다는 뜻이다(다치바나 다카시 2017). 그의 말대로 같은 강물에 두 번 들어갈 수는 없듯이 흘러간 시간은 다시 돌아오지 않는다. 플라톤의 '모든 것은 흐른다'라는 근원이다. 사람은 한정된 삶을 산다. 한정된 삶을 책임지고 완수해야만 하는 의무를 갖고 살아간다. 죽음과 동시에 지식, 경험, 지혜 등 무형의 앎은 사라진다. 그저 영혼이라 불리우는 정신을 떠나보내면 육신만 남을 뿐이다. 그 육신도 결국 사라진다.

우리에게 살아있음은 곧 생존이다. 생존은 숨 쉬고 있는 삶, 그 자체이다. 숨은 누구에게나 평등하다. 어머니의 뱃속에서 태어나는 그 순간부터 내 의지와 상관없이 심장은 뛰었고, 온몸으로 피를 내보냈다. 머리에는 산소가 공급되면서 살아가라고, 살아야만 한다고 자각하기 시작했다. 살아있는 자체가 생존이다. 이 순간이 우리에게는 가장 특별하고 소중하다. '훌륭한 고고학자로 크려면 도서관을 탈출해야 해(인디아나 존스 4).'. 고고학은 책만으로 될 수 있는 학문이 아니다. 많은 유적과 유물을 보고 생각하고 토론하면서 역사는 복원된다. 홀로 세웠던 역사가 없듯이, 혼자 복원되는 역사도 없다.

선사시대에는 나를 제외한 사람은 적이자 동료였다. 사람 마음은 다윈이 말한 자연선택에 의한 진화 산물일 수 있다. 옛사람을 만날 수 없기에 실제 그들이 어떤 마음을 가졌는지는 알 수 없다. 현재의 시점에서 과거를 유추할 수 있는 민족지 연구와 고고학 조사, 심리학 실험 등으로 옛사람의 마음을 추론해 볼 뿐이다. 니체는 사람의 행동 원리를 힘에의 의지로 보았다. 그는 강해지려는 마음이 모든 감정과 행동을 움직이는 근원으로 보았다.

구조주의 인류학자인 레비스트로스는 인간의 모든 말과 행동은 그가 속한 사회나 문화 구조에 지배를 받는다고 말했다. 개인이 모여 전체가 되는 것이 아닌 사회나 문화라는 구조가 먼저 존재하였고, 그 안의 차이인 개인이 있다는 주장이다. 개인의 사고가 사회구조에 따라 규정될 수 있음을 강조했다. 인류의 생존방식에는 문화가 없는 사회에 존재했든 의식되지 않았든 논리가 투영되기도 했다. 레비스트로스는 서양사람들이 설계도에 근거해 계획적으로 사물을 만드는 것과 달리, 원주민은 그 자리에서 구한 재료를 조합해 사용하는 '브리콜라쥬(Bricolage, 손재주)'로 사물을 만든다고 했다(다나카 마사토 2016).

사람은 먹고사는 것도 중요하지만 의문을 가지는 존재이기도 하다. 궁금한 것이 많다. 조종사 출신인 리처드 바크(Richard bach)는 『갈매기의 꿈(Jonathan Livingston Seagull)』을 썼다. 이 소설은 열여덟 군데의 출판사로부터 외면을 당한 책이었다. 이 책에 나오는 갈매기 조나단은 더 멀리 보기 위해 더 높이 날고 싶어 한다. 비행 연습만 죽도록 하는 조나단이 못마땅한 부모는 그를 도저히 이해하지 못한다. 조나단은 이런 엄마에게 말한다.

> "뼈와 깃털뿐이어도 상관없어요, 엄마. 전 다만 공중에서 제가 무얼 할 수 있고, 무얼 할 수 없는가를 알고 싶을 뿐이에요. 그게 전부예요. 전 단지 알고 싶을 뿐이에요."(리처드 바크 2011: 11).

이런 생각이야말로 사람이 동물과 다른 점이다. 우리는 단지 생물학적인 생존만을 꿈꾸지 않는다. 당장 먹고사는 일이 어렵더라도 새로운 것에 도전하고 배우기를 두려워하지 않는다. 그 배움의 열정이 우리가 가진 가장 큰 힘이자 전진하는 원동력이다. 할 수 있다고 되뇌면서 실패에 굴하지 않는 것. 꿈이 밥벌이가 될 수도 있다는 믿음. 외로움과 두려움에 맞서는 행동. 가고자 한다면, 그 어떤 것도 그대의 앞을 막지 못한다. 성공은 스스로 혹은 다른 사람이 만든 껍데기를 깬 사람만이 가질 수 있는 마술이다. 갈매기 조나단이 애기한 것처럼 자신의 삶을 배우고, 발견하고, 자유를 통해 생존을 이어왔다.

이 책은 8년 전부터 구상했다. 쓰다 멈추기를 반복했다. 맡은 업무와 게으름이 겹치면서 발간은 더욱 늦어졌다. 새로운 연구성과가 계속 발표되고 있어 발간을 더 미룰 수 없었다. 사람과 돌, 불로 주제를 선정하면서 내용에 맞지 않는 글은 제외했다.

역사에서 인류 생존의 도약기가 있다. 바로 현재의 우리 조상인 현생인류가 출현하고 확산·생존했던 시기, 불을 사용해 조리·난방·불빛을 활용했던 시기, 돌로 도구를 만들어 사냥하고 싸웠던 시기이다.

사람이 종족 번식을 위해서는 또 다른 사람이 필요했다.

사람이 사람과 맺어지기 위해서는 평판을 얻어야만 했고, 이를 위해서는 공정한 행동을 할 필요가 있었다. 집단 내 이익을 위해 자신을 희생하는 모습을 보인 사람은 무리 속에서 살아남을 확률이 높았다. 즉 생존에 유리한 위치를 차지할 수 있었다. 이러한 사회적 판단은 이기적인 사람에 대한 비판을 보면서 더욱 확고해졌을 것이다. 특히 배움을 게을리하지 않는 사람은 생존할 확률이 높았다.

돌로 만든 다양한 도구는 연약한 사람에게 생존을 위한 또 다른 손이 되어 주었다. 불은 급변하는 기후에서 사람을 지켜주고, 먹거리의 범주를 넓혀주었다. 선사시대에는 더 많은 것들이 필요했겠지만, 돌과 불은 사람이 생존 활동하는 데 있어 특히나 중요했다.

책의 내용 중 부족한 부분은 필자의 능력 부족과 게으름 탓임을 밝혀두고 싶다. 마리 퀴리는 1934년 죽기 전에 누구한테나 인생은 쉽지 않은 법이지만 어떻게 살아야 하는가? 끈기와 무엇보다 자신에 대한 확신을 가져야 하며, 자신이 어떤 일엔가 재능이 있다고 믿어야 하며, 어떤 희생을 치르든 그것을 달성해야만 한다고 강조했다(로먼 크르즈나릭 2013: 221).

부디 독자가 이 책을 읽고서 현재를 살아야 하는 단 하나의 이유라도 찾기를 기대한다.

현생인류는 모두 연결되어 있다.

강명관, 2015, 『이 외로운 사람들아』, 천년의 상상.

강영희, 2014, 「유인원」, 『생명과학대사전』.

곽승기, 2021, 「고고 유적 내 토양 시료를 통해 본 선사·고대의 인간 활동」, 『호서고고학』48.

구인회, 2015, 『죽음에 관한 철학적 고찰』, 한길사.

국립대구박물관, 2005, 『머나먼 진화의 여정-사람과 돌-』기획특별전 도록.

그레고리 코크란·헨리 하펜딩(김명주 옮김), 2014, 『1만 년의 폭발』, 글항아리.

기시미 이치로(박재현 옮김), 2015, 『버텨내는 용기』, 엑스오북스.

김경진, 2016, 「인간의 뇌는 과연 특별한가」, 『렉처 사이언스, 뇌』, 휴머니스트 출판그룹.

김대식, 2016, 『김대식의 인간 vs 기계』, 동아시아.

김대식, 2017, 『어떻게 질문할 것인가?』, 민음사.

김동환·배석, 『금속의 세계사』, 다산북스.

김연옥, 1998, 『기후변화-한국을 중심으로-』, 민음사.

김재환(EBS 지식프라임 제작팀), 2010, 『지식프라임』, 밀리언하우스.

김홍표, 2016, 『먹고 사는 것의 생물학』, 궁리.

니컬러스 에플리(박인균 옮김), 2015, 『마음을 읽는다는 착각』, 을유문화사.

닉 배티 등(김소정 옮김), 2015, 『개념 잡는 비주얼-생물학책-』, 궁리.

다나카 마사토(이소담 옮김), 2016, 『일러스트 철학사전』, 북이십일.

다치바나 다카시, 2017, 『다치바나 다카시의 서재』, 문학동네.

데이비드 버스(이충호 옮김), 2016, 『진화심리학』, 웅진지식하우스.

데즈먼드 모리스(김석희 옮김), 2003, 『인간 동물원』, 물병자리.

라마찬드란, 2016, 「인류 진화의 '대도약'을 나은 추진력으로서의 거울 뉴런과 모방 학습」, 『마음의 과학』, 와이즈베리.

로먼 크르즈나릭(정지현 옮김), 2013, 『인생학교-일-』, 샘앤파커스.

로버트 웬키, 2003, 『선사문화의 패턴 I 』, 서경출판사.

로빈 던바, 2015, 『멸종하거나 진화하거나』, 반니.

리 듀거킨(장석봉 옮김), 2004, 『동물들의 사회생활』, 지호.

리처드 도킨스, 2018, 『이기적 유전자』, 을유문화사.

리처드 바크(류시화 옮김), 2011, 『갈매기의 꿈』, 현문 미디어.

리처드 와이즈먼(한창호 옮김), 2014, 『괴짜심리학』, 와이즈베리.

릴리아나 자니크, 2017, 「선사시대 해양 수렵에 대한 독립 증거로서의 바위그림」, 『고래와 바위그림』, pp.169-184.

マーガレット エーレンバーグ(Margaret Ehrenberg), 1997, 『先史時代の女性—ジェンダー考古学事始め』, 河出書房新社.

마르셀 모스, 2011, 『증여론』, 한길사.

마빈 해리스(정도영 옮김), 1996, 『식인과 제왕』, 한길사.

마빈 해리스, 1996, 『문화유물론』, 민음사.

마이클 켈러 등, 2010, 『그래픽 종의 기원』, 랜덤하우스.

마이클 토마셀로(이정원 옮김), 2017, 『생각의 기원』, 이데아.

마이클S. 가자니가(박인균 옮김), 2016, 『뇌, 인간의 지도』, 추수밭.

木村英明, 1997, 『シベリアの舊石器文化』, 北海道大學圖書刊行會, pp.1-426.

박경덕, 2016, 『프로작가의 탐나는 글쓰기』, 더퀘스트.

박선주, 1999, 『고인류학』, 아르케.

박선주·이은경, 2003, 「한반도의 고인류」, 『한국구석기학보』, 한국구석기학회.

박정재, 2022, 「고기후에서 찾는 인류 역사의 변곡점」, 『서울대사람들』 제70호, 서울대학교, pp.12-15.

발렌티나 데필리포, 제임스 볼(왕수민 옮김), 2014, 『인포그래픽 세계사』, 민음사.

빌리야누르 라마찬드란(이충 옮김), 2017, 『뇌는 어떻게 세상을 보는가』, 바다출판사.

사토 지에(송은애 옮김), 2019, 『인간을 탐구하는 수업』, 다산북스.

山中一郎, 1994, 「石器研究のダイナミズムーーボルド形式學の革新のために—」, 『大阪文化研究會』, pp.1-217.

삼성경제연구소, 2015, 『리더의 경영수업』, 삼성경제연구소.

샤오춘레이(유소영 옮김), 2006, 『욕망과 지혜의 문화사전-몸-』, 푸른숲.

석현정, 2016, 「빛, 색을 밝히다」, 『빛 Light』, 휴머니스트 출판그룹.

小畑弘己, 2001, 『シベリア先史考古學』, 中國書店.

스티븐 미슨(윤소영 譯), 2000, 『마음의 역사(The Prehistory of the Mind』.

스티븐 존슨, 2017, 『원더랜드』, 한국경제신문.

스티븐 핑커(김명남 옮김), 2015, 『우리 본성의 선한 천사』, 사이언스북스.

시어도어 젤딘(문희경 옮김), 2017, 『인생의 발견』, 어크로스.

신헌철, 2016, 『진화론은 어떻게 진화했는가』, 컬처룩.

신희섭, 2016, 「뇌, 신비한 세계로의 초대」, 『렉처 사이언스, 뇌』, 휴머니스트 출판그룹.

심만수, 2015, 『성장문답』, 살림출판사.

아구스틴 푸엔테스(박혜원 옮김), 2018, 『크리에이티브』, 청림출판.

알랭 드 보통(정미나 옮김), 2013, 『인생학교-섹스-』, 샘앤파커스.

알랭 떼스타(이상목 옮김), 2006, 『불평등의 기원』, 학연문화사.

앨리슨 고프닉(스티븐 핑커 외), 2012, 「놀라운 아기」, 『마음의 과학』, 와이즈
　　　　베리.

野尻湖人類グループ, 1995, 『石器·骨器づくりの手引き』.

野嶋洋子, 2005, 「燒石調理の民族誌-礫群研究の民族考古學的視點-」, 『考古學
　　　　ジャーナル』531.

에두아르 그레쉬니코브, 2017, 「아시아 북극의 고래 사냥꾼과 그들의 장비」,
　　　　『고래와 바위그림』, pp.153-168.

에드워드 윌슨(이한음 옮김), 2016, 『인간 존재의 의미』, 사이언스 북스.

에릭 살린(서종기 옮김), 2013, 광물, 역사를 바꾸다. 예경.

에릭 켄델(이한음 옮김), 2014, 『통찰의 시대』, 알에이치코리아.

에브게니 르히빈·아리나 크트세노비치, 2021, 「러시아 자바이칼 지역과 몽골
　　　　의 후기구석기시대 초반 인류의 생존전략 및 정착양상에 대한 증
　　　　거 검토」, 『세계의 구석기문화 박물관』, 석장리박물관.

오에다 시로(박은희 옮김), 2014, 『달달 무슨 달』, 달과소.

연합뉴스,. 2009, 「10만 년 전 인류도 야생곡식 먹었다」.

울프 하인, 2021, 「유럽 석기시대 화살촉의 역사」, 『세계의 구석기문화 박물
　　　　관』, 석장리박물관.

웬타 트레바타(박한선 옮김), 2017, 『여성의 진화』, 에이도스출판사.

유발 하라리, 2015, 『사피엔스』, 김영사.

유발 하라리, 2018, 『호모데우스』, 김영사.

이기환, 2023, 「15세기 어느 군관의 한글편지」, 『경향신문』 1월 10일.

이상희, 2015, 『인류의 기원』, 사이언스북스.

이완주, 2013, 『흙』, 들녘.

이종철, 2003, 「지석묘 상석 운반에 대한 시론」, 『한국고고학보』50, 한국고고
　　　　학회.

장대익, 2013, 『인간에 대하여 과학이 말해준 것들』, 바다출판사.

張龍俊·平郡達哉, 2009, 「有節柄式 石劍으로 본 無文土器時代 埋藏儀禮의 共
　　　　有」, 『韓國考古學報』第72輯, 韓國考古學會, pp.36-71.

재레드 다이아몬드(강주헌 옮김), 2016, 『재레드 다이아몬드의 나와 세계』, 김
　　　　영사.

재레드 다이아몬드(김진준 옮김), 2009, 『총, 균, 쇠』, ㈜문학사상.

전중환, 2010, 『오래된 연장통』, 사이언스북스.

제롬 뱅브네(윤인숙 옮김), 2011, 『최초 인류의 후예들』, 현실문화.

조지프 헨릭(주명진·이병권 옮김), 2019, 『호모 사피엔스, 그 성공의 비밀』, 뿌리와 이파리.

조태섭, 2002a, 「한국 구석기시대의 동물상과 자연환경」, 『우리나라의 구석기 문화』, 연세대학교출판부.

조태섭, 2002b, 「구석기시대의 동물화석 연구: 현황과 전망」, 『한국구석기학보』제6호, 한국구석기학회.

존 R. 존슨, 2017, 『북미 태평양연안 해양수렵 채집민의 민족고래학적 비교연구, 고래와 암각화』, 울산암각화박물관.

존 메퀘이드(이충호 옮김), 2017, 『미각의 비밀』, 문학동네.

존 암스트롱(정미우 옮김), 2013, 『인생학교-돈-』, 샘앤파커스.

존 앨런(윤태경 옮김), 2013, 『미각의 지배』, 미디어윌.

존 타일러 보너(김소정 옮김), 2008, 『크기의 과학』, 이끌리오.

佐藤宏之, 1999, 「中國·朝鮮半島の舊石器時代と日本」, 『岩宿發掘50年の成果と今後の展望-豫稿集』, 笠懸町敎育委員會·岩宿フォラム實行委員會.

佐藤宏之·ヤロスラフ V.クズミン·ミッチェル D. グラスゴゴッ久, 2002a, 「サハリン島出土の黑曜石製石器の原産地分析と黑曜石の交通」, 『北海島考古學』第38輯, pp.1-13.

찰스 시버트(이수영 옮김), 2011, 『고래의 비밀』, 봄나무.

캐빈 애슈턴(이은경 옮김), 2015, 『창조의 탄생』, 북라이프.

코바나콘텐츠, 2017, 『현대조각의 거장-알베르토 자코메티 한국특별전』, 예술의 전당, 한가람디자인미술관.

콜린 렌프류·폴 반(이희준 옮김), 2006, 『현대 고고학의 이해』, 사회평론.

파울로 코엘료(최정수 옮김), 2016, 『마크툽』, 자음과모음.

폴 에얼릭·로버트 온스타인(고기탁 옮김), 2012, 『공감의 진화』, 에이도스.

폴 타송, 2017, 「호주 바위그림의 고래와 돌고래 그리고 듀공」, 『고래와 바위그림』, pp.73-86.

프란시스코 호세 아알라(윤소영 옮김), 2014, 『진화론을 낳은 위대한 질문들』, 휴먼사이언스.

프랑수아 롤로르·크리스토프 앙드레(배영란 옮김), 2008, 『내감정 사용법』, 위즈덤하우스.

하지현(EBS 지식프라임 제작팀), 2010, 『지식프라임』, 밀리언하우스.

한스외르크 퀴스터(송소민 옮김), 2016, 『곡물의 역사』, 서해문집.

護雅夫 編著, 1970, 『漢とローマ』, 平凡社.

홍윤철, 2014, 『질병의 탄생』, 사이.

황석영, 2016, 『황석영의 밥도둑』, 교유서가.

후지키 사토시(임지영·장용준 역), 2019, 「한반도의 부시(火打金)·부싯돌(火打石)」, 『고고광장』, 부산고고학연구회.

NHK 특별취재반(오근영 옮김), 2014, 『Human 휴먼』, 양철북.

V.S.라마찬드란(스티븐 핑커 외), 2012, 「자기 인식의 신경학」, 『마음의 과학』, 와이즈베리.

Bamforth, D. B. 1986, Technological Efficiency and Tool Curation, *American Antiquity* 51.

Bennett Bacon *et al.*, 2023, An Upper Palaeolithic Proto-writing System and Phenological Calendar, *Cambridge Archaeological Journal*, First View, pp.1-19.

Christian Meyer *et al.*, 2015, The massacre mass grave of Schöneck-Kilianstädten reveals new insights into collective violence in Early Neolithic Central Europe, *PNAS*, 112(36).

C. K. Brain & A. Sillent, 1988, Evidence from the Swartkrans cave for the earliest use of fire, *Nature*, volume 336, pp.464-466.

Henshilwood, C.S., 2004, The Origins of Modern Human Behaviour – Exploring the African evidence. In Combining the Past and the Present: Archaeological perspectives on society. Edited by Terje Oestegaard, Nils Anfinset and Tore Saetersdal. BAR International Series 1210: pp.95-106.

Clark, H., 1996, *Uses of language*, Cambridge University Press.

Fernando L. Mendez,, G.David Poznik, Sergi Castellano, Carlos D. Bustamante, 2016, The Divergence of Neandertal and Modern Human Y Chromosomes, *American Journal of Human Genetics*, Volume 98, Issue 4.

Inizan, Roche and Tixier, 1992, *Technology of Knapped Stone*, Cercle de recherches et d'études préhistoriques.

Jean-Jacques Hublin *et al.* 2017, New fossils from Jebel Irhoud, Morocco and the pan-African origin of Homo sapiens, *Nature* 546.

Laetitia Demay, 2015, Zooarchaeological study of an Upper Palaeolithic site with mammoth remains, Pushkari I-excavation VII (Chernigov oblast, Ukraine), *Quaternary International.*

Lee and Devore, 1968, 1968, Man the Hunter, Aldine Publ. Co., Chicago, Illinois.

Linda Fibiger *et al.*, 2023, Conflict, violence, and warfare among early farmers in Northwestern Europe, *PNAS*, 120(4).

Margherita Mussi *et al.*, 2023, A surge in obsidian exploitation more than 1.2 million years ago at Simbiro III (Melka Kunture, Upper Awash, Ethiopia), *Nature Ecology & Evolution* (2023).

Miettinen, Arto, Kaarina Sarmaja-Korjonen, Eloni Sonninen, Högne Junger, Terttu Lempiäinen, Kirsi Ylikoski, Jari-Pekka Mäkiaho, Christian Carpelan & Högne Jungner. 2008, *The palaeoenvironment of the Antrea Net Find Iskos 16, 71-87, (Journal of the Finnish Antiquarian Society).*

Pere Gelabert, Asta Blazyte, Yongjoon Chang *et al.*, 2022, Northeastern Asian and Jomon-related genetic structure in the Three Kingdoms period of Gimhae, Korea, *Current Biology* 32, CelPress, pp.1-13.

Qiaomei Fu, Matthias Meyer *et al.*, 2013, DNA analysis of an early modern human from Tianyuan Cave, China, *Proc Natl Acad Sci U S A.*, 2013 Feb 5; 110(6), pp.2223-2227.

Richard B. Lee, 1998, What Hunters Do for a Living, or, How to Make Out on Scarce Resouces, *Limited Wants, Unlimited Means*, Edited by John M. Gowdy, Island Press.

Sinitsyn A., 2007: Variability of the Gravettian of Kostienki (Bassin moyen du Don)*Paleo*, No. 19, December 2007, http://paleo.revues.org/599.

Sue O'Connor1, Rintaro Ono2, Chris Clarkson, Pelagic Fishing at 42,000 Years Before the Present and the Maritime Skills of Modern Humans, *Science* 25 November 2011: Vol. 334 no. 6059 pp. 1117-1121

Tony McMichael, 2001, *environments and Disease-Past Patterns, Uncer-*

tain Futures. Cambridge University Press.

Vicente M Cabrera, 2018, Carriers of mitochondrial DNA macrohaplogroup L3 basal lineages migrated back to Africa from Asia around 70,000 years ago, *BMC Evolutionary Biology*, 18(1).

V. V. Pitulko *et al.*, 2004, The Yana RHS site: Humans in the Arctic before the Last Glacial Maximum, *Science* 303(5654).

William S. Laughlin, 1968, *Hunting: An Integrating Biobehavior System and Its Evolutionary Importance*, man the hunter, edited by Richard B. Lee and Irven Devore, Aldine Publishing Company.

동아일보, 「걸음걸이로 얼굴감춘 범인 '콕' 국내 법보행 연구 본격화」, 2016년 8월 15일.

동아일보, 「혹독한 환경서 살아남기 위해, 인간은 큰 뇌를 갖게 됐다」, 2018년 6월 8일.

동아일보, 「인류가 두 발로 걷게 된 건 움푹 들어간 발 구조 때문」, 2020년 2월 28일.

동아일보, 「지구 자전축 흔들리며 찾아온 극한 기후가 현생인류 만들었다」, 2022년 4월 15일. https://www.donga.com/news/article/all/20220415/112890441/1

연합뉴스(황희경), 「'은하철도 999' 성우 송도영씨와 만난 원작자 마쓰모토 레이지」, 2017년 3월 26일.

연합뉴스, 「뿌리찾기 나선 오바마 '최초인류 루시'에 경탄」, 2015년 7월 28일.

조선일보(윤희영의 News English), 「인체의 구조적 결함」, 2016년 8월 18일.

사진 제공 및 협조

국립대구박물관
국립김해박물관
국립경주박물관
국립광주박물관
국립진주박물관
계명대박물관
함춘원 김경덕